CONTABILIDADE
e ANÁLISE DE CUSTOS
Uma abordagem prática e objetiva

Francisco Lorentz

CONTABILIDADE
e ANÁLISE DE CUSTOS

Uma abordagem prática e objetiva

3ª Edição Revista e Atualizada

Livro-texto com
320 exercícios resolvidos

De acordo com as Leis 11.638/07 e 11.941/09 e
em conformidade com as Normas Brasileiras de Contabilidade,
principalmente a NBC TG 16 (R2) – ESTOQUES.

Freitas Bastos Editora

Direitos exclusivos da edição e distribuição em língua portuguesa:

Maria Augusta Delgado Livraria, Distribuidora e Editora

Editor: *Isaac D. Abulafia*
Diagramação e Capa *Jair Domingos de Sousa*

DADOS INTERNACIONAIS PARA CATALOGAÇÃO
NA PUBLICAÇÃO (CIP)

L868c

Lorentz, Francisco

Contabilidade e análise de custos: Uma abordagem prática e objetiva: livro texto com 320 exercícios resolvidos / Francisco Lorentz. – 3. ed; – Rio de Janeiro: Freitas Bastos, 2021.

460 p. ; 23 cm.

ISBN 978-65-5675-023-1

1. Contabilidade de custo. 2. Custo. I. Título.

CDD-657.42

Freitas Bastos Editora

Tel./Fax: (21) 2276-4500
freitasbastos@freitasbastos.com
vendas@freitasbastos.com
www. freitasbastos.com

À minha mãe, Ilza Lorentz, que apesar de todas as dificuldades que a vida lhe reservou, se dedicou à educação dos seus filhos e nos mostrou o caminho do bem.

À minha amada Kelly Ferreira, que sempre com amor me estimulou, compreendendo as longas horas que me dediquei para que este livro pudesse ser escrito.

Ao professor Sérgio Correia Barbosa, que sempre acreditou e me incentivou na realização deste projeto.

Aos professores Francisco Aristides Neves Garcia, Francisco José dos Santos Alves, Andrea Silveira Monteiro e Fabiano Torres Jr, pelas valiosas orientações e críticas construtivas.

Às pessoas especiais com quem compartilho o ofício da docência, que ofereceram seus comentários construtivos para o aperfeiçoamento do livro.

APRESENTAÇÃO

Com a alta competitividade dos mercados interno e externo e na atual conjuntura econômica de retomada do crescimento, torna-se fundamental que as empresas disponham de relatórios contendo informações úteis e relevantes sobre o custeamento de mercadorias, produtos e serviços. Assim, conhecer custos é essencial para "tocar" qualquer tipo de negócio, de pequeno à grande porte.

A expectativa de grande parte das empresas é aumentar sua lucratividade sem que seja necessário aumentar o preço de venda para o consumidor final, pois aumentar ou diminuir o preço de um determinado produto poderá acarretar a rejeição ou substituição deste produto pelo do concorrente. Em vista disso, manter o preço de venda ou mesmo reduzi-lo para se posicionar melhor no mercado, sem um sistema de custeamento adequado, pode inviabilizar a sobrevivência da empresa.

Logo, uma gestão de custos de maneira eficiente é fundamental para que a empresa alcance a lucratividade desejada. Para tanto, é necessário conhecer, saber controlar e prever custos, identificando quando é possível fazer reduções, sem alterar a qualidade dos produtos ou dos serviços oferecidos.

Nesse contexto, somos agraciados com a 3ª edição desta obra, a qual, atenta às mudanças no contexto do mundo dos negócios, foi atualizada e ampliada. O material didático que já era de ótima qualidade nas 1ª e 2ª edições, tornou-se ainda melhor.

Preparar outra edição de seu livro é sempre motivo de orgulho para qualquer autor. Significa que o seu trabalho teve a qualidade atestada pela comunidade acadêmica e profissional.

Como sabemos, toda obra reflete o seu criador. Assim, tenho a satisfação de apresentar o professor Francisco Lorentz, autor deste livro. Ele é Contador e Mestre em Ciências Contábeis pela Universidade do Rio de Janeiro (UERJ), professor universitário, de cursos de pós-graduação e preparatórios para concursos há mais de vinte anos; e com uma experiência de vinte anos no serviço público federal na área de contabilidade, auditoria e perícia contábil. Esta 3ª edição, portanto, não só o fruto do conhecimento e da experiência adquiridos ao longo de vários anos de magistério nas áreas de Contabilidade e Análise de Custos, Contabilidade Gerencial e Contabilidade Geral e de sua vivência profissional no serviço púbico, como também das observações de docentes e discentes, desde à primeira edição da obra.

Boa leitura e um ótimo aprendizado.

Prof. Dr. Francisco José S. Alves

Conselheiro do Conselho Regional de Contabilidade do Estado do Rio de Janeiro – CRC-RJ

Professor Associado – Programa de Mestrado em Ciências Contábeis – Universidade do Estado do Rio de Janeiro – UERJ

PREFÁCIO

Preparar esta nova edição do meu livro foi motivo de muito orgulho para mim. Significa que a sua qualidade foi atestada pela comunidade acadêmica e profissional; que o meu trabalho foi aceito e tem servido para a difusão do conhecimento.

Nesta nova edição acrescentei novas abordagens sobre critérios para orientar as decisões de alocação de custos indiretos (capítulo 2); sobre custos para decisões gerenciais – custos evitáveis e inevitáveis, custo irrecuperável (*sunk cost*) e margem por segmento (capítulo 7); e sobre formação do preço de venda – venda a preço de custo utilizando o *mark-up* e custo-meta (capítulo 10).

Além disso, procurei fazer as atualizações referentes às normas contábeis e fiscais, sempre dentro de uma abordagem de custos e gerencial.

Esta nova edição vem coroar o trabalho realizado nos últimos cinco anos nas disciplinas de Contabilidade de Custos e Contabilidade Gerencial em diversas Instituições de Ensino Superior no país, atendendo ao objetivo de abordar o tema Custos de maneira clara e objetiva, proposto com o lançamento das 1ª e 2ª edições. A receptividade do corpo docente e discente superou minha expectativa, tanto que, desde o lançamento da 1ª edição, o livro foi adotado por diversas instituições de ensino superior no país.

Nesta 3ª edição procurei manter a estrutura da primeira e da segunda, com algumas atualizações e mais exemplos, além de acrescentar questões recentes de concursos públicos resolvidas.

Este livro é o resultado de muitos anos de experiência em sala de aula ministrando as disciplinas Contabilidade e Análise de Custos e Contabilidade Gerencial, em cursos de graduação em Ciências Contábeis, Administração, Economia e Engenharia de Produção, cursos de pós-graduação, além de cursos preparatórios para concursos.

O foco deste livro é servir de base aos estudos nos cursos de graduação e pós-graduação presenciais e a distância em Ciências Contábeis, Administração, Economia, Engenharia de Produção e Controladoria por meio de sua linguagem prática, objetiva e didática, e tem como diferencial o auxílio na preparação dos candidatos de concursos públicos nas disciplinas de Contabilidade de Custos e Contabilidade Gerencial, incluindo o Exame de Suficiência do Conselho Federal de Contabilidade (CFC) e o Exame Nacional de Desempenho dos Estudantes (ENADE), tendo em vista que todos os *320 exercícios, com as soluções comentadas detalhadamente*, são questões de concursos elaboradas pelas mais conceituadas bancas examinadoras do país, especialmente Cesgranrio, FCC, CESPE, FGV, ESAF, CFC e ENADE.

O ensino a distância (EaD) é uma realidade incontestável no país e possibilita a entrada de milhares de alunos no ensino superior. Entretanto, alguns conteúdos podem parecer complexos, mesmo com o auxílio online de professores tutores. Nesse contexto, este livro apresenta-se como um forte aliado no aprendizado, pois todos os assuntos tratados são apresentados de maneira clara, objetiva e com muitos exemplos práticos, além de muitos exercícios de fixação dos conteúdos.

O texto deste livro está de acordo com as Leis nº 11.638/2007 e nº 11.941/2009, e das Normas Brasileiras de Contabilidade (Pronunciamentos Técnicos CPC), principalmente a NBC TG 16 (R2) – ESTOQUES, todas atualizadas até janeiro de 2021.

Para facilitar o processo de aprendizagem do leitor, ao final de cada capítulo são apresentadas questões objetivas, acompanhadas dos respectivos gabaritos, e no final do livro, no Capítulo 12, todas as soluções comentadas.

Esta obra não tem a pretensão de esgotar a matéria, mas espero que possa servir como uma modesta contribuição aos estudantes, professores e profissionais interessados no assunto, oferecendo uma visão prática e esclarecedora da Contabilidade de Custos e Gerencial, e suas aplicações em todos os ramos de negócios, sejam eles do setor privado ou público.

Críticas e sugestões são bem-vindas e podem ser encaminhadas para o e-mail *franciscolorentz@gmail.com.*

O Autor
Fevereiro/2021

SUMÁRIO

1

CONCEITOS BÁSICOS DE CUSTOS

1.1 Por que conhecer custos é importante?

As empresas têm enfrentado muita competição nos últimos anos. Os desafios do dia a dia com relação à concorrência levam as empresas buscarem cada vez mais a sua eficiência. Neste aspecto, o custo de fabricação de produtos, de aquisição de mercadorias ou de prestação serviços passa a ser fator fundamental para o sucesso de qualquer negócio, haja vista que aumentar os preços de venda, normalmente, não é uma decisão adequada nesse cenário de competição.

As empresas são afetadas por seus concorrentes, que podem dispor de equipamentos e técnicas de produção mais sofisticados ou, até mesmo, utilizarem práticas eticamente duvidosas para colocar seus produtos no mercado e, com isso, conseguir maior produtividade e praticar preços mais competitivos, obtendo assim um bom desempenho econômico.

Dessa forma, é fundamental para o empresário conhecer melhor os seus custos e os métodos mais apropriados para tomar as melhores decisões e, assim, ter melhores condições de competir no mercado.

O processo de planejamento empresarial envolve a seleção de objetivos e a definição dos meios para atingi-los. Neste contexto, a maximização dos lucros constitui o objetivo principal de qualquer organização empresarial com fins lucrativos; e a contabilidade de custos apresenta aos gestores o que é preciso investir para se fabricar determinado produto e por quanto ele poderá ser vendido para se obter o lucro desejado ao final do processo. Por meio da contabilidade de custos o empresário poderá perceber se está compensando produzir e o que será preciso fazer, caso a empresa não esteja obtendo o lucro suficientemente aceitável por parte dos seus investidores.

O lucro de negócios com fins lucrativos, de um modo geral, é resultante da equação:

$$Lucro = Receitas - Custos\ e\ Despesas$$

As receitas são todos os recursos provenientes da venda de mercadorias, produtos ou da prestação de serviços, ou ainda, oriundas de aluguéis, rendimentos de aplicação financeira, juros etc.

Custos e despesas são gastos com bens e serviços que uma empresa precisa fazer. No entanto, esses dois conceitos possuem significados distintos.

Custos são os gastos que estão ligados diretamente à atividade-fim da empresa, seja industrial, comercial ou prestadora de serviços; são aqueles gastos consumidos na produção (indústria) ou efetuados para a aquisição de estoques para revenda (comércio). Nesse grupo se enquadram, por exemplo, a matéria-prima, as mercadorias compradas para revenda, os salários dos trabalhadores de uma linha de produção etc.

As despesas não têm ligação direta com a atividade-fim. Nessa categoria estão os gastos relacionados com a atividade administrativa e a venda das mercadorias e produtos, como por exemplo, os salários dos funcionários de escritório, as comissões dos vendedores etc.

Conhecer bem o processo produtivo, como seus departamentos consomem os recursos disponíveis para tocar o negócio na busca pelo melhor resultado e ter uma ferramenta adequada de apuração de custos certamente ajudará o gestor a tomar as melhores decisões para que a empresa tenha o melhor resultado possível.

A contabilidade de custos é uma área que nos últimos tempos vem atraindo, além dos próprios contadores, profissionais de diversos segmentos, como administradores, economistas, engenheiros, da área da saúde, da gestão pública, entre outros, em função do elevado grau de exigências que a competitividade de uma economia globalizada requer. Nessa economia, há a necessidade de um conhecimento mais aprimorado sobre controle e cálculo de custos de produção, haja vista a grande concorrência, tanto do mercado interno quanto do mercado externo (produtos asiáticos, Mercosul etc.) que invadem o mercado de forma física e cada vez mais de forma virtual.

Em função das adaptações às necessidades de um mercado, inicialmente regional na época da Revolução Industrial, que foi se desenvolvendo a partir de sistemas desenvolvidos no processo fabril do final do século XIX e globalizando-se com maior intensidade a partir da segunda metade do século XX, a apuração de custos surgiu em atendimento às necessidades da gestão nas organizações e, desde então, vem sendo aperfeiçoada como parte do sistema de informação gerencial das empresas, como o desenvolvimento do método de custeio ABC, por exemplo, que é apontado como um dos melhores sistemas de identificação de custos e de tomada de decisão.

A implantação de um sistema de custos tem como objetivos a avaliação dos estoques, a alocação dos custos de produção e apuração individual dos custos dos produtos, a apuração dos custos dos produtos vendidos e o controle operacional dos recursos consumidos durante o período.

A contabilidade de custos é, portanto, a parte da ciência contábil aplicada na atividade de acompanhamento, classificação, apropriação, análise e registro contábil de todos os gastos consumidos direta ou indiretamente no processo produtivo da empresa.

Para Horngren, Datar e Foster (2004), a contabilidade de custos tem como diretrizes medir e relatar as informações financeiras e não financeiras relacionadas à aquisição ou a utilização de recursos em uma organização, proporcionando informações à contabilidade financeira e à contabilidade gerencial.

1.2 A evolução da contabilidade de custos e sua relação com a contabilidade financeira e a contabilidade gerencial

A história da contabilidade revela um campo de estudo preocupado com a informação que fornece aos seus usuários. A cada nova fase surgem mais informações, tanto qualitativa quanto quantitativamente. A contabilidade é descrita como um sistema de informação cujo objetivo essencial é comunicar aos usuários os eventos econômico-financeiros ocorridos em determinado patrimônio que auxiliem as tomadas de decisões.

Conforme se pode observar em registros históricos, a contabilidade financeira, também conhecida como contabilidade geral, surgiu com o desenvolvimento do comércio. Acontecimentos como o fim do feudalismo e das guerras das cruzadas, que causaram a intensificação do comércio das cidades italianas, culminaram no *Renascimento Italiano* no século XIV. Esses fatores, somados ao desenvolvimento do comércio e do transporte marítimo, serviram de mola propulsora para o avanço da contabilidade nos séculos seguintes e proporcionaram a ampliação da produção, envolvendo maior número de pessoas. Esse processo evolutivo culminou com a Revolução Industrial (Inglaterra, século XVIII). Neste estágio da evolução, havia a necessidade de uma reestruturação na forma de organização societária.

A contabilidade financeira estava estruturada para atender às empresas comerciais, uma vez que estas viviam basicamente do comércio e não da fabricação de produtos. A apuração dos custos era feita mediante a verificação do montante pago pela compra das mercadorias. Utilizava-se da contagem física dos itens por intermédio de inventário para prover a apuração do custo do período.

Com o advento da Revolução Industrial, novas tecnologias foram descobertas surgindo sistemas complexos de produção e o consequente crescimento das empresas. Dessa forma, houve a necessidade de adaptar os procedimentos de apuração do resultado praticados em empresas comerciais – que apenas revendiam mercadorias compradas de terceiros – para as empresas industriais, que passaram a adquirir as matérias-primas e utilizar fatores de produção, como gastos com mão de obra, entre outros, para transformá-las em produtos destinados à venda.

O item "Compras", utilizado pelas empresas comerciais, passou a ser representado pela soma dos fatores que eram consumidos pela produção, como: matéria-prima, salário dos trabalhadores da produção e demais gastos consumidos pela atividade industrial. Esses fatores passaram a ser denominados de custos de produção (fabricação). Por consequência a contabilidade passou a ter um novo ramo, o qual controlava esses gastos e que passou a chamar-se de contabilidade de custos. A contabilidade de custos mensura e relata informações financeiras e não financeiras relacionadas à aquisição e ao consumo de recursos pela organização. Ela fornece informação tanto para a contabilidade financeira quanto para a contabilidade gerencial.

Martins (2010) argumenta que a preocupação primeira dos contadores, auditores e fiscais foi a de fazer da contabilidade de custos uma forma de resolver seus problemas de mensuração monetária dos estoques e do resultado, não a de fazer dela um instrumento de gestão. Por essa não utilização de todo o seu potencial no campo gerencial, deixou a contabilidade de custos de ter uma evolução mais acentuada por um longo tempo. Devido ao crescimento das empresas, com o consequente aumento da distância entre administrador e ativos e pessoas administradas, passou a contabilidade de custos a ser encarada como uma eficiente forma de auxílio no desempenho dessa nova missão, a gerencial.

Podemos então compreender, na mesma linha de pensamento, de vários autores[1], que a contabilidade de custos tem por objetivo atender às necessidades de informação dos usuários, organizadas geralmente em três aspectos, que podem ser definidos como as finalidades da contabilidade de custos:

1) Fornecer informações para a contabilidade financeira para os registros contábeis a elaboração das demonstrações contábeis (Balanço Patrimonial, Demonstração do Resultado etc.) para a divulgação aos usuários externos (acionistas, investidores, fornecedores, Fisco etc.). Para atender a essas necessidades, a contabilidade de custos fornece informações sobre o custo dos estoques de produtos acabados e em elaboração e sobre o custo dos produtos vendidos, de acordo com as normas vigentes, entre as quais os princípios de contabilidade;

2) Fornecer informações para o processo de tomada de decisão; e

3) Subsidiar o processo de controle gerencial.

---

1 Horngren, Datar e Foster. (2004); Garrison, Noreen e Brewer (2013); Atkinson *et al.* (2000).

As finalidades 2 e 3 estão relacionadas aos usuários internos da organização e atendem mais especificamente à contabilidade gerencial.

Para atender as necessidades gerenciais de apoio ao processo decisório e de suporte aos sistemas de controle gerencial, a contabilidade deve ser dinamizada e reorganizada para fornecer informações de consumo interno das organizações. Isto implica, algumas vezes, contrariar os princípios de contabilidade em prol da utilidade das informações obtidas. Esse sacrifício aos princípios de contabilidade pode ser encontrado, por exemplo, no processo de planejamento, em que a utilização do custeio variável, em combinação com a análise da relação custo/volume/lucro, fornece informações importantes para o planejamento do volume de produção, entre outras utilidades. Esses assuntos serão estudados nos capítulos 6 e 7 deste livro.

Estoques na atividade comercial

O comerciante limita-se a revender as mercadorias adquiridas com essa finalidade.

Estoque de Mercadorias – são as mercadorias compradas que ainda não foram vendidas. Ao serem vendidas, as mercadorias são baixadas dos estoques pelo valor que foram adquiridas. Assim, mercadorias vendidas e entregues aos clientes têm o valor de aquisição registrado como custo das mercadorias vendidas (CMV).

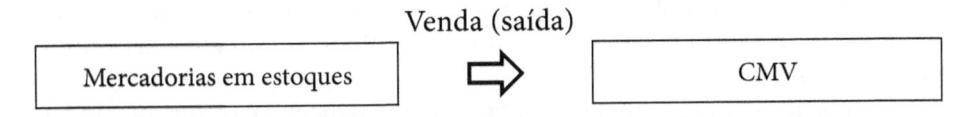

O controle dos estoques na empresa comercial é relativamente simples. Basta que se verifique, mediante inventário periódico ou por meio de controles permanentes, o valor de aquisição dos bens em estoque. Com esses recursos, podemos também controlar o custo das mercadorias vendidas e, assim, apurar o resultado.

A forma mais simples de se calcular o CMV é através da seguinte equação:

CMV = Estoque Inicial + Compras - Estoque Final

Neste caso, o CMV só é apurado ao fim de um período determinado, normalmente ao fim de cada exercício social.

De forma simplificada, a apuração do resultado na empresa comercial é feita do seguinte modo:

Vendas líquidas
(-) CMV (custo das mercadorias vendidas)
(=) Lucro bruto
(-) Despesas operacionais:
  Despesas com vendas
  Despesas gerais e administrativas
(+) Outras receitas operacionais
(-) Outras despesas operacionais
(+/-) Resultado financeiro
(=) Lucro antes dos tributos sobre o lucro
(-) Imposto de renda e contribuição social sobre o lucro
(=) Lucro ou prejuízo do exercício

Na atividade comercial permanecem em estoque apenas os valores de aquisição das mercadorias ainda não vendidas. Os valores do período correspondentes a aluguéis, depreciação, juros, comissões de vendas, honorários, salários etc. são apropriados ao resultado imediatamente quando incorridos (Regime de Competência). São, nesses casos, as *despesas operacionais*.

Em regra, são estocados apenas os gastos necessários à aquisição das mercadorias, tais como o preço pago pela mercadoria, o frete, o seguro do frete e os impostos não recuperáveis. Os gastos não relacionados à compra das mercadorias não fazem parte do seu valor de aquisição. A despesa de salários de uma empresa comercial, por exemplo, não é incorporada ao estoque, sendo apropriada ao resultado dentro do período de competência da despesa, mesmo que nesse período não tenham sido realizadas vendas de mercadorias.

O objetivo fundamental da contabilidade financeira é o controle do patrimônio da empresa e suas variações, que são resultantes da apuração do resultado das atividades comerciais (lucro ou prejuízo). A contabilidade financeira concentra-se nas informações dirigidas ao público externo em geral (acionistas, investidores, credores etc.) por meio das demonstrações contábeis, que são guiadas pelas Normas Brasileiras de Contabilidade Técnicas – Geral (NBC TG), em especial a NBC TG Estrutura Conceitual (CPC 00 – R2) e a NBC TG 26 (R5) – Apresentação das Demonstrações Contábeis.

Estoques na atividade industrial

A indústria fabrica os produtos destinados à venda, agregando à matéria-prima outros insumos de produção, como por exemplo, mão de obra direta, embalagens e demais gastos de fabricação.

Na empresa industrial os custos dos estoques, que representam os gastos relativos à fabricação deles, estarão contabilizados como *estoques de produtos em elaboração* e/ou *estoques de produtos acabados*, dependendo do estágio do processo de fabricação, e se transformarão em *custos dos produtos vendidos* (CPV) no momento da venda.

O custo dos produtos vendidos (CPV) corresponde às matérias-primas utilizadas, embalagens e outros materiais diretos, mão de obra direta e gastos gerais de fabricação (ou custos indiretos de fabricação), necessários à fabricação dos produtos vendidos. Ou seja, corresponde ao valor dos fatores de produção aplicados aos produtos comercializados em determinado período. O CPV representa o custo dos produtos que foram transferidos para os clientes, em virtude das vendas.

De forma simplificada, a apuração do resultado na empresa industrial é feita bastando alterar a referência ao custo das mercadorias vendidas (CMV) para custo dos produtos vendidos (CPV), conforme a seguir:

Vendas líquidas
(-) CPV (custo dos produtos vendidos)
(=) Lucro bruto
(-) Despesas operacionais:
   Despesas com vendas
   Despesas gerais e administrativas
(+) Outras receitas operacionais
(-) Outras despesas operacionais
(+/-) Resultado financeiro
(=) Lucro antes dos tributos sobre o lucro
(-) Imposto de renda e contribuição social sobre o lucro
(=) Lucro ou prejuízo do exercício

A contabilidade gerencial

A contabilidade de custos, que no início fornecia elementos para avaliação dos estoques e apuração do resultado, passou a prestar duas funções muito importantes na contabilidade gerencial: auxílio ao controle e tomada de decisão. No que diz respeito ao controle, a contabilidade de custos fornece informações para o planejamento, avaliação e, a seguir, acompanhar o efetivamente acontecido com os valores previstos.

Com relação à utilização dos dados da contabilidade de custos para as tomadas de decisões, estes podem ser muito úteis para o gestor pesar as consequências de medidas, tais como:

– Se a capacidade de produção da fábrica é insuficiente para atender a todos os pedidos dos clientes, qual produto ou linha de produtos deve ser cortado;

– Fixar o preço de venda de um produto;

– Continuar comprando matérias-primas de terceiros ou fabricá-las na empresa, entre outras.

Os usuários da informação contábil podem ser divididos como **usuários internos** e **usuários externos**. Os usuários internos são gestores, ou seja, os usuários de dentro da organização. Os usuários externos são os investidores, fornecedores, bancos, governo, Comissão de Valores Mobiliários (CVM) e demais agências reguladoras, entre outras partes interessadas. Esses usuários têm necessidades distintas. Os usuários internos, por exemplo, têm como necessidades: comprar e/ou vender à vista ou a prazo; aumentar ou reduzir investimentos; aumentar o capital ou emprestar recursos de terceiros; expandir, reduzir, diversificar ou concentrar as operações. Essas necessidades são atendidas pela contabilidade gerencial por meio de orçamentos, relatórios de desempenho, relatórios de custos etc.

Os usuários externos têm como necessidades: conceder ou não crédito (fornecedores em geral); investir ou não em ações na bolsa de valores (investidores); conceder ou não empréstimos estabelecendo termos de volume, taxa, prazo e garantias (instituições financeiras); observar se as demonstrações atendem aos requisitos legais e regulamentares, buscando indícios de abusos econômicos ou concorrenciais (CVM e demais órgãos e entidades reguladores); verificar o cumprimento da legislação tributária, buscando indícios de sonegação de tributos (Fisco); e solicitação e apreciação objetiva de perícias (Poder Judiciário). Essas necessidades são atendidas pela contabilidade financeira por meio das demonstrações contábeis (Balanço Patrimonial, Demonstração do Resultado etc.).

A contabilidade gerencial é a integração dos conhecimentos úteis, sob o aspecto gerencial, oriundos de vários ramos da contabilidade (financeira, custos etc.) e de outras ciências, para as tomadas de decisões da administração da entidade. A contabilidade gerencial é, portanto, o ramo da contabilidade que tem por objetivo fornecer instrumentos aos gestores das empresas que os auxiliem em suas funções gerenciais de direção e controle das operações internas para que atinjam suas metas.

1.3 A contabilidade de custos e o seu campo de aplicação

A contabilidade de custos (industrial) controla os estoques de matérias-primas, a mão de obra direta, as embalagens e demais materiais utilizados na produção, os custos indiretos de fabricação (mão de obra indireta, energia elétrica, depreciação, manutenção, aluguel, seguro etc.), os estoques de produtos em elaboração e de produtos acabados e os custos dos produtos vendidos.

– **Estoque de Matérias-Primas** – são matérias-primas em estoques aguardando para serem utilizadas no processo produtivo. Representam investimentos para a empresa, enquanto não aplicados na fabricação de produtos.

– **Estoque de Produtos em Processo** – são produtos que foram iniciados, mas ainda não estão totalmente acabados no final do período em análise.

– **Estoque de Produtos Acabados** – são produtos que tiveram os seus fluxos de produção terminados, mas que ainda não foram vendidos.

– **Custo dos Produtos Vendidos** – representa o custo dos produtos que foram transferidos para os clientes em virtude das vendas.

Uma companhia industrial pode ter diversos departamentos: administrativo, de vendas, financeiro, de produção etc. A contabilidade de custos é destinada exclusivamente ao **departamento de produção**.

Em sentido estrito, são custos apenas os gastos incorridos na fabricação dos produtos. Assim, os salários do departamento de produção representam custos. Já os salários do departamento de vendas são despesas operacionais. A depreciação das máquinas utilizadas na fabricação dos produtos é custo, mas a depreciação dos veículos do departamento administrativo é despesa.

Assim, para a fabricação de um determinado produto, os departamentos de produção precisam consumir diversos itens de custos. Cabe à contabilidade de custos controlar esses gastos envolvidos na produção.

Exemplificando, os itens seguintes representam os gastos (despesas e custos) de uma empresa industrial:

Custos	Despesas
1) Salários e respectivos encargos sociais do pessoal da produção. 2) Matéria-prima utilizada no processo produtivo. 3) Aluguéis e seguros do prédio da fábrica. 4) Depreciação dos equipamentos da fábrica. 5) Energia elétrica relativa às máquinas de fabricação e à iluminação da fábrica. 6) Gastos com manutenção das máquinas da fábrica.	1) Salário e encargos sociais do pessoal de vendas e administrativo. 2) Material de escritório utilizado pelos departamentos de administração e de vendas. 3) Aluguéis e seguros dos prédios administrativo e de vendas. 4) Depreciação de móveis e utensílios do departamento de vendas e administrativo. 5) Energia elétrica consumida pelo departamento administrativo e de vendas. 6) Conta telefônica do departamento de vendas e administrativo.

1.4 Princípios de contabilidade aplicados à contabilidade de custos

A contabilidade é considerada a linguagem global no mundo dos negócios e seus objetivos, conforme Iudícibus, Martins e Carvalho (2005), decorrem, sobretudo, das necessidades de seus usuários. Ela tem por finalidade atender os usuários com informações relevantes, confiáveis, úteis e em tempo hábil, as quais serão utilizadas para controle, planejamento, avaliação e tomada de decisão.

A contabilidade é um sistema de informações e de mensuração de fatos econômicos e financeiros. Tal sistema apoia-se em um conjunto ordenado de princípios, normas, procedimentos e práticas consagrados e aceitos pelo consenso profissional.

Os princípios de contabilidade representam a essência das doutrinas e teorias relativas à ciência da contabilidade, consoante o entendimento predominante nos universos científico e profissional do Brasil. Referem-se, pois, à contabilidade no seu sentido mais amplo de ciência social, cujo objeto é o patrimônio das entidades.

Princípios de contabilidade são premissas consagradas pelo uso e costumes sedimentados ao longo do tempo, mediante comprovação de fatos observados, analisados e estudados no contexto da realidade das empresas. São, pois, normas adotadas e consideradas adequadas para demonstrar o patrimônio de uma empresa e as mutações ocorridas durante um período.

A contabilidade de custos também tem aderência aos princípios de contabilidade em razão de sua vinculação com a contabilidade financeira e, como informação útil para tomada de decisão, deve obedecer às normas contábeis.

A Resolução do Conselho Federal de Contabilidade (CFC) nº 750/93, que estabelecia seis princípios de contabilidade (Entidade; Continuidade; Oportunidade; Registro pelo Valor Original; Competência; e Prudência), foi revogada a partir de 1º de janeiro de 2017, conforme publicação no Diário Oficial da União (Seção 1), em 4 de outubro de 2016, pela Norma Brasileira de Contabilidade Aplicada ao Setor Público (NBC TSP) – Estrutura Conceitual. Com a edição dessa norma, deixou de ser necessária a existência em separado dos princípios, no entanto eles continuam sendo observados pela contabilidade por meio de diversos Pronunciamentos Técnicos e são aplicados em diversas situações que, em alguns casos, nem são expressamente chamados de princípios.

Adiante veremos como a NBC TG Estrutura Conceitual para Elaboração e Divulgação de Relatório Contábil-Financeiro (CPC 00 – R2) e outros Pronunciamentos Técnicos tratam os princípios já conhecidos.

O *Princípio da Competência*, nos termos da estrutura conceitual (CPC 00 – R2), é o regime que retrata com propriedade os efeitos de transações e outros eventos e circunstâncias sobre os recursos econômicos e reivindicações da entidade nos períodos em que os ditos efeitos são produzidos (quando ocorrer o fato gerador), ainda que recebimentos e pagamentos em caixa e derivados de caixa ocorram em períodos distintos.

Este princípio pressupõe a simultaneidade da confrontação de receitas e de despesas correlatas. Assim, os valores apropriados aos custos estarão agregados ao estoque enquanto o produto não for vendido. Somente na venda dos estoques os custos serão considerados despesas na conta Custo dos Produtos Vendidos na Demonstração do Resultado do período.

A receita deve ser reconhecida na Demonstração do Resultado quando suceder em aumento nos benefícios econômicos durante o período contábil, originado no curso das atividades usuais da entidade, na forma de fluxos de entrada ou aumentos nos ativos (por exemplo: aumento originado na venda de bens e serviços) ou redução nos passivos (por exemplo: redução de dívida a ser paga), que resultam em aumento no patrimônio líquido e que não sejam provenientes de aportes dos participantes do patrimônio.

As despesas devem ser reconhecidas na demonstração do resultado com base na associação direta entre elas e os correspondentes itens de receita. Esse processo, usualmente chamado de confrontação entre despesas e receitas (regime de competência), envolve o reconhecimento simultâneo ou combinado das receitas e despesas que resultem diretamente ou conjuntamente das mesmas transações ou outros eventos. Por exemplo, os vários componentes de despesas que integram o custo dos produtos ou das mercadorias vendidas devem ser reconhecidos no mesmo momento em que a receita derivada da venda dos produtos ou das mercadorias for reconhecida.

Quando se espera que os benefícios econômicos sejam gerados ao longo de vários períodos contábeis e a associação com a correspondente receita somente possa ser feita de modo geral e indireto, as despesas devem ser reconhecidas na demonstração do resultado com base em procedimentos de alocação, proporcionalmente à realização da receita. Muitas vezes isso é necessário para reconhecer despesas associadas com o uso ou o consumo de ativos, tais como itens do imobilizado, ágio pela expectativa de rentabilidade futura (*goodwill*), marcas e patentes. Em tais casos, a despesa alocada, como depreciação ou amortização, destina-se a reconhecer despesas nos períodos contábeis em que os benefícios econômicos associados a tais itens sejam consumidos ou expirarem.

Receita de contrato com cliente – NBC TG 47 (CPC 47)

Os procedimentos adotados para o reconhecimento da receita oriunda de contratos de compra e venda de mercadorias ou prestação de serviços com clientes estão previstos na NBC TG 47 – Receita de Contrato com Cliente (CPC 47), em vigor desde 1º de janeiro de 2018. O objetivo dessa norma é estabelecer os princípios que a entidade deve aplicar para apresentar informações úteis aos usuários das demonstrações contábeis sobre natureza, valor, época e incerteza de receitas e fluxos de caixa provenientes de contratos de compra e venda de mercadorias ou prestação de serviços. Nesse sentido, a entidade deve reconhecer receitas quando (ou à medida que) ela efetuar a transferência do bem ou do serviço prometido ao cliente no valor que reflita a contraprestação que a entidade espera receber em troca desse bem ou serviço. O ativo é considerado transferido quando (ou à medida que) o cliente obtiver o **controle** desse ativo.

A NBC TG 47 deve ser aplicada somente se a outra parte participante do negócio for a que contratou com a entidade para obter bens ou serviços que constituem um produto das atividades normais da entidade em troca de contraprestação monetária (pagamento). Dessa forma, em alguns casos, a referida norma não é aplicada, como por exemplo: arrendamento mercantil, contrato de seguro, instrumentos financeiros e permutas entre entidades para negócios similares.

O contrato, nos termos da NBC TG 47, é um acordo escrito ou verbal entre duas ou mais partes contemplando as práticas usuais de negócios da entidade, que cria direitos e obrigações para entidades e clientes, que estão dispostos a cumpri-los. Em um contrato de compra e venda, por exemplo, a empresa (vendedor) tem o direito de receber o dinheiro e tem a obrigação de entregar a mercadoria ou o serviço; o cliente (comprador) tem o direito de receber a mercadoria ou o serviço e a obrigação de realizar o pagamento.

Assim, a entidade deve contabilizar os efeitos de um contrato com um cliente, que esteja dentro do alcance da norma, somente se todos os critérios a seguir forem atendidos:

1) Quando as partes do contrato aprovarem o contrato e estiverem comprometidas em cumprir suas respectivas obrigações;

2) Quando a entidade puder identificar os direitos de cada parte em relação aos bens ou serviços a serem transferidos;

3) Quando a entidade puder identificar os termos de pagamento para os bens ou serviços a serem transferidos;

4) Quando o contrato possuir substância comercial, ou seja, espera-se que riscos, prazos ou valor dos fluxos de caixa da entidade sejam modificados por conta do contrato; e

5) Quando for provável que a entidade receberá a contraprestação (pagamento) à qual terá direito em troca dos bens ou serviços que serão transferidos ao cliente. O valor do pagamento ao qual a entidade tem direito pode ser inferior ao preço declarado no contrato, caso a entidade ofereça ao cliente uma redução de preço, como desconto, abatimento, restituição ou crédito. A redução no valor do pagamento pode ser declarada expressamente no contrato, em função do bom relacionamento comercial entre a entidade e o cliente ou de outros fatores que a ela julgar convenientes.

Se o contrato com o cliente não atender aos critérios relacionados acima, a entidade deverá continuar avaliando o contrato até que todos eles sejam atendidos. No caso de o contrato não atender aos critérios mencionados, mas a entidade receber a contraprestação do cliente (entrada de dinheiro no caixa, por exemplo), ela deve reconhecê-la como receita somente quando qualquer uma das seguintes hipóteses ocorrer:

a) a entidade não possuir obrigações restantes de transferir bens ou serviços ao cliente; e a totalidade, ou praticamente a totalidade do pagamento prometido pelo cliente foi recebida pela entidade e não for restituível; ou

b) o contrato for rescindido e os valores recebidos não forem restituíveis ao cliente.

A entidade deve reconhecer o valor recebido de cliente como passivo (receitas antecipadas) até que uma das hipóteses das letras a e b do item acima seja satisfeita, ou até que os critérios de 1 a 5, antes mencionados, sejam todos atendidos.

Dependendo dos fatos e circunstâncias relativos ao contrato, o passivo reconhecido representa a obrigação da entidade de transferir bens ou serviços no futuro ou de restituir a valor recebido. Em qualquer dos casos, o passivo deve ser mensurado pelo valor pago pelo cliente.

O *Princípio do Registro pelo Valor Original* determina que os componentes do patrimônio devem ser inicialmente registrados pelos valores originais das transações, expressos em moeda nacional.

Nos termos do CPC 00 (R2), os ativos serão registrados contabilmente pelo seu custo histórico, que é o valor original de entrada deles. O custo histórico dos ativos é o registro, na data da operação, pelo montante pago em caixa ou equivalentes de caixa, ou pelo valor justo dos recursos entregues para adquiri-los.

Uma vez integrado ao ativo, o valor original de entrada poderá sofrer variações. Este valor é normalmente combinado com outras bases de mensuração, como por exemplo: custo corrente, valor realizável e valor presente. Assim, se uma entidade adquirir um veículo por R$ 40.000,00 ou R$ 20.000,00 em mercadorias, esses serão os valores que constarão no registro contábil das transações, portanto, os seus custos históricos. Cabe ressaltar que cada tipo de ativo ou passivo estará sujeito a uma ou mais espécies de variações, mas não necessariamente a todas elas. O veículo em questão está sujeito ao teste de recuperabilidade (*impairment*) previsto no artigo 183, §3º da Lei 6.404/76 e na NBC TG 01 (R4). Se ele tiver um valor recuperável, na data do Balanço Patrimonial, de somente R$ 30.000,00, por hipótese, terá que ser feito um ajuste em seu custo histórico de R$ 10.000,00 para adequá-lo ao valor recuperável.

No caso das mercadorias o tratamento será diferente. Na data do Balanço Patrimonial elas deverão ser avaliadas para apurar seu valor realizável líquido, que é o preço de venda estimado no curso normal dos negócios deduzido dos custos estimados para sua conclusão e dos gastos estimados necessários para se concretizar a venda. O valor realizável líquido obtido será confrontado com o valor do custo de histórico, prevalecendo, dos dois, o menor.

Exemplificando: supondo-se que, na data de encerramento do Balanço Patrimonial, o estoque de mercadorias só possa ser vendido por R$ 19.000,00, com despesas de vendas de R$ 4.000,00, o valor realizável líquido do mesmo será de R$ de 15.000,00, sendo o custo original de $ 20.000,00. Dessa forma, em conformidade com a NBC TG 16 (R2), o valor do estoque tem que ser o menor dos dois, logo R$ 15.000,00. Como o custo original é o que está registrado no Livro Razão[2], terá que ser feito, em decorrência, um registro contábil de um ajuste no valor de R$ 5.000,00.

Entretanto, se o menor dos valores fosse o do custo histórico, que é o valor registrado no Livro Razão, nenhum ajuste precisaria ser feito, uma vez que estariam atendidos, plenamente, os dizeres daquele normativo.

O *Princípio da Oportunidade* refere-se ao processo de mensuração e apresentação dos componentes patrimoniais para produzir informações confiáveis e tempestivas (rápidas). A falta de confiabilidade e tempestividade na produção e na divulgação da informação contábil pode ocasionar a perda de sua relevância, por isso é necessário ponderar a relação entre a oportunidade e a confiabilidade da informação.

O CPC 00 (R2) não trata especificamente desse princípio, mas fundamenta que, para uma informação contida em um relatório contábil-financeiro ser útil, ela não tem só que representar um fenômeno relevante, mas tem também que representar com fidedignidade o fenômeno que se propõe representar. Para ser representação perfeitamente fidedigna (confiá-

---

2   Por meio do Livro Razão é possível controlar separadamente o movimento de todas as contas. O controle individualizado das contas é importante para se conhecer os seus saldos, possibilitando a apuração de resultados e elaboração de demonstrações contábeis.

vel), a realidade retratada precisa ter três atributos. Ela tem que ser *completa, neutra e livre de erro.*

A informação será *completa* quando apresentar os elementos necessários para se compreender o fato retratado, como por exemplo, a descrição da natureza de um item patrimonial, o seu montante, informações adicionais de fatos relevantes etc.

A informação será *neutra* quando for desprovida de qualquer viés (tendência) na seleção ou na apresentação da informação contábil-financeira que possa vir a distorcer a tomada de decisão por parte do usuário da informação. Contudo, uma informação neutra não significa informação sem propósito ou sem influência no comportamento dos usuários.

Uma informação *livre de erros* é aquela que deve ser produzida sem omissão relevante ou equívoco, e quando o processo de sua produção é claramente mencionado, o que não significa uma informação com exatidão em todos os aspectos. Por exemplo, no caso de estimativa de uma provisão, o valor pode não ser exato, no entanto, método adotado para obtenção desse valor deve ser livre de erros.

Nos termos do CPC 00 (R2), tempestividade significa ter informação disponível para tomadores de decisão a tempo de poder influenciá-los em suas decisões. Em geral, a informação mais antiga é a que tem menos utilidade, pelo fato de não ser uma informação tempestiva.

A tempestividade favorece de modo consistente na produção de informação útil para as tomadas de decisões gerenciais adequadas. Entretanto, deve-se ter o cuidado para o fato de que quanto maior for o grau de tempestividade de uma informação, tanto maior poderá ser o grau de subjetividade que ela terá, pois a rapidez na produção de uma informação pode fazer com que ela careça de elementos que confirmem sua confiabilidade.

O *Princípio da Prudência* pressupõe o emprego de certo grau de precaução no exercício dos julgamentos necessários às estimativas em certas condições de incerteza, no sentido de que ativos e receitas não sejam superestimados e que passivos e despesas não sejam subestimados, atribuindo maior confiabilidade ao processo de mensuração e apresentação dos componentes patrimoniais.

Ferreira (2013) argumenta que este princípio deve ser considerado quando o contabilista tiver que avaliar o provável efeito de um evento sobre o patrimônio, diante de duas ou mais alternativas que ele julgue igualmente possíveis de materializar-se, devendo ser adotada a opção de que resulte menor valor para o ativo ou maior valor para o passivo exigível.

A simples possibilidade de uma empresa vir a sofrer uma ação judicial, por exemplo, não é suficiente para o contabilista constituir uma provisão, no passivo, para atendê-la. Inicialmente, é preciso que um processo seja movido por terceiros contra a empresa e, depois, que haja uma razoável probabilidade de que a perda da ação seja juridicamente provável.

Com relação ao assunto, a NBC TG 25 (R2) estabelece:

– Provisões – que são reconhecidas como passivo (presumindo-se que possa ser feita uma estimativa confiável) porque são obrigações presentes e é provável que uma saída de recursos que incorporam benefícios econômicos seja necessária para liquidar a obrigação;

– Passivos contingentes – que não são reconhecidos como passivo porque são:

a) Obrigações possíveis, visto que ainda há de ser confirmado se a entidade tem ou não uma obrigação presente que possa conduzir a uma saída de recursos que incorporam benefícios econômicos, ou

b) Obrigações presentes que não satisfazem os critérios de reconhecimento da NBC TG 25 (R2), porque não é provável que seja necessária uma saída de recursos que incorporem benefícios econômicos para liquidar a obrigação, ou não pode ser feita uma estimativa suficientemente confiável do valor da obrigação.

Outro exemplo para aplicação do princípio da prudência está contido na NBG TG 16 (R2), item 9: "Os estoques, objeto deste Pronunciamento, devem ser mensurados pelo valor de custo ou pelo valor realizável líquido, **dos dois o menor**." Ou seja, entre duas alternativas válidas, devemos optar pela que resulte em menor valor para o Ativo.

Princípio da Continuidade. A estrutura conceitual (CPC 00 – R2), pressupõe que as demonstrações contábeis normalmente são elaboradas tendo como premissa que a entidade está em atividade (*going concern assumption*) e irá manter-se em operação por um futuro indeterminado. Desse modo, parte-se do pressuposto de que a entidade não tem a intenção, nem tampouco a necessidade, de entrar em processo de liquidação ou de reduzir materialmente a escala de suas operações. Dessa forma, deve-se estar atento às inovações, modificações e aprimoramentos que se fizerem necessários. Uma indústria, por exemplo, não se resume apenas à automação, mas de algo muito mais abrangente. A indústria de hoje é mais tecnológica. Ela mescla mundo real e virtual para a descentralização de processos e melhoria de resultados. Trata-se do uso da tecnologia para otimizar os processos, controlar os suprimentos, agilizar o acompanhamento de inventários, realizar o monitoramento de seu maquinário com o auxílio softwares etc., a fim de tornar o negócio mais competitivo e rentável em um período indeterminado.

O *Princípio da Entidade* reconhece o patrimônio como objeto da contabilidade e afirma a autonomia patrimonial, a necessidade da diferenciação de um patrimônio particular no universo dos patrimônios existentes, independentemente de pertencer a uma pessoa, um conjunto de pessoas, uma sociedade ou instituição de qualquer natureza ou finalidade, com ou sem fins lucrativos. Em decorrência, nesta acepção, o patrimônio da entidade que reporta a informação contábil não se confunde com aqueles dos seus sócios ou proprietários, no caso de sociedade ou instituição.

A estrutura conceitual (CPC 00 – R2) não trata especificamente desse princípio. Porém, destaca que o objetivo dos relatórios financeiros para fins gerais é fornecer informações sobre a posição financeira da entidade que reporta, as quais consistem em informações sobre os recursos econômicos da entidade e as reivindicações contra ela, que sejam úteis a investidores, a credores por empréstimos e a outros credores, quando da tomada decisão ligada ao fornecimento de recursos para a entidade. Essas decisões envolvem comprar, vender ou manter participações em instrumentos patrimoniais e em instrumentos de dívida, e a oferecer ou disponibilizar empréstimos ou outras formas de crédito.

De maneira geral, podemos perceber que os princípios de contabilidade mencionados na Resolução CFC nº 750/1993, revogada a partir de 1º de janeiro de 2017, estão contemplados na estrutura conceitual (CPC 00 – R2) e em outros pronunciamentos, conforme comentado nesta obra. A estrutura conceitual também traz algumas alterações conceituais importantes destacando-se, no enfoque da contabilidade de custos, o atributo da Relevância, que trata das características qualitativas fundamentais da informação contábil-financeira. A Relevância refere-se à informação capaz de fazer diferença nas decisões que possam ser tomadas pelos usuários, tanto quando é considerada quanto desconsiderada nas suas decisões, por terem tomado ciência de sua existência por outras fontes.

Dentro do atributo da Relevância trabalha-se com a Materialidade. De acordo com estrutura conceitual, a informação é material se a sua omissão ou sua divulgação distorcida puder influenciar decisões que os usuários tomarem fundamentados no aspecto contábil-financeira da entidade específica que reporta a informação.

A Materialidade é um aspecto de relevância específico da entidade baseado na natureza, na magnitude, ou em ambos os itens para os quais a informação está relacionada no contexto do relatório contábil-financeiro de uma entidade em particular. Consequentemente, não se pode especificar um limite quantitativo uniforme para a Materialidade ou predeterminar o que poderá ser julgado material para uma situação particular.

No que se refere aos custos, devemos dar tratamento menos rigoroso a valores monetários de pequena monta dentro dos gastos totais, uma vez que a relação custo-benefício deve ser levada em consideração ao decidirmos sobre determinados itens de custos. Martins (2010) sugere que, em alguns casos, pequenos materiais de consumo industrial poderiam ser tratados como custo na proporção de sua efetiva utilização, mas por consistirem em valores irrisórios, costumeiramente são englobados e totalmente considerados como custo no período de sua aquisição, simplificando o procedimento por se evitar seu controle e baixa por diversos períodos. O custo da informação não compensaria os benefícios que ela proporciona ao usuário. Entretanto, devemos estar sempre atentos a esses pequenos valores, pois a soma deles pode transformar-se em um valor significativo (material) gerando graves distorções quando descartados por não apresentarem necessidade individual de atenção especial.

Não cabe neste tópico e nem é a intenção deste livro a discussão sobre toda a estrutura conceitual para elaboração e divulgação de relatórios contábil-financeiros; apenas tornou-se necessária essa abordagem por seu relacionamento com alguns aspectos inerentes à contabilidade de custos. Caso o leitor precise ou queira aprofundar-se no assunto, sugere-se a leitura do CPC 00 (R2) na íntegra, disponível no sítio do Conselho Federal de Contabilidade (https://cfc.org.br/tecnica/normas-brasileiras-de-contabilidade/normas-completas/).

1.5 Terminologia contábil aplicada à contabilidade de custos

No "mundo dos negócios" ou no dia a dia das empresas em que atuam profissionais de diversas áreas, Gastos, Custos e Despesas são, por vezes, consideradas palavras sinônimas, como, também, Desembolso e Investimento.

Martins (2010) argumenta que, no meio de tantos nomes e ideias, normalmente o principiante vê-se perdido, e às vezes o experiente, embaraçado.

A área de custos possui terminologia própria, entretanto muitas vezes é utilizada de forma equivocada, por isso vamos identificar esses termos para melhor entendimento:

Gasto – é o valor assumido pela empresa para obter bens ou serviços, representado por entrega ou promessa de entrega de ativos (normalmente dinheiro). Pode ser um investimento, custo ou despesa. Conceito extremamente amplo e que se aplica a todos os bens e serviços recebidos/prestados.

O gasto normalmente ocorre no ato da passagem para a propriedade da empresa do bem ou serviço, ou seja, quando existe o reconhecimento contábil da dívida assumida ou da redução do ativo dado em pagamento.

Desembolso – pagamento resultante do gasto na aquisição do bem ou serviço. Caracteriza-se pela entrega ou transferência de numerário.

Investimento – gasto ativado em função de sua vida útil ou de benefícios atribuíveis a períodos futuros, que em função da sua utilização, consumo ou venda, pode se transformar em custo, despesa ou, eventualmente, perda.

Podem ser de diversas naturezas e de períodos de ativação variados: a matéria-prima é um gasto contabilizado temporariamente como investimento circulante, que se transforma em custo quando da sua transferência para a produção; a máquina de uso é um gasto que se transforma num investimento não circulante; as ações adquiridas de outras empresas são gastos classificados como investimentos circulantes ou não circulantes, dependendo da intenção que levou a sociedade à aquisição.

Custo – gasto relativo ao bem ou serviço utilizado na produção de outros bens ou serviços. Este gasto só é reconhecido como custo no momento de utilização dos fatores de produção para fabricação de um produto ou prestação de um serviço.

Exemplos: matéria-prima utilizada na produção, energia elétrica consumida na produção, salários do pessoal da produção, manutenção e depreciação das máquinas e equipamentos de produção.

Despesa – gasto com bens e serviços não utilizados nas atividades produtivas e que são consumidos com a finalidade de obtenção de receitas, de forma direta ou indireta.

Exemplos: custo dos produtos, mercadorias ou serviços vendidos, salários e encargos do pessoal de vendas e administrativo, energia elétrica do escritório, aluguéis e seguros do prédio da administração, depreciação dos equipamentos do escritório etc.

Muitas empresas arrendam bens, como imóveis e veículos, para apoiar suas operações por meio de contratos de arrendamento e, na execução desses, surgirão despesas de juros e de depreciação.

De acordo com a IFRS 16 – Arrendamento [NBC TG 06 (R3) – CPC 06 (R2)], vigente a partir de janeiro de 2019, arrendamento (*leasing*) pode ser definido como o processo que identifica quem controla o direito e uso do ativo, ou seja, a negociação por meio da qual uma pessoa cede à outra (*arrendador e arrendatário*)[3] o uso de um bem, que pode ou não ser adquirido no final, por um período determinado mediante o pagamento

---

3 O arrendador é o proprietário do bem arrendado, que cede os direitos de uso desse bem ao arrendatário, que, por sua vez, irá usufruir do bem e efetuar o pagamento dele. O arrendatário reconhece o direito de uso do ativo e o passivo de arrendamento para os contratos de arrendamento vigentes.

(normalmente mensal). O IFRS 16 considera como passível de contabilização os arrendamentos que tiverem prazo superior a doze meses e/ou bens que não sejam de baixo valor, como por exemplo, computadores pessoais, *tablets*, pequenos itens de mobiliário de escritório etc.

A NBC TG 06 (R2), que estava em vigor até 31/12/2018, classificava o arrendamento mercantil em financeiro e operacional e a contabilização ocorria da seguinte forma:

• **Financeiro:** *débito* de Ativo Não Circulante e *crédito* do Passivo Circulante ou Não Circulante, dependendo do prazo.

• **Operacional:** neste caso, havia despesa de contraprestação com arrendamento: *débito* de **despesa** e *crédito* de um disponível, se fosse pago dentro do mês, ou de um Passivo Circulante, se fosse pago no mês subsequente.

A IFRS 16 eliminou essas duas classificações para os *arrendatários* dos bens, substituindo-as por um único modelo contábil, segundo o qual todos os arrendamentos devem ser reconhecidos, incluindo ativos imobilizados, no Balanço Patrimonial como um "ativo de direito de uso" e tendo como contrapartida um "passivo de arrendamento". A contabilização para o arrendador permanece, em grande parte, a mesma exigida até 31/12/2018, pois de acordo com a norma, o arrendador deve classificar cada um de seus arrendamentos como arrendamento operacional ou arrendamento financeiro.

Portanto, para o arrendatário de um bem, a contabilização inicial do direito de uso deste será no ativo e no passivo. Após o reconhecimento inicial, o direito de uso do ativo estará sujeito à depreciação, nos termos da NBC TG 27 (R4) – Ativo Imobilizado, assim como ao teste de ajuste ao valor recuperável, conforme previsto na NBC TG 01 (R4) – Redução ao Valor Recuperável de Ativos.

O passivo de arrendamento, por sua vez, estará sujeito aos encargos financeiros da taxa de juros efetiva, conforme a NBC TG 48 – Instrumentos Financeiros.

O arrendatário deve apresentar, na Demonstração do Resultado, as despesas de juros sobre o passivo de arrendamento separadamente do encargo de depreciação para o ativo de direito de uso. Despesas de juros sobre o passivo de arrendamento são um componente de despesas financeiras.

O quadro a seguir ilustra a terminologia contábil aplicada à contabilidade de custos nas diversas fases do fluxo industrial:

Terminologia contábil - quadro resumo

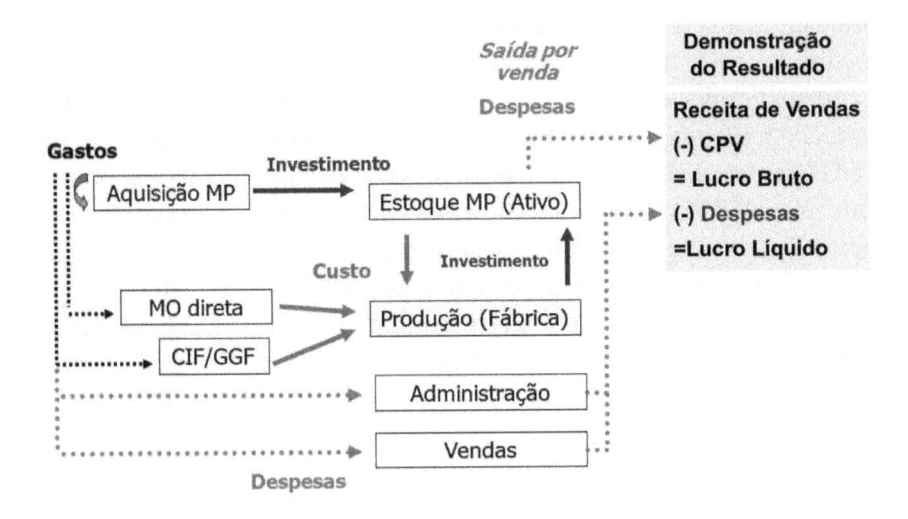

Perda – é um gasto não intencional decorrente de fatores externos fortuitos. É considerada da mesma natureza que as despesas e é registrada diretamente contra o resultado do período. Exemplo: perdas com enchentes, desabamentos, obsoletismo, furtos ou roubos de estoques etc.

A estrutura conceitual (CPC 00 – R2) destaca que, se o gasto não produzir benefícios econômicos futuros ou quando não se qualificarem, ou deixarem de se qualificar, para reconhecimento no Balanço Patrimonial como Ativo, a despesa deve ser reconhecida imediatamente na Demonstração do Resultado. Nos termos da NBC TG 16 (R2), os valores anormais de custos de produção (perdas) devem ser reconhecidos como despesa do período em que ocorrem, sem transitar pelos estoques.

É importante chamar a atenção para a ocorrência das chamadas perdas programadas, esperadas ou normais que, diferentemente das perdas aleatórias acima descritas, são classificadas como custos. Por exemplo: aparas de chapas de aço, de papelão, de tecidos, que podem ocorrer no momento do corte; evaporação; e outras que normalmente ocorrem em função do próprio processo de fabricação. Essas perdas são previsíveis e já fazem parte da expectativa da empresa, sendo impossível finalizar a produção sem que elas ocorram, constituindo-se em um sacrifício que a empresa sabe que precisa suportar para obter o produto. Portanto, por serem inerentes à tecnologia de produção da fábrica, são consideradas como custos, já que são valores sacrificados de maneira normal no processo de produção.

Martins (2010) comenta que o gasto com mão de obra durante um período relevante de greve, por exemplo, é uma perda, não um custo de produção; assim como o material deteriorado por um defeito anormal de um equipamento, pois não haveria lógica em apropriar-se como custo essas anormalidades e, portanto, acabar por ativar um valor dessa natureza.

Cabe ressaltar que muitas perdas são irrelevantes e, na prática, consideradas dentro dos custos ou das despesas, sem sua separação. Isso ocorre em função da materialidade do valor envolvido. A materialidade é um aspecto de relevância baseado na natureza, na magnitude, ou em ambos, e deve ser considerada nas decisões relativas à alocação de custos e despesas.

Outro aspecto a ressaltar é o tratamento contábil na ocorrência de sinistros. Independentemente de os bens estarem segurados ou não, eles serão sempre baixados do Ativo contra o resultado do exercício (despesa), conforme exemplo, a seguir:

1 – Apuração do valor contábil de um veículo sinistrado, na data da ocorrência:

D – Depreciação Acumulada - Veículos (Imobilizado/Ativo Não Circulante – retificadora)

C – Veículos (Imobilizado/Ativo Não Circulante)

2 – Baixa de um veículo sinistrado, na data da ocorrência:
D – Bens Sinistrados (Resultado)
C – Veículos (Imobilizado/Ativo Não Circulante)

Caso ocorra o recebimento da indenização do seguro coberto pela apólice, além dos lançamentos contábeis a serem efetuados acima, será feito o lançamento pela indenização recebida da companhia seguradora, a seguir:

D – Caixa, Bancos, Indenizações a Receber (Ativo Circulante)
C – Indenizações de Seguros (Resultado)

Onde terminam os custos de produção?

É bastante fácil visualizar onde começam os custos de produção, mas nem sempre é tão simples a verificação de onde eles terminam. É relativamente comum a existência de problemas de separação entre custos e despesas de venda. A regra é simples, bastando definir-se o momento em que o produto está acabado e pronto para a venda. Até o momento da finalização do produto, todos os gastos realizados com ele são custos. A partir daí, em geral, todos os gastos necessários à realização da sua venda serão tratados como despesas. Nos termos da NBC TG 16 (R2), há circunstâncias em que a entidade também pode admitir a inclusão de outros gastos no custo dos estoques acabados, caso eles **adicionem valor** aos produtos, tais como custos de distribuição; por exemplo, uma grande rede de supermercados investe em marcas próprias e seus produtos têm valor de venda maior na prateleira do supermercado do que no depósito de distribuição dessa empresa. Assim, o custo do transporte do centro de distribuição às lojas de vendas deve ser considerado como parte integrante do custo de colocar os estoques em condições de venda.

Os gastos com embalagens podem tanto estar numa categoria como em outra, dependendo de sua aplicação. Quando um produto é colocado para venda a granel[3], seu custo terminou quando do término de sua produção. Como a embalagem só é aplicada após as vendas, ela deve ser tratada como despesa. Isso implica a contabilização do estoque de produtos acabados sem a embalagem. Se, por outro lado, o produto já é colocado à venda embalado de forma diferente (embalagens com 1 quilo, 5 quilos, 10 litros etc.) então, seu custo total inclui o de seu acondicionamento, ficando ativado (registrado no estoque) por esse montante.

1.6 Exercícios

1. (Transpetro/Contador_Cesgranrio) Numa empresa industrial, o entendimento técnico-conceitual de custo e de despesa é fundamental para plena separação e classificação.
Nesse contexto, sob esse enfoque técnico-conceitual, entende-se que o custo:

a) ( ) e a despesa só são considerados incorridos quando pagos.
b) ( ) e a despesa, quando efetivamente incorridos, reduzem o lucro.
c) ( ) aumenta o Ativo Circulante, e a despesa reduz o Patrimônio Líquido.
d) ( ) vai para o produto, e a despesa vai para o resultado, logo reduzem o Patrimônio Líquido.

e) ( ) vai para o produto reduzindo o Ativo Circulante, e a despesa a desembolsar também o reduz.

2. (Petrobras/Contador_Cesgranrio) A preocupação inicial de contadores, auditores e fiscais, em relação à contabilidade de custos, foi utilizá-la como uma forma de resolver seus problemas de:

a) ( ) mensuração monetária dos estoques.
b) ( ) determinação do custo dos produtos vendidos.
c) ( ) separação entre custos e despesas.
d) ( ) alocação dos custos variáveis aos produtos.
e) ( ) segregação entre custos diretos e indiretos.

---

3 Carga (cereais, líquidos etc.) transportada sem embalagem ou acondicionamento especial, sem marca de identificação ou contagem em unidades.

3. Indique a alternativa que não representa custo.

a) ( ) Salários dos operadores das máquinas de fabricação.
b) ( ) Depreciação das máquinas de fabricação.
c) ( ) Honorários do diretor fabril e respectivos encargos sociais.
d) ( ) Salários dos funcionários do departamento de vendas.
e) ( ) Energia elétrica consumida pelas máquinas de fabricação.

4. Não integram o custo de produção das indústrias os valores correspondentes a:

a) ( ) matérias-primas utilizadas na produção
b) ( ) materiais indiretos utilizados na produção
c) ( ) despesas de vendas dos produtos
d) ( ) mão de obra aplicada à produção
e) ( ) gastos gerais de fabricação dos produtos

5. (Eletrobrás/Contador_UFRJ_ adaptada) O único valor considerado como custo na contabilidade de custos de empresa manufatureira é o recurso aplicado em:
a) ( ) propaganda
b) ( ) comissões de vendas
c) ( ) depreciação do automóvel do presidente da empresa
d) ( ) seguro da fábrica
e) ( ) dividendos pagos

6. (QCO/Contabilidade_Exército) Analise as proposições abaixo e, a seguir, assinale a alternativa correta.

I. Custo de produtos vendidos é uma despesa.
II. Gasto e desembolso são sinônimos em qualquer circunstância.
III. Custo é um gasto pertinente à utilização de um bem ou serviço na produção de outro bem ou serviço.
IV. Despesa está associada ao consumo de bens ou serviços na elaboração de produtos para estoque.

V. Investimento é um gasto que se transforma em despesa, logo após o desembolso.
a) ( ) Somente I está correta.
b) ( ) Somente I, II e IV estão corretas.
c) ( ) Somente I e III estão corretas.
d) ( ) Somente II e III estão corretas.
e) ( ) Somente III, IV e V estão corretas.

7. (ESAF_adaptada) Em relação à terminologia utilizada pela Contabilidade de Custos, é correto afirmar:

a) ( ) Gastos são despesas que a empresa incorre para realizar a produção.
b) ( ) Despesas são gastos incorridos com a produção de bens e serviços, com a intenção de sua venda posterior.
c) ( ) Investimentos não são gastos, uma vez que se trata de ativos adquiridos pela empresa que somente são depreciados lentamente.
d) ( ) Perdas são sacrifícios ocorridos na produção, de forma involuntária ou fortuita.
e) ( ) Custos são os gastos que a empresa incorre para a comercialização dos produtos.

8. (TRE PA/Analista Judiciário_FCC) Para efeito de divulgação de demonstrações contábeis para usuários externos, a contabilidade de custos possui como finalidade

a) ( ) subsidiar o processo decisório quanto à determinação do preço de vendas.
b) ( ) determinar o valor dos estoques de produtos acabados.
c) ( ) fornecer base para avaliação de desempenho dos diversos setores da empresa.
d) ( ) estabelecer padrões de quantidades de custos diretos dos produtos.
e) ( ) subsidiar a elaboração de orçamentos.

9. (TRE PA/Analista Judiciário_FCC) O bem ou serviço consumido direta ou indiretamente para a obtenção de receitas é denominado de:

a) ( ) investimento.
b) ( ) despesa.
c) ( ) perda.
d) ( ) custo.
e) ( ) gasto.

10. (Petrobras/Contador_Cesgranrio_adaptada) A Indústria Milpo Ltda. está passando por um período de sazonalidade e, em vista disso, está havendo certa ociosidade no departamento de produção. Devido a esse fato, parte do pessoal da produção foi designada para realizar um trabalho de manutenção e reparos no escritório central da indústria, que fica em outro prédio. Essa tarefa deve durar cerca de 10 dias úteis.
Na contabilidade da Milpo, os gastos com a mão de obra do pessoal de produção, no período em que estiverem trabalhando na manutenção do escritório central, deverão ser:

a) ( ) tratados como apontamento da mão de obra e dos materiais gastos nessa operação, sendo o montante obtido tratado como despesa do período.
b) ( ) tratados como custos de produção, independentemente de ser ou não período ocioso, pelo fato de ter sido usado pessoal da produção.
c) ( ) tratados como perdas, por se tratar de período ocioso.
d) ( ) alocados aos produtos em que o pessoal deslocado estava trabalhando antes de ser deslocado.

11. (Exame de Suficiência/CFC) Os recursos consumidos direta ou indiretamente para obtenção de receitas, os recursos consumidos na produção de outros bens ou serviços, e os recursos consumidos de forma anormal ou involuntária são classificados, respectivamente, como:

a) ( ) custos, custos, despesas.
b) ( ) custos, despesas, perdas.
c) ( ) despesas, custos e perdas.
d) ( ) despesas, despesas, custos.

12. (Exame de Suficiência/CFC) Uma indústria, que utiliza todos os seus equipamentos para a elaboração de três produtos distintos, em seu último relatório, apresentava, entre outros, as seguintes contas:

Contas	Saldos
Comissões de vendedores	R$ 7.250,00
Depreciação de máquinas e equipamentos da unidade fabril	R$ 3.450,00
FGTS sobre mão de obra da produção	R$ 3.000,00
Mão de obra da produção	R$ 31.200,00
Depreciação dos demais bens da área administrativa	R$ 850,00
Salários da área administrativa	R$ 18.300,00
Matéria-prima consumida ...	R$ 68.700,00
Mão de obra – supervisão e movimentação da unidade fabril	R$ 5.900,00
Previdência social sobre mão de obra da unidade fabril	R$ 9.800,00

No conjunto de contas de resultado acima, o total de custos e de despesas, são respectivamente:

a) ( ) R$ 113.150,00 e R$ 35.300,00.
b) ( ) R$ 116.150,00 e R$ 32.300,00.
c) ( ) R$ 118.600,00 e R$ 26.400,00.
d) ( ) R$ 122.050,00 e R$ 26.400,00.

13. De acordo com terminologia pertinente à contabilidade de custos, assinale a alternativa que contém apenas custos de produção.
a) ( ) Seguro contra incêndio da fábrica, depreciação dos computadores do escritório, salário da mão de obra produtiva.
b) ( ) Gastos com vendas, depreciação do prédio administrativo, graxa utilizada para manutenção dos equipamentos da produção.

c) ( ) Salário da mão de obra produtiva, seguro contra incêndio da fábrica, matéria-prima consumida.

d) ( ) Matéria-prima consumida, comissão dos vendedores, energia elétrica gasta com as máquinas da produção.

e) ( ) Comissão de vendedores, impostos sobre vendas, materiais de embalagens.

14. (Exame de Suficiência/CFC) A aquisição de matéria-prima, pagamento de fornecedor de matéria-prima e o consumo de matéria-prima na produção são, respectivamente:

a) ( ) Custo, despesa e desembolso.
b) ( ) Desembolso, custo e perda.
c) ( ) Investimento, custo e desembolso.
d) ( ) Investimento, desembolso e custo.
e) ( ) Despesa, custo e investimento.

15. (IMBEL/Analista de Custos_COSE-AC_adaptada) Produtos acabados em estoques são chamados de:

a) ( ) ativos.
b) ( ) custos.
c) ( ) despesas.
d) ( ) custo dos produtos vendidos.

16. (Auditor Fiscal da Receita Federal/ESAF_adaptada) No processo produtivo da empresa Desperdício S.A., no mês de julho de 20x5, ocorreram perdas com rebarbas decorrentes do corte de tecidos da linha de produção. Em virtude da contratação de funcionário sem experiência houve a perda de 100 itens por mau uso de equipamentos. De acordo com os conceitos contábeis, devem ser registradas essas perdas:

a) ( ) ambas como custo dos produtos vendidos.
b) ( ) respectivamente, como despesa e custo.
c) ( ) ambas como despesas no resultado.
d) ( ) ambas como custos de produção.
e) ( ) respectivamente, como custo e despesa.

17. (Exame de Suficiência/CFC) Uma sociedade industrial, em um momento do mês em curso, possui o seguinte quadro informativo dos valores que deverá ser registrado no período.

Itens de Gastos	Saldos
Seguro da fábrica	R$ 1.200,00
Consumo de material de escritório	R$ 430,00
Compras de matérias-primas	R$ 25.000,00
Salários e encargos do pessoal de fábrica	R$ 10.960,00
Propaganda e publicidade	R$ 1.150,00
Matéria-prima utilizada na produção	R$ 12.600,00
Aluguel da fábrica	R$ 2.300,00
Energia elétrica da fábrica	R$ 1.980,00
Depreciação de máquinas e equipamentos da fábrica	R$ 3.700,00
Serviços de assistência pós-venda	R$ 650,00
Salário do encarregado da produção	R$ 3.900,00
Dias parados por inundação na fábrica	R$ 1.000,00
Adicional de insalubridade do pessoal da fábrica	R$ 860,00
Depreciação de veículos de vendas	R$ 1.200,00
Juros e despesas de financiamentos	R$ 2.200,00
Adicional de periculosidade do pessoal da fábrica	R$ 1.300,00

A sequência CORRETA de valores correspondente a investimentos, custos, despesas e perdas é, respectivamente:

a) ( ) R$ 12.600,00, R$ 51.200,00, R$ 4.980,00 e R$ 1.650,00.
b) ( ) R$ 25.000,00, R$ 38.800,00, R$ 5.630,00 e R$ 1.000,00.
c) ( ) R$ 26.200,00, R$ 37.600,00, R$ 4.830,00 e R$ 1.800,00.
d) ( ) R$ 37.600,00, R$ 26.200,00, R$ 4.480,00 e R$ 2.150,00.

18. (Exame de Suficiência/CFC) Relacione o termo descrito na primeira coluna com os conceitos na segunda coluna e, em seguida, assinale a opção CORRETA.

(1)	Gasto	( )	Gasto relativo a bem ou serviço utilizado na produção de outros bens ou serviços.
(2)	Investimento	( )	Sacrifício financeiro que a entidade arca para a obtenção de um produto ou serviço qualquer, reconhecimento esse representado por entrega ou promessa de entrega de ativos.
(3)	Custo	( )	Bens ou serviços consumidos direta ou indiretamente para obtenção de receitas.
(4)	Despesa	( )	Aquisição de bens ou serviços que são estocados nos ativos da empresa para baixa ou amortização quando de sua venda, de seu consumo, de seu desaparecimento ou de sua desvalorização.

A sequência CORRETA é:

a) ( ) 1, 3, 4, 2.
b) ( ) 2, 1, 4, 3.
c) ( ) 3, 1, 4, 2.
d) ( ) 4, 1, 3, 2.

19. Uma empresa industrial, em maio de 20x5, comprou matéria-prima para pagamento em 90 dias. Armazenou-a em seu almoxarifado, de onde retirou metade da quantidade adquirida, em junho de 20x5, e a outra metade, no mês seguinte, utilizando-a na sua produção, imediatamente após cada requisição.
Essa matéria-prima deverá ser assim computada no custo de produção:

a) ( ) em maio de 20x5, pelo seu valor total;
b) ( ) em junho de 20x5, pelo seu valor total;
c) ( ) em julho de 20x5, pelo seu valor total;
d) ( ) metade em junho e metade em julho de 20x5;
e) ( ) em agosto de 20x5, pelo seu valor total.

20. (CFC/Exame de Suficiência) Uma Sociedade empresária apresentou os seguintes gastos mensais:

Aquisição de matéria-prima no período	R$ 25.000,00
Comissão devida aos vendedores pela venda de produtos no mês	R$ 5.000,00
Tributos sobre o lucro	R$ 2.000,00
Imobilizado adquirido a prazo	R$ 60.000,00

Considerando-se as terminologias utilizadas em custos, assinale a opção CORRETA.

a) ( ) O total dos investimentos é de R$ 60.000,00; e o total das despesas é de R$ 32.000,00.
b) ( ) O total dos investimentos é de R$ 60.000,00; o total dos custos é de R$ 25.000,00; e o total das despesas é de R$ 7.000,00.
c) ( ) O total dos investimentos é de R$ 85.000,00; e o total das despesas é de R$ 7.000,00.
d) ( ) O total dos investimentos é de R$ 85.000,00; o total dos custos é de R$ 2.000,00; e o total das despesas é de R$ 5.000,00.

21. (TRE PA/Analista Judiciário_FCC) Em uma empresa de saneamento básico, um item considerado como custo do produto é:

a) ( ) a depreciação dos equipamentos usados no tratamento da água.
b) ( ) a compra de matéria-prima.
c) ( ) a aquisição de máquinas e equipamentos.
d) ( ) a baixa de produto químico do estoque por deterioração.
e) ( ) o pagamento de salários e encargos do pessoal da área administrativa.

22. (TRE PA/Analista Judiciário_FCC) A cooperativa dos produtores rurais do Município "Avante" produz e vende sacos de 50 kg de milho. De acordo com esti-

mativas do setor produtivo, somente 98% dos grãos são aproveitados no processo de ensacamento. O contador de custos da cooperativa deve considerar os 2% normalmente desperdiçados durante a produção como

a) ( ) despesas.
b) ( ) custos.
c) ( ) perdas.
d) ( ) receitas.
e) ( ) investimentos.

23. (Liquigás/Contador_Cesgranrio_adaptada) Uma indústria num período produtivo recebeu uma conta de energia elétrica, consumida na unidade fabril, no valor de R$ 100.000,00.
Considerando que somente 80% dessa energia são consumidos no processo produtivo industrial, o valor da energia elétrica a ser contabilizado pela indústria como despesa, em reais, é:

a) ( ) 0,00 (zero)
b) ( ) 15.000,00
c) ( ) 20.000,00
d) ( ) 25.000,00
e) ( ) 60.000,00

24. (CFC/Exame de Suficiência) Um posto de combustível comercializa, por mês, aproximadamente 100.000 litros de etanol. Em determinado momento, constatou um índice de evaporação de 0,5% desse produto. O Conselho Nacional do Petróleo considera normal um índice de até 0,6% de evaporação.
Segundo a NBC TG 16 (R2) – Estoques, o valor decorrente da evaporação é considerado:
a) ( ) um desperdício e não pode ser contabilizado, exceto por determinação judicial.
b) ( ) um passivo a ser reembolsado pelo fornecedor, visto que a evaporação é conhecida até pelo Código Tributário Nacional.
c) ( ) uma perda de operações descontinuadas, e só pode ser contabilizada no

período em que for formalmente confirmada a evaporação, por meio de medição.
d) ( ) uma redução no resultado do período, visto que a evaporação é considerada normal e deve ser baixada do estoque periodicamente.

25. (Exame de Suficiência – CFC_adaptada) Presume-se que a entidade não tem a intenção nem a necessidade de entrar em liquidação, nem reduzir materialmente a escala das suas operações; se tal intenção ou necessidade existir, as demonstrações contábeis têm que ser preparadas numa base diferente e, nesse caso, tal base deverá ser divulgada. A afirmação acima tem por base o princípio da:
a) ( ) prudência.
b) ( ) relevância.
c) ( ) continuidade.
d) ( ) competência.
e) ( ) oportunidade.

26. (EPE/Analista de Gestão Corporativa_Cesgranrio) O contador de uma empresa fez a seguinte afirmação: "As receitas e as despesas devem ser incluídas na apuração do resultado do período em que ocorrerem, sempre simultaneamente, quando se relacionarem, independente de pagamento ou recebimento". De acordo com os Princípios de Contabilidade, o contador fez referência ao denominado princípio da:
a) ( ) competência.
b) ( ) continuidade.
c) ( ) prudência.
d) ( ) relevância.
e) ( ) entidade.

27. (ISS SP/Auditor Fiscal_ CETRO) As características qualitativas fundamentais das Demonstrações Contábeis estão descritas na NBC TG Estrutura Conceitual, aprovada pela Resolução CFC nº 1.374/2011. Essas características referem-se aos atributos que tornam as demonstrações contábeis úteis para os usuários.

Com base nisso, leia o trecho abaixo e, em seguida, assinale a alternativa que preenche corretamente a lacuna.

A _____ refere-se à informação capaz de fazer diferença nas decisões que possam ser tomadas pelos usuários. A informação pode ser capaz de fazer diferença em uma decisão mesmo no caso de alguns usuários decidirem não levá-la em consideração, ou já tiverem tomado ciência de sua existência por outras fontes.

a) ( ) Compreensibilidade
b) ( ) Relevância
c) ( ) Materialidade
d) ( ) Representação Fidedigna
e) ( ) Continuidade

28. (TJ-MG/Técnico Judiciário/Contador_FUMARC _adaptada) Uma determinada empresa industrial fez o pedido do cliente em 31/01/20x2. Processou os produtos e emitiu a nota fiscal de venda no dia 28/02/20x2. A mercadoria saiu no dia 01/03/20x2, com o frete pago pelo vendedor. Como as estradas estavam ruins e o trecho é muito longo e chovia muito no mês de março, os produtos chegaram ao estabelecimento do comprador no dia 01/04/20x2. O boleto foi pago no dia 05/05/20x2, em função do contrato.
De acordo com CPC 47 - Receita de Contrato com Cliente, o contador da empresa vendedora contabilizou a receita de vendas no mês de:

a) ( ) janeiro.
b) ( ) fevereiro.
c) ( ) março.
d) ( ) abril.

29. (CFC/Exame de Suficiência_adaptada) Uma sociedade empresária apresentou as seguintes informações referentes ao mês de dezembro de 20x6:
- Despesa de dez/x6, paga em jan/x7: R$ 34.000,00.
- Despesa de jan/x7, paga em dez/x6: R$ 48.000,00.
- Despesa de dez/x6, paga em dez/x6: R$ 74.000,00.
- Receita de dez/x6, recebida em jan/x7: R$ 99.000,00.
- Receita de jan/x7, recebida em dez/x6: R$ 84.000,00.
- Receita de deze/x6, recebida em dez/x6: R$ 39.000,00.

Não há incidência de tributos e nem de acréscimos financeiros.
Considerando-se apenas as informações apresentadas e de acordo com a NBC TG Estrutura Conceitual (CPC 00 – R2), a sociedade empresária apurou, no mês de dezembro de 20x6:

a) ( ) Prejuízo de R$ 117.000,00.
b) ( ) Prejuízo de R$ 35.000,00.
c) ( ) Lucro de R$ 30.000,00.
d) ( ) Lucro de R$ 66.000,00.

Gabarito

1	2	3	4	5	6	7	8	9	10
C	A	D	C	D	C	D	B	B	A

11	12	13	14	15	16	17	18	19	20
C	D	C	D	A	E	B	C	D	C

21	22	23	24	25	26	27	28	29
A	B	C	D	C	A	B	D	C

Veja a solução completa de todos os exercícios no capítulo 12 deste livro.

2

CLASSIFICAÇÃO DE CUSTOS

Os custos são classificados de diversas formas, que variam em função das finalidades a que se destinam como, por exemplo, a identificação com os produtos (objeto de custeio) ou a sua relação com o volume total da atividade (produção).

Alguns custos podem ser facilmente identificados com os produtos e apropriados diretamente a eles, bastando apenas haver uma medida de consumo, como unidade (quilogramas, litros etc.) de materiais consumidos, embalagens utilizadas, horas de mão de obra utilizadas, quantidade de força (kW) consumida etc. Esses são os custos diretos em relação aos produtos.

Existem outros custos que não oferecem condições de medidas objetivas e a apropriação dos custos aos produtos tem que ser feita de forma estimada, como o aluguel, o seguro, a supervisão, entre outros. Esses são os custos indiretos em relação aos produtos.

Outra classificação usual e, na concepção de Martins (2010), a mais importante que todas as demais, é a que leva em consideração a relação entre o valor total de um custo e o volume de atividade numa unidade de tempo, dividindo os custos em fixos e variáveis.

2.1 Classificação de custos em relação ao objetivo de custeio: custo direto e custo indireto

Para guiar decisões, os gestores sempre desejam saber quanto custa uma determinada "coisa", ou seja, quanto de valor foi acumulado em um novo produto, em uma nova máquina, em um serviço, em um departamento, em uma região etc. Chamamos essa "coisa" de *objeto de custo* ou *de custeio*. Isto significa dizer que objeto de custo é algo para a qual se deseja uma mensuração de custo; é o nome técnico que designa a finalidade para a qual os custos estão sendo apurados.

Observe alguns exemplos a seguir.

Objeto de custo	Exemplo
Produto	Uma geladeira
Serviço	Revisão de 1.000 km de um veículo
Projeto	Modernização do estádio do Maracanã para a Copa do Mundo
Atividade	Um teste para determinar o nível de qualidade de um lote de televisores
Departamento	Departamento de manutenção

A maior questão com relação aos custos é saber quando eles têm um relacionamento direto ou indireto com um determinado objeto de custo. Com isso, classificaremos os custos em relação ao produto em direto e indireto.

2.1.1 Custos diretos

São aqueles que podem ser apropriados diretamente aos produtos fabricados ou serviços executados, porque há uma medida objetiva de seu consumo nesta fabricação ou na prestação do serviço.

São os custos que estão relacionados a um determinado objeto de custo e que podem ser identificados de maneira economicamente viável (custo efetivo). Genericamente, os custos diretos são aqueles que podem ser apropriados diretamente a um objeto de custos, seja este objeto um produto, um serviço, uma ordem de produção, um centro de custo, uma atividade ou um órgão da empresa.

Exemplos: matéria-prima (aplicada), mão de obra direta, material de embalagem (dentro do processo produtivo); energia elétrica das máquinas quando for possível saber quanto foi consumido por cada produto na produção, em função da existência de medidores de energia nas máquinas.

2.1.2 Custos indiretos

São os custos que dependem de cálculos, rateios ou estimativas para serem apropriados em diferentes produtos ou serviços, portanto, são os custos que só são apropriados indiretamente.

O parâmetro utilizado para as estimativas é chamado de base ou critério de rateio. Os custos indiretos estão relacionados a um determinado objeto de custo, mas não podem ser identificados com este de maneira economicamente viável.

Os custos indiretos de fabricação (CIF) representam o terceiro elemento de custo. É a utilização dos demais recursos da fábrica, como equipamentos e instalações (que geram custo de depreciação), salários dos chefes de supervisão de equipes de produção (mão de obra indireta), materiais secundários, energia elétrica que não possa ser associada diretamente ao produto (por meio de medidores de potência), água, aluguéis, benefícios a empregados, combustíveis, imposto predial, lubrificantes, outros materiais, manutenção, gastos com limpeza da fábrica etc.

Com a redução gradativa do custo da mão de obra direta pela eliminação de postos de trabalho e sua substituição por atividades automatizadas, os CIF vêm aumentando sua participação nos custos totais das empresas e, consequentemente, nos seus produtos. Esse agrupamento contempla todos os elementos de custos que não têm medição direta com o consumo nos produtos e, por isso mesmo, são apropriados por intermédio de rateios. Exceto a matéria-prima, a mão de obra direta, um material específico para um determinado produto e, em muitos casos, a embalagem, praticamente todos os demais custos são tratados como indiretos.

Alguns custos poderiam ser apropriados diretamente, mas muitas vezes a relação custo-benefício é desfavorável para itens de pequena importância, como por exemplo, materiais de consumo industrial (pregos, cola, verniz, graxas e lubrificantes, lixas etc.), dado o seu valor irrelevante em relação à produção como um todo. Estes custos são, portanto, tratados como indiretos.

Assim, os CIF incluem custos indiretos propriamente ditos e custos diretos (por natureza), mas que devem ser tratados como indiretos em função de sua irrelevância, da dificuldade de sua medição, pois necessitam de um sistema de mensuração do quanto é aplicado a cada produto, o que encarece a produção, ou ainda, do interesse da empresa em ser mais ou menos rigorosa em suas informações para fins de gestão.

Observação importante: se a empresa produz somente um produto ou serviço, todos os seus custos são diretos. O aluguel de um galpão pode ser classificado como custo direto se, neste local, apenas um tipo de produto for elaborado.

2.1.2.1 Composição dos custos indiretos de fabricação (CIF)

Podemos subdividir em três grupos os custos indiretos:

a) *materiais indiretos*: correspondem aos materiais auxiliares empregados no processo de produção, que não integram fisicamente os produtos, além daqueles economicamente inviáveis de medição de consumo.

b) **mão de obra indireta:** corresponde à mão de obra que não trabalha diretamente na transformação da matéria-prima em produto ou da qual não há condições de apontar o tempo gasto nos produtos.

c) **outros custos indiretos:** os demais custos indiretos incorridos na fábrica, que não são possíveis medir ou quantificar o consumo nos produtos, como aluguéis, seguros etc.

A maior parte dos CIF, também conhecidos por Gastos Gerais e Fabricação (GGF), não tem relação direta com os produtos fabricados, pois ocorrem mensalmente e independem do volume produzido. Tendo em vista o princípio contábil da competência, esses gastos devem ser incorporados ao custo da produção do período (CPP) em que forem gerados (fato gerador). O procedimento mais correto é que esses gastos sejam apropriados em obediência ao princípio contábil da competência; devem ser apropriados no mês em que forem gerados, tenham sido pagos ou não. Como exemplo temos a energia elétrica referente ao mês de julho que será paga no 5º dia do mês de agosto. O fato gerador ocorreu no mês de julho; logo, o custo de energia elétrica será apropriado na produção do mês de julho.

Lançamentos

(1) Apropriação da conta e energia elétrica (31/Julho)
(2) Pagamento da conta de energia elétrica (5/Ago)

Custos de Produção		Contas a Pagar		Caixa/Bancos	
(1) $$$		(2) $$$	(1) $$$		(2) $$$

2.1.2.2 Custos indiretos: critérios de rateio dos CIF

Na apropriação dos custos indiretos não há como fazer a associação direta aos produtos fabricados. Em alguns casos, até se pode fazer uma associação direta com o produto, mas não é economicamente viável fazer o seu controle, como a linha utilizada indistintamente na fabricação de roupas, por exemplo.

De acordo com Dutra (2010), entende-se por critério de rateio ou base de rateio uma divisão proporcional pelos valores de uma base conhecida. Esses valores devem estar distribuídos entre os diferentes produtos ou funções dos quais se deseja apurar o custo e devem ser conhecidos e estarem disponíveis no final do período de apuração do custo. Exemplo: o aluguel/imposto predial da fábrica, geralmente, é rateado pelo metro quadrado ocupado por cada departamento ou linha de produção. A melhor base de rateio para determinado custo é aquela que se supõe que o custo ocorra na mesma proporção dela, ou seja, para apropriar corretamente os CIF/GGF à produção do período, é necessário estabelecer alguma relação causal entre eles e os produtos em elaboração (causa x efeito).

O rateio dos CIF poderá ser feito por meio de uma divisão proporcional pelos valores de uma base conhecida ou pela taxa de aplicação de CIF. Esta taxa é uma predeterminação dos CIF e consiste em efetuar uma estimativa de qual será o valor destes num determinado período de produção, utilizando esse gasto predeterminado para apurar o custo de produção do período, em vez do gasto real. Uma das justificativas para utilização desse procedimento é que muitas empresas precisam saber os custos incorridos no decorrer do próprio período de produção à medida que os produtos vão sendo transferidos de um departamento de produção para outro ou em que vão sendo acabados e os custos indiretos efetivos e o próprio volume de produção só são conhecidos no final do período.

Exemplo de rateio dos CIF: uma indústria fabrica dois produtos: "A" e "B". No Departamento de Corte são feitas as acumulações dos custos e, no final do período, há a necessidade de se fazer o rateio dos custos indiretos a cada produto. As seguintes informações estão disponíveis:

Custos	Prod. "A"	Prod. "B"	Total
Material Direto aplicado	$ 4.500,00	$ 7.500,00	$ 12.000,00
(+) Mão de obra direta	$ 2.000,00	$ 3.000,00	$ 5.000,00
(=) **Custos diretos totais**	$ 6.500,00	$ 10.500,00	$ 17.000,00
(+) Custos indiretos a ratear	?	?	$ 9.000,00
(=) **Total dos custos**	?	?	26.000,00
Horas-máquina utilizadas	84 hm	156 hm	240 hm

Vamos fazer o rateio dos CIF considerando duas hipóteses de base de rateio: a mão de obra direta aplicada na produção e as horas utilizadas na produção, conforme a seguir.

Hipótese 1: rateio com base na mão de obra direta aplicada

Taxa de aplicação de CIF: $\dfrac{\text{\$ 9.000,00}}{\text{\$ 5.000,00}}$ = \$ 1,80 de CIF por \$ 1,00 de MOD

Prod. "A": \$ 2.000,00 x \$ 1,80 = \$ 3.600,00 ⎤
Prod. "B": \$ 3.000,00 x \$ 1,80 = \$ 5.400,00 ⎮◄─────────────
Total CIF.............................. \$ 9.000,00 ⎦

OU

MOD A = \$ 2.000,00 (40 %) → \$ 9.000,00 x 40 % = \$ 3.600,00 ⎤
MOD B = \$ 3.000,00 (60 %)   \$ 9.000,00 x 60 % = \$ 5.400,00 ⎮─┘
Total   = \$ 5.000,00 (100 %)   \$ 9.000,00 ⎦

Custo total:

	CD	+	CIF	=	CT

Prod "A": \$ 6.500,00 + \$ 3.600,00 = \$ 10.100,00
Prod "B": \$ 10.500,00 + \$ 5.400,00 = \$ 15.900,00
Total.................................... \$ 26.000,00

Hipótese 2: rateio com base nas horas-máquina utilizadas

Taxa de aplicação de CIF: $\dfrac{9.000,00}{240 \text{ hm}}$ = \$ 37,50 de CIF por hora-máquina.

Prod. "A":   84 hm x \$ 37,50 = \$ 3.150,00 ⎤
Prod. "B": 156 hm x \$ 37,50 = \$ 5.850,00 ⎮◄─────────────
Total CIF.......................... \$ 9.000,00 ⎦

OU

HM A =   84 hm (35 %) → \$ 9.000,00 x 35 % = \$ 3.150,00 ⎤
HM B = 156 hm (65 %)   \$ 9.000,00 x 65 % = \$ 5.850,00 ⎮─┘
Total = 240 hm (100 %)   \$ 9.000,00 ⎦

Custo Total:

	CD	+	CIF	=	CT

Prod "A": \$ 6.500,00 + \$ 3.150,00 = \$ 9.650,00
Prod "B": \$ 10.500,00 + \$ 5.850,00 = \$ 16.350,00
Total.................................... \$ 26.000,00

Qualquer base de rateio escolhida fará com que os CIF sejam absorvidos pela produção de A e de B, no entanto, alguns produtos podem ficar subavaliados, enquanto outros, superavaliados. Por isso, deve-se determinar a base de rateio mais adequada possível para que se possa minimizar tais distorções.

2.1.2.3 Dificuldades para estabelecer as bases de rateio

A dificuldade que se encontra para alocar custos indiretos reside na definição das bases de rateio a serem utilizadas, pois é uma tarefa que envolve aspectos subjetivos e arbitrários. A subjetividade é a opinião sobre determinado assunto, que pode variar de acordo com o julgamento de cada gestor. No que se refere à arbitrariedade, esta diz respeito ao gestor que age apenas com base em sua vontade e não na razão ou lógica.

Assim, a seleção das possíveis variáveis independentes ou dos fatores que condicionam o comportamento de determinado item de custo é um processo e que depende muito do discernimento do gestor, considerando, ainda, a sua experiência profissional.

Se o critério adotado não for bem consistente, o resultado de custos ficará por certo deficiente para atender aos fins a que se propõe. Tendo em vista que o montante dos custos indiretos será absorvido pela produção por qualquer base que venha a ser empregada, alguns produtos podem ficar subavaliados, enquanto outros, superavaliados. O que se procura ao definir uma base de rateio mais adequada é minimizar tais distorções.

2.1.2.4 Distorções na alocação dos CIF e as bases mais adequadas de rateio

O número de unidades produzidas, o número de horas de máquinas, o número de horas de mão de obra direta, o valor da matéria-prima aplicada, entre outros, todos eles relacionados diretamente com o volume da produção, são dados ainda usados como base de rateio por algumas organizações. No entanto, essa sistemática provoca muitas distorções, tendo em vista o raciocínio de que o produto de maior volume de produção deverá ser o mais penalizado com as cargas de custos indiretos. Sem uma análise mais acurada da forma de ocorrência de cada um dos diferentes custos indiretos e nem da efetiva participação de cada uma das funções de custos naquele custo indireto, a alocação das suas parcelas fica muito aleatória. Qualquer base que venha a ser utilizada por certo permitirá que se chegue ao custo dos produtos, no entanto, precisa-se ter coerência na escolha da base a fim de não serem obtidos resultados distorcidos.

O que precisa ficar bem claro é que todo e qualquer critério que venha a ser empregado deve ser escolhido em função de uma base que represente uma relação lógica, procurando aproximar-se daquilo que seria o custo perfeito.

Devido às exigências cada vez maiores do mercado mundial quanto à qualidade e à eficiência dos produtos, bem como da sua maior adaptação aos hábitos e comodidades de cada usuário, as empresas têm que diversificar cada vez mais o número de itens da sua produção para atender a essas exigências aumentando, significativamente, o número de produtos diferentes produzidos. Com isto, a quantidade de custos indiretos aumentou demasiadamente em relação aos diretos e os conceitos antigos de rateá-los por dados que privilegiam o volume de produção deixaram de refletir a realidade.

Nos tempos atuais, a modernização dos processos de produção com automatização das diversas etapas dos processos produtivos vem provocando um deslocamento significativo dos custos, aumentando o valor dos custos indiretos com redução dos demais. No passado, a distribuição inadequada de pequeno valor de CIF não provocava distorções significativas. Atualmente, tendo em vista que os custos indiretos ganharam maior relevância, uma alocação inadequada provoca distorções muito significativas.

Cada custo indireto deve ter a sua ocorrência analisada em função da unidade de acumulação de custos e, só então, escolhido o dado que melhor possa refletir o rateio daquele custo a cada uma das unidades de acumulação de custos.

Após um estudo muito analítico de cada custo pelos responsáveis de cada área ou atividade, pode-se adotar um critério de rateio que englobe grupos de custos indiretos, no intuito de simplificar esta rotina.

Como exemplos de custos indiretos e suas bases de rateio mais adequadas, segundo consenso de grande parte dos autores da área de custos, podemos destacar:

Materiais indiretos – o que serve melhor como base de rateio é o valor do material direto porque a sua aplicação nos diferentes produtos é em função de seu consumo do material direto na produção. Como exemplo, temos o verniz utilizado numa pequena fábrica de bancos, cadeiras e mesas de madeira, cuja matéria-prima direta é a madeira e o valor consumido é normalmente proporcional à área que deve ser envernizada.

Supervisão (mão de obra indireta) – significa a remuneração devida ao profissional que chefia um grupo de pessoas. O que ocorre, normalmente, é que o supervisor está encarregado na produção e na supervisão de diversos produtos e, nesse caso, como custo indireto, necessita de uma base de rateio para apropriação aos produtos. A base de rateio mais indicada para este custo é o valor da mão de obra direta apropriada a cada tipo de produto diferente ou a cada função diferente de custo. A razão dessa escolha é supor-se que, à medida que o produto ou função de custo absorve mais mão de obra, também requer mais supervisão; o número de empregados em cada linha de produção também é uma base aceita.

Depreciações – do edifício industrial, a área ocupada por cada linha de produção; das máquinas industriais, em relação aos produtos, a quantidade produzida ou o tempo de utilização das máquinas.

Energia elétrica (força) – em relação ao produto, o mais indicado para a base de rateio é a quantidade produzida ou o tempo de utilização das máquinas.

Energia elétrica (iluminação) – a área ocupada é o mais adequado como base de rateio deste custo. Quanto maior a área ocupada na fabricação dos produtos, mais energia elétrica será consumida para a sua iluminação. Outra base seria, também, o número de pontos de luz instalados em cada setor.

Aluguéis – usa-se como base de rateio para este custo a área ocupada por departamento ou linha de produção, considerando-se que o valor do aluguel é por área e, portanto, o departamento que ocupa a maior área recebe a maior parcela do custo. Somam-se ao valor do aluguel os impostos e taxas referentes ao imóvel (IPTU, taxa de coleta de lixo, de incêndio).

2.2 Classificação de custos em relação ao grau de medida: custo total x custo unitário

O custo total é valor dos bens e serviços consumidos para fabricar um conjunto de unidades do produto.

O custo unitário é o custo referente a uma unidade do produto e é obtido pela divisão do custo total pelo número de unidades produzidas. Neste caso, deve-se levar em conta que esse objeto de custeio poderá ser, além da unidade propriamente dita, um *pack* com doze latas de cervejas ou um pacote com cem pacotes pequenos de amendoim, por exemplo.

A apuração dos custos totais (produtos acabados) pode ser feita por meio de várias formas de custeio, dentre elas estão o custeio por absorção, o custeio variável, custeio ABC, RKW etc.

O custeio por absorção é o sistema obrigatório por lei para fins societários (contabilidade financeira) e Imposto de Renda. Consiste em distribuir para todos os produtos acabados os custos relativos à produção. As demais formas de custeio serão estudadas em capítulos seguintes neste livro.

Para apurar os custos de produção devem-se considerar três grupos de gastos utilizados na produção:

✓ Materiais (matéria-prima, embalagens e materiais secundários);
✓ Mão de obra (direta e indireta); e
✓ Custos gerais de fabricação (aluguéis, seguros, energia elétrica, manutenção, depreciação de máquinas e equipamentos etc.).

O quadro a seguir mostra o detalhamento dos três grupos de gastos citados em uma indústria de confecção:

Item	Definição	Exemplo
Matéria-prima	Materiais principais e essenciais que entram em maior quantidade na fabricação do produto.	Tecido.
Materiais secundários	Materiais que entram em menor quantidade na fabricação do produto, que são aplicados juntamente com a matéria-prima, complementando-a ou até mesmo dando o acabamento necessário ao produto.	Botões, zíperes, linha etc.
Materiais de embalagem	Materiais destinados a acondicionar ou embalar os produtos, antes que eles saiam da área de produção.	Caixas ou sacos plásticos
A mão de obra	Gastos com o pessoal envolvido na produção da empresa industrial, englobando salários, encargos sociais, 13º Salário, férias etc.	Salário das costureiras, supervisores de produção, gerentes etc.
Gastos gerais de fabricação ou custos indiretos de fabricação	Demais gastos necessários para a fabricação dos produtos.	Aluguéis, energia elétrica, manutenção da fábrica, depreciação, seguros diversos, material de limpeza, óleos e lubrificantes para as máquinas etc.

Para fazer a apuração dos custos de produção, deve-se seguir os seguintes passos:

1º passo – Separar custos e despesas.
2º passo – Separar os tipos de custos: diretos e indiretos.

3º passo – Alocar os custos diretos aos produtos.
Exemplo:

Produto	Matéria-prima	Materiais secundários	Mão de obra	Custo direto total
A	$ 25.000,00	$ 60,00	$ 50.000,00	$ 75.060,00
B	$ 50.000,00	$ 2.940,00	$ 150.000,00	$ 202.940,00
TOTAL	$ 75.000,00	$ 3.000,00	$ 200.000,00	**$ 278.000,00**

4º passo – Alocar os custos indiretos aos produtos, através de uma base comum de rateio.

Existem vários critérios de rateio para distribuir os custos indiretos aos produtos, tais como: horas-máquina, horas de mão de obra, proporcionalmente aos custos diretos etc. Porém, a escolha do critério de rateio deverá ser de acordo com a estrutura de custos da empresa, levando-se em conta o seu sistema de produção.

Dando sequência ao exemplo, utilizaremos como critério de rateio dos custos indiretos o total consumido de custos diretos pela fabricação de cada produto.

Assim, faremos a distribuição proporcional, conforme tabela abaixo:

Produto	Custo Direto Total	Proporção
A	$ 75.060,00	27%
B	$ 202.940,00	73%
Total	$ 278.000,00	100%

Foram apresentados os seguintes custos indiretos totais:

Descrição	Custos
Aluguel	$ 10.000,00
Depreciação	$ 2.500,00
Manutenção	$ 2.500,00
Seguros	$ 1.000,00
TOTAL	$ 16.000,00

Aplicando a proporcionalidade, temos:

Produto	Proporção	Custo Indireto Total
A	27%	$ 4.320,00
B	73%	$ 11.680,00
TOTAL	100%	$ 16.000,00

5º passo – Determinar o custo total por produto.

Somar os custos diretos totais e custos indiretos totais para obter os custos totais de produção:

Produto	Custo direto total	+	Custo indireto total	=	Custo total
A	$ 75.060,00		$ 4.320,00		$ 79.380,00
B	$ 202.940,00		$ 11.680,00		$ 214.620,00
TOTAL	$ 278.000,00		$ 16.000,00		$ 294.000,00

6º passo – Determinar o custo unitário por produto.

Foram produzidas 1.000 unidades do Produto A e 2.000 unidades do Produto B.

Assim, o custo unitário de cada produto será calculado, conforme tabela abaixo:

Produto	Custo total	÷	Quantidade produzida	=	Custo unitário
A	$ 79.380,00		1.000 un.		$ 79,38
B	$ 214.620,00		2.000 un.		$ 107,31

2.3 Classificação de custos em relação ao volume de produção: custo variável e custo fixo

Para estudo do comportamento dos custos, as mesmas contas que antes foram classificadas em custos diretos e indiretos, agora serão classificadas em custos fixos e variáveis. Nesta classificação, os custos são estudados em função das variações que podem ocorrer no volume de atividade, ou seja, na quantidade produzida pela empresa no período (leva sempre em consideração a relação entre os custos e o volume de atividade numa unidade de tempo).

A classificação dos custos em função do volume da atividade é fator preponderante na tomada de decisões estratégias de uma organização. A sua competitividade pode ser conseguida através da otimização de recursos, principalmente por meio da gestão eficiente dos recursos utilizados. Os custos fixos, por sua própria natureza, existem independentemente da fabricação ou não de determinado produto ou do aumento ou redução (dentro do limite da capacidade instalada) da quantidade produzida. Estes custos são necessários para manter a estrutura operacional da empresa a fim de que ela produza, entregue e administre um produto. Os custos variáveis, ao contrário, serão mensurados na medida em que o volume de produção oscilar para mais ou para menos.

A classificação em fixos e variáveis também se aplica às despesas. Neste caso o volume da atividade será a quantidade vendida.

2.3.1 Custos fixos

São aqueles cujos valores são os mesmos qualquer que seja o volume de produção da empresa (dentro de uma faixa que interessa de acordo com o orçamento). Para Souza e Diehl (2009) os custos fixos são recursos comprometidos, cujo nível de utilização é definido antes do seu consumo, como por exemplo, o aluguel, cujos valores são definidos antes dos respectivos imóveis serem utilizados. O que não ocorre com os custos variáveis, que são definidos no momento de seu uso, como a matéria-prima, por exemplo.

O valor total dos custos fixos permanece constante dentro de determinada faixa de produção e, à medida que ocorre aumento no volume produzido, o valor do custo total por unidade varia de forma inversamente proporcional, tendo em vista que os custos fixos serão diluídos pelas unidades fabricadas. Assim, o valor do custo unitário, já computado o rateio da estrutura de custos fixos a cada unidade produzida, tende a reduzir-se à medida que o volume da produção aumenta.

Exemplo:

Custos fixos do período	Volume de produção	Custo fixo por unidade	Custo variável por unidade	Custo total por unidade
$ 36.000,00	8.000 unidades	$ 4,50	$ 5,00	$ 9,50
$ 36.000,00	10.000 unidades	$ 3,60	$ 5,00	$ 8,60
$ 36.000,00	12.000 unidades	$ 3,00	$ 5,00	$ 8,00

Representação gráfica:

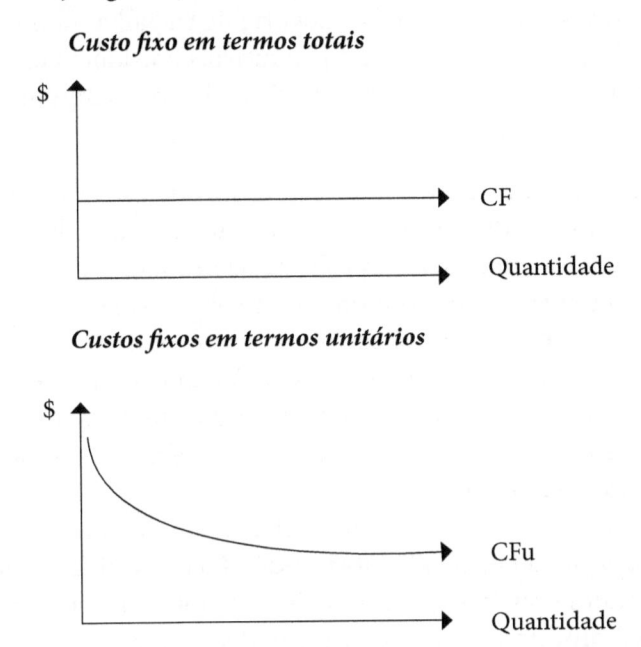

Custo fixo em termos totais

Custos fixos em termos unitários

Numa visão gerencial, segundo Souza e Diehl (2009), os custos fixos têm uma gestão mais complexa, exigindo maior planejamento pois, para que eles possam ser reduzidos, é necessário, por exemplo, reduzir a sua disponibilidade. A simples redução do seu consumo no momento da sua utilização não reduzirá o custo e o montante não utilizado será perdido.

Como outros exemplos de custos fixos temos o aluguel da fábrica que, independentemente do volume de produção (dentro da faixa que interessa) a empresa arcará com esse custo, além do imposto predial do prédio da fábrica, salários de vigias, salário de supervisores, salário de porteiros, seguros etc.

Custos fixos Repetitivos e Não Repetitivos

Os custos fixos podem ser também classificados em *Repetitivos* e *Não Repetitivos* em valor. Os Repetitivos são custos que se repetem em vários períodos subsequentes, como por exemplo, o pessoal de chefia da fábrica, as depreciações etc. Os Não Repetitivos são diferentes em cada período, como por exemplo, a manutenção, energia etc.

Os custos fixos, mesmo os Repetitivos, não são eternamente do mesmo valor. Note que os custos fixos são fixos em relação ao nível de produção, mas nada impede que esses custos sofram reajustes em determinados meses em função da política econômica do país como, por exemplo, o caso do aluguel da fábrica que pode ser renegociado anualmente. Outro exemplo seria o dissídio coletivo da categoria de trabalhadores que não está envolvida diretamente no processo produtivo. Considere também a depreciação, que pode aumentar pela substituição de uma máquina velha por outra mais moderna e mais cara.

Resumindo: os custos fixos são custos de estrutura da empresa, que não guardam qualquer relação com o volume de atividade. Eles permanecem inalterados em relação ao volume da produção, dentro de certa faixa.

Alguns custos fixos apresentam-se sob a forma de degraus, isto é, eles permanecem constantes até certo ponto do volume da atividade (faixa de produção ou faixa relevante) e, nesse momento, eles sobem para uma plataforma na qual permanecem constantes até chegar a um ponto crítico de volume da atividade. São chamados de *semifixos* e, também, conhecidos como custos escalonados.

Exemplo: supondo que uma determinada empresa opere com 100% da sua capacidade instalada fabricando 100.000 unidades de um determinado produto e surja a oportunidade de ampliar os seus negócios, aumentando sua produção e venda para 150.000 unidades do produto. Precisará, então, aumentar suas condições de trabalho, como por exemplo, o aluguel de um novo galpão, aquisição de alguns equipamentos (gerando assim mais depreciação), contratar mais supervisores, vigias etc.

Outro exemplo: observe, no quadro a seguir, a variação dos custos fixos com supervisores, em função do aumento da faixa produção, que ocasionaria a necessidade de mais desses funcionários:

Faixas de volume de produção	Quantidade Necessária de Supervisores	Custos em $ (Salários + Encargos)
0 - 20.000	1	120.000,00
20.001 - 40.000	2	240.000,00
40.001 - 60.000	3	360.000,00
60.001- 80.000	4	480.000,00

Fonte: Neves e Viceconti (2013) adaptado.

Os custos da supervisão da fábrica ($ 120.000,00) permanecem os mesmos enquanto o volume de produção permanece dentro da mesma faixa (0 - 20.000), "pulando" para o próximo degrau ($ 240.000,00), quando o volume ultrapassa o teto dessa faixa, e assim sucessivamente.

Observe a representação gráfica do exemplo:

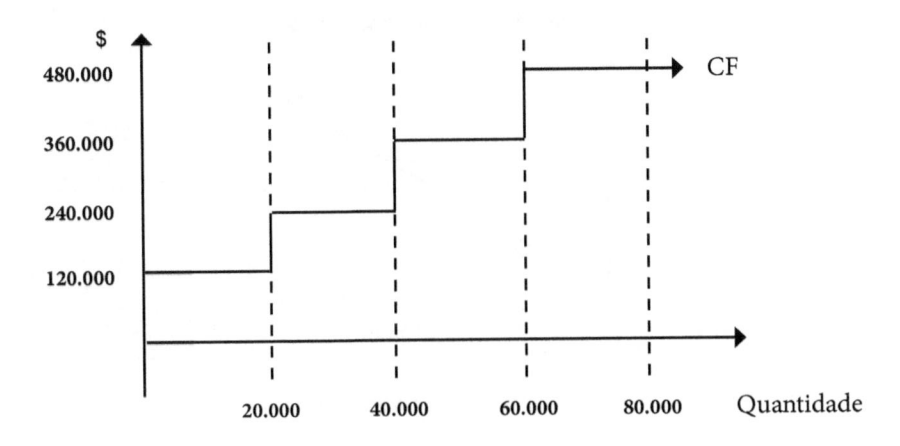

2.3.2 Custos variáveis

São aqueles cujos valores alteram-se em função do volume de produção da empresa. Estes custos têm variação diretamente proporcional à quantidade produzida, ou seja, quanto maior a produção, maior será o consumo; quanto menor a produção, menor será o consumo.

Exemplo: uma indústria consome dois metros quadrados de tecido, ao valor de aquisição de $ 5,00 por metro quadrado, para produzir um tipo de camisa. Assim, teremos o seguinte custo de material direto de acordo com o volume produzido:

Volume de produção	Consumo de tecido por unidade	Consumo total de tecido
8.000 unidades	2 m² x $ 5,00 = $ 10,00	$ 80.000,00
10.000 unidades	2 m² x $ 5,00 = $ 10,00	$ 100.000,00
12.000 unidades	2 m² x $ 5,00 = $ 10,00	$ 120.000,00

Observe que o custo variável por unidade é constante, independentemente da quantidade produzida.

A alocação dos custos variáveis aos produtos ou departamentos, na maioria dos casos, é feita de forma direta, sem a necessidade de utilização de critérios de rateio. No entanto, existem custos indiretos variáveis, como a energia elétrica (força) e os materiais indiretos, que serão distribuídos aos produtos por meio de rateio.

Representação gráfica:

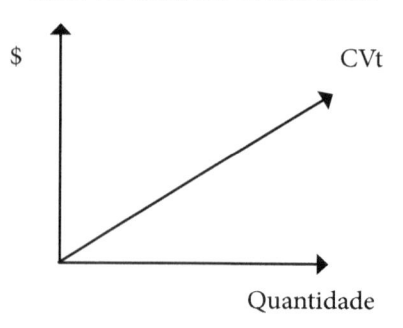

Custo variável, em termos totais

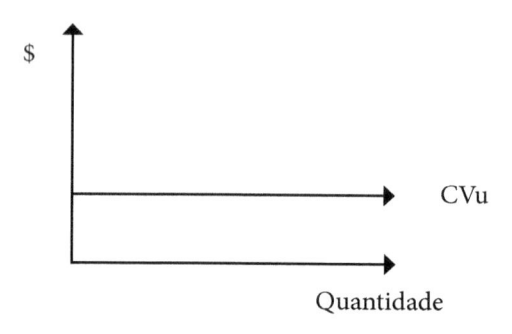

Custo variável em termos unitários

Exemplos de custos variáveis:

– Materiais diretos (MD) – matérias-primas, componentes etc.: são identificados com cada produto em função da medição da quantidade consumida na produção multiplicada pelo seu valor de aquisição.

– Mão de obra direta (MOD): o valor da mão de obra do pessoal efetivamente consumido pela produção. O registro ocorrerá quando for possível identificar, em função da medição, quanto cada operário trabalhou em cada produto.

– Energia elétrica: quando as máquinas ou centros de custos possuírem medidores de consumo de energia elétrica e contadores da produção do período. Quando a energia elétrica é utilizada para a iluminação da fábrica, esta é classificada como custo fixo.

– Embalagens perfeitamente identificadas com os produtos.

– Outros que possam ser perfeitamente identificados com os produtos em função do valor utilizado e da quantidade consumida.

Existem autores que defendem que a mão de obra direta seria, também, um custo fixo, pois a legislação brasileira garante uma percepção salarial mínima, independente das horas trabalhadas ou do volume de produção. Martins (2010) esclarece que a mão de obra direta, aquela que é apontada perfeitamente no processo produtivo, é classificada como custo variável direto. Caso haja ociosidade por motivos de falta de material, de energia, quebra de máquinas etc., dentro de limites normais, esse tempo não utilizado será transformado em custo indireto fixo a ser rateado aos diversos produtos. Caso essa ociosidade represente um valor relevante, ocorrendo de forma anormal, esse tempo será transferido para perda do período. Portanto, custo da mão de obra direta não se confunde com o valor total da folha de pagamento paga à produção. Corresponde aquela mão de obra que foi apontada diretamente na fabricação dos produtos.

Existe, ainda, a classificação dos custos em *semivariáveis* ou *mistos/ compostos*. Estes são custos que variam com o nível de produção, mas que, entretanto, têm uma parcela fixa na sua composição. Estes custos variam em função de alterações do volume de produção e vendas, mas não direta e proporcionalmente. É o caso, por exemplo, da energia elétrica da fábrica, na qual a concessionária cobra uma taxa mínima mesmo que nada seja gasto no período, embora o total da conta dependa do número de quilowatts-hora (kWh) consumidos e, portanto, do volume de produção da empresa. Outros exemplos: aluguel de copiadoras em que se cobra uma parcela fixa, mesmo que nenhuma cópia seja tirada, e mais um valor por cópia (parte variável); gasto com combustível para aquecimento de uma caldeira que varia de acordo com o nível de atividade, mas que existirá, mesmo que seja um valor mínimo, quando nada se produza, já que a caldeira não pode esfriar; conta de água etc.

É importante também mencionar que a classificação em fixos e variáveis tem uma distinção fundamental com relação à classificação em diretos e indiretos: esta última aplica-se somente a custos, mas a de fixo e variável também se aplica perfeitamente às despesas.

A classificação das despesas em fixas e variáveis está relacionada à variação no volume de vendas. Assim, as despesas serão fixas quando permanecerem constantes independentemente da alteração do volume de vendas ou de serviços prestados. Alterando o volume para mais ou para menos, não altera o valor total da despesa. Exemplos: parte fixa da remuneração dos vendedores, propaganda, salários da administração, despesas financeiras, despesas com aluguéis etc.

As despesas variáveis alteram-se proporcionalmente às variações no volume de receitas e estarão relacionadas à quantidade de produtos vendidos ou serviços prestados. Exemplos: comissão de vendedores, impostos incidentes sobre vendas.

Todos os custos podem ser classificados em fixos e variáveis ou em diretos e indiretos ao mesmo tempo. Assim, a matéria-prima é um custo direto e variável, os materiais de consumo são normalmente custos indiretos e variáveis, os seguros da fábrica são custos indiretos e fixos etc.

Os custos diretos são variáveis, quase sem exceção, mas os indiretos são tanto fixos como variáveis, apesar da geral predominância dos primeiros.

Gráfico clássico dos custos totais (Ct)

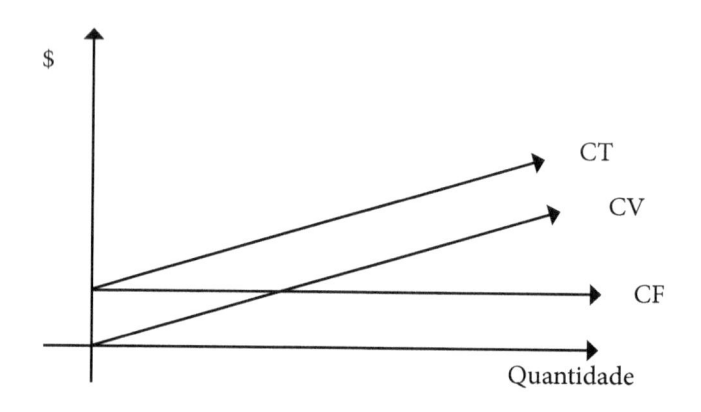

2.4 Critérios para orientar as decisões de alocação de custos indiretos (fixos e variáveis)

O estabelecimento de critérios para a alocação de custos indiretos tem por finalidade orientar as decisões de alocação desses custos, gerando o sentimento de confiança dos gestores na formação de custo do produto.

Segundo Horngren, Datar e Foster (2004), os gerentes precisam, inicialmente, identificar a finalidade da alocação de custo específica e, depois, selecionar os critérios para alocar os custos. Segundo aqueles autores, os critérios de alocação dos custos indiretos são: causa e efeito, benefícios recebidos, justiça ou equidade e capacidade de absorver (suportar).

Causa e efeito: neste critério os gestores identificam as variáveis que fazem com que os recursos sejam consumidos, ou seja, a relação de causa e efeito baseia-se no princípio de que quanto maior o uso, maiores os custos totais. Dessa forma, para os custos variáveis a relação causa e efeito é bastante clara. Os custos indiretos considerados como variáveis serão alocados aos departamentos ou centros de custos também por meio desse critério.

Exemplo: uma empresa industrial possui um departamento de manutenção, que utiliza 200 horas de trabalho em período mensal, e tem custos de manutenção no valor de $ 20,00/h. A empresa possui dois departamentos produtivos: Corte e Costura. O departamento de Corte consome 60 horas de manutenção e o de departamento de Costura, 140 horas.

Os custos indiretos do departamento de Manutenção, que serão alocados a esses dois departamentos empregando a relação causa e efeito "hora de manutenção", serão: departamento de Corte = 60 h x $ 20,0/h = $ 1.200,00; e departamento de Costura = 140 h x $ 20,00/h = $ 2.800,00.

Este critério é o de maior credibilidade, pois os gestores identificam as variáveis que provocam o consumo dos recursos.

Benefícios recebidos: neste critério os custos são alocados aos objetos de custos na proporção do benefício que cada um deles recebe. Este critério está relacionado com as alocações dos custos indiretos fixos.

Exemplo: o custo do aluguel da fábrica é alocado em função do metro quadrado ocupado pelos departamentos de produção (centros de custos). Assim, quanto maior for o departamento, maior será a parcela de aluguel que ele receberá. Nesse caso, não se caracteriza uma relação de causa e efeito, pois se um departamento estiver produzindo a plena capacidade ou sendo subutilizado, isso não influenciará o valor do aluguel a ser rateado ao departamento no período. Considere o caso de um departamento, cuja parcela de aluguel alocada a ele seja de $ 500,00; se forem produzidas 100 unidades, o custo do aluguel por unidade será de $ 5,00; no entanto, se forem produzidas 200 unidades, o custo do aluguel por unidade será de $ 2,50. Pelo critério de benefícios recebidos, o valor unitário dos custos fixos varia de forma inversamente proporcional. Na relação causa e efeito isso não acontece, pois o custo unitário não varia em função da variação do volume fabricado.

Justiça ou equidade: neste critério a alocação de custos é vista como justa quando representa o custo que ambas as partes julguem adequado, o seja, é um critério em que o entendimento de justo está mais relacionado a um acordo entre as partes do que a um critério operacional.

Exemplo:[4] vamos supor que o departamento de Manutenção da fábrica tenha um orçamento de $ 4.000,00, com base na seguinte projeção: o de-

---

4   Adaptado de Sardinha, Abrantes e Fonseca (2000).

partamento de Corte prevê a utilização de 60 horas de manutenção e o departamento de Costura, 140 horas.

Se as atividades reais demandadas pelos departamentos de Corte e Costura forem iguais às orçadas, não haverá problema quanto à alocação dos custos do departamento de Manutenção a eles, pois o valor comprometido pelo departamento de Manutenção seria alocado aos dois departamentos de acordo com a solicitação para a qual ele se preparou, ou seja, $ 4.000,00. Assim, o departamento de Corte receberia $ 1.200,00 [$ 4.000,00 x (60 h ÷ 200 h)] e o departamento de Costura, $ 2.800,00 [$ 4.000,00 x (140 h ÷ 200 h)].

Conforme o exposto acima, observa-se um acordo no processo orçamentário entre os dois departamentos operacionais, Corte e Costura, solicitando um serviço do departamento de Manutenção que, por sua vez, teve que preparar uma capacidade para atendê-los, como compra de máquinas, contratação de pessoas especializadas etc. Nesse caso, a distribuição dos custos do departamento de Manutenção atenderá ao critério de equidade (justiça) na alocação aos departamentos operacionais se esses valores forem iguais ao orçado, ou seja, $ 4.000,00.

Sardinha, Abrantes e Fonseca (2000) comentam que podem ocorrer problemas quando a alocação dos custos for com base nas atividades reais e essas diferirem das atividades orçadas. Suponha, por exemplo, que o departamento de Costura, apesar de ter projetado 140 horas de atividades de manutenção, tenha efetivamente utilizado 90 horas; e o departamento de Corte tenha utilizado as atividades do departamento de Manutenção conforme tinha planejado, ou seja, 60 horas.

Sendo os custos do departamento de Manutenção alocados aos dois departamentos operacionais com base nas atividades reais, os $ 4.000,00 serão alocados da seguinte forma:

- Departamento de Corte = $ 1.600,00 ([60 h ÷ 150] x $ 4.000,00).
- Departamento de Costura = $ 2.400,00 ([90 h ÷ 150] x $ 4.000,00).

Nesse caso, o departamento de Corte será penalizado em $ 400,00, indicando uma ineficiência que, de fato, não é sua, apesar de ter projetado corretamente suas necessidades e realizá-las conforme o planejado. Por outro lado, o departamento de Costura receberá menos custos de manutenção do que o previsto.

O emprego do critério de equidade na alocação dos custos fixos é adequado se a demanda orçada for utilizada como base de alocação. Esta prática tem por fim motivar os gerentes a elaborarem um planejamento de longo prazo de forma mais realista, permitindo à empresa empregar custos de infraestrutura com maior eficácia e consistentes com o planejamento de curto e longo prazos, tanto para os departamentos que prestam serviços como para os operacionais.

Esse critério, segundo Horngren, Datar e Foster (2004), é difícil de definir, porque o que uma parte vê como justo, a outra pode ver com injusto.

Capacidade de absorver (suportar): neste critério os custos são alocados na proporção da capacidade do objeto de custeio absorver os custos alocados a ele, ou seja, quanto maior a margem de lucro de um objeto de custeio, maior será a parcela de custo atribuído a ele.

Exemplo: alocação do custo do salário da Diretoria com base no lucro operacional por departamento. Supõe-se que os departamentos mais lucrativos têm maior capacidade de absorver os custos da Diretoria.

Dentre os Critérios para orientar as decisões de alocação de custos indiretos, causa e efeito e benefícios recebidos são os de maior credibilidade, especialmente quando o propósito da alocação de custos é decisão ou motivação (HORNGREN, DATAR e FOSTER, 2004).

2.5 Exercícios

1. (Transpetro/Contador_Cesgranrio) Os custos podem ser classificados de formas diferentes, dependendo tal classificação do enfoque de seu relacionamento. Nesse contexto, os custos, em relação aos produtos, são classificados em

a) (   ) diretos e fixos
b) (   ) diretos e indiretos
c) (   ) diretos e variáveis
d) (   ) indiretos e fixos
e) (   ) variáveis e fixos

2. (Petrobras/Contador_Cesgranrio) Em uma aula de contabilidade, na qual o professor discorria corretamente sobre classificação de custos, houve a explicação de que somente representam custos diretos os seguintes itens:

a) (   ) energia elétrica, mão de obra direta e aluguel do prédio.
b) (   ) matéria-prima, mão de obra direta e embalagens.

c) (   ) mão de obra direta, depreciação de equipamentos e material consumido.
d) (   ) manutenção, salários de supervisão e materiais diretos.
e) (   ) salários da fábrica, embalagens e seguros da fábrica.

3. (Petrobras/Contador_Cesgranrio) A Indústria Santa Cecília Ltda. fabrica produtos de alta tecnologia. Por essa razão, a mão de obra utilizada no seu processo produtivo representa menos de 2% do total de custos de produção. Verifica-se, ainda, que a identificação dessa mão de obra com os produtos é de difícil mensuração, além de ser muito cara.

Em virtude dessas características, a Indústria Santa Cecília deverá classificar toda a sua mão de obra como:

a) (   ) custo semivariável.
b) (   ) custo fixo repetitivo.
c) (   ) custo indireto.

d) ( ) gastos indiretos operacionais.

e) ( ) despesas operacionais indiretas.

4. (Termoaçu/Contador_Cesgranrio_ adaptada) Determinada indústria está operando abaixo da sua capacidade de produção, ou seja, quanto mais fabrica um determinado produto, mais seu custo unitário total é reduzido. Tal fato ocorre em relação ao custo:

a) ( ) fixo

b) ( ) direto

c) ( ) indireto

d) ( ) variável

e) ( ) misto

5. (Casa da Moeda/Contador_Cesgranrio) Como são classificados os custos em relação às quantidades produzidas?

a) ( ) Diretos e indiretos

b) ( ) Diretos e variáveis

c) ( ) Fixos e variáveis

d) ( ) Fixos e diretos

e) ( ) Variáveis e indiretos

6. (CHESF/Contador_Cesgranrio_adaptada) A empresa Alegria e Euforia S.A., indústria de alimentos, apresentou, no mês de fevereiro de 20x2, o valor de R$ 2.300,00 referente à energia consumida pelas máquinas de processamento de alimentos, que possuem medidores de energia.

De que forma esse gasto deverá ser apropriado contabilmente?

a) ( ) Custo fixo

b) ( ) Custo variável

c) ( ) Despesa variável

d) ( ) Despesa fixa

e) ( ) Despesa indireta

7. (Exame de Suficiência/CFC) A matéria-prima utilizada na produção, a depreciação do prédio onde funciona a área de produção da fábrica e as comissões dos vendedores são classificados, respectivamente, como:

a) ( ) custos fixos, custos variáveis e custos variáveis.

b) ( ) custos fixos, custos variáveis e despesas variáveis.

c) ( ) custos variáveis, custos fixos e custos variáveis.

d) ( ) custos variáveis, custos fixos e despesas variáveis.

8. (QCO/Contabilidade_Exército) É correto afirmar que o (s):

a) ( ) custos fixos unitários crescem na razão direta da quantidade produzida.

b) ( ) custos fixos unitários permanecem sempre estáveis, independente do volume de produção industrial do período.

c) ( ) custos variáveis unitários crescem ou decrescem, em conformidade com o volume produzido.

d) ( ) valor do custo unitário, já computado o rateio da estrutura de custos fixos a cada unidade produzida, tende a reduzir-se à medida que o volume da produção aumenta.

e) ( ) valor do custo unitário, já computado o rateio da estrutura de custos fixos a cada unidade produzida, tende a aumentar à medida que o volume da produção aumenta.

9. (Petrobras Distribuidora/Contador_ Cesgranrio) Os custos fixos podem ser repetitivos e não repetitivos em valor.

Um item classificado como custo fixo repetitivo é a (o):

a) ( ) depreciação

b) ( ) energia elétrica

c) ( ) manutenção

d) ( ) mão de obra direta

e) ( ) material de consumo

10. (BR Distribuidora/Contador_Cesgranrio) Associe os tipos de custos da 1ª coluna às características apresentadas na 2ª.

Custos	Características
1 – fixos	( ) Permitem uma associação objetiva e imediata aos produtos.
2 – variáveis	( ) Necessitam, para sua associação aos produtos, de um processo de rateio.
3 – semivariáveis	( ) São inteiramente sensíveis a alterações nos volumes de produção e vendas.
4 – indiretos	( ) Comportam-se de maneira uniforme, qualquer que seja o volume de produção e vendas, quando apresentados na base unitária.
5 - diretos	( ) Comportam-se de maneira flutuante, em função de alterações do volume de produção e vendas, quando apresentados na base unitária.
	( ) Variam em função de alterações do volume de produção e vendas, mas não direta e proporcionalmente.

A ordem correta dos números da 2ª coluna, de cima para baixo, é

a) ( ) 1 - 5 - 2 - 2 - 3 - 2
b) ( ) 2 - 5 - 2 - 3 - 1 - 2
c) ( ) 4 - 4 - 2 - 1 - 2 - 3

d) ( ) 5 - 4 - 1 - 2 - 1 - 3
e) ( ) 5 - 4 - 2 - 2 - 1 - 3

11. (Exame de Suficiência/CFC_adaptada) Relacione o tipo de custo descrito na primeira coluna com os conceitos apresentados na segunda coluna e, em seguida, assinale a opção CORRETA.

(1)	Custo fixo	( )	São custos de natureza mais genérica, não sendo possível identificar imediatamente como parte do custo de determinado produto.
(2)	Custo variável	( )	Um custo uniforme por unidade, mas que varia no total na proporção direta das variações da atividade total ou do volume de produção relacionado.
(3)	Custo direto	( )	Um custo que, em determinado período e volume de produção, não se altera em seu valor total, mas vai ficando cada vez menor em termos unitários com o aumento do volume de produção.
(4)	Custo indireto	( )	São custos incorridos em determinado produto, que permitem a associação objetiva e imediata.

A sequência CORRETA é:
a) ( ) 2, 4, 1, 3.
b) ( ) 2, 4, 3, 1.

c) ( ) 4, 2, 1, 3.
d) ( ) 4, 2, 3, 1.

12. (Exame de Suficiência/CFC) Uma indústria de confecções tem sua produção dividida em três setores: corte, costura e acabamento. No setor de corte, um funcionário, com remuneração mensal de R$ 8.000,00, tem como única atividade a supervisão do corte de 50 tipos de produto, executado por 10 funcionários.

A remuneração do supervisor é um custo:

a) ( ) direto, independentemente de o objeto do custeio ser o produto ou o setor.
b) ( ) direto, se o objeto do custeio for o produto e indireto, se o objeto do custeio for o setor.
c) ( ) indireto, independentemente de o objeto do custeio ser o produto ou o setor.
d) ( ) indireto, se o objeto do custeio for o produto e direto, se o objeto do custeio for o setor.

13. (Transpetro/Contador_Cesgranrio_ adaptada) A classificação dos custos em diretos e indiretos é geralmente feita em relação ao:

a) ( ) volume da produção
b) ( ) objeto de custo (ou custeio)
c) ( ) departamento dentro da empresa
d) ( ) valor total do custo e o volume de atividade
e) ( ) total das vendas em um determinado período de tempo

14. (Exame de Suficiência/CFC) Uma empresa industrial apresentou os seguintes dados em determinado período, a saber:

• Custo Fixo Total (CF) = $ 100,00;
• Custo Variável Unitário (CVu) = $ 20,00.

Sabe-se que o Custo Médio (CMe) pode ser obtido somando-se o Custo Fixo Unitário (CFu) ao Custo Variável Unitário (CVu). Com base nas informações disponibilizadas e considerando que a entidade produz um único tipo de produto, assinale a alternativa correspondente ao Custo Médio (CMe) quando a quantidade produzida (Q) for igual a 2, 4 e 5 unidades, respectivamente.

a) ( ) $ 60,00, $ 53,33 e $ 35,00.
b) ( ) $ 60,00, $ 53,33 e $ 40,00.
c) ( ) $ 70,00, $ 45,00 e $ 40,00.
d) ( ) $ 70,00, $ 45,00 e $ 35,00.

15. (Petrobras/Contador_Cesgranrio_ adaptada) A Indústria Lumini Ltda. fabrica lanternas, spots, lustres e outros equipamentos elétricos.

A lanterna Lumini Prata é fabricada em lotes de 100 unidades e consome os seguintes materiais:

• 6 kg de acrílico
• 4 kg de borracha sintética
• 2 kg de plástico maleável
• 100 lâmpadas de 25 watts
• 100 sacos plásticos para embalagem

Os custos dos materiais da lanterna Lumini Prata estão dispostos a seguir.

Materiais	Valores (R$)
Placa de acrílico	2,50 por kg
Borracha sintética	2,00 por kg
Plástico maleável	5,00 por kg
Lâmpada de 25 watts	0,15 por unidade
Saco plástico para embalagem	0,04 por unidade

Os custos de mão de obra e o tempo de fabricação são os seguintes:

Itens	Tempo de MOD	Custo da mão de obra
Fabricação do cilindro da lanterna	200 unidades por hora	5,00 por hora
Fabricação da cobertura cilíndrica de borracha	150 unidades por hora	6,00 por hora
Fabricação da argola de plástico	250 unidades por hora	7,00 por hora
Montagem final	125 unidades por hora	4,00 por hora

Com base exclusivamente nesses dados, determine o custo direto do produto, em reais, para 100 unidades.

a) ( ) R$ 82,40
b) ( ) R$ 80,80
c) ( ) R$ 79,60
d) ( ) R$ 64,50
e) ( ) R$ 56,60

16. (Exame de Suficiência/CFC) Uma indústria que fabrica três modelos de mesas apresentou, em um determinado período, os saldos de custos e despesas abaixo:

Aluguel do escritório de vendas.R$ 38.400,00
Comissões sobre vendas ....R$ 192.000,00
Depreciação de máquinas utilizadas na elaboração dos produtos A, B e C.R$ 89.600,00
ICMS sobre vendas ....R$ 384.000,00
Mão de obra direta ....R$ 140.800,00
Mão de obra indireta...............R$ 102.400,00
Material de embalagem utilizado na produção ....R$ 25.600,00
Matéria-prima consumida pelo produto A.........................R$ 345.000,00
Gastos gerais de fabricação comuns aos três produtos ....R$ 76.800,00
Salário dos vendedores............R$ 12.800,00

Com base nos saldos acima, assinale a opção que apresenta o valor dos custos diretos.

a) ( ) R$ 511.400,00.
b) ( ) R$ 575.400,00.
c) ( ) R$ 677.800,00.
d) ( ) R$ 780.200,00.

17. (UFES/ES Contador_UFES) Uma empresa fabrica dois produtos, X e Y, sobre os quais são apresentadas as seguintes informações, relativas ao mês de junho de 20x7:

	Produtos	
	X	Y
Custo do material direto unitário	R$ 25,00	R$ 50,00
Custo da mão de obra direta unitária	R$ 50,00	R$ 25,00
Quantidade produzida e vendida	4.000 un.	2.000 un.
Preço de venda unitário	R$ 200,00	R$ 220,00
Despesas comerciais dos produtos no período	R$ 50.000,00	R$ 75.000,00

Os custos indiretos de fabricação totalizaram R$ 600.000,00 no período e foram atribuídos a X e a Y com base no custo direto total de cada produto. Os lucros operacionais dos produtos X e Y, no mês de junho de 20x7 foram, respectivamente:

a) ( ) R$ 10,00 e R$ 9,50.
b) ( ) R$ 10,50 e R$ 9,00.
c) ( ) R$ 11,00 e R$ 8,50.
d) ( ) R$ 11,50 e R$ 8,00.
e) ( ) R$ 12,50 e R$ 7,50.

18. (Exame de Suficiência/CFC_adaptada) Uma empresa fabrica e vende os produtos A e B. Durante o mês de fevereiro de 20x3, o departamento fabril reportou para a contabilidade o seguinte relatório da produção:

Itens de custo	Produto A	Produto B	Valor total
Matéria-prima consumida	R$ 1.800,00	R$ 1.200,00	R$ 3.000,00
Mão de obra direta	R$ 1.000,00	R$ 1.000,00	R$ 2.000,00
Unidades produzidas no período	4.000 un.	12.000 un.	16.000 un.
Custos indiretos de fabricação			R$ 10.000,00

No referido mês, não havia saldos iniciais e finais de produtos em elaboração.

A empresa utiliza, como base de rateio dos custos indiretos de fabricação, o valor da matéria-prima consumida para cada produto.

Com base nos dados acima, é CORRETO afirmar que o custo total do produto A, no mês, é de:

a) ( ) R$ 8.800,00.
b) ( ) R$ 8.400,00.
c) ( ) R$ 7.800,00.
d) ( ) R$ 5.300,00.

Dados para as questões de números 19 e 20.

(Petrobras/Contador_Cesgranrio_adaptada) A Indústria Real tem uma linha de produção de três modelos de um de seus produtos, em que são consumidos R$ 900.000,00 de custos indiretos fixos.

A linha de produção apresentou a seguinte informação do período produtivo:

Modelos do Produto	Produção unidades	Matéria-prima por unidade	Mão de obra direta por unidade
Pequeno	15.000	R$ 25,00	R$ 12,00
Médio	25.000	R$ 27,00	R$ 16,00
Grande	10.000	R$ 28,00	R$ 22,00

19. Sabendo-se que a Indústria Real procede ao rateio dos custos fixos pelo custo total de mão de obra direta, o valor dos custos fixos totais, alocado ao modelo grande, em reais, é:

a) ( ) 180.000,00   b) ( ) 247.500,00
c) ( ) 315.000,00   d) ( ) 342.000,00
e) ( ) 396.000,00

20. Admita que a Indústria Real venda o modelo médio do produto por R$ 110,00. Mantendo o mesmo critério de rateio dos custos fixos totais pelo custo total de MOD, o lucro por unidade vendida do modelo médio, em reais, seria:

a) ( ) 49,00   b) ( ) 54,85
c) ( ) 55,48   d) ( ) 61,00
e) ( ) 67,00

21. (CFC/Exame de Suficiência) Uma fábrica de camisetas produz e vende, mensalmente, 3.500 camisetas ao preço de R$ 5,00 cada. As despesas variáveis representam 20% do preço de venda e os custos variáveis são de R$ 1,20 por unidade. A fábrica tem capacidade para produzir 5.000 camisetas por mês, sem alterações no custo fixo atual de R$ 6.000,00. Uma pesquisa de mercado revelou que ao preço de R$ 4,00 a unidade, haveria demanda no mercado para 6.000 unidades por mês.

Caso a empresa adote a redução de preço para aproveitar o aumento de demanda, mantendo a estrutura atual de custos fixos e a capacidade produtiva, o resultado final da empresa:

a) ( ) aumentará em R$ 2.200,00.
b) ( ) aumentará em R$ 200,00.
c) ( ) reduzirá em R$ 3.500,00.
d) ( ) reduzirá em R$ 800,00.

22. (Petrobras Biocombustível/Contador_ Cesgranrio) Observe os dados extraídos da contabilidade de custos da Indústria Centauro Ltda.

• Custos diretos do produto ALFA:
R$ 10,50 por unidade
• Custos diretos do produto BETA:
R$ 11,20 por unidade
• Custos diretos do produto GAMA:
R$ 17,50 por unidade
• Custos fixos a serem rateados:
R$ 120.000,00 por mês

Os volumes produzidos, em unidades, são: produto Alfa = 8.000; produto Beta = 5.000; produto Gama = 2.000. Sabe-se que a empresa rateia os custos fixos pelo total de custos diretos.
Considerando-se exclusivamente os dados acima, o custo total do produto BETA, em reais, é de:

a) ( ) R$ 59.000,00
b) ( ) R$ 94.400,00
c) ( ) R$ 120.600,00
d) ( ) R$ 135.400,00
e) ( ) R$ 141.600,00

23. (Exame de Suficiência/CFC_adaptada) Uma empresa tem um custo fixo mensal pré-determinado no montante de R$ 297.000,00. No mês de julho de 20x3 produziu 99.000 unidades de seu produto, incorrendo em R$ 693.000,00 de custo variável. Considerando, alternativamente, uma produção de 74.250 unidades o custo unitário da produção seria de:

a) ( ) R$ 10,00
b) ( ) R$ 11,00
c) ( ) R$ 12,33
d) ( ) R$ 13,33

24. (Exame de Suficiência/CFC) Uma indústria fabrica dois produtos. Em um determinado mês, o departamento de produção envia para a contabilidade os seguintes dados da produção:

Custos	Produto X	Produto Z	Valor Total
Matéria-prima consumida	R$ 8.000,00	R$ 10.000,00	R$ 18.000,00
Mão de obra direta consumida	R$ 6.000,00	R$ 6.000,00	R$ 12.000,00
Unidades produzidas no mês	1.000	500	1.500
CIF – custo indireto de fabricação			R$ 15.000,00

Sabendo-se que a indústria distribui seus custos indiretos de fabricação de acordo com as unidades produzidas, os custos unitários dos produtos X e Z são, respectivamente:

a) ( ) R$ 24,00 e R$ 42,00.
b) ( ) R$ 20,67 e R$ 48,67.
c) ( ) R$ 21,00 e R$ 48,00.
d) ( ) R$ 21,50 e R$ 47,00.

25. (SEFAZ/ICMS RJ_FCC_adaptada) A empresa Gama produz os produtos 1, 2 e 3 utilizando um único departamento. Ao analisar o processo produtivo no mês de agosto de 20x3, a empresa obteve as seguintes informações:

Produto	Matéria-prima (R$)	Mão de obra direta (R$)	Quantidade total produzida	Preço de venda (R$)	Horas de mão de obra direta
1	200,00/unidade	100,00/unidade	1.000 un.	1.800,00/unidade	2h/unidade
2	300,00/unidade	300,00/unidade	1.500 un.	2.000,00/unidade	2h/unidade
3	100,00/unidade	300,00/unidade	2.000 un.	2.100,00/unidade	1h/unidade

Sabe-se que os custos indiretos totais incorridos, no mês de agosto de 20x3, foram de R$ 2.520.000,00 e que a empresa os aloca aos produtos em função da quantidade total de horas de mão de obra direta utilizada. Com base nestas informações, e sabendo que não havia estoques iniciais e finais de produtos em processo, o custo unitário de produção, no mês de agosto de 20x3, para os produtos 1, 2 e 3 foram, respectivamente, em reais:

a) ( ) 1.308; 1.608 e 904.

b) ( ) 200; 300 e 100.

c) ( ) 300; 600 e 400.

d) ( ) 1.020; 1.320 e 760.

e) ( ) 860; 1.160 e 960.

---

26. (BNDES/Contador_Cesgranrio) O gerente de custos da Cia. Industrial Tamoio S/A, durante a apuração do custo dos produtos do mês, chegou aos seguintes números, em reais:

Custos	Produto A	Produto B	Produto C	Total dos custos diretos
Matéria-prima	80.000,00	120.000,00	200.000,00	400.000,00
Mão de obra direta	22.000,00	47.000,00	21.000,00	90.000,00
Energia elétrica direta	18.000,00	23.000,00	9.000,00	50.000,00
Soma	120.000,00	190.000,00	230.000,00	540.000,00

Sabendo-se que os custos indiretos usualmente alocados aos produtos por meio rateio, com base no custo da matéria-prima, totalizaram o valor de R$ 250.000,00 no mês, pode-se afirmar que o custo total do produto C é:

a) ( ) R$ 170.000,00

b) ( ) R$ 265.000,00

c) ( ) R$ 325.000,00

d) ( ) R$ 355.000,00

e) ( ) R$ 450.000,00

27. (AFC) A empresa Fabricante S/A produz os itens Alfa, Beta e Delta. O custo a ratear entre os três produtos totaliza R$ 36.000,00. O rateio é baseado nas horas-máquina (hm) trabalhadas para cada um deles. Com o consumo de 120, 240 e 360 hm para cada tipo de produto, respectivamente, foram concluídas a produção de 300 unidades, em quantidades rigorosamente iguais de Alfa, Beta e Delta. O custo direto unitário também foi o mesmo para cada tipo de produto, ou seja, R$ 250,00. Com base nessas informações, pode-se afirmar que:

a) ( ) o custo unitário de Delta foi de R$ 250,00

b) ( ) o custo unitário de Alfa foi de R$ 310,00

c) ( ) o custo unitário de cada um dos três produtos foi de R$ 370,00

d) ( ) o custo unitário de Beta foi de R$ 430,00

e) ( ) o custo total do período foi de R$ 36.000,00

Os dados a seguir referem-se a uma empresa industrial que fabrica dois tipos de produtos (A e B) e servem para resolver as questões 28 e 29.

Itens	Produto A	Produto B	Total
Mão de obra direta	$ 300.000,00	$ 420.000,00	$ 720.000,00
Matéria-prima	$ 200.000,00	$ 250.000,00	$ 450.000,00
Custos indiretos de fabricação	?	?	$ 1.700.000,00
Custo total	?	?	$ 2.870.000,00
Tempo total de fabricação	975 horas	525 horas	1.500 horas
Volume produzido	1.890 unidades	810 unidades	2.700 unidades

28. Os valores, respectivamente, dos custos indiretos de fabricação para os produtos A e B, apropriados com base no tempo total de fabricação, são:

a) ( ) $ 1.525.000; $ 175.000
b) ( ) $ 1.005.000; $ 695.000
c) ( ) $ 1.105.000; $ 595.000
d) ( ) $ 825.000; $ 875.000
e) ( ) $ 1.500.000; $ 200.000

29. Os valores, respectivamente, do custo total para os produtos A e B, quando os custos indiretos de fabricação são apropriados com base no volume produzido, são:

a) ( ) $ 1.200.000; $ 1.670.000
b) ( ) $ 1.700.000; $ 1.170.000
c) ( ) $ 1.790.000; $ 1.080.000
d) ( ) $ 1.690.000; $ 1.180.000
e) ( ) $ 1.750.000; $ 1.120.000

30. (SEMSA AM/Contador_Cesgranrio) A indústria alvorada fabrica os produtos A e B. Num determinado período, os custos indiretos a ratear totalizaram R$ 4.000.000,00.

O rateio é realizado proporcionalmente às horas-máquina (hm) utilizadas na produção de cada produto, sendo 15.000 (hm) utilizadas para A e 25.000 (hm) para B. Caso fossem produzidas 100.000 unidades do produto A, com custo direto

de R$ 20,00 por peça, o seu custo unitário total, em reais, seria:

a) ( ) R$ 20,00
b) ( ) R$ 35,00
c) ( ) R$ 100,00
d) ( ) R$ 120,00
e) ( ) R$ 286,67

31. (SEFAZ/ICMS RJ_FCC) A empresa Predileta S.A., ao analisar os custos do produto Predileto, obteve as seguintes informações:

Custo A	Quantidade produzida	Custo unitário	Custo total
	1.000 unidades	R$ 10,00	R$ 10.000,00
	2.000 unidades	R$ 5,00	R$ 10.000,00
	2.500 unidades	R$ 4,00	R$ 10.000,00

Custo B	Quantidade produzida	Custo unitário	Custo total
	1.000 unidades	R$ 4,00	R$ 4.000,00
	2.000 unidades	R$ 4,00	R$ 8.000,00
	2.500 unidades	R$ 4,00	R$ 10.000,00

Com base nas informações obtidas, é possível afirmar que os custos A e B são, em relação à unidade do produto Predileto, respectivamente,

a) ( ) fixo e fixo.
b) ( ) indireto e fixo.
c) ( ) variável e fixo.
d) ( ) fixo e variável.
e) ( ) variável e indireto.

32. (ICMS SP_FCC) A empresa BRfone Ltda. produz somente dois tipos de aparelhos de telefone: telefone preto sem fio e telefone vermelho com fio, cujos preços de venda por unidade, líquidos de tributos, são $ 60,00 e $ 40,00 respectivamente. Para a produção, a empresa incorre nos seguintes custos:

Custos	Quantidade Consumida	
	Telefone preto	Telefone vermelho
Mão de obra direta: $ 10/hora.	0,50 hora por unidade.	0,35 hora por unidade.
Materiais diretos: $ 4/kg.	2 kg por unidade.	1 kg por unidade.

Sabe-se que a empresa paga comissões de 5% sobre o preço líquido de vendas aos vendedores. Com base nessas informações, a soma dos custos e despesas variáveis incorridos para a produção de cada unidade dos produtos telefone preto e telefone vermelho, respectivamente, é, em $:

a) ( ) 8,00 e 5,50.
b) ( ) 11,00 e 6,00.
c) ( ) 13,00 e 7,50.
d) ( ) 16,00 e 9,50.
e) ( ) 17,00 e 16,00.

33. (Exame de Suficiência/CFC) O presidente da empresa Produz Capas de Chuva Ltda. deseja conhecer o comportamento dos custos de sua empresa.
Para tanto, ele obteve os valores dos gastos fabris totais de produção da empresa em dois níveis mensais diferentes de produção: (i) no mês em que nenhuma unidade do seu produto foi fabricada, o gasto total incorrido na fábrica da empresa foi de R$ 116 mil; (ii) no mês em que 35.000 unidades do seu produto foram fabricadas, o gasto total incorrido na fábrica da empresa foi de R$ 212 mil. Considera-se que os custos variáveis da empresa apresentam uma correlação perfeitamente positiva e linear com o nível de produção mensal. Para calcular o custo total da empresa, pode-se empregar a seguinte fórmula:

$$CT = CVu \times q + CF$$

Onde:

CT = Custo Total;
CVu = Custo Variável unitário;
q = quantidade produzida; e
CF = Custo Fixo.
É necessário desconsiderar aspectos referentes a intervalo relevante. Com base apenas nessas informações, é INCORRETO afirmar que:

a) ( ) O custo fixo da empresa é de R$ 116.000,00.
b) ( ) O custo variável unitário da empresa é superior a R$ 6,00.
c) ( ) Caso a empresa produzisse 30.000 unidades do seu produto, seu custo total seria inferior a R$ 200.000,00.
d) ( ) Caso a empresa produzisse 32.000 unidades do seu produto, seu custo total seria superior a R$ 200.000,00.

34. (TCE RO/Contador_Cesgranrio_adaptada) A indústria ALFA fabrica o produto X. Em abril de 20x6, seus custos totais (incluindo fixos e variáveis) montaram a R$ 600.000,00 para uma produção de 40.000 unidades. Em maio de 20x6, a produção alcançou 50.000 unidades e os custos totais (fixos e variáveis) montaram a R$ 700.000,00. Considerando-se que, para estes níveis de produção, o custo fixo é estável, o valor do custo variável unitário, em reais, será de:

a) ( ) R$ 15,00   d) ( ) R$ 8,00
b) ( ) R$ 12,00   e) ( ) R$ 6,00
c) ( ) R$ 10,00

Gabarito

1	2	3	4	5	6	7	8	9	10
B	B	C	A	C	B	D	D	A	E

11	12	13	14	15	16	17	18	19	20
C	D	B	C	D	A	E	A	B	A

21	22	23	24	25	26	27	28	29	30
B	B	B	A	D	D	B	C	D	B

31	32	33	34
D	D	B	C

Veja a solução completa de todos os exercícios no capítulo 12 deste livro.

3

CUSTEIO POR ABSORÇÃO

O custeio por absorção, como o próprio nome sugere, consiste na apropriação de **todos** os custos (sejam eles fixos ou variáveis; diretos ou indiretos) à produção do período. As despesas são lançadas imediatamente contra o resultado do período.

O objetivo principal deste método de custeio é apurar o custo de uma unidade do produto fabricado. Os custos unitários são necessários para custear inventários (estoques), constar nos demonstrativos financeiros e para determinar o lucro líquido do período (por meio da apuração dos custos dos produtos vendidos).

3.1 Origem do custeio por absorção

Sobre sua origem, muitos autores afirmam que o custeio por absorção foi derivado de um método alemão desenvolvido no início do século XX, conhecido como **RKW** (abreviação que representa as iniciais de um antigo conselho governamental alemão[5] para assuntos econômicos – *Reichskuratorium für Wirtschaftlichtkeit*), também conhecido como **Custeio Pleno** ou **Integral**. Por este método, todos os gastos do período (custos e despesas) são apropriados à produção do período, por meio das técnicas de rateio já estudadas neste livro.

Naquela época, todos os esforços estavam concentrados na produção. Assim, as despesas administrativas, comerciais e financeiras não eram relevantes. Com o desenvolvimento e a modernização das diversas economias mundiais, as despesas administrativas passaram a representar importante parcela dos gastos nas empresas e, consequentemente, julgou-se necessário segregar as despesas dos custos e apropriá-las diretamente ao resultado do exercício.

O RKW é normalmente aplicado para decisões de preços de venda, em que a empresa fixa a margem de lucro desejada e a acresce sobre o custo

---

5   Conselho Administrativo do Império para a Eficiência Econômica.

total obtido para o produto. Para Martins (2010), a utilidade desse método está em considerar o rateio dos custos e despesas totais, chegando, assim, ao valor de "produzir e vender", bastando então acrescentar o lucro desejado para se obter o preço de venda final.

A forma de apropriação dos gastos considerando o custeio absorção e o método de custeio RKW é semelhante, divergindo apenas no que diz respeito à apropriação das despesas, pois, no custeio por absorção, as despesas não são apropriadas aos objetos de custeio. No custeio RKW apropriam-se todos os gastos, ou seja, custos e despesas, aos produtos.

O custeio RKW é essencialmente gerencial, enquanto o custeio por absorção, por alocar apenas os custos aos objetos de custeio, visa à valoração de estoques e a apuração do resultado.

Como se pode perceber, a distinção principal do custeio por absorção é entre custos e despesas, pois estas são apropriadas imediatamente ao resultado do período. Os custos dos produtos em elaboração e dos produtos acabados, enquanto não forem vendidos, serão ativados nos estoques (Ativo Circulante) e, à medida que são vendidos, a baixa dos estoques de produtos acabados é considerada, na apuração do resultado, como custo dos produtos vendidos que, nesse caso, é uma despesa.

O custeio por absorção é o único aceito pela legislação do Imposto de Renda (RIR/2018), pois atende plenamente aos princípios de contabilidade, consagrados pela Lei nº 6.404/76 e pela NBC TG 16 (R2) – Estoques. Também é o único aceito pelos exames de auditoria externa, tendo em vista a sua vinculação aos princípios contábeis.

Esse método tem, ainda, a vantagem de ter a sua implementação facilitada por não exigir a segregação dos custos em fixos e variáveis.

3.1.1 Esquema básico da contabilidade de custos no custeio por absorção

Nesse ponto, o esquema básico da contabilidade de custos resume-se a:
- Separação entre custos e despesas.
- Apropriação dos custos diretos aos produtos.
- Rateio dos custos indiretos.
- Determinação do custo total por produto e custo unitário (produção acabada).
- Apuração do custo dos produtos vendidos e do resultado do período.

Observe o gráfico do esquema básico da contabilidade de custos a seguir:

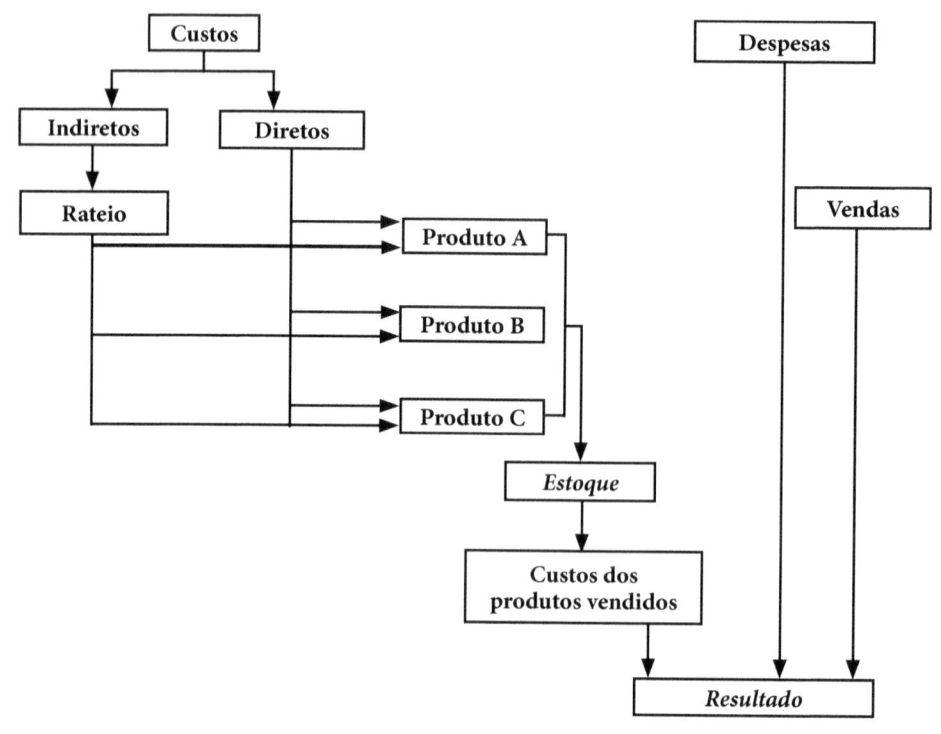

Fonte: Martins (2010; p. 57)

3.2 Fluxo de custos na atividade industrial

A alocação dos custos à produção por período (mensal, anual etc.) está dividida em fases, desde a baixa do estoque de matérias-primas até a apuração do CPV, que compreende a soma dos gastos com materiais, mão de obra e gastos gerais consumidos pela fabricação dos produtos que foram fabricados e vendidos pela empresa.

Fases de fabricação do produto até o custo dos produtos vendidos (CPV)

As fases de fabricação dos produtos podem ser representadas pelo fluxo contábil de custos, desde a saída do estoque de materiais (matéria-prima), passando pelo estoque de produtos em elaboração, até a saída do estoque de produtos acabados com a consequente apuração do CPV, conforme a sequência a seguir:

1) Apuração do custo da matéria-prima (MP = EI + C – EF).
2) Apuração dos custos da produção do período (MP + MOD + CIF).
3) Apuração da produção acabada.
4) Apuração dos custos dos produtos vendidos.

Custo da matéria-prima (MP) – representa o valor transferido da conta Estoque de Matéria-Prima para a conta Estoque de Produtos em Elaboração (em Processo).

$$MP = EI + C - EF$$

Custo de produção do período (CPP) – também conhecido como custos de fabricação ou fabril, corresponde aos seguintes itens: matéria-prima (MP) consumida no período, mão de obra direta (MOD) e custos indiretos de fabricação (CIF) ou gastos gerais de fabricação (GGF). É a soma dos custos incorridos dentro da fábrica em determinado período (mês, trimestre, ano etc.).

$$CPP = MP (EI + C - EF) + MOD + CIF$$

Custo da produção acabada (CPA) – também conhecido como custos dos produtos fabricados. Nem sempre o total de custos aplicados na produção durante o período é totalmente transformado em produtos acabados. Pode permanecer alguma parcela ainda em elaboração no final do período. O CPA é resultante do custo fabril somado à parcela do custo fabril do período anterior ainda não transformado (no período atual chama-se EIPE – estoque inicial de produtos em elaboração) diminuído da parcela desse mesmo custo fabril que não se transformou (EFPE – estoque final de produtos em elaboração). Resumindo, o custo dos produtos fabricados é o custo que efetivamente ocorreu sobre as unidades que foram totalmente acabadas naquele período e transferidas para o estoque de produtos acabados.

$$CPA = EIPE + CPP - EFPE$$

Custo dos produtos vendidos (CPV) – é a soma dos custos incorridos na fabricação dos bens que são vendidos. Pode conter custos de produção também de períodos anteriores existentes em unidades que só foram acabadas no período em análise.

$$CPV = EIPA + CPA - EFPA$$

Transferência de valores nas contas de custo referentes a estoques – fluxo contábil de custos

Estoque de Matéria-Prima		Estoque de Produtos em Elaboração		Estoque de Produtos Acabados	
Estoque inicial	(=) Baixa do estoque (saídas p/ a produção)	Estoque Inicial	(=) Baixa do estoque (saídas p/ o estoque de produtos acabados)	Estoque Inicial	(=) Baixa do estoque (saídas pela venda de produtos acabados)
			(+) MP		
(+) Compras	Custo da matéria-prima (MP)	(+) MOD (+) CIF	Custo da produção acabada (CPA)	(+) Produção acabada no período	Custo dos produtos vendidos (CPV)
(-) Estoque Final		(-) Estoque Final		(-) Estoque Final	

Exemplo: consideremos que uma indústria apresente os seguintes valores para sua produção de um determinado mês:

Item	Estoques iniciais (EI)	Estoques finais (EF)
Matérias-primas	$ 100,00	$ 200,00
Produtos em elaboração	$ 150,00	$ 50,00
Produtos acabados	$ 500,00	$ 700,00

✓ Compras de matérias-primas do período = $ 700,00.

✓ Mão de obra direta aplicada à produção do período = $ 300,00.

✓ Gastos gerais de fabricação (custos indiretos) aplicados à produção do período = $ 400,00.

Solução utilizando os razonetes

Estoque de Matérias-primas		Estoque de Produtos em Elaboração		Estoque de Produtos Acabados	
EI $ 100,00	(=) $ 600,00	EI $ 150,00	(=) $ 1.400,00	EI $ 500,00	(=) $ 1.200,00
(+) Compras $ 700,00		(+) MP $ 600,00 (+) MOD $ 300,00 (+) CIF $ 400,00		(+) $ 1.400,00	
(-) EF $ 200,00		(-) EF $ 50,00		(-) EF $ 700,00	

Solução utilizando fórmulas:

MP = EIMP + C – EFMP
MP = \$ 100,00 + \$ 700,00 – \$ 200,00 = \$ 600,00
CPP = MP + MOD + CIF
CPP = \$ 600,00 + \$ 300,00 + \$ 400,00 = \$ 1.300,00
CPA = EIPE + CPP - EFPE
CPA = \$ 150,00 + \$ 1.300,00 – \$ 50,00
CPA = \$ 1.400,00
CPV = EIPA + CPA - EFPA
CPV = \$ 500,00 + \$ 1.400,00 – 700,00
CPV = 1.200,00

Outra forma didática de representar a movimentação dos custos da empresa pode ser vista a seguir:

Estoque inicial matéria-prima	100
(+) Compras	700
(-) Estoque final de matéria-prima	(200)
(=) Custo da matéria-prima	600
(+) Mão de obra direta	300
(+) CIF	400
(=) **Custo da produção do período (CPP)**	**1.300**
(+) Estoque inicial produtos em elaboração	150
(-) Estoque final produtos em elaboração	(50)
(=) **Custo da produção acabada (CPA)**	**1.400**
(+) Estoque inicial produtos acabados	500
(-) Estoque final produtos acabados	(700)
(=) **Custo dos produtos vendidos (CPV)**	**1.200**

A apuração do CPV está diretamente relacionada à mensuração dos custos registrados nos estoques da empresa, pois representa a baixa efetuada nas contas dos estoques de produtos (acabados) por vendas realizadas no período.

3.3 Custos primário e de transformação

Custos primários – são os custos principais do produto em si, que são conhecidos e apurados com exatidão. Representam os primeiros custos a ocorrerem no processo produtivo. São a matéria-prima e a mão de obra direta.

Não é aceito neste agrupamento de custos outros insumos, ainda que diretos.

Martins (2010) argumenta que os custos primários não são o mesmo que custos diretos, já que nos custos primários só estão incluídos a matéria-prima e a mão de obra direta. Dessa forma, a embalagem é um custo direto, mas não primário.

Cabe observar que alguns autores consideram como custo primário a soma dos materiais diretos com a mão de obra direta. Nesse caso, a embalagem seria um custo primário. Entretanto, em conformidade com o professor Eliseu Martins (2010) e os autores que seguem a sua linha de pensamento, podemos considerar como custo primário aquele absolutamente essencial à produção e de alocação direta. Nesta acepção, todo custo primário é direto, mas nem todo custo direto é primário (CHERMAN, 2008).

Custos de transformação – também conhecidos como **custos de conversão**, correspondem à soma de todos os custos de produção, exceto os relativos a matérias-primas e outros eventuais adquiridos e empregados sem nenhuma modificação pela empresa, como componentes adquiridos prontos, embalagens compradas etc. Os custos de transformação representam o valor do esforço da própria empresa no processo de fabricação de um determinado item. Ou seja, constitui-se da mão de obra direta apropriada e dos custos indiretos de fabricação.

3.4 Elementos de custos no custeio por absorção

Basicamente, os componentes de custo industrial podem ser resumidos em três elementos:

- **Materiais** (matéria-prima, material secundário, embalagens).
- **Mão de obra direta (MOD)**
- **Gastos gerais de fabricação** (GGF) ou **custos indiretos de fabricação** – CIF (energia elétrica, aluguéis, seguros, telefone, manutenção, lubrificantes, mão de obra indireta etc.

3.4.1 Materiais

Os materiais são os insumos utilizados no processo de fabricação dos produtos de forma direta ou indireta, dependendo da sua destinação. Considerando os produtos como objeto de custeio, os materiais com destinação direta, também chamados de materiais diretos, são compostos pelos materiais aplicados de forma objetiva aos produtos, como matérias-primas, embalagens, componentes específicos aos produtos e outros que possam ser perfeitamente identificados ao objeto de custo.

Os materiais indiretos são aqueles que, para serem empregados na fabricação dos produtos ou serviços, dependem de cálculos, rateios ou estimativas. São, portanto, custos que serão apropriados indiretamente.

Existem materiais que, pela sua natureza, podem ser identificados com os produtos, como linhas nas indústrias de confecção, no entanto, isso não ocorre tendo em vista que não há uma forma economicamente viável de fazê-lo.

Além do estoque de materiais, a indústria apresenta em seu Ativo as contas Estoques de Produtos em Elaboração (ou em Processo) e Estoque de Produtos Acabados.

Estoque de Produtos em Elaboração (em processo): o saldo da conta estoque de produtos em elaboração ou estoque de produtos em processo representa o valor dos produtos em fabricação. São produtos que ainda não estão acabados para serem vendidos no final de determinado período (mensal, anual etc.).

Apesar de ter esse nome, essa conta é apenas escritural, já que os produtos em fabricação estão na linha de produção, e não estocados no depósito (almoxarifado), porém, no final de cada período, constará no Balanço Patrimonial (Ativo Circulante), o valor equivalente de recursos aplicados em sua fabricação até aquele momento. O cálculo da produção equivalente será estudado no item 4.2.1 deste livro.

Estoque de Produtos Acabados (prontos): essa conta, também constante no Ativo Circulante, representa o saldo dos produtos fabricados pela empresa industrial e que estão em estoque disponíveis para venda.

Contabilmente, essa conta recebe valores (débito) a crédito da conta Estoques de Produtos em Elaboração, pela transferência das unidades prontas.

Matérias-Primas: são os materiais principais e essenciais que entram em maior quantidade na fabricação do produto. A matéria-prima para uma indústria de móveis de madeira é a madeira; para uma indústria de confecções é o tecido; para uma indústria de massas alimentícias é a farinha.

Materiais secundários: são os materiais que entram em menor quantidade na fabricação do produto, complementando a matéria-prima ou utilizados para os acabamentos necessários aos produtos. Os materiais secundários para uma indústria de móveis de madeira são: pregos, cola, verniz, dobradiças, fechos etc.; para uma indústria de confecções são: botões, zíperes, linha etc.; para uma indústria de massas alimentícias são: ovos, manteiga, fermento, açúcar etc.

Podemos encontrar, ainda, outras nomenclaturas a respeito dos materiais secundários como: materiais auxiliares, materiais acessórios, materiais complementares, materiais de acabamento etc. Dependendo do interesse da empresa, essas subdivisões poderão ser utilizadas. Para efeito didático, consideraremos todos esses materiais como secundários.

Os materiais secundários podem ser tratados como custos diretos ou indiretos. O que determina a classificação é a identificação, de forma objetiva ou não, do custo com o produto, bem como a relevância desse custo.

Materiais de embalagem: um produto pode ser considerado pronto para a venda sem embalagem ou acondicionado em uma embalagem (barra de chocolate, desodorante, medicamento etc.). Quando se tem a embalagem de um produto como parte da necessidade de colocá-lo em condições de venda, ela será classificada como custo de produção.

Quando ocorrer a venda, se uma embalagem não retornável for aplicada apenas no ato da entrega (sacola, bolsa etc.), o que acaba sendo uma opção ou liberalidade do vendedor, ela deverá ser considerada como despesa de venda, pois o seu valor em nada contribui para a fabricação do produto.

Algumas empresas utilizam embalagens retornáveis na realização das suas vendas. A embalagem retornável (embalagem de transporte) é aquela utilizada para acondicionar, embalar e propiciar o transporte de mercadorias desde o remetente até o estabelecimento destinatário, sem que seu respectivo valor seja computado no valor total da operação, nem tampouco cobrado do destinatário da mercadoria. Esse tipo de embalagem deve retornar ao estabelecimento de origem ou a outro pertencente ao mesmo titular, após cumprir a sua finalidade. São exemplos: sacaria, caixas de madeira e plásticas, engradados, galões plásticos, paletes, vasilhames, entre outros. Essas embalagens não se caracterizam como insumos, pois seus custos não são agregados ao produto final comercializado pelo estabelecimento remetente, nem serão objeto de comercialização futura. Regra geral, tais embalagens são aquelas que fiscalmente são escrituradas como material de uso e/ou consumo (Ativo Circulante) ou bem do Ativo Imobilizado (Ativo Não Circulante), de acordo com as normas contábeis que determinam o respectivo enquadramento (Valor Consulting, 2020).

3.4.1.1 Avaliação das entradas (aquisições) de materiais – custo do estoque

O uso dos materiais diretos na produção envolve várias etapas, desde a sua aquisição até o consumo direto na produção.

COMPRAS ⇒ ESTOQUES ⇒ CONSUMO

As matérias-primas, além dos componentes adquiridos prontos, as embalagens e os outros materiais diretos utilizados no processo de fabricação serão apropriados aos produtos pelo seu custo de aquisição, enquanto os produtos em processo e os produtos acabados pelo custo de produção.

Teoricamente, o valor do custo de aquisição de uma matéria-prima comprada deveria ser aquele constante da nota fiscal do vendedor. Assim, o lançamento de uma compra, cujo valor da nota fiscal é $ 2.000, seria:

Sendo compra a vista ou a prazo:

Estoque MP	Caixa/Fornecedores
2.000	2.000

Ocorre, porém, que o valor de aquisição da matéria-prima não é somente aquele constante na nota fiscal, haja vista que, para o comprador fazer com que as compras cheguem em segurança no seu armazém ou depósito, precisa fazer mais alguns gastos, que geralmente são: fretes, seguro da carga, impostos recuperáveis etc. Assim, de acordo com o a Norma Brasileira de Contabilidade – Técnica Geral 16 (segunda revisão) – NBC TG 16 (R2), o valor de custo de aquisição dos estoques será formado pela inclusão de todos os gastos relativos à aquisição de materiais, bem como outros gastos necessários para trazer os estoques à sua condição de pronto emprego. A citada norma será estudada com mais profundidade no item 3.4.1.6 deste Capítulo.

O custo de aquisição refere-se aos bens e serviços adquiridos pela entidade, que serão "transformados" pelo setor de produção em outros bens ou serviços, para serem disponibilizados para a venda em um momento futuro.

Os custos de aquisição de estoques abrangem:
- O preço de compra.
- Os tributos de importação e gastos alfandegários, no caso de a companhia importar matérias-primas; e outros tributos (com exceção daqueles posteriormente recuperáveis pela entidade perante o Fisco).
  Quando a empresa adquire um material a ser usado na fabricação de produtos, se os impostos (ICMS, IPI e PIS/COFINS) forem recuperáveis, na escrita fiscal eles serão deduzidos do valor total da nota fiscal de compra. Se não forem recuperáveis (não cumulativos), farão parte do custo do material.
- Os gastos com transporte (frete) dos materiais do armazém do

vendedor para o depósito do comprador. Nesse caso, o comprador retira o material no fornecedor e arca com os gastos com transporte e seguro (na modalidade FOB).

Caso a empresa vendedora arque com o frete e o seguro da carga, esses valores não comporão os estoques da empresa compradora (na modalidade CIF).

- Os gastos com seguro pagos pela empresa compradora para evitar que a companhia venha a ter prejuízos em caso de acidentes durante o transporte até seu depósito (na modalidade FOB).
- Outros diretamente atribuíveis à aquisição de bens acabados, materiais e serviços, estritamente necessários para fazer os bens chegarem ao estabelecimento do comprador.

Os descontos comerciais (*incondicionais*[6]), *abatimentos*[7] e outras deduções semelhantes são deduzidos na determinação dos custos de aquisição dos estoques.

Com base nas normas societária e fiscal a regra é: todos os gastos incorridos para a colocação dos bens em condições de uso (matérias-primas, ferramentas, máquinas e equipamentos etc.) ou em condições de venda (mercadorias etc.) agregam o valor desse mesmo bem.

Se um bem for adquirido para revenda, integram o seu valor de custo todos os gastos realizados pela empresa para colocá-lo em condições de venda; se o adquiriu para consumo ou uso, integram o seu valor de custo todos os gastos realizados até seu consumo ou utilização.

O que é FOB e CIF?

O significado das siglas FOB e CIF está relacionado com o pagamento de frete no transporte de mercadorias e produtos. Estas siglas são utilizadas para distinguir dentre comprador e fornecedor quem arca com os custos do frete e seguro, ou seja, quem arcará os custos e riscos do transporte.

Deve ser dada atenção a esse aspecto, pois qualquer interpretação equivocada entre os termos pode representar um custo maior no valor dos estoques.

---

6 O desconto incondicional, também chamado de desconto comercial, é uma redução de preço concedida no ato da venda e deve constar da nota fiscal de venda ou da fatura de serviços e não depende de evento posterior à emissão desses documentos. Em geral, é utilizado como forma de atrair o cliente para a compra ou de incentivá-lo a adquirir uma quantidade maior de produtos ou serviços.

7 Os abatimentos obtidos sobre as compras são redutores dessas e correspondem à redução do valor da compra, posteriormente à entrega dos produtos, por defeitos de qualidade apresentados nos materiais entregues pelo fornecedor ou por defeitos oriundos do transporte, desembarque, atraso na entrega do material etc.

FOB e CIF são as abreviações das expressões inglesas *Free On Board* (FOB) e *Cost, Insurance and Freight* (CIF), que fazem parte dos *Incoterms* (termos internacionais de comércio), que são normas definidas para o comércio internacional.

Frete FOB (*Free on board* – livre a bordo): neste tipo de frete, o comprador assume todos os riscos e custos com o transporte da mercadoria, ou seja, é ele quem paga o frete e o seguro da mercadoria em questão.

Frete CIF (*Cost, Insurance and Freight* – custo, seguro e frete): neste tipo de frete, o fornecedor é responsável por todos os custos e riscos com a entrega da mercadoria, incluindo o seguro e frete. Esta responsabilidade finda quando a mercadoria chega ao local de destino.

Em linha com a norma contábil, a legislação fiscal (art. 301 do RIR/2018) determina que o custo de aquisição das matérias-primas será determinado com base em registro permanente de estoques ou no valor de estoques existentes, conforme o Livro Registro de Inventário no fim de período de apuração, compreendendo os gastos com transporte e seguro até o estabelecimento do contribuinte e os tributos devidos na aquisição ou importação, os gastos com desembaraço aduaneiro, excluindo-se os impostos recuperáveis por meio de créditos na escrita fiscal.

O Livro Registro de Inventário é obrigatório para todas as empresas e tem o objetivo de registrar os estoques (materiais, produtos acabados etc.). Este livro, que é exigido pelo RIR/2018 – Regulamento do Imposto de Renda (art. 275, inciso I), é o mesmo constante do RIPI – Regulamento do IPI – Imposto sobre Produtos Industrializados (Decreto nº 7.212/10, art. 472).

Conforme o prevê a Resolução CGSN nº 140/2018 (art. 63, inciso II), as empresas inscritas no Simples deverão escriturar o Livro de Registro de Inventário anualmente, no término de cada ano-calendário, caso sejam contribuintes do ICMS; da mesma forma devem proceder as pessoas jurídicas optantes pelo lucro presumido (art. 600, inciso II, do RIR/2018).

Se a empresa for tributada com base no lucro real, ela deverá manter escrituração em observância às leis comerciais e fiscais, que abrangerão todas as suas operações (art. 265 do RIR/2018). O Livro Registro de Inventário, que é um dos livros fiscais de uso obrigatório pelas pessoas jurídicas sujeitas à apuração do lucro real, deverá ser escriturado ao final de cada período de apuração: trimestralmente ou anualmente (quando houver opção pelos recolhimentos mensais durante o curso do ano-calendário, com base na estimativa). Essa escrituração deverá ser entregue em meio digital ao Sistema Público de Escrituração Digital (Sped), instituído pelo Decreto nº 6.022/2007.

Atualmente, os valores totais do inventário devem ser apresentados ao Sped por meio do Bloco H, informando o inventário físico da empresa em 31 de dezembro. Essa apresentação deve ser feita no máximo até o Sped Fiscal da competência do mês de fevereiro do exercício subsequente.

O Bloco H no Sped Fiscal destina-se a informar o inventário físico do estabelecimento nos casos e prazos previstos na legislação pertinente. A apresentação pode ocorrer no final no período (na maior parte dos casos), na mudança de forma de tributação da mercadoria, na solicitação de baixa cadastral, na alteração de regime de pagamento/condição do contribuinte ou por solicitação da fiscalização.

3.4.1.1.1 Itens não computados no custo dos estoques

Os itens a seguir, de acordo com a NBC TG 16 (R2), deverão ser registrados como despesas no resultado do período em que incorrerem:

a) valor anormal de desperdício de materiais, mão de obra ou outros custos de produção;

b) custos de estocagem, salvo quando necessários ao processo produtivo, como entre uma ou outra fase de produção;

c) despesas administrativas que não contribuem para trazer os estoques ao seu local e condição atuais; e

d) despesas de comercialização, incluindo a venda e a entrega dos bens e serviços aos clientes (fretes, comissões, impostos sobre a venda).

e) encargos financeiros decorrentes de compras a prazo, resultantes da diferença entre o preço de aquisição em condição normal de pagamento e o valor pago.

3.4.1.1.2 Impostos recuperáveis (não cumulativos)

Cabe observar que impostos como ICMS e IPI e as *contribuições sociais*[8] PIS e COFINS, quando recuperáveis, serão deduzidos do valor da aquisição da matéria-prima, além das devoluções, abatimentos e descontos incondicionais (comerciais), quando for o caso.

O imposto e a contribuição são considerados recuperáveis quando o valor pago, referente a esses, na aquisição de materiais, pode ser abatido do valor devido, referente aos mesmos impostos e contribuição, no momento da venda do produto acabado.

---

8 As contribuições sociais incidem sobre as vendas e podem ter incidência cumulativa ou não-cumulativa. No caso das empresas optantes pela tributação do Imposto de Renda pelo lucro presumido, a incidência dessas contribuições é na forma cumulativa, ou seja, farão parte do custo de aquisição dos materiais; empresas optantes pela tributação do Imposto de Renda pelo lucro real terão a incidência dessas contribuições de forma não cumulativa, não fazendo parte, neste caso, do custo de aquisição dos materiais.

Dessa forma, o valor correto de custo das matérias-primas compradas (**compras líquidas**) será:

Compras líquidas = compras brutas
+ fretes e seguros
– impostos (recuperáveis)
– devoluções
– abatimentos
– descontos incondicionais

Exemplo: compra à vista de 10.000 kg da matéria-prima T800 ao preço de $ 30,00/kg. Os dados referentes à compra são os seguintes:

- Frete e seguro (FOB) – líquido de impostos: $ 10.000,00;
- IPI: alíquota de 10%; e
- ICMS: alíquota de 19%.

Considerando que o frete e o seguro foram pagos a parte, ou seja, não estão inclusos na nota fiscal de aquisição da matéria-prima, teremos como valor total da nota fiscal $ 330.000,00 ($ 300.000,00 + $ 30.000,00 de IPI) a ser pago ao fornecedor.

O IPI é somado ao valor da aquisição porque é um imposto calculado "por fora", ou seja, o percentual do imposto é aplicado ao valor total da aquisição.

O ICMS é um imposto calculado "por dentro", ou seja, o percentual já está embutido no valor total da aquisição.

Assim, teremos:

– IPI: 10% x $ 300.000,00 = $ 30.000,00, e
– ICMS: 19% x $ 300.000,00 = $ 57.000,00.

Sendo os impostos (IPI e ICMS) recuperáveis, o valor de aquisição do material será:

Total da Nota Fiscal	$ 330.000,00
(-) IPI	($ 30.000,00)
(-) ICMS	($ 57.000,00)
(+) Frete e seguro	$ 10.000,00
(=) Custo da matéria-prima	$ 253.000,00

O valor unitário da matéria-prima T800 em estoque será: $ 253.000,00 ÷ 10.000 kg = $ 25,30/kg.

3.4.1.2 Valoração das saídas de materiais – inventário periódico e inventário permanente

O controle de estoque é de grande importância para as empresas. A sua mensuração afeta diretamente a elaboração do Balanço Patrimonial e da Demonstração de Resultado, devendo abranger todos os estoques em seu poder.

Existem, basicamente, dois métodos para controle para a valoração das saídas de estoques para a produção e venda: o inventário periódico e o inventário permanente.

3.4.1.2.1 Método de inventário periódico

Este método é utilizado quando a empresa não mantém um controle contínuo do movimento dos estoques e o consumo (saída) **só pode ser verificado após os inventários (contagem física dos estoques),** geralmente ao final do exercício, quando do fechamento do Balanço Patrimonial. Ele permite apurar o custo de fabricação ou o custo dos produtos vendidos de um determinado período, que pode ser um mês, um bimestre, um trimestre, um semestre ou um ano, conforme a necessidade de informação pelo gestor da empresa.

O inventário periódico é permitido pela legislação do imposto de renda e é mais utilizado por empresas de pequeno porte por não exigir um controle constante da movimentação de entrada e saída dos estoques, bem como de seu saldo final, pois isso demanda investimento em sistemas e mais mão de obra, gerando mais custos para a empresa.

Ao longo do período de exercício da empresa, esse método demanda menos processos gerenciais e menor alocação de funcionários na função de controle. No entanto, no momento da realização do inventário, é de extrema importância selecionar uma equipe que conheça bem o processo de contagem dos estoques, a fim de fornecer informações confiáveis sobre eles para o cálculo da valoração das saídas.

O consumo por período, com base no Livro de Registro do Inventário (periódico), pode ser calculado em uma empresa industrial mediante o emprego da seguinte equação:

Consumo de material direto = estoque inicial + compras líquidas - estoque final

---

Os materiais indiretos ou secundários têm o mesmo tratamento em termos de valoração e baixa no estoque.

Exemplo: a fábrica de fogões Chama Ltda., que aplica um método de controle periódico de estoques, deseja apurar o custo dos materiais diretos empregados nos fogões fabricados. Sabe-se que suas compras de materiais diretos no período foram iguais a $ 50.000,00, seu estoque final é igual a $ 20.000,00 e o estoque inicial foi igual a $ 30.000,00. Nesse caso, o custo com materiais diretos será:

$$MD = EI + C - EF$$

$$MD = \$\ 30.000,00 + \$\ 50.000,00 - \$\ 20.000,00 = \textbf{\$ 60.000,00}$$

O consumo de materiais, parcela agregada ao custo dos produtos em elaboração (ou produtos em processo), será igual a $ 60.000,00.

3.4.1.2.2 Método de inventário permanente

Por esse método a empresa realiza o controle contínuo da movimentação dos estoques, de entradas e saídas de materiais (em quantidades e valores).

As solicitações de produção e vendas são controladas individualmente. As saídas dos estoques para a produção e o CPV podem ser calculadas em qualquer momento pela contabilidade.

Adotando este método, o gestor da empresa poderá dispor a qualquer momento, da posição atualizada dos estoques, que auxiliará no planejamento das compras, a fim de evitar que ocorram faltas de materiais ou compras em excesso, além de acompanhar a evolução do resultado no decorrer do exercício, pois ela poderá dispor do custo dos materiais aplicados na produção ou dos produtos vendidos, no caso de baixa do estoque de produtos acabados.

O método de inventário permanente é um valioso instrumento de controle, pois fornece informações que permitem à empresa:

– Colocar os pedidos de forma a minimizar os investimentos em estoques;

– Evitar a ocorrência de estrangulamentos da produção devido à falta de materiais;

– Evitar gastos com imobilizações (aluguéis, seguros, pessoal para controle), tendo em vista o excesso de estoque desnecessário; entre outros.

Periodicamente, a contagem física pode ser feita para fins de auditoria e controle interno. Diferenças significativas entre essa contagem e o registro de inventário permanente podem ser verificadas por meio de documentos. Na falta desses, a empresa poderá instaurar algum procedimento administrativo para apuração de erros ou furtos, se for o caso. Na ocorrência de eventuais sobras ou faltas, novos ajustes devem ser feitos nos registros contábeis.

Cabe ressaltar que, por exigência fiscal, todas as empresas deverão inventariar os seus estoques ao final de cada exercício, independentemente do método que elas utilizem (art. 304 do RIR/2018).

3.4.1.2.2.1 Critérios para valoração dos estoques (baixa do estoque por consumo ou venda de produtos prontos) – PEPS, UEPS, Custo Médio e Custo Específico

A valoração da saída de materiais diretos e indiretos adquiridos com diferentes custos envolve, basicamente, o emprego de quatro critérios distintos:

PEPS: primeiro a entrar, primeiro a sair, ou, em inglês, FIFO (*first in, first out*). Neste critério são baixados, em primeiro lugar, os materiais diretos adquiridos há mais tempo e, depois, os mais novos, nessa ordem.

Custo Médio Ponderado: pode ser móvel ou fixo. O custo a ser contabilizado representa uma média dos custos de aquisição.

Custo Específico: quando é possível fazer a determinação do custo específico de cada unidade em estoque em função da quantidade, do valor ou a própria característica do material, pode-se dar baixa em cada saída por esse valor. Assim, seu estoque final será a soma de todos os custos específicos de cada unidade ainda não utilizada na produção.

De acordo com a NBC TG 16 (R2), este critério de valoração é utilizado em estoques formados por itens que não são normalmente *intercambiáveis*[9] e de bens ou serviços produzidos e segregados para projetos específicos, ou seja, são atribuídos custos específicos a itens identificados do estoque como, por exemplo, na produção de navios, aviões, máquinas pesadas etc. No entanto, quando há grandes quantidades de itens de estoque que sejam geralmente intercambiáveis, a identificação específica de custos não é apropriada, devendo ser utilizado o critério PEPS ou o critério custo médio ponderado.

Vale ressaltar que a empresa deve usar o mesmo critério de custeio para todos os estoques que tenham natureza e uso semelhantes para a entidade. Para os estoques que tenham usos diferentes em segmentos de negócios distintos, podem justificar-se diferentes critérios de valoração. Por exemplo, os estoques usados em um segmento de negócio podem ter um

---

9 Aquilo que se pode trocar entre si; coisas diferentes que podem ser usadas alternadamente com o mesmo propósito sem o que o resultado seja prejudicado. Pacotes de feijão em um supermercado, por exemplo.

uso para a entidade diferente do mesmo tipo de estoques usados em ou-tro segmento de negócio (o que é produto final para uma empresa pode ser matéria-prima para a outra). Porém, uma diferença na localização geográ-fica dos estoques (ou nas respectivas normas fiscais), por si só, não é sufi-ciente para justificar o uso de diferentes critérios de valoração do estoque.

UEPS: último a entrar, primeiro a sair, ou, em inglês, LIFO, (*last in, first out*). O custo a ser contabilizado em decorrência de consumo no pro-cesso produtivo é feito da seguinte forma: são baixados, em primeiro lu-gar, os materiais diretos adquiridos mais recentemente e, depois, os mais antigos, nessa ordem. Dessa forma, há a tendência de se apropriar custos mais recentes aos produtos fabricados, o que provoca normalmente redu-ção do lucro contábil, especialmente em épocas de altas taxas de inflação. Provavelmente em função disso, a legislação do imposto de renda no Brasil não prevê a utilização desse critério para a avaliação de estoques. De acor-do com o RIR/2018 (art. 307), o valor dos bens existentes no encerramen-to do período de apuração, ou seja, o estoque final, poderá ser o custo mé-dio ou o dos bens adquiridos ou produzidos mais recentemente, ou seja, o PEPS. Admite-se, ainda, a avaliação com base no preço de venda, subtraí-da a margem de lucro.

Nos termos da NBC TG 16 (R2), o critério UEPS não é admitido e, na hipótese da não adoção do custo específico, o custo dos estoques deve ser atribuído pelo critério PEPS ou pelo critério do custo médio ponderado.

Um exemplo do emprego dos diferentes métodos pode ser visto por meio das operações da empresa Industrial ABC Ltda., a seguir:

- ✓ No dia 02/10, ao verificar que seu estoque da matéria-prima X era nulo, a empresa resolveu comprar 4 unidades, a um custo unitário de $ 400,00.
- ✓ No dia 12/10, prevendo uma grande demanda para o seu produto, efetuou uma compra adicional de 3 unidades da matéria-prima X por $ 500,00, cada.
- ✓ Em 18/10, foram transferidas para a produção 5 unidades da maté-ria-prima X.
- ✓ No dia 22/10, precisou adquirir mais 5 unidades da matéria-pri-ma X ao custo unitário de $ 600,00.
- ✓ Em 29/10, foram transferidas para a produção 4 unidades da maté-ria-prima X

Obs.: as compras estão apresentadas pelo seu valor líquido de aquisi-ção.

Se o critério empregado pela empresa for o **PEPS**, a movimentação de estoques poderá ser feita de acordo com a Ficha de Controle de Estoques apresentada a seguir.

Critério PEPS

Ficha de controle de estoque da matéria-prima X

Data	Entradas			Saídas			Saldo		
	Quantidade	Valor unitário	Total	Quantidade	Valor unitário	Total	Quantidade	Valor unitário	Total
02/10	4	400,00	1.600,00				4	400,00	1.600,00
12/10	3	500,00	1.500,00				3	500,00	1.500,00
18/10				4	400,00	1.600,00			
				1	500,00	500,00	2	500,00	1.000,00
22/10	5	600,00	3.000,00				5	600,00	3.000,00
29/10				2	500,00	1.000,00			
				2	600,00	1.200,00	3	600,00	1.800,00
Soma	12		6.100,00	9		4.300,00	3		1.800,00

No critério PEPS os estoques precisam ser controlados de forma independente, agrupados de acordo com o custo de aquisição de cada aquisição ou lote.

No dia 01/10, os estoques da empresa eram nulos.

Em 02/10, a empresa comprou 4 unidades, com custo unitário igual a $ 400,00, totalizando $ 1.600,00.

Em 12/10, foram adquiridas (compradas) 3 unidades da matéria-prima X ao custo unitário de $ 500,00, totalizando $ 1.500,00.

Como as 2 aquisições feitas apresentaram custos diferentes, os controles de ambos devem ser diferenciados. Logo, no final do dia 12/10, a empresa possuía 7 unidades em estoque, 4 mais antigas adquiridas unitariamente por $ 400,00 e 3 mais novas compradas por $ 500,00. Em valores monetários, o estoque total da empresa era igual a $ 3.100,00 (4 x $ 400,00 + 3 x $ 500,00).

No dia 18/10, efetuou a transferência para a produção de 5 unidades.

Aplicando o critério PEPS, os itens deverão ser baixados em ordem cronológica, ou seja, os mais antigos saem primeiro e os mais novos, em seguida. Assim, para poder subtrair 5 itens de seus registros, deve-se subtrair primeiro os 4 comprados por $ 400,00 cada ($ 1.600,00 no total) e, depois, um dos mais novos, comprados por $ 500,00 cada ($ 500,00 no total).

Deve retirar, portanto, $ 2.100,00 de seus estoques, que passam a ser iguais a $ 1.000,00, equivalente a 2 unidades de igual custo de aquisição.

Em 22/10, a empresa comprou 5 unidades, com custo unitário igual a $ 600,00, totalizando $ 3.000,00.

No dia 29/10, efetuou a transferência para a produção de 4 unidades. Assim, deve-se subtrair primeiro os 2 comprados por $ 500,00 cada ($ 1.000,00 no total) e, depois, 2 dos mais novos, comprados por $ 600,00 cada ($ 1.200,00 no total).

Ao final do período teremos:

- o total da aquisição do período: $ 6.100,00 (somatório da coluna "Entradas");

- o total da matéria-prima X aplicada na fabricação de produtos: $ 4.300,00 (somatório da coluna "Saídas"); e

- o saldo das matérias-primas (estoque final), que não foram utilizadas no processo de fabricação do período: (3 unidades no total de $ 1.800,00).

Critério UEPS

Se o critério empregado for o UEPS (último a entrar, primeiro a sair), o controle do estoque deveria ser feito, baixando-se primeiro os itens mais recentes do estoque. A ficha de controle de estoques será apresentada da seguinte forma:

Ficha de controle de estoque da matéria-prima X

Data	Entradas			Saídas			Saldo		
	Quantidade	Valor unitário	Total	Quantidade	Valor unitário	Total	Quantidade	Valor unitário	Total
02/10	4	400,00	1.600,00				4	400,00	1.600,00
12/10	3	500,00	1.500,00				3	500,00	1.500,00
18/10				3	500,00	1.500,00			
				2	400,00	800,00	2	400,00	800,00
22/10	5	600,00	3.000,00				5	600,00	3.000,00
29/10				4	600,00	2.400,00	2	400,00	800,00
							1	600,00	600,00
Soma	12		6.100,00	9		4.700,00	3		1.400,00

Assim como no critério PEPS, no critério UEPS os estoques precisam ser controlados de forma independente, agrupados de acordo com o custo de aquisição de cada aquisição ou lote.

Os registros dos dias 02/10 e 12/10 são idênticos aos registros realizados pelo critério PEPS.

Na transferência para a produção de 5 unidades no dia 18/10, aplicando o critério UEPS, os itens deverão ser baixados dos mais novos para os mais antigos. Assim, para poder subtrair 5 itens de seus registros, deve-se subtrair primeiro os 3 itens comprados por $ 500,00 cada ($ 1.500,00 no total) e, depois, 2 mais antigos, comprados por $ 400,00 cada ($ 800,00 no total).

Em 22/10, a empresa comprou 5 unidades, com custo unitário igual a $ 600,00, totalizando $ 3.000,00. Registro idêntico ao critério PEPS.

No dia 29/10, efetuou a transferência para a produção de 4 unidades. Assim, deve-se subtrair 4 unidades compradas por $ 600,00 cada ($ 2.400,00 no total).

Ao final do período teremos:
- o total da aquisição do período: $ 6.100,00 (somatório da coluna "Entradas");
- o total da matéria-prima X aplicada na fabricação de produtos: $ 4.700,00 (somatório da coluna "Saídas"); e
- o saldo das matérias-primas (estoque final), que não foram utilizadas no processo de fabricação do período: (2 unidades x $ 400,00 mais 1 unidade x $ 600,00 = $ 1.400,00).

Percebe-se que, com o uso do critério UEPS, o custo das matérias-primas aplicadas na produção aumentou. Embora, em um primeiro momento, tal fato pareça negativo, já que os custos aumentaram, convém destacar que apenas o controle financeiro dos custos apresentou um valor mais elevado. O aumento dos custos foi compensado pela diminuição do valor dos estoques.

Sob o ponto de vista financeiro, o efeito do maior custo é positivo, já que com maior custo no resultado o lucro será menor e, consequentemente, também será menor o pagamento de Imposto de Renda. Como não interessa à Receita Federal ver sua "mordida" reduzida, o uso contábil do critério UEPS é proibido no Brasil para efeito fiscal. Conforme já comentado, esse critério também não é permitido pela legislação societária (NBC TG 16 (R2) – Estoques).

Critério do CUSTO MÉDIO PONDERADO MÓVEL

Neste critério, a cada entrada de unidades no estoque soma-se o valor total da entrada com o valor total do estoque, procedendo da mesma forma com as quantidades. Em seguida, divide-se o valor total apurado pela quantidade total, determinando, assim, o novo valor unitário (médio) do item.

Assim, ao registrar a saída da matéria-prima X para a produção e proceder a baixa dos itens do estoque, deve-se fazê-lo empregando o custo médio ponderado obtido, conforme registros na ficha de controle de estoques apresentada a seguir:

Ficha de controle de estoque da matéria-prima X

Data	Entradas			Saídas			Saldo		
	Quantidade	Valor unitário	Total	Quantidade	Valor unitário	Total	Quantidade	Valor unitário	Total
02/10	4	400,00	1.600,00				4	400,00	1.600,00
12/10	3	500,00	1.500,00				3	500,00	1.500,00
							7	**442,86**	3.100,00
18/10				5	**442,86**	2.214,29	2	442,86	885,71
22/10	5	600,00	3.000,00				5	600,00	3.000,00
							7	**555,10**	3.885,71
29/10				4	**555,10**	2.220,40	3	555,10	1.665,30
Soma	12		6.100,00	9		4.434,69	3		1.665,30

Com o emprego do critério do Custo Médio Ponderado Móvel, o custo unitário dos itens em estoque é igual à média ponderada dos itens comprados.

Dessa forma, no dia 12/10, ao comprar mais 3 unidades, o estoque da empresa passou a ser formado por 7 unidades com um valor total de $ 3.100,00. O valor médio de cada item do estoque é igual a **$ 442,86** ($ 3.100,00 ÷ 7).

Para dar baixa em 18/10 dos 5 itens consumidos pela produção, basta multiplicá-los pelo custo médio, conforme apresentado na ficha acima.

Na aquisição do dia 22/10, será calculada novamente a média por unidade em estoque. Somam-se os saldos existentes até aquele momento (valores e quantidades) com os valores e as quantidades na nova aquisição. Assim, cada item em estoque será igual a **$ 555,10** ($ 3.885,71 ÷ 7).

A baixa do dia 29/10 será idêntica à do dia 18/10, multiplicando pelo novo custo médio ($ 555,10).

Ao final do período teremos:

- – o total da aquisição do período: $ 6.100,00 (somatório da coluna "Entradas");
- – o total da matéria-prima X aplicada na fabricação de produtos: $ 4.434,69 (somatório da coluna "Saídas"); e
- – o saldo das matérias-primas (estoque final), que não foram utilizadas no processo de fabricação do período: (3 unidades x $ 555,10 = $ 1.665,30).

Critério do CUSTO MÉDIO PONDERADO FIXO

Este critério consiste no cálculo de uma única média para todo o período, independente das transações ocorridas.

Observe os registros na ficha de controle de estoques apresentada a seguir:

Ficha de controle de estoque da matéria-prima X

Data	Entradas			Saídas			Saldo		
	Quantidade	Valor unitário	Total	Quantidade	Valor unitário	Total	Quantidade	Valor unitário	Total
02/10	4	400,00	1.600,00				4	400,00	1.600,00
12/10	3	500,00	1.500,00				3	500,00	1.500,00
22/10	5	600,00	3.000,00				5	600,00	3.000,00
							12	**508,33**	6.100,00
29/10				9	**508,33**	4.575,00	3	508,33	1.525,00
Soma	12		6.100,00	9		4.575,00	3		1.525,00

Com o emprego do critério do custo médio ponderado fixo, o custo unitário dos itens em estoque é apurado para todo o período e se aplica a todas as saídas, independentemente de estas terem sido efetuadas antes ou depois de novos lotes de compras. Assim, o custo médio ponderado fixo é apurado uma só vez e no final do período, após a última compra efetuada. Para obtê-lo, deve-se dividir o custo total das aquisições efetuadas pela quantidade total dessas mesmas aquisições, obtendo o custo médio de $ 508,33 ($ 6.100,00 ÷ 12 un.).

Uma única baixa será realizada no final do mês (dia 29/10) pelo custo médio de $ 508,33.

Ao final do período teremos:

- o total da aquisição do período: $ 6.100,00 (somatório da coluna "Entradas");
- o total da matéria-prima X aplicada na fabricação de produtos: $ 4.575,00 (coluna "Saídas"); e
- o saldo das matérias-primas (estoque final), que não foram utilizadas no processo de fabricação do período: (3 unidades x $ 508,33 = $ 1.525,00).

Fatos que alteram o valor das entradas e saídas dos estoques – Devoluções e Abatimentos

As devoluções representam o cancelamento, total ou parcial, da operação comercial em função do não cumprimento de alguma condição do acordo de compra e venda. Em uma fábrica pode ocorrer, além da devolução de produtos vendidos, o retorno (devolução) de matéria-prima para o estoque em função de sobras, equívocos etc.

Quanto aos abatimentos, estes referem-se a reduções no preço de comercialização dos produtos ou mercadorias, concedidos pelo vendedor ao comprador por razões diversas, como por exemplo:

- ✓ Mercadorias, matérias-primas ou outros materiais fora das especificações exigidas ou com qualidade inferior às amostras apresentadas;
- ✓ Perda da qualidade ou deterioração parcial das mercadorias matérias-primas ou outros materiais comercializados; e
- ✓ Atraso na entrega.

Na prática, devoluções e abatimentos sobre compras diminuem o valor dos estoques, tanto no Inventário Periódico quanto no Inventário Permanente (PEPS, UEPS, CMP). No Inventário Periódico, basta reduzir o valor da conta Compras Brutas; no Inventário Permanente, os respectivos valores referentes a devoluções e abatimentos serão registrados na ficha de controle de estoque na coluna de "entrada" como um estorno (entrada negativa). No entanto, os abatimentos reduzirão apenas o valor dos estoques, e não as quantidades, pois não há devolução de mercadorias, matérias-primas ou outros materiais, conforme o caso.

Importante ressaltar que não se deve registrar o valor de devoluções e abatimentos como "saídas" na ficha de controle de estoque, pois, desta forma, haveria alteração do valor do custo da matéria-prima, CMV ou CPV.

As devoluções de vendas de mercadorias e produtos, ou o retorno (devolução) de matéria-prima para o estoque, devem ser registrados, na ficha de controle de estoques, na coluna de "saída" com valor negativo, estornando o valor de custo pelo qual foram baixados.

Ressalta-se, ainda, que os abatimentos sobre vendas de produtos e mercadorias não são registrados na ficha de controle de estoque, pois alteram, apenas, o valor de vendas.

Na apuração do resultado do período, as devoluções e os abatimentos sobre vendas de mercadorias e produtos serão deduzidos da receita bruta de vendas.

Registro das devoluções e abatimentos - Inventário Permanente

Considere as seguintes informações da empresa comercial XYZ Ltda.:
- ✓ Estoque inicial: 8 unidades a $ 360,00, cada.
- ✓ No dia 02/10, compra de 10 unidades ao custo unitário de $ 400,00.
- ✓ No dia 04/10, a empresa obteve um abatimento no valor de $ 200,00 referente à compra realizada no dia 02/10.
- ✓ No dia 12/10, a empresa devolveu 2 unidades referentes à compra realizada no dia 02/10.
- ✓ Em 18/10, foram vendidas 12 unidades da mercadoria a $ 700,00 cada, líquidas de impostos.
- ✓ Em 20/10, a empresa concedeu um abatimento no valor $ 600,00 referente à operação de venda do dia 18/10.
- ✓ No dia 26/10, a empresa recebeu em devolução 2 unidades referente à venda realizada no dia 18/10.

Obs.: as compras estão apresentadas pelo seu valor líquido de aquisição.

Critério PEPS

Ficha de controle de estoque da mercadoria

Data	Entradas			Saídas			Saldo		
	Quantidade	Valor unitário	Total	Quantidade	Valor unitário	Total	Quantidade	Valor unitário	Total
EI							8	360,00	2.880,00
02/10	10	400,00	4.000,00				10	400,00	4.000,00
							8	360,00	2.880,00
04/10			(200,00)				10	380,00	3.800,00
							8	360,00	2.880,00
12/10	(2)	380,00	(760,00)				8	380,00	3.040,00
18/10				8	360,00	2.880,00			
				4	380,00	1.520,00	4	380,00	1.520,00
26/10				(2)	380,00	(760,00)	2	380,00	760,00
Soma	8		3.040,00	10		3.640,00	6		2.280,00

Observe que o abatimento concedido no dia 20/10, sobre as vendas realizadas no valor de $ 600,00, não foi registrado na ficha de controle de estoque; apenas será considerado para reduzir o valor das vendas brutas da empresa na apuração do resultado. Essa observação vale também para os demais critérios, que serão comentados adiante.

Neste critério, temos que observar que o estoque é controlado por lote. Assim, ao registrarmos as devoluções precisamos reconstituir os lotes, e isso poderá influenciar as baixas posteriores. Na devolução de compras, apenas estornamos parte do lote comprado e atualizamos o seu o saldo; no abatimento sobre as compras, apenas reduzimos o valor delas (sem reduzir a quantidade comprada) e ajustamos, também, o saldo da referida compra.

Para o registro das devoluções de vendas na ficha apresentada, vamos usar o custo da venda original, ou seja, das vendas do dia 18/10; e isso vai fazer com que restabeleçamos um lote que já não existia mais, ou seja, o de custo unitário de $ 380,00, que é o valor mais atual.

Lembre-se: no critério PEPS, saem os primeiros lotes e ficam os últimos (mais atuais); assim, se houver retorno ao estoque, este deve ser pelo valor mais atual e deve permanecer em estoque até que o mais antigo saia dele.

Resultado bruto das operações:

Receita de vendas: 12 un. x $ 700,00	$ 8.400,00
(–) Devoluções: 2 un. x $ 700,00	($ 1.400,00)
(–) Abatimentos	($ 600,00)
(=) Receita de vendas líquida	$ 6.400,00
(–) Custo das mercadorias vendidas (CMV)	($ 3.640,00)
(=) Lucro bruto	$ 2.760,00

Critério UEPS

Ficha de controle de estoque da mercadoria

Data	Entradas			Saídas			Saldo		
	Quan-tidade	Valor unitário	Total	Quan-tidade	Valor unitário	Total	Quan-tidade	Valor unitário	Total
EI							8	360,00	2.880,00
02/10	10	400,00	4.000,00				10	400,00	4.000,00
							8	360,00	2.880,00
04/10			(200,00)				10	380,00	3.800,00
							8	360,00	2.880,00
12/10	(2)	380,00	(760,00)				8	380,00	3.040,00
18/10				8	380,00	3.040,00			
				4	360,00	1.440,00	4	360,00	1.440,00
26/10				(2)	360,00	(720,00)	2	360,00	720,00
Soma	8		3.040,00	10		3.760,00	6		2.160,00

No critério UEPS as observações sobre o registro das devoluções e abatimentos são idênticas ao critério PEPS.

Para o registro das devoluções de vendas do dia 18/10 na ficha apresentada, proceder também de forma semelhante, mas neste caso, temos que retornar ao estoque o valor mais antigo, já que, no critério UEPS, os lotes mais atuais saem primeiro. Assim, retornarão para o estoque as duas unidades ao custo unitário de $ 360,00, que é o valor mais antigo.

Lembre-se: no critério UEPS, saem os últimos lotes e ficam os primeiros (mais antigos); assim, se houver retorno ao estoque, este deve ser pelo valor mais antigo e deve permanecer em estoque até que o mais atual saia dele.

Resultado bruto das operações:

Receita de vendas: 12 un. x $ 700,00	$ 8.400,00
(–) Devoluções: 2 un. x $ 700,00	($1.400,00)
(–) Abatimentos	($ 600,00)
(=) Receita de vendas líquida	$ 6.400,00
(–) Custo das mercadorias vendidas (CMV)	($ 3.760,00)
(=) Lucro bruto	$ 2.640,00

Critério Custo Médio Ponderado

Ficha de controle de estoque da mercadoria

Data	Entradas			Saídas			Saldo		
	Quan-tidade	Valor unitário	Total	Quan-tidade	Valor unitário	Total	Quan-tidade	Valor unitário	Total
EI							8	360,00	2.880,00
02/10	10	400,00	4.000,00				18	382,22	6.880,00
04/10			(200,00)				18	371,11	6.680,00
12/10	(2)	380,00	(760,00)				16	370,00	5.920,00
18/10				12	370,00	4.440,00	4	370,00	1.480,00
26/10				(2)	370,00	(740,00)	6	370,00	2.220,00
Soma	8		3.040,00	10		3.700,00	6		2.220,00

No critério Custo Médio Ponderado, as observações sobre o registro das devoluções e abatimentos são idênticas aos demais critérios, tendo que observar, por consequência dessas alterações, o recálculo dos custos médios unitários, em função de novos valores e quantidades após cada evento.

Para o registro das devoluções de vendas do dia 18/10 na ficha apresentada, como o custo médio de saída é único, basta estornar a saída das mercadorias (quantidade e valor) e ajustar o saldo que permanecerá em estoque.

Resultado bruto das operações:

Receita de vendas: 12 un. x $ 700,00	$ 8.400,00
(–) Devoluções: 2 un. x $ 700,00	($1.400,00)
(–) Abatimentos	($ 600,00)
(=) Receita de vendas líquida	$ 6.400,00
(–) Custo das mercadorias vendidas (CMV)	($ 3.700,00)
(=) Lucro bruto	$ 2.700,00

3.4.1.3 Aspectos formais e critérios para o registro de materiais

O registro permanente de estoques de produtos acabados e em fabricação pode ser feito em livro, em fichas ou em formulários contínuos emitidos por sistemas de processamento de dados, segundo custos apurados por sistema de contabilidade de custo integrado e coordenado com o restante da escrituração (Parecer Normativo CST nº 6/1979).

Cada espécie de bem estocado tem sua própria ficha ou página do livro, se for o caso, onde as entradas e as saídas serão registradas em ordem cronológica.

O custo das saídas dos materiais utilizados na produção corresponde à soma dos valores lançados durante o período de apuração de resultado (normalmente mensal) na coluna "Saídas". Estes valores são lançados com base nas requisições de materiais transferidos para a produção.

A lei (Fisco) não exige a autenticação desses livros ou fichas. No entanto, de acordo com o artigo 278 do RIR/2018, a pessoa jurídica é obrigada a conservar em ordem, enquanto não prescritas eventuais ações que lhes sejam pertinentes, para um eventual atendimento aos agentes fiscalizadores.

As pessoas jurídicas que utilizarem sistemas de processamento eletrônico de dados para registrar negócios e atividades econômicas ou financeiras, escriturar livros ou elaborar documentos de natureza contábil ou fiscal ficam obrigadas a manter à disposição da Secretaria da Receita Federal do Brasil do Ministério da Fazenda os arquivos digitais e os sistemas, pelo prazo decadencial previsto no art. 946 (art. 279 do RIR/2018).

3.4.1.4 Outros aspectos fiscais com relação à avaliação dos estoques

A legislação do Imposto de Renda (RIR/2018) faz diversas referências aos estoques e a sua avaliação, envolvendo a necessidade de registro permanente de estoques e manter um sistema de contabilidade de custos integrado e coordenado com a contabilidade geral. Além disso, somente a empresa que tenha a contabilidade de custos integrada com a contabilidade geral poderá avaliar os estoques de produtos em processo e acabados pelo custo de produção por ela apurado.

Um sistema de contabilidade de custos é considerado integrado e coordenado com a contabilidade geral quando:

a) os valores dos insumos de produção (matéria-prima, mão de obra e gastos gerais de fabricação) têm origem na escrituração contábil;

b) permite mensurar o valor dos estoques de matéria-prima, produtos em processo e produtos acabados no final de cada mês. A apropriação dos custos deverá ser feita com base dos princípios de contabilidade e utilizando o custeio por absorção;

c) está apoiado em registros, cálculos, arquivos e mapas que evidenciam claramente a transposição de sua origem (contabilidade geral) a seu fim (produtos acabados ou em transformação); e

d) permite avaliar os estoques existentes no final do período base.

Se a empresa não atender aos requisitos para que sua contabilidade de custos seja considerada integrada e coordenada, ela terá que avaliar seus estoques de produtos em processo e acabados por valores arbitrados de acordo com os seguintes critérios (art. 308 do RIR/2018):

– Estoque de produtos acabados: por 70% do maior preço de venda no período base (ano), considerando o ICMS embutido no preço; e

– Estoque de produtos em processo: uma vez e meia o maior custo das matérias-primas adquiridas no período base (excluídos os impostos recuperáveis – IPI e ICMS) ou 80% do valor dos produtos acabados, apurado como descrito anteriormente, o seja, 56% do maior preço de venda.

A manutenção de um sistema de custos integrado com a contabilidade geral é fundamental para as indústrias, pois a avaliação dos estoques de produtos em processo e produtos acabados com base nos percentuais estabelecidos acima poderá afetar significativamente o resultado da empresa num determinado período.

O critério de arbitramento do valor dos estoques de produtos acabados facilitou o trabalho das indústrias que não possuem contabilidade de custos, no entanto a percentagem fixada pode ser muito elevada para determinados ramos de indústria.

3.4.1.5 Considerações sobre os métodos de valoração dos estoques

O método de inventário periódico consiste em um método simplificado de apuração do custo, pois não exige controles minuciosos, nem a utilização de pessoal especializado. No entanto, sua utilidade para fins gerenciais é restrita. Por este método a empresa registra todas as suas compras durante o exercício em uma conta cumulativa, não apurando ou contabilizando o custo dos materiais a cada saída para a produção. Este custo só será conhecido no final do período, quando for feito o inventário dos estoques.

Pelo método de inventário permanente a empresa mantém um controle contínuo sobre as entradas e saídas de materiais em quantidades e valores, de forma que a qualquer momento possa dispor da posição atualizada dos estoques e do custo dos materiais aplicados na produção.

O controle permanente de estoques é um importante instrumento de gestão, pois possibilita ao gestor dispor permanentemente de informações para o planejamento das compras de forma a evitar que ocorram faltas de materiais ou compras em excesso, bem como acompanhar a evolução do consumo de determinado item do estoque.

Quanto aos critérios utilizados pelo método de inventário permanente, em uma economia equilibrada com preços mantendo-se estáveis, qualquer que seja o critério adotado para valoração dos estoques não interferirá nos resultados. Entretanto, nos casos de oscilações de preços, em decorrência de inflação ou deflação, a escolha do critério constituirá fator decisivo na determinação dos resultados da empresa.

Nos casos de inflação, ainda que em índices baixos, a adoção do critério custo médio ponderado móvel pode ser a melhor opção, por espelhar maior realidade no valor dos estoques, nos custos dos produtos vendidos e no resultado, desde que os prazos de rotação dos estoques não causem desequilíbrio nos resultados alcançados.

O Fisco brasileiro, atualmente, tem permitido o uso do critério PEPS, do custo específico e do custo médio ponderado móvel; não aceita o critério UEPS e, de acordo com Martins (2010) e Iudícibus *et al.* (2013), também não admite a utilização do critério custo médio ponderado fixo para o cálculo da média relativa às compras de um exercício inteiro, tendo em vista que poderia atribuir a um produto de alta rotação (comprado, por isso, há pouco tempo) um preço que diz respeito a uma média válida como representativa dos preços de há seis meses, por exemplo. Todavia, o Parecer Normativo CST nº 6/1979 permite o uso deste critério em registros mensais, considerando todas as entradas do mês como um lote único e todas as baixas desse mês, também, como únicas.

Algumas das vantagens e desvantagens de cada um dos critérios podem ser descritas no quadro seguinte, especialmente em períodos de altas oscilações de preços.

Critério	Estoque	Lucro	Imposto de Renda
UEPS	Menor valor de estoque	Menos lucro	Menos Imposto de Renda
Custo Médio (móvel e fixo)	Meio termo entre UEPS e PEPS	Meio termo entre UEPS e PEPS	Meio termo entre UEPS e PEPS
PEPS	Maior valor de estoque	Mais lucro	Mais Imposto de Renda

Por fim, é importante observar que, independentemente do critério para a avaliação dos estoques utilizado, de acordo com o Fisco (Decreto nº 9.580/2018 – RIR/2018), toda pessoa jurídica deverá promover o inventário dos seus estoques ao final de cada período-base de apuração do imposto de renda. No Livro de Inventário, deverão ser arrolados, com especificações que facilitem sua identificação, os produtos acabados, as matérias-primas, os produtos em fabricação e os bens em almoxarifado existentes na data do Balanço Patrimonial levantado ao fim de cada período de apuração (art. 276 do RIR/2018).

Recentemente, o Conselho Nacional de Política Fazendária (CONFAZ), tornou obrigatória, por meio do Ajuste SINIEF nº 2/2009 e posteriores alterações, a escrituração fiscal digital (EFD) do Livro Registro de Controle da Produção e do Estoque, conhecido como Bloco K do Sped Fiscal (Sistema Público de Escrituração Digital).

O citado Ajuste determina a obrigatoriedade do Bloco K na EFD a partir de 1º janeiro de 2017, de acordo com o faturamento anual do estabelecimento industrial e as divisões específicas da Classificação Nacional de Atividades Econômicas (CNAE).

Para fins do Bloco K na EFD, estabelecimento industrial é aquele que possui quaisquer dos processos que caracterizam uma industrialização, segundo a legislação de ICMS e de IPI, e cujos produtos resultantes sejam tributados pelo ICMS ou IPI, mesmo que de alíquota zero ou isento.

Com a inclusão do Bloco K no Sped Fiscal, o Fisco terá acesso ao processo produtivo e a movimentação completa de cada item de estoque, possibilitando o cruzamento dos saldos apurados eletronicamente pelo Sped com os informados pelas indústrias por meio do inventário. Dessa forma, eventuais diferenças entre os saldos, se não justificadas, poderão configurar sonegação fiscal.

Os registros a serem informados no Bloco K correspondem aos dados das fichas técnicas dos produtos, dos insumos consumidos e da quantidade produzida, das ordens de produção, das perdas ocorridas no processo produtivo, inclusive as industrializações efetuadas em terceiros. Para a empresa gerar essas informações, deverá desenvolver e implantar um sistema contábil de custos para evitar qualquer inconsistência nas suas informações. Desse modo, eventuais diferenças não justificadas entre os saldos poderão configurar sonegação fiscal.

Assim, com essa nova obrigação fiscal, um número considerável de empresas necessitará de um realinhamento interno, tanto no que diz respeito a mudanças de cultura, como também apoio da engenharia, produção, controladoria, recursos humanos e investimento em *softwares* para controle de processos.

3.4.1.6 NBC TG 16 (R2) – Estoques (CPC 16 – R1)

As Normas Brasileiras de Contabilidade (NBC) são convergentes com as normas internacionais – *International Financial Reporting Standard* (IFRS) – emitidas pelo *International Accounting Standards Board* (IASB), que estabelecem preceitos de conduta profissional e padrões e procedimentos técnicos necessários para o adequado exercício profissional.

As NBC editadas pelo Conselho Federal de Contabilidade (CFC) devem seguir os mesmos padrões de elaboração e estilo utilizados nas normas internacionais e compreendem as normas propriamente ditas, as Interpretações Técnicas e os Comunicados Técnicos.

No Brasil, após as normas internacionais serem traduzidas, passam pela análise do Comitê de Pronunciamentos Contábeis (CPC) que, posteriormente, emite Pronunciamentos, Interpretações e Orientações. O CFC homologa os pronunciamentos do CPC por meio de Resolução aprovando a respectiva NBC TG (Norma Brasileira de Contabilidade – Técnica Geral). Cada CPC gera uma NBC TG com o mesmo número. As Normas, Interpretações e Comunicados alterados devem ser identificados pela letra "R" de revisão, seguida do número da revisão realizada.

O Comitê de Pronunciamentos Contábeis foi idealizado a partir da união de esforços e comunhão de objetivos das várias entidades que regulam normas contábeis no Brasil, dentre as quais, o CFC, a Comissão de Valores Mobiliários (CVM) e o Instituto dos Auditores Independentes do Brasil (IBRACON).

Criado pela Resolução CFC nº 1.055/2005, o CPC tem como objetivo o estudo, o preparo e a emissão de Pronunciamentos Técnicos sobre procedimentos de contabilidade e a divulgação de informações dessa natureza, para permitir a emissão de normas pela entidade reguladora brasileira, visando à centralização e uniformização do seu processo de produção, levando sempre em conta a convergência da contabilidade brasileira aos padrões internacionais.

A NBC TG 16 (R2) – Estoques (CPC 16 – R1), aprovada pelo CFC, estabelece o tratamento contábil para os estoques, proporcionando orientação sobre a determinação do valor de custo dos estoques e sobre o seu subsequente reconhecimento como despesa em resultado (custo das mercadorias e produtos vendidos e serviços prestados), incluindo qualquer redução ao valor realizável líquido. Além de proporcionar orientação sobre métodos e os critérios usados para atribuir custos aos estoques.

O objetivo dessa norma é determinar a forma de avaliação dos estoques mantidos para consumo, adquiridos para revenda, utilização industrial ou prestação de serviços, além dos estoques de produtos em processo e produtos acabados.

Os estoques compreendem bens adquiridos e destinados à venda, incluindo, por exemplo, mercadorias compradas por um varejista para revenda ou terrenos e outros imóveis para revenda. Os estoques também compreendem produtos acabados e produtos em processo de produção pela entidade e incluem matérias-primas e materiais aguardando utilização no processo de produção, tais como: componentes, embalagens e material de consumo.

3.4.1.6.1 Mensuração e ajuste dos estoques

Os estoques são ativos mantidos para venda no curso normal dos negócios, em processo de produção para venda ou na forma de materiais ou suprimentos a serem consumidos ou transformados no processo de produção ou na prestação de serviços.

De acordo com a NBC TG 16 (R2), os estoques devem ser mensurados pelo valor de custo ou pelo valor realizável líquido, dos dois, o menor. Essa determinação baseia-se no princípio de que nenhum ativo deve ser escriturado no Balanço Patrimonial por valores superiores ao de sua possível realização, em função da sua venda ou uso. Dentro desse conceito, a entidade deve ater-se ao que compõe o preço de venda para situar-se ao valor de recuperação de ativos. No preço de venda, já líquido de impostos (ICMS, PIS e a Cofins), a entidade deverá preocupar-se apenas com os custos adicionais pertinentes à venda, tais como: comissões de vendas, fretes, embalagens complementares de entrega, despesas de cobrança bancária.

Cabe lembrar que os gastos com embalagens de acondicionamento, geralmente, já estão embutidos nos custos. Embalagens complementares são aquelas ocorrem no momento da venda, (sacolas, embrulho etc.).

A NBC TG 16 (R2) define Valor Realizável Líquido e Valor Justo para os estoques.

Valor realizável líquido: é o preço de venda estimado no curso normal dos negócios deduzido dos custos estimados para sua conclusão e dos gastos estimados necessários para se concretizar a venda.

Valor justo: é o preço que seria recebido pela venda de um ativo ou que seria pago pela transferência de um passivo entre partes independentes com conhecimento do negócio e interesse em realizá-lo, em uma transação em que não há favorecidos.

O valor realizável líquido é a quantia líquida que a empresa espera realizar com a venda do estoque; é um valor específico para a entidade, ao passo que o valor justo não é. Por isso, o valor realizável líquido dos estoques pode não ser equivalente ao valor justo deduzido dos gastos necessários para a respectiva venda.

Os estoques de matérias-primas, embalagens e demais bens destinados à produção são avaliados pelo custo de aquisição ou de produção se, eventualmente, forem fabricados pela própria indústria. Neste caso, o valor realizável líquido é o valor corrente (de reposição), mediante compra no mercado.

Exemplo: Uma indústria tem em seus estoques as seguintes matérias-primas:

Matérias-primas	Valor de aquisição	Valor de reposição (corrente)
Alfa	$ 500,00	$ 450,00
Beta	$ 700,00	$ 725,00
Delta	$ 900,00	$ 870,00

Para constituição das *perdas estimadas* é necessário que se especifique, item por item, os bens que, comprovadamente, estejam com preço corrente inferior ao seu custo.

Assim, deverão ser constituídos os ajustes de Alfa e Delta, conforme a seguir:

Matérias-primas	Valor de aquisição	Valor de reposição (corrente)	Ajuste
Alfa	$ 500,00	$ 450,00	$ 50,00
Beta	$ 700,00	$ 725,00	–
Delta	$ 900,00	$ 870,00	$ 30,00

Contabilmente, os lançamentos de ajustes serão: débito em conta de Resultado e crédito em conta retificadora de Estoques no Ativo Circulante (AC), conforme a seguir:

Ajustes de Perdas Estimadas nos Estoques (Resultado)	Perda Estimada para Redução ao Valor Realizável Líquido (AC – retificadora)
80,00	80,00

De acordo com a NBC TG (R2), os materiais diretos e indiretos utilizados na fabricação de bens ou na prestação de serviços não terão os seus valores reduzidos abaixo do custo se for previsível que os produtos acabados em que eles devem ser incorporados ou os serviços em que serão utilizados sejam vendidos pelo custo ou acima do custo. No entanto, quando a diminuição no preço dos produtos acabados ou no preço dos serviços prestados indicarem que o custo de elaboração desses produtos ou serviços excederá seu valor realizável líquido, os materiais diretos e indiretos devem ser reduzidos ao valor realizável líquido. Neste caso, o custo de reposição (valor corrente) dos materiais pode ser a melhor medida disponível do seu valor realizável líquido, conforme exemplificado anteriormente.

Os produtos em elaboração e os produtos acabados são avaliados pelo custo de produção (matéria-prima, mão de obra e demais gastos) ou mensurados pelo valor líquido de realização, o menor entre eles no momento do ajuste (normalmente por ocasião do levantamento do balanço patrimonial).

Exemplo: Uma empresa industrial tem 10.000 unidades de determinado produto em estoque com o valor de custo unitário de $ 66,00. O preço unitário de venda é de $ 100,00. Sobre este preço, além dos impostos incidentes já inclusos, a empresa ainda terá os seguintes valores para vendê-lo e entregá-lo:

- impostos incidentes já inclusos (ICMS, PIS e Cofins): $ 27,25;
- comissão de vendas: 3% sobre o valor da venda;
- frete correspondente em 0,8% sobre o valor da venda; e
- embalagens e serviços de cobrança: $ 3,21.

O IPI, por ser um imposto calculado "por fora", não está incluso no valor do preço unitário de venda.

Cálculo do valor líquido de realização:

Preço unitário de venda	$ 100,00
(–) Impostos	$ 27,25
(–) Comissões (3%)	$ 3,00
(–) Frete (0,8%)	$ 0,80
(–) Embalagem e serviços de cobrança	$ 3,21
(=) Valor liquido de realização	$ 65,74

Assim, teremos:

Valor de custo	$ 66,00
(-) Valor liquido de realização	$ 65,74
(=) Diferença (valor não recuperável)	$ 0,26

O valor recuperável, considerando o líquido de realização, estaria abaixo do valor de custo. Logo, pressupondo uma perda de $ 0,26 por unidade, ocorreria um ajuste no valor dos estoques em $ 2.600,00 (10.000 un. x $ 0,26). Contabilmente, os lançamentos de ajustes serão: débito em conta de resultado e crédito em conta retificadora de estoques no Ativo Circulante (AC), conforme a seguir:

Ajustes de Perdas Estimadas _nos Estoques_ _(Resultado)_	_Perda Estimada para Redução_ _ao Valor Corrente_ _(AC – retificadora)_
2.600,00	2.600,00

Em cada período subsequente, deve ser feita uma nova avaliação do valor realizável líquido. Quando as circunstâncias que anteriormente provocaram a redução dos estoques abaixo do custo deixarem de existir ou quando houver uma clara evidência de um aumento no valor realizável líquido devido à alteração nas circunstâncias econômicas, a quantia da redução deve ser revertida (**a reversão é limitada à quantia da redução**

original) de modo que o novo montante registrado do estoque seja o menor valor entre o custo e o valor realizável líquido revisto. Isso ocorre, por exemplo, com um item de estoque registrado pelo valor realizável líquido quando o seu preço de venda tiver sido reduzido e, enquanto ainda mantido em período posterior, tiver o seu preço de venda aumentado.

Supondo que o valor realizável líquido do exemplo anterior tenha aumentado para $ 65,76 por unidade, passando a perda para $ 2.400,00 [($ 66,00 - $ 65,76) x 10.000 un.], um lançamento de reversão no valor de $ 200,00 deverá ser efetuado, conforme a seguir:

Receitas de Reversão de Ajustes de Perdas Estimadas nos Estoques (Resultado)		Perda Estimada para Redução ao Valor Corrente (AC – retificadora)	
	200,00	*200,00	2.600,00

* Nos termos da NBC TG 16 (R2), a quantia de toda reversão de redução de estoques, proveniente de aumento no valor realizável líquido, deve ser registrada como redução do item em que for reconhecida a despesa ou a perda, no período em que a reversão ocorrer.

As quebras e perdas conhecidas em estoques ou calculadas por estimativa, relativas a estoques obsoletos ou que se perdem ou evaporam no processo produtivo, são ajustadas mediante a constituição de ajustes para perdas em estoques, classificadas como redutora do subgrupo Estoques no Ativo Circulante, tendo como contrapartida uma conta de despesa no resultado do período, não dedutível para efeitos fiscais.

Exemplo: o inventário de estoques em almoxarifado realizado em 31 de dezembro identificou o valor de $ 10.000,00 correspondente a itens obsoletos e que não terão mais uso dentro das atividades normais.

Ajustes de Perdas com Estoques Obsoletos (Resultado)		Perdas Estimadas em Estoques (AC – retificadora)	
10.000,00			10.000,00

3.4.1.6.2 Custos de transformação – custo da ociosidade

Quanto aos custos de transformação, a NBC TG 16 (R2) está se referindo à mão de obra direta e aos custos indiretos de fabricação (fixos e variáveis), conforme já comentamos no item 3.3 deste livro.

Os custos indiretos de fabricação fixos devem ser alocados às unidades produzidas com base na capacidade normal das instalações de produção. Já a alocação dos custos indiretos de produção variáveis é feita de acordo com o efetivo consumo dos insumos variáveis na produção, ou seja, na capacidade real utilizada.

A **capacidade normal** é a produção média estimada no decurso de vários períodos em circunstâncias normais de produção, considerando-se, ainda, a parcela da capacidade total não utilizada em razão de manutenção preventiva, férias coletivas e outros eventos semelhantes considerados normais pela entidade.

Para aplicação deste conceito, a empresa necessita ter um histórico de sua produção. O período geralmente utilizado para se fazer a média é de três ou mais anos. No caso das empresas novas e que não possuem este histórico, o cálculo deverá ser feito por meio de estimativas, com base no planejamento de unidades a serem produzidas no período.

A **capacidade total** (instalada) está ligada à ideia de volume (quantidade) máximo de produção; é a quantidade máxima de produtos que podem ser fabricados por uma unidade produtiva em um intervalo de tempo fixo. Peinado e Graeml (2007) conceituam capacidade instalada, também conhecida como capacidade teórica ou nominal, como a capacidade máxima de uma unidade produtiva utilizada ininterruptamente, 24 horas por dia, sem considerar perdas. Em outras palavras, é a produção que poderia ser obtida em uma unidade fabril trabalhando 24 horas por dia, todos os dias da semana e todos os dias do mês, sem necessidade de parada, de manutenções, sem perdas por dificuldade de programação, falta de material ou outros motivos que são comuns em uma unidade produtiva.

Perez Júnior, Oliveira e Costa (2012), argumentam que a fábrica é projetada para uma determinada capacidade de produção de bens e serviços (nominal), que só poderá ser atingida, ou até excedida, em condições econômicas extremamente favoráveis, o que não é muito comum. De modo geral, a produção normal é quase sempre inferior à capacidade nominal, sendo essa diferença entendida como uma "reserva" de serviços e instalações fabris para atender a períodos de economia mais favorável, e não como uma capacidade ociosa.

É de fundamental importância o entendimento do conceito de produção normal, pois os custos indiretos de fabricação fixos serão alocados às unidades fabricadas com base no volume normal de produção. Estabelecido este volume, a ociosidade será a diferença em relação ao volume realmente produzido. Assim, em casos de capacidade ociosa o volume de produção real é menor que o normalmente atingido, por falta de espaço no mercado para a colocação dos bens, configurando-se, dessa forma, a sobra ou a menor utilização das instalações e dos serviços. Nessa situação, o gestor precisa adotar medidas que evitem encarecer a atual produção com custos que não pertencem aos produtos fabricados em função da capacidade ociosa.

Conceitualmente, a ociosidade é o potencial de produção (máquina ou fábrica) parcial ou integral não utilizado. Os custos de ociosidade são normalmente os de natureza fixa, como custos de manutenção, seguros, aluguéis, depreciação etc. Esses custos continuam a ser incorridos em caso de redução do nível de produção ou de parada total da produção. Os custos da ociosidade representam, na verdade, prejuízos dos períodos a que se referem, pois nada tem a ver com a produção real e, portanto, devem ser descarregados como despesas. Nessa mesma linha de entendimento, a NBC TG 16 (R2) determina que "os custos fixos não alocados aos produtos devem ser reconhecidos diretamente como despesa no período em que são incorridos". Uma vez que esses custos não podem ser agregados aos estoques, resta à empresa contabilizar os custos da ociosidade diretamente ao resultado do período.

Os custos variáveis, conforme já estudado, adequam-se às reduções nos níveis de produção.

O nível real de produção somente pode ser usado nas situações em que sua quantidade aproximar-se da capacidade normal. Dessa forma, o valor do custo fixo alocado a cada unidade produzida não pode ser aumentado por causa de um baixo volume de produção ou ociosidade. Os custos fixos provenientes da capacidade não utilizada em função do volume de produção inferior ao normal não devem ser alocados aos produtos (estoques), mas registrados como despesas no período em que são incorridos. Em períodos de instabilidade (volume de produção alto – anormal), o custo fixo alocado a cada unidade deve ser diminuído, de forma que os estoques não sejam mensurados acima do custo.

Exemplo: uma indústria tem uma capacidade instalada para 10.000 unidades. Sua capacidade normal de produção considerada para o período é de 8.000 unidades. Num determinado período sua produção real foi de 6.000 unidades.

Outras informações:
- Os custos fixos totais somaram $ 12.000,00.
- O custo variável por unidade é de $ 4,00.
- As vendas líquidas do período foram de 4.000 unidades a $ 9,00 cada.

O quadro a seguir mostra a apropriação dos custos fixos considerando o nível de produção normal.

/////	Capacidade total (Nominal)	Produção normal	Produção real (Custo)	Capacidade ociosa (Resultado)
Custo fixo total	$ 12.000,00	$ 12.000,00	$ 12.000,00	/////
Volume produzido	10.000 un.	8.000 un.	6.000 un.	2.000 un.
Custo fixo unitário	$ 1,20 ($ 12.000,00 ÷ 10.000 un.)	$ 1,50 ($ 12.000,00 ÷ 8.000 un.)	$ 2,00 ($ 12.000,00 ÷ 6.000 un.)	/////
Custo apropriado	/////	R$ 1,50	R$ 1,50	R$ 1,50
Custo da produção	$ 12.000,00	$ 12.000,00	$ 9.000,00 (6.000 un. x $ 1,50)	$ 3.000,00 (2.000 un. x $ 1,50)

No quadro acima observamos que, dos custos fixos totais de $ 12.000,00, $ 9.000,00 serão apropriados à produção do período (**considerando o custo fixo unitário de $ 1,50 referente à produção normal**), restando $ 3.000,00, que serão os **custos da ociosidade** e serão apropriados diretamente ao resultado como **despesas** do período, em vez de incorporá-los ao custo da produção e, consequentemente, ao custo dos estoques.

Podemos também identificar os custos fixos a serem aproriados no período da seguinte forma: dos custos fixos de $ 12.000,00, serão apropriados à produção o correspondente a 80% da capacidade normal (6.000 un. ÷ 8.000 un.), que equivale a $ 9.000,00. O custo fixo unitário será de $ 1,50 ($ 9.000,00 ÷ 6.000 un.).

Os custos fixos de $ 3.000,00 não alocados aos produtos devem ser reconhecidos diretamente como despesa no período em que são incorridos.

Assim, finalizando o exemplo acima, teremos:

Custo unitário de produção
Custo variável unitário   = $ 4,00
(+) Custo fixo unitário   = $ 1,50
(=) Custo unitário   = $ 5,50

Resultado

Vendas: 4.000 un. x $ 9,00   = $ 36.000,00
(-) CPV: 4.000 un. x $ 5,50   = ($ 22.000,00)
(-) Custo da ociosidade (2.000 un. x $ 1,50) = ($ 3.000,00)
(=) Resultado bruto   = $ 11.000,00

Observe na apresentação do resultado bruto acima que o custo da ociosidade representado pelos custos indiretos de produção não alocados aos produtos está reconhecido como despesa do período, **de forma identificada, dentro do mesmo grupo** do custo dos produtos vendidos (CPV), nos termos da NBC TG (R2).

Cabe ressaltar que o valor específico desse efeito no resultado do período deve ser indicado em notas explicativas às demonstrações financeiras, com detalhes dos cálculos e considerações desse reconhecimento.

3.4.1.6.3 Outros custos

Nos termos da NBC TG 16 (R2), também são incluídos no custo dos estoques outros custos incorridos que não aqueles relativos à aquisição ou à transformação, somente na medida em que sejam incorridos para colocar os estoques no seu local e na sua condição atual, como por exemplo, gastos gerais que não sejam da produção ou custos de desenho de produtos para clientes específicos.

No entanto, os itens a seguir não são incluídos no custo dos estoques e são reconhecidos como despesa do período em que são incorridos:

a) valor anormal de desperdício de materiais, mão de obra ou outros insumos de produção;

b) gastos com armazenamento (com produtos acabados disponíveis para a venda), a menos que sejam necessários ao processo produtivo entre uma e outra fase de produção;

c) despesas administrativas que não contribuem para trazer o estoque ao seu local e condição atuais; e

d) despesas de comercialização, incluindo a venda e a entrega dos bens e serviços aos clientes (impostos sobre vendas e fretes, comissões).

Esses gastos são lançados diretamente no resultado do período em que ocorrerem.

3.4.1.6.4 Outras formas para a mensuração do custo

De acordo com a NBC TG 16 (R2), a prática contábil permite que os estoques sejam mensurados por meio de outras formas, tais como o custo padrão ou o método de varejo, desde que o resultado da mensuração por meio deles se aproxime do custo real.

O custo padrão considera para fins de mensuração dos estoques os níveis de utilização dos materiais e bens de consumo, da mão de obra e da capacidade produtiva. As variações relevantes do custo padrão em relação ao custo real devem ser alocadas nas contas e nos períodos adequados de forma a se ter os estoques de volta a seu custo. Esse assunto será estudado com mais detalhes no Capítulo 9 deste livro.

O método de varejo é utilizado no setor de varejo (e não no setor industrial) para mensurar estoques de grande quantidade de itens que se alteram constantemente. Estes itens apresentam margens semelhantes e não permitem a aplicação de outros métodos de custeio. O custo do estoque deve ser determinado pela redução do seu preço de venda na percentagem apropriada da margem bruta. A percentagem usada deve levar em consideração o estoque que tenha tido seu preço de venda reduzido abaixo do preço de venda original. É usada muitas vezes uma percentagem média para cada departamento de varejo.

Exemplo:

- Valor de venda do total do estoque $ 20.000,00
- Valor do custo total do estoque $ 14.000,00
- Valor das vendas no período $ 18.000,00

Cálculo da margem bruta: $ 14.000,00 ÷ $ 20.000,00 = 70%

Pelo método do varejo o custo (custo das mercadorias vendidas – CMV) corresponderá ao percentual de 70% do valor das vendas do período, ou seja, $ 12.600,00 ($ 18.000,00 x 70%). Assim, teremos:

Resultado

Vendas	$ 18.000,00
(-) CMV	($ 12.600,00)
(=) Lucro bruto	$ 5.400,00

3.4.1.6.5 Encargos financeiros de empréstimos

Nas operações em que a aquisição de estoques prevê condição de pagamento a prazo com condições de financiamento, no escopo da NBC TG 16 (R2), a diferença entre o preço de compra, em condições normais, e o valor pago financiado deve ser reconhecida contabilmente como despesa de juros durante o período de financiamento.

A NBC TG 20 (R1) – Custos de Empréstimos, trata das circunstâncias específicas em que os encargos financeiros de empréstimos obtidos (juros, taxas) são incluídos no custo dos estoques. Dessa forma, a empresa deve registrar como parte do custo do ativo (capitalização) os custos de empréstimo que são diretamente atribuíveis à aquisição, à construção ou à produção de Ativo Qualificável, que é aquele que necessariamente demanda um período substancial de tempo para ficar pronto para o seu uso ou venda (geralmente mais de um ano). Ativos financeiros ou estoques que são produzidos ao longo de um curto período de tempo, prontos para seu uso ou venda pretendidos, não são ativos qualificáveis.

A empresa deve cessar a capitalização dos custos de empréstimos quando substancialmente todas as atividades necessárias ao preparo do ativo qualificável para seu uso ou venda pretendidos estiverem concluídas.

3.4.1.6.6 Custo do produto agrícola colhido proveniente de ativo biológico

Segundo a NBC TG 29 (R2) – Ativo Biológico e Produto Agrícola, os estoques que compreendam o produto agrícola que a entidade tenha colhido (feijão, soja, lã, leite etc.), proveniente dos seus ativos biológicos (um animal ou uma planta, vivos), devem ser mensurados no reconhecimento inicial pelo seu valor justo deduzido dos gastos estimados no ponto de venda no momento da colheita. Esse é o custo dos estoques naquela data para aplicação desse pronunciamento.

Exemplo:

Valor justo do produto agrícola	$ 20.000,00
(-) Gastos estimados de venda	($ 6.000,00)
(=) Custo do estoque do produto agrícola	$ 14.000,00

Assim, o custo do produto agrícola será avaliado pelo valor realizável líquido de $ 14.000,00.

Cabe ressaltar que a NBC TG 29 (R2) deve ser aplicada para a produção agrícola, assim considerada aquela obtida no momento e no ponto de colheita dos produtos advindos dos ativos biológicos da entidade. Após esse momento, a NBC TG 16 (R2) – Estoques, ou outra norma mais adequada, deve ser aplicada. Portanto, a NBC TG 29 (R2) não trata do processamento dos produtos agrícolas após a colheita, como, por exemplo, o processamento de uvas para a transformação em vinho por vinícola, mesmo que ela tenha cultivado e colhido a uva. Tais itens são excluídos da citada norma, mesmo que seu processamento, após a colheita, possa ser extensão lógica e natural da atividade agrícola, e os eventos possam ter similaridades.

3.4.1.6.7 Exceções ao escopo da NBC TG 16 (R2)

As regras constantes nesta norma são aplicáveis a todos os estoques, com exceção de:

a) Produção em andamento decorrente de contratos de construção ou de serviços diretamente relacionados;
b) Instrumentos financeiros; e

c) Ativos biológicos relacionados com a atividade e o produto agrícola no ponto da colheita.

A NBC TG 16 (R2) não se aplica também à mensuração dos estoques mantidos por:

a) Produtores de bens agrícolas e florestais, produtos agrícolas após o ponto da colheita, minerais e produtos minerais, na medida em que eles sejam mensurados pelo valor realizável líquido de acordo com as práticas já bem estabelecidas nesses setores. Quando tais estoques são mensurados pelo valor realizável líquido, as alterações nesse valor são reconhecidas nos resultados do período em que se tenha verificado a alteração.

Os estoques dos produtores são mensurados pelo valor realizável líquido em determinadas fases de produção, ou seja, a mensuração ocorre sempre que houver a colheita ou extração cuja venda esteja garantida por um contrato futuro ou exista mercado ativo que reduza a possibilidade de fracasso dessa venda.

b) Comerciantes de *commodities* que mensurem seus estoques pelo valor justo deduzido dos custos de venda. Nesse caso, as alterações desse valor são reconhecidas no resultado do período em que se tenha verificado a alteração.

Os operadores de *commodities (broker-traders),* são aqueles que as compram ou vendem para terceiros ou por conta própria. A aquisição dos estoques de *commodities* ocorre com a finalidade de venda futura próxima, cuja estimativa seja a de gerar lucro com base nas variações dos preços ou margem de lucratividade dos operadores. Quando esses estoques são mensurados pelo valor justo deduzido os custos de venda, não se sujeitam aos requisitos de mensuração previstos na NBC TG 16 (R2).

3.4.1.6.8 Reconhecimento como despesa no resultado

Quando os estoques são vendidos, o custo escriturado desses itens deve ser reconhecido como despesa do período em que a respectiva receita é reconhecida, de acordo com o regime da competência (CPC 00 – R2).

A quantia de qualquer redução dos estoques para o valor realizável líquido e todas as perdas de estoques devem ser reconhecidas como despesa do período em que a redução ou a perda ocorrerem. A quantia de toda reversão de redução de estoques, proveniente de aumento no valor realizável líquido, deve ser registrada como redução do item em que for reconhecida a despesa ou a perda, no período em que a reversão ocorrer.

Alguns itens de estoques podem ser transferidos para outras contas do ativo, como, por exemplo, estoques usados como componentes de ativos imobilizados de construção própria. Os estoques alocados ao custo de outro ativo devem ser reconhecidos como despesa durante a vida útil e na proporção da baixa desse ativo, como por exemplo, a depreciação.

3.4.1.6.9 Divulgação

As demonstrações contábeis devem divulgar, de acordo com a NBC TG 16 (R2):
a) As políticas contábeis adotadas na mensuração dos estoques, incluindo formas e critérios de valoração utilizados;
b) O valor total escriturado em estoques e o valor registrado em outras contas apropriadas para a entidade;
c) O valor de estoques escriturados pelo valor justo menos os custos de venda;
d) O valor de estoques reconhecido como despesa durante o período;
e) O valor de qualquer redução de estoques reconhecida no resultado do período;
f) O valor de toda reversão de qualquer redução do valor dos estoques reconhecida no resultado do período;
g) As circunstâncias ou os acontecimentos que conduziram à reversão de redução de estoques; e
h) O montante escriturado de estoques dados como penhor de garantia a passivos.

A informação relativa a valores contábeis registrados em diferentes classificações de estoques e a proporção de alterações nesses ativos são úteis para os usuários das demonstrações contábeis. As classificações comuns de estoques são: mercadorias, bens de consumo de produção, materiais, produtos em elaboração e produtos acabados.

O valor do estoque baixado pela venda, reconhecido como despesa durante o período, é registrado em contas intituladas custos, mas na teoria contábil são *despesas* por contribuírem para a geração de receita. Desconsiderando esse aspecto técnico-conceitual, as contas que suportam essas despesas são: Custo dos Produtos Vendidos (indústria), Custo das Mercadorias Vendidas (comércio) ou Custo dos Serviços Vendidos (prestadores de serviço). Essas contas representam os custos imputados na mensuração dos respectivos estoques que foram vendidos, exceto no que refere parcialmente às empresas de prestação de serviços, que só podem estocar bens utilizados na prestação dos serviços.

Os custos indiretos de produção eventualmente não alocados aos produtos (custo da ociosidade) e os valores anormais de custos de produção (perdas anormais) devem ser reconhecidos como despesa do período em que ocorrem, sem transitar pelos estoques, dentro desse mesmo grupo, mas de forma identificada.

Nos termos da NBC TG (R2), há circunstâncias em que a entidade também pode admitir a inclusão de outros valores no custo dos estoques vendidos, tais como custos de distribuição, se eles adicionarem valor aos produtos; por exemplo, uma mercadoria tem valor de venda maior na prateleira do supermercado do que no depósito de distribuição dessa entidade. Assim, o custo do transporte do centro de distribuição à loja de venda deve ser considerado como parte integrante do custo de colocar o estoque em condições de venda, ou seja, o custo de estoque da mercadoria, que será reconhecido posteriormente como despesa quando ocorrer a sua venda.

Algumas entidades adotam um formato para a demonstração do resultado que ocasiona a divulgação de valores que não sejam os custos dos estoques reconhecidos como despesa durante o período. De acordo com esse formato, a entidade deve apresentar a demonstração do custo das vendas usando uma classificação baseada na natureza desses custos, elemento a elemento. Nesse caso, a entidade deve divulgar os custos reconhecidos como despesa item a item, por natureza: matérias-primas e outros materiais, evidenciando o valor das compras e da alteração líquida nos estoques iniciais e finais do período; mão de obra; outros custos de transformação etc. Assim, de acordo com a NBC TG 26 (R5), os gastos são agregados na demonstração do resultado de acordo com a sua natureza, conforme exemplo a seguir:

Receitas	X
Outras Receitas	X
Variação do estoque de produtos acabados e em elaboração	X
Consumo de matérias-primas e materiais	X
Despesa com benefícios a empregados	X
Depreciações e amortizações	X
Outras despesas	X
Total da despesa	(X)
Resultado antes dos tributos	X

3.4.2 Mão de obra

A mão de obra compreende os gastos com o pessoal envolvido direta ou indiretamente na produção da empresa industrial, englobando salários, encargos sociais e trabalhistas, como INSS, FGTS, seguro contra acidentes do trabalho, 13º salário, férias etc. A mão de obra pode ser direta ou indireta.

A mão de obra classificada como mão de obra direta (MOD), é aquela que pode ser identificada perfeitamente com cada produto, pois há uma medição de quanto tempo cada operário trabalhou em cada produto e quanto custa a hora de cada operário para a empresa.

A mão de obra indireta (MOI) compreende os gastos com o pessoal que trabalha na produção sem interferir diretamente na fabricação dos produtos, como supervisores, gerentes, mecânicos, seguranças, pessoal de limpeza etc.

A empresa industrial deve manter controles que permitam perfeita identificação da MOD em cada produto fabricado. Para isso, apontamentos são feitos em mapas, boletins de mão de obra diários, ou até mesmo diretamente nas ordens de produção, facilitando a atribuição do valor do respectivo gasto para cada produto.

No final de cada mês, as empresas industriais elaboram a folha de pagamento contendo os gastos com salários e demais encargos sociais e trabalhistas incorridos no respectivo mês. A folha de pagamento poderá englobar os gastos com pessoal que trabalha diretamente na fabricação. Porém, é sempre conveniente que a MOD seja relacionada em folha de pagamento separada.

A MOD será atribuída diretamente à produção em função do tempo efetivamente trabalhado na produção (horas) multiplicado pelo valor da taxa (valor) de MOD/hora, cujos cálculos veremos a seguir.

A MOI, que é classificada como custos indiretos de fabricação (CIF), será distribuída aos produtos fabricados por meio de rateio.

3.4.2.1 Cálculo do custo da mão de obra direta (MOD)

A MOD é aquela considerada efetivamente trabalhada na fabricação do produto. Para o cálculo da MOD é necessária a mensuração do tempo utilizado na fabricação do produto e multiplicá-lo pela taxa (custo) de MOD por hora de cada trabalhador aplicado na fabricação daquele bem.

É importante ressaltar que a legislação trabalhista brasileira (Constituição Federal/1988 e Consolidação das Leis do Trabalho/1943) garante ao operário a jornada de trabalho semanal de 44 horas (conhecida como semana inglesa), com 8 horas diárias de trabalho de segunda a sexta-feira e de quatro horas pela manhã do dia de sábado. Dessa forma, para obter-se a média diária é necessário dividir 44 horas semanais por 6 dias, que é igual a 7,20 horas por dia, que correspondem a 7,33333 horas [7 + (20 ÷ 60)], quando convertidas em decimais.

A carga horária mensal será de 220 horas (7,33333 horas x 30 dias), considerados os dias destinados aos repousos semanais.

A carga horária diária pode ser diferente por força de Lei ou Convenções Coletivas de categorias profissionais, podendo ser, por exemplo, de 6 horas diárias em 6 dias por semana, com carga horária semanal de 36 horas e mensal de 180 horas (6 horas x 30 dias).

Um operário que trabalha, por exemplo, no regime de 220 horas mensais, não aplica essas horas integralmente na produção desse período, pois, normalmente, pode ocorrer ociosidade dentro de limites normais por razões diversas, como por exemplo, descanso, paradas para refeições e outras paradas dentro de limites normais na produção. Assim, em linha com a maioria dos autores da Contabilidade de Custos, a folha de pagamento é um custo fixo para as empresas, mas o custo de MOD não, sendo que este representará as horas efetivamente aplicadas na produção. O restante do tempo aplicado a outras atividades não produtivas, ou mesmo ocioso (dentro de uma normalidade), será considerado como custo de mão de obra indireta, que será distribuído aos diversos tipos de produtos por meio de rateio.

Para o cálculo da MOD serão considerados os salários e encargos, que, na maioria, são fixados por lei como um percentual fixo sobre a folha de pagamento. Consideram-se, ainda, os direitos trabalhistas como 13º salário, 1/3 de adicional de férias, descanso semanal remunerado, entre outros. Dependendo da política interna da empresa na concessão de benefícios aos empregados, assistência médica, previdência privada, refeição, entre outros, podem ser considerados também para o cálculo da MOD.

Os encargos previdenciários das empresas, geralmente, correspondem à aplicação das seguintes alíquotas sobre o total das remunerações pagas ou creditadas no decorrer do mês aos empregados:

Contribuições incidentes sobre o total de remunerações pagas ou creditadas	Alíquota
Contribuição à Previdência Social (INSS)	20%
Fundo de Garantia do Tempo de Serviço (FGTS)	8%
Salário-Educação	2,5%
SESI/SESC	1,5%
SENAI/SENAC	1%
SEBRAE	0,6%
INCRA	0,2%
Risco de Acidente do Trabalho (RAT)	3%
TOTAL	36,80%

A contribuição à Previdência Social (INSS), geralmente 20% ou 22,5% (instituições financeiras), está de acordo com o enquadramento da atividade da empresa no Fundo de Previdência e Assistência Social (FPAS).

O Risco de Acidente do Trabalho (RAT) depende do grau de risco da atividade da empresa, que pode ser de 1%, 2% ou 3%, riscos leve, médio e grave, respectivamente, mais contribuição adicional, se for o caso, variando conforme o grau de risco, para a complementação das prestações por acidente do trabalho e aposentadoria especial, em conformidade com o art. 202 do Regulamento da Previdência Social (RPS), aprovado pelo Decreto nº 3.048/99.

A contribuição variável de outras entidades (terceiros) destinada às entidades e aos fundos que, por força de legislação e/ou convênio, o INSS incumbe-se de arrecadar e repassar, são: SENAI, SESC, SESI etc.

Na tabela apresentada acima não foi considerado o Fator Acidentário de Prevenção (FAP), tendo em vista que o seu enquadramento respeita critérios específicos. No entanto, para acréscimo do FAP para efeito dos encargos sociais, cada empresa deve acessar o sítio da Previdência Social (www.previdenciasocial.gov.br), opção "Dados de sua Empresa", e verificar o seu enquadramento.

Para o cálculo da MOD/hora, deve-se determinar, inicialmente, o número de dias produtivos do trabalhador, ou seja, os dias que o trabalhador estará presente na empresa para trabalhar, em um ano de 365 ou 366 dias.

Assim, para se chegar a esse número é necessário determinar o número de dias não trabalhados no ano, como por exemplo, férias, descanso semanal remunerado (DSR), feriados e faltas abonadas legalmente.

Exemplo:

Considere os seguintes dados relativos a um funcionário, que optou pelo gozo de 30 dias de férias:
- Salário: $ 6,00 por hora.
- Jornada de trabalho semanal: 44 horas.
- 12 feriados no ano (não coincidentes com férias nem com repousos semanais).
- Sobre a remuneração total a empresa contribui (encargos sociais) com 36,8%.

Cálculos

1) **Dias à disposição do empregador por ano**

Total de dias por ano	365 dias
(-) Férias	(30 dias)
(-) Feriados	(12 dias)
(-) DSR	(48 dias*)
= Dias à disposição	275 dias

* Excluídos 4 domingos já computados nas férias. O ano tem 52 domingos em média.

Considerando a jornada de trabalho por semana prevista na Constituição Federal do Brasil e, considerando o domingo como DSR, teremos:

2) **Horas de trabalho por dia** = $\underline{44 \text{ horas/semana}}$ = **7,3333 horas/dia** (7:20 h)
                                   6 dias/semana

Podemos estimar o número de horas que o funcionário ficará à disposição da empresa:

3) **Número de horas (anual) que o funcionário ficará à disposição da empresa**
275 dias x 7,3333 horas = **2.016,67 horas**

Assim, considerando que Constituição Federal assegura o gozo de férias anuais com, pelo menos, um terço a mais do salário normal (1/3 constitucional), além do 13º salário, e que o funcionário foi contratado por $ 6,00 por hora, o custo total para a empresa desse funcionário, por ano, será:

4) **Cálculo do custo total da MOD**

Salário: $ 6,00 x 7,3333 h x 275 d =	$ 12.099,95
+ DSR: $ 6,00 x 7,3333 h x 48 d =	$ 2.111,99
+ Feriados: $ 6,00 x 7,3333 h x 12 d =	$ 528,00
+ Férias: $ 6,00 x 7,3333 h x 30 d =	$ 1.319,99
+ 1/3 Férias:	$ 440,00
+ 13º salário: $ 6,00 x 7,3333 h x 30 d =	$ 1.319,99
= **Remuneração total**	**$ 17.819,92**
+ Encargos sociais (36,8%)	$ 6.557,73
= **Custo total**	**$ 24.377,65**

O custo da MOD por hora será:

5) **Custo da MOD/hora** = $\dfrac{\$\ 24.377,65}{2.016,67 \text{ h}}$ = **$ 12,09/hora**

Nos cálculos apresentados foram considerados apenas os *encargos sociais mínimos*[10], que provocaram um acréscimo de 101,5% [($ 12,09 ÷ $ 6,00) – 1] sobre o valor da hora contratada.

---

10 Conforme Martins (2010), são considerados mínimos porque não estão sendo computados outros encargos como: indenização compensatória (40% do FGTS na despedida), aviso-prévio, faltas abonadas etc.

Foi apresentado um simples exemplo do cálculo da taxa de MOD/hora, entretanto, cada empresa deve elaborar seus próprios cálculos, além de observar a incidência e as alíquotas das contribuições, que podem variar de caso a caso.

A empresa citada no exemplo tem um custo anual com o funcionário de $ 24.377,65. Mensalmente, este custo para empresa é de $ 2.031,47 ($ 24.377,65 ÷ 12 meses).

Dando sequência ao exemplo, vamos supor que o funcionário tenha trabalhado na fabricação do produto "X", 360 minutos por dia, conforme apontamentos, em um mês que teve 22 dias úteis de trabalho.

Qual seria o valor da mão de obra direta (MOD), referente a este funcionário, a ser a apropriado (contabilizado) na fabricação do produto "X"?

Cálculo:

360 minutos/dia x 22 dias = 7.920 minutos
7.920 minutos ÷ 60 minutos = 132 horas
Custo da MOD = 132 horas x $ 12,09/hora = **$ 1.595,88**

Assim, o valor da MOD a ser a apropriado na fabricação do produto "X" será de $ 1.595,88.

➢ **E quanto ao restante do custo mensal com esse funcionário, cujo valor é $ 2.031,47?**

Conforme foi comentado, o pessoal que trabalha diretamente na fabricação dos produtos tem seu salário classificado como MOD. No entanto, parte da folha de pagamento desse pessoal corresponde a um tempo ocioso, ou seja, o operário está presente na fábrica, mas não está efetivamente trabalhando na linha de produção por motivos diversos (que possam ser considerados como normais) como descanso, paradas para refeições, paradas para *setup*[11] ou quaisquer outras paradas dentro de limites normais na

---

11 Setup é o período em que a produção é interrompida para que os equipamentos fabris sejam ajustados. O tempo de setup está diretamente relacionado com as variações do produto e o planejamento da produção realizado pela fábrica.
Em sistemas de produção em lotes, as paradas para ajustes estão mais presentes devido à necessidade de se produzir uma grande variedade de produtos, tornando o controle deste período ocioso fundamental para a garantia de uma boa produtividade.
Uma perfeita sincronia entre o planejamento da produção e a variação de demanda proporciona um menor número de interrupções.

produção. O custo relativo a esse tempo ocioso normal é classificado como mão de obra indireta (MOI) e não está relacionado diretamente a nenhum produto, sendo, o seu montante, distribuído à produção do período por meio de rateio.

Portanto, a diferença entre o gasto mensal com o operário de $ 2.031,47 e o valor do trabalho dele efetivamente empregado na produção, de $ 1.595,88, será de $ **435,59**, e este valor corresponderá ao tempo ocioso dessa mão de obra, que será classificado como **MOI**.

Um mesmo operário poderá trabalhar na fabricação de diversos produtos. Assim, o custo da MOD total associado a eles será obtido por meio da multiplicação da taxa de MOD/hora pelo número de horas trabalhadas totais por cada produto.

3.4.3 Custos indiretos de fabricação (CIF) ou gastos gerais de fabricação (GGF)

Compreendem os demais gastos necessários para a fabricação dos produtos, como por exemplo: aluguéis, energia elétrica, serviços de terceiros, manutenção da fábrica, depreciação, seguros diversos, material de limpeza, óleos e lubrificantes para as máquinas, pequenas peças para reposição, comunicações etc.

Os GGF são todos os gastos do processo produtivo que não correspondam aos gastos com matéria-prima e com a mão de obra direta.

Muitos autores tratam os GGF como CIF. No entanto, como o próprio nome sugere, custos indiretos de fabricação estão relacionados a *custos indiretos*.

Os GGF podem ser diretos ou indiretos.

Os GGF diretos são aqueles que podem ser identificados facilmente com o objeto de custeio, como a energia elétrica consumida em máquinas que possuem um medidor que permita medir o consumo por produto fabricado.

Os GGF Indiretos, que são mais comuns, são aqueles cuja distribuição aos produtos necessita de bases de rateio, por não haver uma forma objetiva de identificá-los aos produtos.

Tendo em vista que a maioria dos GGF são indiretos, compreende-se a utilização de GGF e CIF como termos semelhantes pela maioria dos autores da área de custos.

3.4.3.1 Contabilização dos CIF

Os CIF não têm relação direta com os produtos fabricados, ocorrem mensalmente e independem do volume fabricado quando são fixos. Atendendo ao regime contábil da competência, esses custos são incorporados ao custo da produção do período em que forem gerados, em função do fato gerador, tendo sido pagos ou não.

Por exemplo, a energia elétrica (CIF) referente ao mês de março que será paga no 5º dia do mês de abril. O fato gerador ocorreu no mês de março; logo, esse CIF pertence ao custo da produção do mês de março.

O rateio dos CIF é uma divisão proporcional pelos valores de uma base conhecida (ou direcionador de custos), que devem estar distribuídos pelos diferentes produtos ou funções dos quais se deseja apurar o custo e devem ser conhecidos e estar disponíveis no final do período de apuração de custo (DUTRA, 2010).

Entre as bases disponíveis deve-se considerar mais adequada, para determinado custo, aquela que se supõe que o custo ocorrerá na mesma proporção dela, ou seja, para apropriar corretamente os CIF, é necessário estabelecer alguma relação causal entre eles e os produtos em elaboração. Os critérios para orientar as decisões de alocação de custos indiretos (fixos e variáveis) foram discutidos no item 2.4 deste livro.

Vale ressaltar que a experiência do profissional e o seu conhecimento do processo produtivo da empresa são fundamentais para a escolha das bases de rateio mais adequadas para a distribuição dos CIF aos produtos fabricados.

Assim, por exemplo, suponhamos que temos que ratear gastos com material indireto, que totalizaram $ 20.000,00, entre três produtos A, B e C e que a base de rateio seja o gasto com matéria-prima incorrido na produção de cada um, conforme discriminados a seguir.

Produto	Gastos com matéria-prima
A	$ 50.000,00
B	$ 125.000,00
C	$ 75.000,00
TOTAL	$ 250.000,00

O rateio do material indireto será:

Produto	Gasto com MP	%	Mat Ind (% x $ 20.000,00)
A	$ 50.000,00	20 %	$ 4.000,00
B	$ 125.000,00	50 %	$ 10.000,00
C	$ 75.000,00	30 %	$ 6.000,00
TOTAL	$ 250.000,00	100 %	$ 20.000,00

Assim, os $ 20.000,00 referentes a materiais indiretos aplicados na produção serão rateados da seguinte forma: produto A $ 4.000,00; produto B $ 10.000,00 e produto C $ 6.000,00.

Outra maneira de efetuar a distribuição dos custos indiretos:

$$\text{Taxa de aplicação de CIF} = \frac{\text{Custo Indireto}}{\text{Parâmetro de Rateio}} = \frac{\$\,20.000,00}{\$\,250.000,00} = \$\,0,08 \text{ de CIF}/\$\,1,00 \text{ de MP.}$$

	MP	Tx CIF		CIF total
Produto A ....$	50.000,00	x 0,08	=	$ 4.000,00
Produto B ....$	125.000,00	x 0,08	=	$ 10.000,00
Produto C ....$	75.000,00	x 0,08	=	$ 6.000,00
				$ 20.000,00

Lançamentos: transferência do custo de material indireto para os produtos:

Material Indireto	
20.000,00	20.000,00 (a)

Produto A	
(a) 4.000,00	

Produto B	
(a) 10.000,00	

Produto C	
(a) 6.000,00	

3.4.3.2 Previsão e taxa de aplicação dos CIF

Até este momento foram discutidos problemas relativos à apropriação dos custos indiretos, como subjetividade e arbitrariedade, no entanto esses custos sempre têm o seu montante conhecido, além da produção realizada, normalmente, quando encerrado cada período contábil (geralmente mensal). Para fazermos o acompanhamento do custo de cada produto durante o mês, temos que esboçar algumas estimativas, o que não ocorre com os custos diretos, já que podemos medi-los durante o processo de fabricação.

Só poderemos efetuar a apropriação correta dos custos indiretos após conhecermos os valores totais do mês e, também, a quantidade de produtos fabricados. Além disso, alguns custos indiretos não ocorrem homogeneamente durante o período. Segundo Martins (2010), é comum encontrarmos empresas que têm praticamente toda a manutenção preventiva realizada em certas épocas do ano. Existem, também, as férias coletivas, cujos custos necessitam ser distribuídos à produção toda do ano, não podendo descarregar tais custos como despesas ou apropriá-las a um mínimo de bens produzidos.

As taxas predeterminadas de CIF normalizam os custos distribuídos à produção em um período e são aplicadas como consequência da estimativa de produção e dos custos para um dado exercício. Pela utilização dessa taxa racionaliza-se a distribuição dos CIF durante todo o período de fabricação dos produtos.

Assim, trabalha-se com estimativas de custos indiretos de produção, respeitando a quantidade de produtos que se pretenda fabricar. Consiste em efetuar uma estimativa de qual será o valor dos custos indiretos num determinado período de produção e utilizar esses gastos pré-estimados para apurar o custo da produção do período.

Para operacionalizar esse critério é necessário seguir os seguintes passos:

1º Passo: estimar o volume de produção no período, uma vez que os CIF variáveis dependem desse volume.

2º Passo: estimativa dos CIF variáveis, a partir da previsão do volume de produção.

3º Passo: estimativa dos CIF fixos do período.

4º Passo: cálculo da taxa predeterminada de CIF para aplicação à produção, em função do critério de rateio escolhido.

A taxa de aplicação de CIF pode ser calculada por meio da fórmula a seguir:

$$\text{Taxa de aplicação de CIF} = \frac{\text{CIF}}{\text{Volume do critério de rateio}}$$

Exemplo: as estimativas de custos e produção do Departamento GAMA são as seguintes para o ano de 20x5:

Produção anual (em horas de mão de obra direta)............. 15.000 h
Custos indiretos variáveis:
- por hora = $ 35,00
- no ano = 15.000 h x $ 35,00 .... $ 525.000,00
Custos indiretos fixos no ano.. $ 300.000,00
Custos indiretos de fabricação orçado (total)............. **$ 825.000,00**

Nesse exemplo, os CIF orçados serão rateados com base no total de horas de mão de obra direta previsto para esse período, no entanto, outra base de rateio poderia ter sido utilizada, como horas-máquina, por exemplo.

O cálculo da taxa de aplicação de CIF é: $ 825.000,00 ÷ 15.000 h = **$ 55,00/h.**

Então, para cada hora apontada de mão de obra direta nos produtos (valores reais), aplica-se a taxa de $ 55,00 de CIF.

No final do período, comparam-se os CIF aplicados com os CIF reais. As diferenças deverão ser apuradas e rateadas para a conta de Estoques de Produtos em Elaboração, Produtos Acabados e para a conta de Custo dos Produtos Vendidos, ajustando, dessa forma, aqueles custos que ficaram subavaliados ou superavaliados.

3.4.3.3 Contabilização dos CIF aplicados

1) À medida que os produtos vão sendo elaborados, a conta dos Produtos em Processo (Elaboração) será debitada pelo valor predeterminado dos CIF, com crédito na conta CIF Aplicados:

D: *Produtos em Elaboração*
C: *CIF Aplicados*

2) Os CIF efetivamente incorridos serão debitados à (s) respectiva (s) conta (s), em contrapartida em Contas a Pagar, Caixa, Bancos etc., conforme sua natureza.

3) No final do exercício, as contas de CIF Aplicados e CIF Reais (incorridos) serão encerradas, respectivamente, **a crédito** e **a débito** de uma conta denominada Variação dos CIF.

D: *CIF Aplicados*
C: *Variação dos CIF*

D: *Variação dos CIF*
C: *CIF (que foram efetivamente incorridos)*

Obs: Se os CIF aplicados forem maiores que os reais, tal conta terá saldo credor; se for o inverso, saldo devedor.

4) A conta Variação dos CIF será encerrada contra Produtos em Processo (Elaboração), Produtos Acabados ou CPV, conforme a porcentagem da produção do período que esteja semiacabada, acabada ou vendida.

Variação a maior (CIF Aplicados < CIF Reais)
D: *Produtos em Elaboração / Produtos Acabados / CPV*

C: Variação dos CIF

Variação a menor (CIF aplicados > CIF reais)
D: Variação do CIF
C: Produtos em Elaboração / Produtos Acabados / CPV

Exemplo: a empresa ALFA contabilizou no período CIF Aplicados no montante de $ 1.200.000,00. Os CIF Reais no final do período somaram $ 1.230.000,00.

No período, foram apropriados também à produção custos diretos no total de $ 2.500.000,00.

Considerando que 90% da produção foram vendidos, teremos a seguinte sequência de lançamentos:

1) Apropriação dos CIF Aplicados (orçados) no período à produção.

2) Registro da saída de produtos pela venda (CPV) – 90% do saldo de Estoque de Produtos.

3) Transferência dos CIF Reais para a conta Variação dos CIF.

4) Transferência dos CIF Aplicados para a conta Variação dos CIF.

5) Ajuste da conta de CPV.

6) Ajuste da conta Estoque de Produtos.

Lançamentos em razonetes:

CIF Aplicados	
(4) 1.200.000,00	1.200.000,00 (1)

CIF Reais	
1.230.000,00	1.230.000,00 (3)

Variação dos CIF	
(3) 1.230.000,00	1.200.000,00 (4)
30.000,00	27.000,00 – **90%** (5)
	3.000,00 – **10%** (6)

Estoque de Produtos	
CD 2.500.000,00	
(1) 1.200.000,00	
3.700.000,00	3.330.000,00 (2)
(6) 3.000,00	
373.000,00	

Custo dos Produtos Vendidos	
(2) 3.330.000,00	
(5) 27.000,00	
3.357.000,00	

Lançamentos no Livro Diário:
(1) Apropriação dos CIF Aplicados (orçados) no período
  D: *Estoque de Produtos*
  C: *CIF Aplicados.....................* 1.200.000,00

(2) Venda de 90% dos produtos no período
  D: *Custo dos Produtos Vendidos*
  C: *Estoque de Produtos...........* 3.330.000,00

(3) Transferência dos CIF Reais para Variação dos CIF
  D: *Variação dos CIF*
  C: *CIF reais............................* 1.230.000,00

(4) Transferência dos CIF Aplicados para Variação dos CIF
  D: *CIF Aplicados*
  C: *Variação dos CIF..............* 1.200.000,00

Como o saldo devedor de $ 30.000,00 da conta Variação dos CIF precisa ser extinto no final do período, a distribuição desse valor será feita de maneira proporcional em função dos valores que foram transferidos para CPV e dos valores que permaneceram em estoque. Assim, os lançamentos serão:
(5) Ajuste da conta Custo dos Produtos Vendidos (tendo em vista que seu saldo ficou subavaliado)
  D: *Custo dos Produtos Vendidos*
  C: *Variação dos CIF..................* 27.000,00 (90%)

(6) Ajuste da conta Estoque de Produtos (tendo em vista que seu saldo ficou subavaliado)
  D: *Estoque de Produtos*
  C: *Variação dos CIF..................* 3.000,00 (10%)

O mesmo tratamento deve ser dado no caso de a variação dos CIF ter saldo credor, sendo que os lançamentos de nº (5) e (6) serão inversos ao registrado no exemplo acima.

Em alguns casos, de acordo com a relevância do custo, há a possibilidade de se transferir toda a variação dos CIF para o resultado do período (CPV) sem a sua distribuição proporcional aos estoques, desde que esse valor seja irrisório e não afete nem o lucro do período, nem o valor dos estoques.

Outra hipótese também considerada para a transferência dessa variação total para o resultado pode ocorrer em caso de greves, quebra de equipamentos etc., que acarretará uma variação muito grande, não considerando, dessa forma, essa ineficiência ou anormalidade como parte dos estoques.

3.4.3.4 Departamentalização dos CIF

Conforme comentado até este ponto, a alocação dos custos indiretos aos objetos de custeio, tendo em vista a sua subjetividade e arbitrariedade, não é uma tarefa fácil para o contador de custos, principalmente quando essa alocação utiliza critérios de rateio simples como, total de horas-máquina, gastos com MOD, gastos com material direto etc., englobando todos os CIF e utilizando um único direcionador para a sua distribuição à produção.

A contabilidade de custos busca, por meio de métodos disponíveis, minimizar as distorções provocadas pelo rateio dos CIF, quer por meio de métodos mais sofisticados, como o custeio ABC (*Activity Based Costing* – ou custeio baseado em atividades, em português), que estudaremos no Capítulo 8 deste livro, quer pelo agrupamento desses custos indiretos em centros de custos, centros de atividades ou setores, para posteriormente serem distribuídos aos objetos de custeio (produtos) por meio de direcionadores de custos (rateio). A esse processo, que consiste em agrupar funções semelhantes ou atividades principais em centros de custos, denominamos departamentalização. Departamentalizar, segundo Neves e Viceconti (2013), significa dividir a fábrica em segmentos chamados departamentos, aos quais serão apropriados todos os custos de fabricação neles incorridos. A departamentalização permite simplificar os trabalhos de gestão dos custos e aumentar a eficiência e eficácia da gestão, contribuindo para um aproveitamento mais racional dos recursos disponíveis na empresa.

A distinção entre os tipos de departamentos tem como base a relação física entre eles e os produtos fabricados, e podem ser classificados em dois grupos: *departamentos de produção* e *departamentos de serviços*.

Os **departamentos de produção** (principais ou operacionais) são aqueles que promovem modificações sobre os produtos diretamente; os produtos passam fisicamente por eles e os custos acumulados nesses serão distribuídos aos produtos.

Os **departamentos de serviços** (auxiliares ou de apoio) são aqueles cujo objetivo é prestar serviços para os demais departamentos em atendimento às necessidades do processo. Eles não atuam diretamente sobre o produto e têm seus custos transferidos para os departamentos que deles se beneficiam.

A departamentalização dos custos indiretos ocorre de acordo com as seguintes etapas:

1) Levantamento e distribuição (alocação, rateio) dos custos indiretos a todos os departamentos (produtivos e de apoio), também conhecida como *alocação primária*;

2) Distribuição, por meio de rateio, dos valores existentes nos departamentos de serviços para os departamentos produtivos, ou mesmo aos congêneres, dependendo, neste caso, do método de departamentalização a ser utilizado; e

3) Distribuição, por meio de algum critério de rateio, dos CIF dos departamentos produtivos aos produtos ou serviços, conforme o uso que estes façam daqueles departamentos, estabelecido por algum critério (horas-máquina, consumo de energia, valor da MOD etc.). Essa fase também é conhecida como *alocação secundária*.

As etapas de distribuição dos CIF na departamentalização podem ser observadas no exemplo a seguir:

Uma empresa industrial possui CIF no total de $ 2.000,00 distribuídos aos departamentos da fábrica da seguinte maneira:

- Departamento de serviços A: $ 400,00;
- Departamento produtivo X: $ 600,00; e
- Departamento produtivo Y: $ 1.000,00.

O departamento de serviços A distribui seus custos aos departamentos produtivos por meio de rateio, cabendo ao departamento produtivo X $ 100,00 e ao departamento Y $ 300,00.

O departamento produtivo X e Y terão agora $ 700,00 e $ 1.300,00, respectivamente, para distribuírem aos produtos 1 e 2.

A alocação secundária será feita da seguinte forma:

– Departamento X: 60% dos custos do departamento para o produto 1 ($ 420,00) e 40% para o produto 2 ($ 280,00); e

– Departamento Y: 20 % dos custos do departamento para o produto 1 ($ 260,00) e 80% para o produto 2 ($ 1.040,00).

Após a departamentalização dos CIF os produtos 1 e 2 acumularão $ 680,00 e $ 1.320,00 de CIF, respectivamente.

A seguir podemos observar uma representação gráfica das etapas de distribuição dos CIF na departamentalização até a sua alocação final aos produtos.

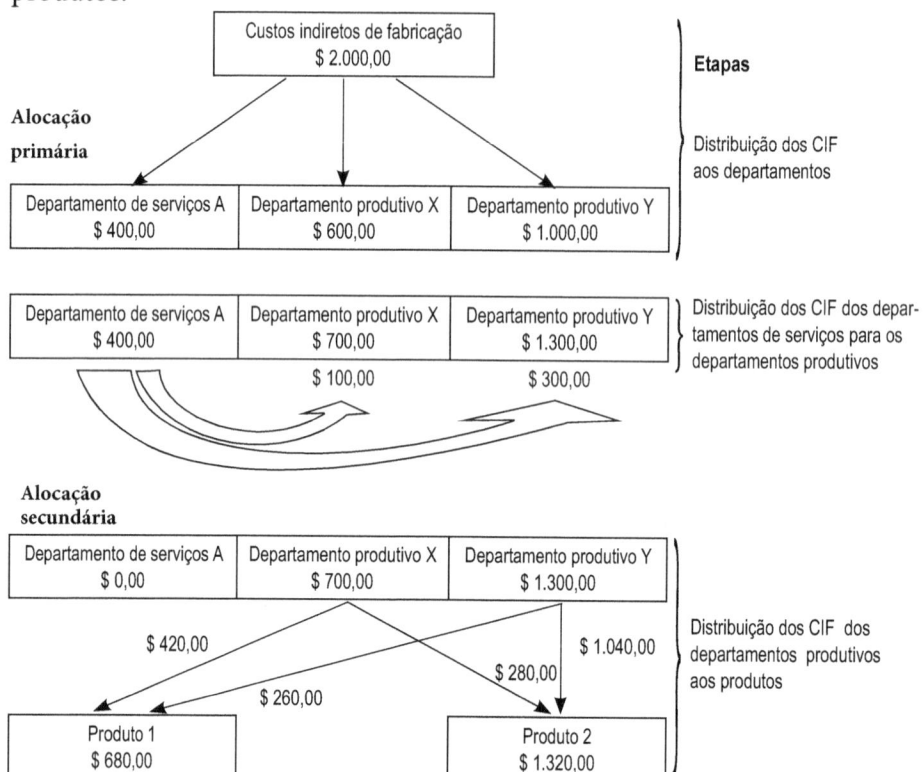

Um departamento é a unidade mínima administrativa que desenvolve atividades homogêneas, representada, na maioria dos casos, por homens e máquinas, conforme descreve Martins (2010). Por ser uma unidade administrativa, haverá um responsável para cada departamento, ligando a atribuição de cada um à responsabilidade de uma pessoa, caracterizando, assim, o uso da contabilidade de custos como forma de controle (custo por responsabilidade).

As características principais da departamentalização dos CIF são:

a) O controle dos custos, haja vista que cada departamento tem um responsável pela gestão dos custos controláveis como materiais, mão de obra, combustíveis, energia etc. *Custos controláveis* são os que estão diretamente sob responsabilidade e controle de um determinado gestor cujo desempenho se quer analisar e controlar. Os *custos não controláveis* estão fora dessa responsabilidade e controle. Isso não significa que custos não controláveis estejam fora da responsabilidade da empresa, mas sim fora da responsabilidade da pessoa que gerencia o setor em análise. O que não é controlável pelo gestor de um departamento de produção, talvez o seja pela administração da fábrica ou pela diretoria da empresa, como por exemplo depreciação, aluguel, manutenção preventiva determinada em função de um plano global da administração da fábrica, encargos sobre mão de obra etc. Ou seja, o custo pode não ser controlável pelo departamento, mas será controlável em nível hierárquico superior a ele.

b) Apuração mais precisa dos custos dos produtos, tendo em vista a distribuição mais racional dos custos indiretos aos produtos.

3.4.3.4.1 Departamento e centro de custos

Departamentos e centros de custos são unidades distintas, pois estes representam a menor unidade executora de atividade e, consequentemente, de acumulação de CIF; e estão aglutinados àqueles. Ou seja, podem existir diversos centros de custos dentro de um mesmo departamento.

Em muitos casos um departamento é o próprio centro de custos, sendo nele agregados os custos indiretos para uma futura distribuição aos demais departamentos ou até mesmo aos produtos.

Da mesma forma que os departamentos, os centros de custos são constituídos por setores, seções, células ou áreas da empresa que executam atividades homogêneas e que permitem a apuração dos gastos dessa atividade.

3.4.3.4.2 Métodos de alocação do custo dos departamentos de apoio para os departamentos de produção – Direto, Sequencial e Recíproco

Existem basicamente três métodos de alocação dos custos indiretos dos departamentos de serviços, do mais simples ao mais complexo.

O mais simples é o método **Direto**, que faz a alocação dos custos de cada departamento de serviços diretamente aos departamentos produtivos, ignorando, assim, os serviços prestados entre os departamentos de serviços, ou seja, estes trabalham somente para os departamentos produtivos.

O método **Sequencial** (Passo a Passo ou em Cascata) leva em conta o reconhecimento de uma interação entre os serviços prestados pelos departamentos de serviços e requer a classificação (hierarquização), em ordem sequencial desses departamentos, de acordo com a ordem em que alocação passo a passo deve ser efetuada. Uma vez alocados os custos de um departamento de serviço, nenhum custo subsequente deste é alocado ou a ele retorna.

Horngren, Datar e Foster (2004) explicam que a ordem de alocação começa com o departamento de serviços que presta porcentagem mais alta dos seus serviços aos demais departamentos congêneres, e assim sucessivamente. Há também a possibilidade de se começar com o departamento de serviços que presta o valor total de serviços maior aos demais departamentos congêneres, e assim sucessivamente.

Neste método, há uma sequência de prestação de serviços de forma unidirecional, sem considerar a reciprocidade entre eles e, no entendimento de Martins (2010), este método é o mais utilizado na prática.

No método **Recíproco** (ou reflexivo), são considerados os serviços mútuos prestados por todos os departamentos de serviços. Por exemplo, o departamento de administração geral distribui parte dos seus CIF ao departamento de sistemas de informações que, por sua vez, fornece apoio de banco de dados para o departamento de administração geral, que também recebe CIF daquele.

O método Recíproco permite incorporar relações interdepartamentais, na sua integralidade, nas alocações de custos dos departamentos de serviços. Este método é o de maior complexidade e necessita de *softwares* (modelos matemáticos) que solucionem o problema do cálculo da reciprocidade devido ao grande volume de cálculos a efetuar, pois há uma interação intensa no processo de transferências e recebimentos de custos entre os departamentos de serviços, principalmente quando existem três ou mais desses departamentos.

Exemplo: A empresa industrial KFS possui 4 departamentos, cuja alocação primária dos CIF já foi realizada, conforme a seguir:

Departamentos de serviços
- Manutenção da Fábrica: $ 50.000,00
- Sistemas de Informação: $ 20.000,00

Departamentos produtivos
- Máquinas: $ 100.000,00
- Montagem: $ 80.000,00

Os trabalhos realizados pelos departamentos de serviços, que prestam apoio recíproco entre eles, são os seguintes:

– Departamento de manutenção: 600 horas de manutenção/mês, sendo 90 horas para o departamento de sistemas de informação, 360 horas para o departamento de máquinas e 150 horas para o departamento de montagem; e

– Departamento de sistemas de informação: 300 horas de utilização dos sistemas/mês, sendo 30 horas para o departamento de manutenção da fábrica, 210 horas para o departamento de máquinas e 60 horas para o departamento de montagem.

Dando sequência ao exemplo, vamos apurar os CIF totais por departamento produtivo, que serão distribuídos aos produtos, quando da alocação secundária, pelos três métodos de alocação.

Trabalho realizado pelos departamentos de serviços:

	Sistemas de Informação	Máquinas	Montagem	Total
Manutenção da Fábrica				
Horas de manutenção........	90 horas	360 horas	150 horas	600 horas
Porcentagem....................	15%	60%	25%	100%

	Manutenção da Fábrica	Máquinas	Montagem	Total
Sistemas de Informação				
Tempo de utilização dos serviços	30 horas	210 horas	60 horas	300 horas
Porcentagem............................	10%	70%	20%	100%

Alocação direta

Como neste método os custos de cada departamento de serviços são distribuídos diretamente aos departamentos produtivos, teremos que desconsiderar o apoio simultâneo entre eles. Assim, teremos que refazer os cálculos da proporcionalidade da prestação de serviços diretos desses aos departamentos produtivos.

	Sistemas de Informação	Máquinas	Montagem	Total
Manutenção da Fábrica				
Horas de manutenção........	90 horas	360 horas	150 horas	600 horas
Porcentagem.....................	~~15%~~	60%	25%	~~100%~~

Nova proporção:	Máquinas		Montagem		Total
	360 horas	+	150 horas	=	510 horas
	70,59%		**29,41%**		**100%**

	Manutenção da Fábrica	Máquinas	Montagem	Total
Sistemas de Informação				
Tempo de utilização dos serviços	30 horas	210 horas	60 horas	300 horas
Porcentagem.............................	~~10%~~	70%	20%	~~100%~~

Nova proporção:	Máquinas		Montagem		Total
	210 horas	+	60 horas	=	270 horas
	77,78%		**22,22%**		**100%**

Distribuição dos CIF

ALOCAÇÃO DIRETA	Manutenção da Fábrica	Sistemas de Informação	Máquinas	Montagem	Total
Custos Indiretos	$ 50.000,00	$ 20.000,00	$ 100.000,00	$ 80.000,00	$ 250.000,00
Alocação/Manutenção	($ 50.000,00)	-	**$ 35.295,00**	**$ 14.705,00**	-
			(70,59%)	(29,41%)	
Total	-	$ 20.000,00	$ 135.295,00	$ 94.705,00	$ 250.000,00
Alocação/Sist Info	-	($ 20.000,00)	**$ 15.556,00**	**$ 4.444,00**	-
			(77,78%)	(22,22%)	
Total	-	-	**$ 150.851,00**	**$ 99.149,00**	$ 250.000,00

Alocação sequencial

Neste método, os custos de cada departamento de serviços são distribuídos aos demais em ordem sequencial e os custos distribuídos não retornam ao seu ponto de origem.

Sendo o departamento de manutenção da fábrica o que presta mais serviços percentualmente em relação ao departamento de sistemas de informação, a distribuição dos CIF iniciará por ele.

Como os custos dos departamentos de serviços vão sendo distribuídos em cascata neste método, o departamento de manutenção da fábrica não recebe custos do departamento de sistemas de informação. Assim, como na alocação direta, teremos que refazer os cálculos da proporcionalidade da prestação de serviços do departamento de sistemas de informação, conforme a seguir.

	Manutenção da Fábrica	Máquinas	Montagem	Total
Sistemas de Informação				
Tempo de utilização dos serviços	30 horas	210 horas	60 horas	300 horas
Porcentagem..............................	~~10%~~	70%	20%	~~100%~~

Nova proporção: **Máquinas**   **Montagem**   **Total**

210 horas + 60 horas = 270 horas

77,78%   **22,22%**   **100%**

Distribuição dos CIF

ALOCAÇÃO SEQUENCIAL	Manutenção da Fábrica	Sistemas de Informação	Máquinas	Montagem	Total
Custos Indiretos	$ 50.000,00	$ 20.000,00	$ 100.000,00	$ 80.000,00	$ 250.000,00
Alocação/Manutenção	($ 50.000,00)	$ 7.500,00	$ 30.000,00	$ 12.500,00	-
		15%	60%	25%	100%
Total	-	$ 27.500,00	$ 130.000,00	$ 92.500,00	$ 250.000,0
Alocação/Sist Info	-	($ 27.500,00)	$ 21.389,50	$ 6.110,50	-
			(77,78%)	(22,22%)	
Total	-	-	$ 151.389,50	$ 98.610,50	$ 250.000,00

Alocação recíproca (reflexiva)

Neste método, são considerados os serviços mútuos prestados por todos os departamentos de serviços e haverá o retorno de custos já distribuídos. Esse processo só terminará quando o custo a ser rateado deixar de existir ou for irrisório.

Distribuição dos CIF

ALOCAÇÃO RECÍPROCA	Manutenção da Fábrica	Sistemas de Informação	Máquinas	Montagem	Total
Custos Indiretos	$ 50.000,00	$ 20.000,00	$ 100.000,00	$ 80.000,00	$ 250.000,00
Alocação/Manutenção	($ 50.000,00)	$ 7.500,00	$ 30.000,00	$ 12.500,00	-
Total	-	$ 27.500,00	$ 130.000,00	$ 92.500,00	$ 250.000,00
Alocação/Sist Info	$ 2.750,00	($ 27.500,00)	$ 19.250,00	$ 5.500,00	-
Total	$ 2.750,00	-	$ 149.250,00	$ 98.000,00	$ 250.000,00
Alocação/Manutenção	($ 2.750,00)	$ 412,50	$ 1.650,00	$ 687,50	-
Total	-	$ 412,50	$ 150.900,00	$ 98.687,50	$ 250.000,00
Alocação/Sist Info	$ 41,25	($ 412,50)	$ 288,75	$ 82,50	-
Total	$ 41,25	-	$ 151.188,75	$ 98.770,00	$ 250.000,00
Alocação/Manutenção	($41,25)	$ 6,19	$ 24,75	$ 10,31	-
Total	-	$ 6,19	$ 151.213,50	$ 98.780,31	$ 250.000,00
Alocação/Sist Info	$ 0,62	($ 6,19)	$ 4,33	$ 1,24	-
Total	$ 0,62	-	$ 151.217,83	$ 98.781,55	$ 250.000,00
Alocação/Manutenção	($ 0,62)	$ 0,09	$ 0,37	$ 0,16	-
Total	-	$ 0,09	$ 151.218,20	$ 98.781,71	$ 250.000,00
Alocação/Sist Info	-	($ 0,09)	$ 0,06	$ 0,03	-
Total	-	-	$ 151.218,26	$ 98.781,74	$ 250.000,00

Para Horngren, Datar e Foster (2004), uma forma alternativa de realizar a apropriação recíproca é resolver por meio de equações lineares em três etapas.

1ª etapa: expressão dos custos dos departamentos de apoio e das relações recíprocas em forma de equações lineares. **MF** representará os custos recíprocos completos de manutenção da fábrica e **SI** representará os custos recíprocos completos de sistemas de informação.

Assim,

1) MF = $ 50.000,00 + 0,1SI
2) SI = $ 20.000,00 + 0,15MF

Sendo:

– 0,1SI o percentual de serviços do departamento de Sistemas de Informação consumido pelo departamento de Manutenção; e

– 0,15MF o percentual de serviços do departamento de Manutenção consumido pelo departamento de Sistemas de Informação.

Os custos completos referentes às equações 1 e 2 dizem respeito aos próprios custos dos departamentos de apoio mais quaisquer apropriações de custos interdepartamentais, ou seja, os custos que aqueles departamentos venham a receber posteriormente.

2ª etapa: Resolução do sistema de equações simultâneas para obtenção dos custos recíprocos de cada departamento de apoio.

$MF = \$ 50.000,00 + [0,1 (\$ 20.000,00 + 0,15MF)]$

$MF = \$ 50.000,00 + \$ 2.000,00 + 0,015MF$

$MF - 0,015MF = \$ 52.000,00$

$0,985MF = \$ 52.000,00$

$MF = \$ 52.000,00 \div 0,985$

$MF = \$ 52.791,87$

Substituindo para a equação 2:

$SI = \$ 20.000,00 + 0,15 (\$ 52.791,87) = \$ 27.918,78$

3ª etapa: alocação dos custos recíprocos completos de cada departamento de apoio a todos os outros departamentos (apoio e operacionais) com base nas proporções de utilização (total de serviços prestados a todos os departamentos).

Sistemas de Informação

Para Manutenção da Fábrica (0,1 x $ 27.918,78) =	$ 2.791,88
Para Maquinaria (0,7 x R$ 27.918,78) =	$ 19.543,14
Para Montagem (0,2 x R$ 27.918,78) =	$ 5.583,76
	$ 27.918,78

Manutenção da Fábrica

Para Sistemas de Informação (0,15 x $ 52.791,87) =	$ 7.918,78
Para Maquinaria (0,6 x $ 52.791,87) =	$ 31.675,12
Para Montagem (0,25 x $ 52.791,87) =	$ 13.197,97
	$ 52.791,87

Observe a seguir a distribuição dos CIF aos departamentos na 3ª etapa:

Distribuição dos CIF

ALOCAÇÃO RECÍPROCA	Manutenção da Fábrica	Sistemas de Informação	Máquinas	Montagem	Total
Custos Indiretos	$ 50.000,00	$ 20.000,00	$ 100.000,00	$ 80.000,00	$ 250.000,00
Alocação/Manutenção	($ 52.791,87)	$ 7.918,78	$ 31.675,12	$ 13.197,97	-
Alocação/Sist Info	$ 2.791,87	($ 27.918,78)	$ 19.543,14	$ 5.583,76	-
Total	$ 0,00	$ 0,00	**$ 151.218,26**	**$ 98.781,74**	**$ 250.000,00**

Comparação entre os métodos:

Método	Departamentos produtivos – Custos indiretos totais		
	Máquinas	Montagem	Total
ALOCAÇÃO DIRETA	$ 150.851,00	$ 99.149,00	$ 250.000,00
ALOCAÇÃO SEQUENCIAL	$ 151.389,50	$ 98.610,50	$ 250.000,00
ALOCAÇÃO RECÍPROCA	$ 151.218,26	$ 98.781,74	$ 250.000,00

O método de alocação recíproca distribui os CIF de uma forma mais precisa, no entanto, é o de maior complexidade. Porém, não existe um método ideal. Todos os métodos têm suas vantagens e desvantagens. A escolha vai depender da situação específica de cada empresa e das necessidades dos seus gestores, quanto ao nível de precisão na apuração de custos e quanto aos resultados que se esperam da escolha efetuada.

A relação custo *versus* benefício é que vai definir para o gestor qual o método mais adequado à realidade do seu negócio.

3.5 Exercícios

1. (Petrobras Distribuidora/Contabilidade_Cesgranrio_adaptada) Uma empresa iniciou suas atividades em 02/01/20x1 e adquiriu R$ 500.000,00 de materiais, dos quais requisitou metade para fabricação de seu único tipo de produto. Ao longo do mês, contabilizou salários e encargos sociais no valor de R$ 200.000,00, dos quais 55% correspondiam ao pessoal da fábrica, diretamente envolvido no processo de produção. No mesmo período, contabilizou gastos de R$ 100.000,00 relativos a despesas com aluguéis, energia elétrica, IPTU, salários de vigias, manutenção, depreciação, material de limpeza, material de expediente etc., 40% dos quais relativos a custos de produção. Em 31/01/20x1, verificou que concluiu 75% da produção e vendeu 2/3 da produção acabada com uma margem de lucro de 50% sobre o custo de produção.

Sem considerar outros dados, em 31/01/20x1, quais foram, respectivamente, os valores do estoque de produtos acabados e do resultado líquido do período?

a) ( ) R$ 450.000,00 e prejuízo de R$ 50.000,00
b) ( ) R$ 200.000,00 e lucro de R$ 100.000,00
c) ( ) R$ 200.000,00 e prejuízo de R$ 50.000,00
d) ( ) R$ 100.000,00 e lucro de R$ 50.000,00
e) ( ) R$ 100.000,00 e prejuízo de R$ 50.000,00

2. (SEFAZ_CEPERJ_adaptada) Uma empresa apresentava em sua contabilidade, em 31.12.20x1, os seguintes dados:

Aluguel de fábrica	R$	30.000,00
Compra de matéria-prima	R$	110.000,00
Consumo de matéria-prima	R$	90.000,00
Custos diversos	R$	80.000,00
Despesas administrativas	R$	120.000,00
Despesas de vendas	R$	90.000,00
Mão de obra da fábrica	R$	80.000,00

No mês de janeiro de 20x2, foram fabricadas 700 unidades do produto e vendidas 480 unidades por R$ 650,00 cada uma. O valor do saldo do estoque de produtos acabados e o custo dos produtos vendidos foram, respectivamente, iguais a:

a) ( ) R$ 88.000,00 e R$ 192.000,00
b) ( ) R$ 147.600,00 e R$ 262.400,00
c) ( ) R$ 192.000,00 e R$ 108.000,00
d) ( ) R$ 238.000,00 e R$ 162.000,00
e) ( ) R$ 336.000,00 e R$ 196.000,00

3. (CFC/Exame de Suficiência_adaptada) Uma sociedade empresária, que presta serviços de transporte rodoviário, transportou 10.000 passageiros em fevereiro de 20x7, em uma determinada rota, e apresentou os seguintes gastos relacionados ao seu volume normal de operação:

Gastos	Valor
Combustível utilizado pelos veículos	R$ 200.000,00
Depreciação dos veículos	R$ 18.500,00
Propaganda	R$ 9.400,00
Salários e encargos do pessoal administrativo	R$ 13.900,00
Salários e encargos dos motoristas dos veículos	R$ 36.700,00

Cada passagem é vendida por R$ 30,00, e a sociedade empresária só recebe dos passageiros por meio de cartão de débito ou crédito. Em cada venda de passagem, a operadora dos cartões cobra uma taxa de 4%.

Os veículos somente são utilizados para o transporte de passageiros.

Considerando-se apenas as informações apresentadas e sabendo-se que a sociedade empresária adota o método do Custeio por Absorção, o custo dos serviços prestados por passageiro no mês de fevereiro foi de:

a) ( ) R$ 25,52
b) ( ) R$ 26,72
c) ( ) R$ 27,85
d) ( ) R$ 29,05

4. (CFC/Exame de Suficiência_adaptada) Uma indústria produz apenas um produto. No mês de agosto de 20x5, produziu e vendeu 300 unidades desse produto.

Os custos e as despesas para produzir e vender os produtos foram os seguintes:

- R$ 10,00 por unidade de custos variáveis.
- R$ 8,00 por unidade de despesas variáveis.
- R$ 12,00 por unidade de custos fixos.
- R$ 7,00 por unidade de despesas fixas.

Com base nos dados acima e considerando-se que não havia saldo inicial, o custo total dos produtos produzidos e vendidos, utilizando-se o Custeio por Absorção, foi de:

a) ( ) R$ 5.700,00.
b) ( ) R$ 6.600,00.
c) ( ) R$ 8.100,00.
d) ( ) R$ 11.100,00.

5. (Exame de Suficiência/CFC_adaptada) Uma determinada empresa apresentou os seguintes dados referentes ao ano de 20x0:

- Estoque inicial igual a zero.
- Produção anual de 500 unidades com venda de 400 unidades.
- Custo variável unitário de R$ 15,00.
- Preço de venda unitário de R$ 20,00.
- Custo fixo anual de R$ 2.000,00.
- Despesas fixas anuais de R$ 350,00.
- Despesa variável unitária de R$ 1,50 para cada unidade vendida.

Sabendo-se que a empresa utiliza o Custeio por Absorção, seu Lucro Bruto e o Resultado Líquido em 20x0, são, respectivamente:

a) ( ) Lucro Bruto de R$ 2.000,00 e Lucro Líquido de R$ 1.050,00.
b) ( ) Lucro Bruto de R$ 2.000,00 e Prejuízo de R$ 950,00.
c) ( ) Lucro Bruto de R$ 400,00 e Lucro Líquido de R$ 50,00.
d) ( ) Lucro Bruto de R$ 400,00 e Prejuízo de R$ 550,00.

6. (Exame de Suficiência/CFC_adaptada) Uma indústria produz um determinado produto e apresentou as seguintes movimentações em determinado período.

✓ Estoque inicial de produtos acabados..........................zero unidade
✓ Quantidade produzida no período.......................... 200 unidades
✓ Quantidade vendida no período.......................... 150 unidades
✓ Preço de venda unitário ...... R$50,00
✓ Custo fixo total .... R$5.000,00
✓ Custo variável por unidade... R$15,00

Com base no Custeio por Absorção, e desconsiderando os tributos incidentes, os valores do Estoque Final e do Lucro Bruto, respectivamente, são de:

a) ( ) R$ 1.812,50 e R$ 2.062,50.
b) ( ) R$ 1.812,50 e R$ 4.262,50.
c) ( ) R$ 2.000,00 e R$ 1.500,00.
d) ( ) R$ 2.000,00 e R$ 4.000,00.

7. (Petrobras/Administrador_Cesgranrio) A Indústria Telespacial Ltda. possui uma capacidade instalada de 10.000 unidades de produção. Neste nível de produção, os custos fixos totais montam a R$ 42.750,00 e os custos variáveis totais montam a R$ 105.000,00.

Considerando-se o critério de custeio por absorção, caso a empresa fabrique 9.500 unidades, o custo unitário total do produto, em reais, será:

a) ( ) R$ 14,50   b) ( ) R$ 14,75
c) ( ) R$ 14,77   d) ( ) R$ 15,00
e) ( ) R$ 15,50

8. (IPAM/Contador_CEPERJ_adaptada) Durante o 1º trimestre de 20x9, foram apropriados os seguintes gastos no processo de produção de uma determinada indústria: (valores em R$)

Consumo de matéria-prima ....R$ 20.000
Mão de obra direta ....R$ 15.000
Mão de obra indireta ....R$ 13.000
Componentes prontos adquiridos ....R$. 7.000
Salário supervisor da produção ....R$ 5.000
Depreciação da fábrica..............R$ 6.000
Embalagem dos produtos fabricados ....R$ 3.000

Com esses dados, o valor do custo primário no período foi de:

a) ( ) R$ 45.000   b) ( ) R$ 42.000
c) ( ) R$ 38.000   d) ( ) R$ 35.000
e) ( ) R$ 66.000

9. (Exame de Suficiência/CFC_adaptada) Uma empresa industrial, no mês de julho de 20x2, utilizou em seu processo produtivo o valor de R$ 25.000,00 de matéria-prima; R$ 20.000,00 de mão de obra direta; e R$ 15.000,00 de gastos gerais de fabricação.

O saldo dos Estoques de Produtos em Elaboração, em 30.6.20x2, era no valor de R$ 7.500,00 e, em 31.7.20x2, de R$ 10.000,00.

O custo dos produtos vendidos, no mês de julho, foi de R$ 40.000,00 e não havia Estoque de Produtos Acabados em 30.6.20x2.

Com base nas informações, assinale a opção que apresenta o saldo final dos Estoques de Produtos Acabados em 31.7.20x2.

a) ( ) R$ 17.500,00. b) ( ) R$ 20.000,00.
c) ( ) R$ 57.500,00. d) ( ) R$ 60.000,00.

10. (Exame de Suficiência/CFC_adaptada) Durante o mês de julho de 20x4, uma indústria que produz seus produtos em ambientes separados do local de comercialização obteve os seguintes gastos:

- Aluguel do prédio da área
de vendas .... R$ 3.620,00
- Depreciação das máquinas
da produção .... R$ 3.180,00
- Energia elétrica consumida
pela fábrica .... R$ 5.240,00
- Mão de obra direta utilizada
na produção .... R$ 42.400,00
- Matéria-prima consumida R$ 31.800,00
- Telefone utilizado pelo
setor comercial .... R$ 530,00

Informações adicionais:

- Todas as unidades iniciadas foram concluídas no período.
- Não havia produtos em processo no início e no final do período.
- Com base nos dados acima, assinale a opção CORRETA.

a) ( ) O Custo da Produção Acabada no período foi de R$ 86.770,00.
b) ( ) O Custo de Produção do período foi de R$ 86.240,00.
c) ( ) O Custo de Transformação no período foi de R$ 8.420,00.
d) ( ) O Custo Primário no período foi de R$ 74.200,00.

11. (Exame de Suficiência/CFC_adaptada) Uma Indústria produz apenas um produto e incorreu nos seguintes gastos durante o mês de fevereiro de 20x4:

- Mão de obra direta .... R$ 99.000,00
- Salário da supervisão da
fábrica .... R$ 22.500,00
- Salário da administração
geral da empresa .... R$ 31.500,00
- Comissões dos vendedores R$ 18.000,00
- Outros custos de fabricação R$ 36.000,00
- Compra de matéria-prima
(líquida dos tributos
recuperáveis) .... R$ 45.000,00

Saldos em fevereiro de 2014:

Estoque inicial de produtos
em processo .... R$ 54.000,00
Estoque final de produtos
em processo .... R$ 9.000,00
Estoque inicial de matéria-
prima .... R$ 13.500,00
Estoque final de matéria-
prima .... R$ 31.500,00

O custo da produção acabada em fevereiro de 20x4, pelo método de custeio por absorção, é de:

a) ( ) R$ 184.500,00. b) ( ) R$ 202.500,00.
c) ( ) R$ 211.500,00. d) ( ) R$ 229.500,00.

12. (CFC/Exame de Suficiência_adaptada) Uma determinada indústria iniciou suas atividades em fevereiro de 20x5 e apresentou os seguintes dados, em 28.2.20x5:

Comissão dos vendedores	R$ 846,00
Custos indiretos consumidos na fábrica	R$ 18.800,00
Depreciação do equipamento de produção	R$ 1.034,00
Despesas administrativas	R$ 8.460,00
Estoque final de matérias-primas	R$ 23.500,00
Estoque final de produtos acabados	R$ 37.976,00
Mão de obra direta	R$ 28.200,00
Mão de obra indireta	R$ 14.100,00
Matérias-primas compradas	R$ 56.400,00
Receita Bruta de Vendas	R$ 72.850,00

Considerando o método de Custeio por Absorção e que não havia outros saldos, o custo dos produtos vendidos será de:

a) ( ) R$ 15.792,00.
b) ( ) R$ 32.900,00.
c) ( ) R$ 57.058,00.
d) ( ) R$ 95.034,00.

Analise os dados apresentados abaixo para responder às questões de números 13 e 14.

(SEFAZ_CEPERJ) A Empresa Industrial ABC, que atua no ramo de confecções, incorreu nos seguintes gastos no mês de março:

Gastos	R$
Compra de matéria-prima. Dessas compras, 10% foram devolvidas por estarem fora das especificações.	20.000,00
Mão de obra direta	24.000,00
Custos Indiretos de Produção	16.000,00

Os estoques do período eram os seguintes:

Estoques	R$
Estoque Inicial de matéria-prima	4.800,00
Estoque Inicial de produtos em elaboração	7.200,00
Estoque Final de produtos acabados	8.000,00
Outros estoques	0,00

13. Considerando os dados acima, o Custo de Produção do mês foi igual a:

a) ( ) R$ 62.800,00   b) ( ) R$ 64.000,00
c) ( ) R$ 62.000,00   d) ( ) R$ 60.800,00
e) ( ) R$ 64.800,00

14. Ainda com base nos mesmos dados, o custo dos produtos vendidos correspondeu ao seguinte montante:

a) ( ) R$ 62.800,00   b) ( ) R$ 64.000,00
c) ( ) R$ 60.800,00   d) ( ) R$ 62.000,00
e) ( ) R$ 64.800,00

15. (Prefeitura do Município de Ituporanga/Contador_FEPESE_adaptada) Os

exercícios sociais na Cia. Industrial São José se encerram a cada 31 de dezembro. A Cia. apura seu resultado (lucro/prejuízo) uma só vez em cada exercício social. Sobre o exercício social de 20x8, sabe-se que:

Estoque inicial de produtos em elaboração	R$ 1.220,00
Mão de obra direta empregada na fabricação	R$ 13.800,000
Compras de matérias-primas	R$ 17.800,00
Estoque final de produtos prontos	R$ 3.000,00
Devoluções de compras de matérias-primas	R$ 80,00
Estoque final de matérias-primas	R$ 280,00
Custos indiretos de fabricação	R$ 4.200,00
Estoque final de produtos em elaboração	R$ 800,00
Estoque inicial de matérias-primas	R$ 220,00
Estoque inicial de produtos prontos	R$ 2.240,00

Quais serão os valores do Custo da Produção Acabada e do Custo dos Produtos Vendidos de 20x8 da Cia Industrial São José?

a) ( ) R$ 34.480,00 e R$ 35.240,00
b) ( ) R$ 35.240,00 e R$ 34.480,00
c) ( ) R$ 35.320,00 e R$ 36.059,00
d) ( ) R$ 36.080,00 e R$ 35.320,00
e) ( ) R$ 36.080,00 e R$ 36.840,00

16. (ICMS SP_FCC) Na terminologia de custos, são custos de conversão ou de transformação:

a) ( ) mão de obra direta e indireta.
b) ( ) mão de obra direta e materiais diretos.
c) ( ) mão de obra direta e custos indiretos de fabricação.
d) ( ) matéria-prima, mão de obra direta e custos indiretos de fabricação.
e) ( ) custos primários e custos de fabricação fixos.

17. (Exame de Suficiência/CFC) Uma matéria-prima foi adquirida por R$ 3.000,00, incluídos nesse valor R$ 150,00 referentes a IPI e R$ 342,00 relativos a ICMS. O frete de R$ 306,00 foi pago pelo vendedor, que enviou o material via aérea, mas a

empresa compradora teve que arcar com o transporte entre o aeroporto e a fábrica, que custou R$ 204,00. Considerando-se que os impostos são recuperáveis, o valor registrado em estoques será:

a) ( ) R$ 2.508,00. b) ( ) R$ 2.712,00.
c) ( ) R$ 3.018,00. d) ( ) R$ 3.204,00.

18. (Transpetro/Contador_Cesgranrio) A indústria A comprou matéria-prima de outra indústria nas seguintes condições:

Custo da matéria-prima	R$ 80.000,00
IPI incidente na operação	R$ 8.000,00
ICMS	R$ 14.400,00
Desconto incondicional	R$ 5.400,00
Frete pago ao transportador	R$ 6.200,00

Considerando-se exclusivamente as informações recebidas, o valor a ser contabilizado no estoque de matéria-prima, em reais, é de:

a) ( ) R$ 57.600,00 b) ( ) R$ 58.400,00
c) ( ) R$ 60.200,00 d) ( ) R$ 66.400,00
e) ( ) R$ 71.800,00

19. (Petrobrás Biocombustível/Contabilidade_Cesgranrio_adaptada) A Indústria Fortaleza Ltda. adquiriu um lote de matérias-primas por R$ 35.000,00. Para a realização dessa aquisição, a indústria recorreu a um financiamento cujos encargos montaram a R$ 1.050,00. Considerando-se exclusivamente essas informações, a empresa deve registrar a operação da seguinte maneira:

a) ( ) Custo de matéria-prima R$ 35.000,00 e custo indireto R$ 1.050,00.
b) ( ) Custo de matéria-prima R$ 35.000,00 e despesa financeira R$ 1.050,00.
c) ( ) Custo de matéria-prima R$ 33.950,00 e custo fixo R$ 1.050,00.
d) ( ) Custo da matéria-prima R$ 36.050,00.
e) ( ) Custo fixo indireto R$ 36.050,00.

20. (CFC/Exame de Suficiência_adaptada) De acordo com a NBC TG 16 (R2) – Estoques, julgue os itens quanto à inclusão no custo dos estoques e, em seguida, assinale a alternativa CORRETA.

I. Despesas administrativas que não contribuem para trazer o estoque ao seu local e condição atuais.
II. Despesas de comercialização, incluindo a venda e a entrega dos bens e serviços aos clientes.
III. O preço de compra, os impostos de importação e outros tributos não recuperáveis pela entidade perante o fisco.
IV. Os custos de transporte, seguro, manuseio e outros diretamente atribuíveis à aquisição de produtos acabados, materiais e serviços.
V. Valor anormal de desperdício de materiais, mão de obra ou outros insumos de produção.

NÃO estão incluídos no custo dos estoques, porém são reconhecidos no resultado do período os itens:

a) ( ) II, IV e V, apenas.
b) ( ) II, III e IV, apenas.
c) ( ) I, III e IV, apenas.
d) ( ) I, II e V, apenas.

21. (CFC/Exame de Suficiência) Uma Sociedade empresária adquiriu, a prazo, mercadorias para revenda pelo valor total de R$ 25.000,00. Nesse valor, estão incluídos R$ 4.250,00 relativos a ICMS Recuperável.
O transporte das mercadorias, no valor de R$ 2.000,00, foi pago pela empresa vendedora, sem reembolso pela adquirente.
A Sociedade empresária apura PIS e Cofins pelo regime de incidência não cumulativo.
Considerando-se o disposto na NBC TG 16 (R2) – Estoques, e que as alíquotas a serem utilizadas para cálculo do valor recuperável de PIS e Cofins no regime de incidência não cumulativo são, respecti-

vamente, 1,65% e 7,6%, o custo de aquisição das mercadorias é de:

a) (   ) R$ 18.437,50.
b) (   ) R$ 18.830,62.
c) (   ) R$ 20.437,50.
d) (   ) R$ 20.830,62.

22. (CFC/Exame de Suficiência) Uma Sociedade empresária comercial realizou aquisição de mercadorias para revenda.

Em seus registros constam os seguintes dados relacionados aos itens adquiridos:

Descrição	Valor
Fretes sobre a compra das mercadorias	R$ 400,00
Gastos com divulgação	R$ 100,00
Gastos estimados necessários para se concretizar a venda	R$ 300,00
Preço de venda	R$ 1.600,00
Tributos adicionais decorrentes da aquisição das mercadorias, não recuperáveis e não incluídos no valor de aquisição	R$ 200,00
Tributos recuperáveis incluídos no valor de aquisição das mercadorias	R$ 170,00
Valor de aquisição das mercadorias	R$ 1.000,00

De acordo com a NBC TG 16 (R2) – Estoques, o custo de aquisição dessas mercadorias é de:

a) (   ) R$ 1.300,00.
b) (   ) R$ 1.430,00.
c) (   ) R$ 1.530,00.
d) (   ) R$ 1.600,00.

23. (Exame de Suficiência/CFC) De acordo com a NBC TG 16 (R2) – Estoques, após o reconhecimento inicial, os estoques devem ser mensurados:

a) ( ) Pelo valor de compra ou pelo valor justo, dos dois o menor.
b) ( ) Pelo valor de compra ou pelo valor realizável líquido, dos dois o maior.

c) ( ) Pelo valor de custo ou pelo valor justo, dos dois o maior.
d) ( ) Pelo valor de custo ou pelo valor realizável líquido, dos dois o menor.

24. (Exame de Suficiência/CFC) De acordo com o que estabelece a NBC TG 16 (R2) - Estoques, a respeito do custo dos estoques, e CORRETO afirmar que:

a) ( ) o custo de aquisição compreende o preço de compra acrescido aos impostos recuperáveis, descontos e abatimentos.
b) ( ) o custo dos estoques pode ser atribuído pelo uso dos critérios Primeiro a Entrar, Primeiro a Sair – PEPS, ou Último a Entrar, Primeiro a Sair – UEPS.
c) ( ) o custo padrão ou o método de varejo podem ser usados por conveniência se os resultados se aproximarem do custo real.
d) ( ) o total dos custos fixos indiretos de fabricação deve ser atribuído às unidades produzidas. Em nenhum caso, é admitido o registro de tais custos como despesa do período em que foram incorridos.

25. (Exame de Suficiência/CFC) Com relação à NBC TG 16 - Estoques, são considerados custo de aquisição dos estoques, EXCETO:

a) ( ) o imposto de importação e outros tributos não recuperáveis.
b) ( ) os custos de transporte, seguro e manuseio.
c) ( ) o preço de compra.
d) ( ) os descontos comerciais e os abatimentos.

26. (CEFET/Contador_Cesgranrio) Uma companhia com grande quantidade de itens intercambiáveis em estoque adota, na sua respectiva valoração, as orientações do CPC 16, consolidadas no CPC 16 (R1) sobre os critérios de atribuir custos aos estoques. Nesse contexto, essa companhia poderá utilizar diferentes critérios para valorizar os itens estocados, fun-

damentada nos termos do CPC, acima mencionado, quando os estoques:

a) ( ) apresentarem a mesma natureza e tiverem conformidade na sua respectiva utilização.

b) ( ) estiverem sujeitos a tratamento diferenciado, pelas normas tributárias.

c) ( ) evidenciarem altas diferenças no custo dos itens estocados, em regiões diferentes.

d) ( ) forem mantidos e utilizados em regiões geográficas diferentes.

e) ( ) tiverem usos diferentes em segmentos de negócio distintos.

27. (CFC/Exame de Suficiência_adaptada) De acordo com as definições constantes na NBC TG 16 (R2) - Estoques, julgue os itens abaixo como Verdadeiros (V) ou Falsos (F) e, em seguida, assinale a opção CORRETA.

I. Os estoques são ativos mantidos para venda no curso normal dos negócios, em processo de produção para venda ou na forma de materiais ou suprimentos a serem consumidos ou transformados no processo de produção ou na prestação de serviços.

II. Valor realizável líquido do estoque é o preço de venda estimado no curso normal dos negócios deduzido dos custos estimados para sua conclusão e dos gastos estimados necessários para se concretizar a venda.

III. Valor justo é o preço que seria recebido pela venda de um ativo ou que seria pago pela transferência de um passivo em uma transação não forçada entre participantes do mercado na data da mensuração.

A sequência CORRETA é:

a) ( ) F, F, V.
b) ( ) F, V, F.
c) ( ) V, F, V.
d) ( ) V, V, V.

28. (CFC/Exame de Suficiência) De acordo com a NBC TG 16 (R2), estoques compreendem ativos mantidos para venda no curso normal dos negócios; em processo de produção para venda; ou na forma de materiais ou suprimentos a serem consumidos ou transformados no processo de produção ou na prestação de serviços.

Assinale a opção em que NÃO constam exemplos de estoque:

a) ( ) produtos acabados e produtos em processo de produção pela entidade.

b) ( ) custos de mercadorias vendidas, veículos de uso e *software* de uso.

c) ( ) matérias-primas e materiais que aguardam utilização no processo de produção, tais como embalagens e material de consumo.

d) ( ) mercadorias compradas por um varejista para revenda ou terrenos e outros imóveis para revenda.

29. (CFC/Exame de Suficiência_adaptada) Uma sociedade empresária mantém no seu estoque de produtos para venda as mercadorias A, B e C. Os valores totais de custo de aquisição, preço de vendas e previsão de gastos com vendas, para fins de cálculo do valor realizável líquido, na posição de 31.12.20x3, estão detalhados, a seguir:

Merca-doria	Custo de aquisição	Preço de venda	Gastos com vendas
A	R$ 420,00	R$ 500,00	R$ 100,00
B	R$ 650,00	R$ 900,00	R$ 130,00
C	R$ 900,00	R$ 850,00	R$ 170,00

Considerando o que determina a NBC TG 16 (R2) - Estoques, o saldo da conta Estoques de Mercadorias em 31.12.20x3 será de:

a) ( ) R$ 1.730,00.
b) ( ) R$ 1.750,00.
c) ( ) R$ 1.850,00.
d) ( ) R$ 1.970,00.

30. (CFC/Exame de Suficiência_adaptada) Uma sociedade empresária apresentava, em 31.12.20x6, as seguintes informações a respeito de seu estoque de mercadorias:

Tipo de Merca- doria	Estoque mensurado a custo de aquisição	Preço de venda estimado	Despesas necessárias para concretizar a venda
Tipo 1	R$ 10.000,00	R$ 16.000,00	R$ 4.000,00
Tipo 2	R$ 22.000,00	R$ 20.000,00	R$ 5.000,00
Tipo 3	R$ 16.000,00	R$ 24.000,00	R$ 6.000,00
TOTAL	R$ 48.000,00	R$ 60.000,00	R$ 15.000,00

Até 31.12.20x6, não haviam sido registrados ajustes para redução ao valor realizável líquido ou ajustes a valor presente nos estoques.

Os tipos de mercadorias apresentados são avaliados separadamente.

Considerando-se apenas os dados informados e de acordo com a NBC TG 16 (R2) – Estoques, o saldo da conta de Estoques e o valor da despesa de ajuste de perdas estimadas do referido estoque, em 31.12.20x6, foi de:

a) (   ) R$ 41.000,00 e R$ 7.000,00.

b) (   ) R$ 45.000,00 e R$ 7.000,00.

c) (   ) R$ 46.000,00 e R$ 9.000,00.

d) (   ) R$ 48.000,00 e R$ 9.000,00.

31. (CFC/Exame de Suficiência_adaptada) Uma sociedade empresária comercializa equipamentos de informática.

Em 31.12.20x6, apurou saldo da conta de Mercadorias para Revenda no valor de R$ 100.000,00, formado por 50 notebooks. Até então, o preço de venda praticado pela Sociedade empresária era de R$ 3.000,00 a unidade.

Diante do encalhe do estoque desse modelo de notebook, a sociedade empresária realizou uma pesquisa de mercado e identificou que seus concorrentes estavam vendendo o mesmo notebook por R$ 1.500,00 a unidade e, imediatamente, reduziu seu preço de venda para esse valor.

Os vendedores da sociedade empresária recebem 10% de comissão sobre as vendas.

Na mesma data, o fornecedor dos notebooks para a sociedade empresária foi consultado e informou que estava comercializando o mesmo modelo de notebook por R$ 800,00 cada um, no atacado.

Considerando-se apenas as informações apresentadas e de acordo com a NBC TG 16 (R2) – Estoques, a Sociedade empresária apresenta valor contábil do estoque, em 31.12.20x6, de:

a) (   ) R$ 40.000,00, pois deve-se reconhecer perda de R$ 60.000,00 devido ao valor praticado atualmente pelo fornecedor.

b) (   ) R$ 67.500,00, pois deve-se reconhecer perda de R$ 32.500,00, considerando-se o valor realizável líquido.

c) (   ) R$ 135.000,00, pois deve-se considerar o preço de venda atualmente praticado, líquido das comissões sobre vendas.

d) (   ) R$ 100.000,00, pois deve-se considerar o custo de aquisição dos 50 notebooks praticado pelos fornecedores

32. (CFC/Exame de Suficiência) De acordo com a NBC TG 16 (R2) – Estoques, na determinação do valor realizável líquido, o valor estimado das comissões da equipe de vendas necessárias para se concretizar a venda dos itens estocados deve ser tratado como:

a) (   ) adição ao custo.

b) (   ) não relacionada ao valor realizável líquido.

c) (   ) redução do custo.

d) (   ) redução do valor realizável líquido.

33. (CFC/Exame de Suficiência) Uma equipe de profissionais de auditoria independente foi contratada para auditar as demonstrações contábeis de uma sociedade empresária, cuja atividade é a compra e venda de mercadorias. Ao realizar os procedimentos de auditoria no estoque de mercadorias, os profissionais de auditoria confeccionaram o seguinte papel de trabalho:

Merca-doria	Quantidade inventariada	Custo de Aquisição (R$)	Valor realizável liquid (R$)
I	80 unidades	100,00 por unidade	10.000,00
II	15 unidades	120,00 por unidade	1.500,00
III	23 unidades	180,00 por unidade	4.500,00
IV	42 unidades	250,00 por unidade	15.000,00

A quantidade inventariada corresponde exatamente à quantidade de mercadorias constantes no sistema informatizado de controle de estoques. Após avaliar as informações evidenciadas no papel de trabalho e considerando-se que a empresa não havia realizado nenhum ajuste, os profissionais de auditoria devem requerer à sociedade empresária que faça um:

a) ( ) ajuste equivalente ao aumento no montante de R$ 4.500,00, referente ao saldo do estoque da Mercadoria IV.

b) ( ) ajuste equivalente à redução no montante de R$ 360,00, referente ao saldo do estoque da Mercadoria III.

c) ( ) ajuste equivalente à redução no montante de R$ 300,00, referente ao saldo do estoque da Mercadoria II.

d) ( ) ajuste equivalente ao aumento no montante de R$ 2.000,00, referente ao saldo do estoque da Mercadoria I.

34. (CFC/Exame de Suficiência) De acordo com a NBC TG 16 (R2) – Estoques, o valor realizável líquido é um parâmetro para a mensuração subsequente desse grupo de ativos.

O valor realizável líquido de um estoque de produtos em elaboração é apurado pelo modelo apresentado, a seguir:

Preço de venda estimado no curso normal dos negócios

(–) ....

(–) Gastos estimados necessários para se concretizar a venda

(=) Valor realizável líquido

Assinale a opção que contém a descrição CORRETA do componente da linha pontilhada, omitido no modelo apresentado.

a) ( ) Custos de ociosidade.

b) ( ) Custos de oportunidade.

c) ( ) Custos estimados para reinvestimento.

d) ( ) Custos estimados para sua conclusão.

35. (Exame de Suficiência/CFC_adaptada) Uma indústria, que produz um único produto, passa por um momento de retração e ela vem produzindo, há vários meses, menos de 50% da capacidade normal, sem, no entanto, reduzir sua estrutura de custos fixos. No mês de maio de 20x8, a indústria produziu 2.000 unidades de seu produto, equivalente a 40% da capacidade normal de produção. O total dos custos indiretos de manutenção incorridos no mesmo mês foi de $ 1.700.000,00. Em sua última estimação baseada em uma série histórica com dados mensais de produção em nível de capacidade normal, a indústria apontou $ 1.000.000,00 de custos indiretos fixos e $ 350,00 de custos indiretos variáveis por unidade, sendo estes dados utilizados para alocação de custos no mês de maio de 20x8. Considerando-se apenas as informações apresentadas e de acordo com a NBC TG 16 (R2) – Estoques, assinale, entre as opções a seguir, o valor dos custos indiretos de manutenção fixos não alocados aos produtos, que deve ser reconhecido diretamente como despesa no mês de maio de 20x8, será:

a) ( ) $ 0,00.

b) ( ) $ 350.000,00.

c) ( ) $ 600.000,00.

d) ( ) $ 1.000.000,00.

36. (CFC/Exame de Suficiência). Os ativos biológicos são definidos pela NBC TG 29 (R2) – Ativo Biológico e Produto Agrícola como "um animal e/ou uma planta, vivos".

A mesma Norma define produção agrícola como "produto colhido de ativo biológico da entidade".

O ponto de colheita ou abate é o momento em que o ativo em questão passará a estar sob o escopo da NBC TG 16 (R2) – Estoques, deixando de estar sob o escopo da NBC TG 29 (R2) – Ativo Biológico e Produto Agrícola. Esse ponto é, portanto, o último em que o elemento será mensurado de acordo com o critério previsto na NBC TG 29 (R2).

Considerando-se o que dispõe a NBC TG 29 (R2) – Ativo Biológico e Produto Agrícola e atendidos os requisitos de reconhecimento, o produto agrícola colhido de ativos biológicos da entidade deve ser mensurado:

a) ( ) alternativamente, ao custo ou ao Valor Realizável Líquido, dos dois, o menor.

b) ( ) alternativamente, ao custo ou ao Valor Reavaliado, dos dois, o maior.

c) ( ) obrigatoriamente, ao custo menos a exaustão.

d) ( ) obrigatoriamente, ao valor justo, menos a despesa de venda.

37. (Exame de Suficiência/CFC_adaptada) Uma sociedade empresária adota como método de avaliação de seu estoque o custo médio ponderado móvel.

Em 31.12.20x2, seu estoque de mercadorias para venda estava assim constituído:

Quantidade	200 unidades
Valor unitário	R$ 100,00

No decorrer do mês de janeiro de 20x3, ocorreram as seguintes operações com mercadorias:

✓ 3.1.20x3 - Aquisição de mercadorias para revenda, conforme abaixo:

Quantidade	120 unidades
Preço unitário	R$ 106,67
Frete	R$ 500,00
Seguro	R$ 300,00

✓ 12.1.20x3 - Venda de mercadorias, conforme abaixo:

Quantidade	180 unidades
Preço unitário	R$ 250,00

✓ 22.1.20x3 - Aquisição de mercadorias para revenda, conforme abaixo:

Quantidade	150 unidades
Preço unitário	R$ 111,58
Frete	R$ 350,00
Seguro	R$ 200,00

Com base nas informações acima e desconsiderando a incidência de tributos, o custo médio unitário utilizado para a baixa do estoque em 12.1.20x3 foi de:

a) ( ) R$ 100,00.   b) ( ) R$ 102,50.
c) ( ) R$ 104,06.   d) ( ) R$ 105,00.

38. (Exame de Suficiência/CFC_adaptada) Em fevereiro de 20x2 o estoque inicial de uma determinada matéria-prima numa indústria era de R$ 82.500,00. Durante o mês, foram adquiridos R$ 1.950.000,00 desta matéria-prima. No final do mês, o estoque era de R$ 340.000,00. Nessa operação, foram desconsideradas as operações com impostos.

O custo da matéria-prima consumida nesse período é de:

a) ( ) R$ 1.527.500,00.
b) ( ) R$ 1.692.500,00.
c) ( ) R$ 2.207.500,00
d) ( ) R$ 2.372.500,00

39 (ENADE/Contabilidade_adaptada) A empresa Importadora Itália tem controle de estoque periódico. No Balanço Pa-

trimonial de 31/12/20x1, o estoque final era de R$ 48.000,00 e, em 31/12/20x2, o estoque final era de R$ 25.000,00. Em 20x2, a empresa efetuou compras de R$ 600.000,00, e o frete sobre as compras foi de R$ 12.000,00. Ainda em 20x2, o frete sobre as vendas foi de R$ 45.000,00. As vendas do ano de 20x2 totalizaram R$ 1.000.000,00. Em 20x2, as devoluções de vendas totalizaram R$ 20.000,00. O Imposto de Importação sobre as compras foi de R$ 57.000,00. As demais despesas operacionais totalizaram R$ 211.000,00.

Nessa situação, a Importadora Itália teve:

I. Lucro bruto de R$ 288.000,00.

II. Lucro operacional de R$ 32.000,00

III. Custo da Mercadoria Vendida (CMV) do período de R$ 635.000,00.

É correto o que se afirma em:

a) ( ) I, apenas.
b) ( ) III, apenas.
c) ( ) I e II, apenas.
d) ( ) II e III, apenas.
e) ( ) I, II, III.

40. (Exame de Suficiência/CFC_adaptada) Uma sociedade empresária adota o sistema de inventário permanente e utiliza o Método PEPS para controle dos estoques de materiais. O estoque inicial da matéria-prima "X" era de 70 unidades, adquiridas ao custo unitário de R$ 15,00. No mês de dezembro de 20x3, foram feitas as seguintes aquisições dessa matéria-prima:

Data	Quantidade	Total da nota fiscal	Impostos recuperáveis
02.12.20x3	100	R$ 2.400,00	R$ 528,00
23.12.20x3	50	R$ 1.300,00	R$ 286,00
23.12.20x3	60	R$ 1.400,00	R$ 308,00

Em 31.12.20x3, o inventário indicou a existência de 120 unidades em estoque. Com base nos dados informados, o custo da matéria-prima "X" aplicada na produção em dezembro de 20x3 foi de:

a) ( ) R$ 2.293,20.   b) ( ) R$ 2.734,80.
c) ( ) R$ 3.042,00.   d) ( ) R$ 3.210,00.

41. (Petrobras/Contador_Cesgranrio_adaptada) A avaliação do valor do estoque de matéria-prima de uma indústria é o critério que ela adota para valorar o custo dos materiais estocados, que serão utilizados no seu processo produtivo.

Sendo assim, a indústria apura o menor custo para a matéria-prima consumida na produção de seus produtos, adotando o critério:

a) ( ) PEPS
b) ( ) UEPS
c) ( ) Custo de reposição
d) ( ) Média ponderada fixa
e) ( ) Média ponderada móvel

42. (Analista/TRF 5ª_FCC_adaptada) A empresa PQR iniciou as suas atividades em 01/01/20x6 e, durante janeiro de 20x6, realizou as seguintes transações:

– Em 02/01/20x6, comprou mercadorias (30 unidades) no valor de R$ 5.700,00, e pagou, adicionalmente, frete no valor de R$ 300,00.

– Em 04/01/20x6, comprou mercadorias (25 unidades) no valor de R$ 4.450,00, e pagou, adicionalmente, frete no valor de R$ 550,00.

– Em 12/01/20x6, comprou mercadorias (35 unidades) no valor total de R$ 7.000,00.

– Em 15/01/20x6, vendeu mercadorias (50 unidades) por R$ 25.000,00 à vista. Para a entrega das mercadorias, a empresa pagou frete no valor de R$ 400,00.

– Em 19/01/20x6, comprou mercadorias (20 unidades) no valor total de R$ 4.600,00.

– Em 30/01/20x6, vendeu mercadorias (20 unidades) por R$ 10.000,00, à vista.

Sabendo-se que a empresa PQR não possuía estoque inicial, os valores do Lucro Bruto apurado usando os critérios de avaliação de estoque Primeiro que Entra, Primeiro que Sai – PEPS e Custo Médio Ponderado Móvel foram, respectivamente, em reais:

a) ( ) R$ 21.850,00 e R$ 21.398,00.
b) ( ) R$ 21.000,00 e R$ 20.800,00.
c) ( ) R$ 20.600,00 e R$ 20.400,00.
d) ( ) R$ 21.000,00 e R$ 20.400,00
e) ( ) R$ 21.450,00 e R$ 20.800,00.

43. (CFC/Exame de Suficiência_adaptada) Em fevereiro de 20x6, uma sociedade empresária apresentava os seguintes dados a respeito de suas operações com produtos.

Data	Operações
02/02/x6	Estoque inicial de produtos: 80 unidades ao custo unitário de R$ 20,00.
10/02/x6	Produção acabada: 170 unidades ao custo total de R$ 5.100,00.
20/02/x6	Venda de produtos: 200 unidades pelo preço total de R$ 8.000,00, com incidência de ICMS de 15% e IPI de 10%.
28/02/x6	Produção acabada: 50 unidades ao custo total de R$ 2.550,00.

A empresa utiliza registro de inventário permanente. O estoque de produtos é avaliado pela média ponderada móvel.

Com base nos dados informados, o valor do custo dos produtos vendidos no período é de:

a) ( ) R$ 1.340,00
b) ( ) R$ 2.290,00
c) ( ) R$ 3.890,00
d) ( ) R$ 5.360,00

44. (CFC/Exame de Suficiência_adaptada) Uma sociedade empresária utiliza o Inventário Permanente para controlar seus estoques e apresentou o seguinte movimento, no mês de fevereiro de 20x7, de Estoques de Mercadorias para Revenda:

Dia	Operação
6	Compra de 80 unidades a R$ 400,00 cada.
13	Compra de 120 unidades a R$ 440,00 cada.
20	Venda de 180 unidades por R$ 800,00 cada.
27	Compra de 100 unidades a R$ 480,00 cada.

A sociedade empresária adota como base para mensuração do estoque o critério Primeiro a Entrar Primeiro a Sair – PEPS.

Considerando-se apenas as informações apresentadas e de acordo com a NBC TG 16 (R2) – ESTOQUES, e desconsiderando-se os tributos incidentes sobre as compras e vendas, o valor do Estoque de Mercadorias para Revenda, no final do mês de fevereiro de 20x7, é de:

a) ( ) R$ 48.000,00.
b) ( ) R$ 56.800,00.
c) ( ) R$ 76.000,00.
d) ( ) R$ 132.800,00.

45. (CEDAE_CEPERJ_adaptada) Uma empresa industrial iniciou suas atividades em 03/03/20x8 e, durante o referido mês, registrou as seguintes movimentações no estoque de matéria-prima:

Dia 5 – aquisição de 100 kg a R$ 50,00 o quilo.

Dia 10 – aquisição de 300 kg a R$ 66,00 o quilo.

Dia 15 – requisição e transferência para a produção: 150 kg.

Dia 20 – aquisição de 400 kg a R$ 75,00 o quilo.

Dia 25 – aquisição de 350 kg a R$ 80,00 o quilo.

Dia 30 – requisição e transferência para a produção: 300 kg.

Sabendo-se que a indústria adota o critério da média ponderada móvel para avaliação do estoque, o montante do saldo de matéria-prima no final do mês foi de:

a) ( ) R$ 43.400,00
b) ( ) R$ 50.400,00
c) ( ) R$ 51.450,00
d) ( ) R$ 52.500,00
e) ( ) R$ 54.110,00

46. (Exame de Suficiência/CFC) De acordo com a terminologia de custos, julgue os itens abaixo como Verdadeiros (V) ou Falsos (F) e, em seguida, assinale a opção CORRETA.

I. A depreciação de equipamentos que são utilizados em mais de um produto é classificada como custos indiretos de fabricação.

II. Quando uma indústria produz apenas um produto, não existe alocação de custos indiretos de fabricação.

III. O valor anormal de desperdício de materiais, mão de obra ou outros insumos de produção são incluídos como custo do período.

IV. O critério PEPS pressupõe que os itens de estoque que foram comprados ou produzidos primeiro sejam vendidos em primeiro lugar e, consequentemente, os itens que permanecerem em estoque no fim do período sejam os mais recentemente comprados ou produzidos.

V. De acordo com o critério do custo médio ponderado, o custo de cada item é determinado a partir da média ponderada do custo de itens semelhantes no começo de um período e do custo dos mesmos itens comprados ou produzidos durante o período.

A sequência CORRETA é:
a) ( ) V, F, V, F, F   b) ( ) V, F, V, F, V
c) ( ) V, V, F, V, F   d) ( ) V, V, F, V, V

---

47. (CFC/Exame de Suficiência_adaptada) Uma sociedade empresária apresentava para a matéria-prima "A" a seguinte Ficha de Controle de Estoques, referente ao período de 1° a 28 de janeiro de 20x6:

Ficha de Controle de Estoque da Matéria-Prima "A"

Data	Histórico	Entradas			Saídas			Saldo		
		Qtd. (un)	Custo Unitário (R$)	Total (R$)	Qtd. (un.)	Custo Unitário (R$)	Total (R$)	Qtd. (un.)	Custo Unitário (R$)	Total (R$)
1°/01	Saldo inicial							20	150,00	3.000,00
07/01	Compra	200	161,00	32.200,00				220	160,00	35.200,00
14/01	Requisição				120	160,00	19.200,00	100	160,00	16.000,00
20/01	Compra	500	166,00	83.000,00				600	165,00	99.000,00
26/01	Requisição				100	165,00	16.500,00	500	165,00	82.500,00
28/01	Compra	200	168,50	33.700,00				700	166,00	116.200,00

A sociedade empresária utiliza a Média Ponderada Móvel como critério de mensuração de estoques.

No dia 30 de janeiro, a fábrica devolveu 10 unidades da matéria-prima "A" que haviam sido requisitadas no dia 26 de janeiro de 20x6.

Com base nos dados informados, as unidades devolvidas serão acrescidas ao estoque de matérias-primas ao custo unitário de:

a) (   ) R$ 150,00.
b) (   ) R$ 165,00.
c) (   ) R$ 166,00.
d) (   ) R$ 168,50.

48. (Petrobras/Contador_Cesgranrio)
Uma indústria apresentou a seguinte movimentação quantitativa de seus produtos, em dois períodos consecutivos de produção e vendas:

Período produtivo	Produção em unidades	Vendas em unidades
1º período	8.000	5.000
2º período	6.000	7.000

Informações adicionais:

• Custo variável unitário de produção: R$ 3,00
• Custos fixos totais: R$ 24.000,00
• Preço de venda unitário: R$ 8,00
• Método de custeio dos produtos: custeio por absorção
• Avaliação do estoque: método PEPS
• Saldo inicial de produtos acabados: 0 (zero)
• Estrutura de custos fixos e variáveis: igual nos dois períodos produtivos
• Tributação: desconsiderar qualquer tipo de tributo

Considerando exclusivamente as informações acima, o resultado apurado pela indústria nas vendas do 2º período, pelo método do custeio por absorção, em reais, é:

a) ( ) R$ 7.000,00 b) ( ) R$ 10.000,00
c) ( ) R$ 11.000,00 d) ( ) R$ 14.000,00
e) ( ) R$ 24.000,00

49. (Transpetro/Contador_Cesgranrio)
A indústria RR, de médio porte, fabrica janelas de alumínio e adota o controle permanente de estoque, apresentou a seguinte movimentação de matéria-prima:

Dia	Operação	Quantidade/Kg
5	Compra	1.000
8	Compra	2.000
10	Requisição	800
12	Compra	500
15	Requisição	2.500

Considerando-se exclusivamente as informações recebidas, o respectivo tratamento técnico-conceitual da movimentação dos estoques de matéria-prima e que a indústria avalia esses estoques pelo método da média ponderada fixa, o custo da matéria-prima consumida, em reais, é de:

a) ( ) R$ 70.120,00 b) ( ) R$ 80.520,00
c) ( ) R$ 81.300,00 d) ( ) R$ 95.800,00
e) ( ) R$ 97.049,00

50. (Transpetro/Contador_Cesgranrio_ adaptada) Uma indústria apresentou as seguintes informações sobre a produção e venda de um de seus produtos, no quarto trimestre de 20x1:

Meses	Produção (unidades)	Vendas (unidades)
Outubro	50.000	30.000
Novembro	40.000	50.000
Dezembro	70.000	65.000

Informações complementares:

• Custo variável de produção = R$ 8,00 por unidade
• Custo fixo mensal = R$ 280.000,00

Considerando-se exclusivamente as informações recebidas e sabendo que a indústria utiliza o método do custeio por absorção e avalia seus estoques pelo PEPS, o valor do custo dos produtos vendidos, em dezembro/20x1, em reais, é de:

a) ( ) R$ 660.000,00 b) ( ) R$ 722.000,00
c) ( ) R$ 780.000,00 d) ( ) R$ 810.000,00
e) ( ) R$ 884.000,00

Valor do produto (R$)	IPI	ICMS
25.000,00	2.500,00	4.500,00
60.000,00	6.000,00	10.800,00
18.000,00	1.800,00	2.300,00

51. (Petrobras/Contador_Cesgranrio) Uma indústria de confecção de roupas recebeu uma encomenda de 150.000 peças de seu produto, pelo valor total de R$ 3.600.000,00.

Sendo seu estoque inicial de 120.000 metros de tecido, adquiriu, antes de iniciar a produção do período, mais 60.000 metros. Informações adicionais:

✓ O estoque inicial era de R$ 1.500.000,00.
✓ O custo unitário da nova compra de tecido foi de R$ 14,00.
✓ Cada peça produzida utiliza um metro de tecido.
✓ O custo da mão de obra direta empregada foi de R$ 900.000,00.
✓ O valor contábil dos custos indiretos de fabricação foi de R$ 150.000,00.
✓ Toda a produção do período foi vendida.
✓ A empresa trabalha exclusivamente sob encomenda.
✓ Desconsiderar, na resposta, a incidência de ICMS, IPI e encargos sociais.

Com base nos dados apresentados, o custo de produção unitário, pelo critério de custo médio móvel, em reais, foi de:

a) ( ) R$ 20,00   b) ( ) R$ 21,00
c) ( ) R$ 22,40   d) ( ) R$ 22,87
e) ( ) R$ 28,02

52. (Liquigás/Contador_Cesgranrio) Uma indústria que utiliza lingotes de ferro como matéria-prima de seus produtos e que avalia o respectivo estoque pelo critério de avaliação UEPS apresentou a seguinte movimentação do estoque:

Compras			Requisições	
Dia	Volume por kg	Custo por kg	Dia	Volume por kg
12	100	10,00	14	80
13	200	12,50	16	120
20	300	13,00	22	120

Considerando somente as informações recebidas, o estoque final dos lingotes de ferro, em reais, é

a) ( ) R$ 4.060,00   b) ( ) R$ 3.760,00
c) ( ) R$ 3.640,00   d) ( ) R$ 3.340,00
e) ( ) R$ 2.340,00

53. (Petrobras/Contador_Cesgranrio) A folha de pagamento do pessoal que trabalha na produção da fábrica deve ser classificada como custo fixo. Entretanto, para que o trabalho do operário seja classificado como mão de obra direta e, portanto, um custo variável, é preciso que:

a) ( ) seja identificado o tempo realmente utilizado no processo de produção e de forma direta.
b) ( ) sendo identificado o tempo efetivamente gasto na produção, o número de horas não seja inferior a 2/3 do tempo total de trabalho do operário.
c) ( ) seja considerado como equivalente ao tempo despendido na produção o tempo gasto em ociosidade sazonal.
d) ( ) seja identificado o tempo aplicado na produção por parte do operário tanto de forma direta quanto indireta.
e) ( ) o operário trabalhe, pelo menos, 200 das 220 horas do mês no processo produtivo.

54. (QCO/Contabilidade_Exército_adaptado) Com relação a mão de obra, pode-se afirmar que:

a) ( ) No custo de mão de obra, só são considerados os valores dos salários.
b) ( ) Os gastos com todos os funcionários que trabalham diretamente na fabricação de produtos e que têm os seus custos apropriados através de rateios são considerados diretos.
c) ( ) O gasto com empregado que trabalha na produção operando mais de uma máquina e fabricando produtos diferentes, é considerado mão de obra indireta.
d) ( ) Todos os gastos de transporte e de alimentação do pessoal da produção são considerados como mão de obra direta.
e) ( ) Os gastos de salários com todos os funcionários que trabalham na produção são considerados como mão de obra direta.

55. (EPE/Analista/Contabilidade_Cesgranrio) Uma indústria, calculando os custos de mão de obra (MOD) de um novo operário, obteve os seguintes valores:

✓ Ano: 365 dias
✓ Repousos semanais remunerados (RSM): 48 dias
✓ Férias: 30 dias
✓ Feriados: 12 dias
✓ Horas de trabalho semanais: 42 horas
✓ Custo total anual incluindo encargos: R$ 28.875,00

Considerando-se exclusivamente os dados acima, o custo hora/MOD total deste operário, em reais, é

a) ( ) R$ 15,00   b) ( ) R$ 13,75
c) ( ) R$ 12,40   d) ( ) R$ 11,93
e) ( ) R$ 10,36

56. [Adaptado de Martins (2010)] O departamento de soldagem de uma indústria metalúrgica possui um funcionário com salário anual de R$ 14.732,67, sem considerar os encargos sociais.

Outros dados relativos a esse funcionário:

• 12 feriados no ano (não coincidentes com férias nem com repousos semanais).
• Média de 3 faltas justificadas por ano.
• Regime de trabalho semanal: 44 horas, distribuídos em 5 dias por semana.
• O funcionário não costuma requerer abono pecuniário de férias.

As contribuições sobre a folha de salários são:

• 20% para o INSS
• 8% para FGTS
• 5,8% para entidades como SESI, SENAI etc.
• 3% de seguro contra acidentes de trabalho.

Considerando-se apenas as informações apresentadas, o número médio de horas que o funcionário fica à disposição da empresa por ano e o custo médio da hora do funcionário, por ano, são respectivamente:

a) ( ) 8,8 h e R$ 10,22.
b) ( ) 1.971,2 h e R$ 10,22.
c) ( ) 1.971,2 h e R$ 7,47.
d) ( ) 2.393,6 h e R$ 8,42.

57. Um operário foi contratado por R$ 8,00/hora, considerando os seguintes dados:

• Mês de 220 horas (44 horas semanais);
• Dias de duração do ano: 365 dias;
• Feriados e dias santificados: 8 dias;
• Domingos: 52 dias;
• Férias: 30 dias;
• Ausências do trabalho justificadas (remuneradas): 5 dias; e
• Contribuições sociais: 36,8%.

Com base nos dados acima, informe o custo total, por hora, do operário:

a) ( ) R$ 16,42.
b) ( ) R$ 12,00.
c) ( ) R$ 16,18.
d) ( ) R$ 11,82.

58. (Petrobras/Contabilidade_Cesgranrio) A Indústria PAPILLON Ltda. fabrica uma caneta especial denominada Super Papillon Ouro com as características abaixo.

• Tempo de fabricação e custos de mão de obra direta (MOD):

Itens	Tempo de MOD	Custo de MOD (R$)
Corpo metálico	80 un./h	8,00 por hora
Carga	125 un./h	4,00 por hora
Enchimento das cargas com tinta	200 un./h	6,00 por hora
Montagem das peças	250 un./h	4,00 por hora

• Custos dos materiais diretos:

Materiais	Valores (R$)
Composto Ardox	5,00 por litro
Ácido etílico	2,00 por litro
Massa plástica da carga	0,50 por kg
Tinta	0,30 por litro
Mola	0,01 por unidade
Caixinha plástica	0,05 por unidade

• A Caneta Super Papillon Ouro é composta de três peças: o corpo metálico dividido em duas partes com rosca; a carga com cor azul púrpura característica da caneta e a embalagem (caixinha plástica).

• O produto é vendido da fábrica aos distribuidores em embalagens de 100 conjuntos.

Com base exclusivamente nos dados acima, o custo da mão de obra direta da caneta Super Papillon Ouro para 100 conjuntos monta, em reais, a:

a) ( ) R$ 18,10
b) ( ) R$ 17,80
c) ( ) R$ 16,90
d) ( ) R$ 16,50
e) ( ) R$ 15,25

59. (QCO/Contabilidade_Exército) Com relação à taxa de aplicação de CIF, pode-se afirmar que:

a) ( ) É uma taxa calculada com base no volume de atividade de produção do ano anterior.
b) ( ) É uma taxa aplicada somente em empresas que têm uma produção regular durante todo o ano.
c) ( ) É uma taxa para calcular os custos indiretos tendo como base os custos diretos incorridos.
d) ( ) É uma taxa para pré-calcular custos indiretos de um produto ou de uma ordem antes de se conhecer os custos reais.
e) ( ) A diferença de custos eventualmente existente no final do período deve ser eliminada na contabilidade mediante a distribuição somente aos produtos estocados.

60. (Exame de Suficiência/CFC) Uma sociedade industrial produz dois tipos de produtos: camisa e calça masculina. A produção se dá em dois departamentos: Corte e Costura.

Sua estrutura de custos em determinado período foi a seguinte: Custos diretos referentes aos produtos

Produtos	Custos Diretos Totais
Calça	R$126.000,00
Camisa	R$54.000,00

Custo indireto de produção comum aos dois produtos

Aluguel	R$6.500,00
Energia elétrica	R$5.800,00

Outros dados coletados no período:

✓ Área e consumo de energia de cada Departamento:

Bases de rateio	Departamento de Corte	Departamento de Costura	Total
Área em m2	195	455	650
Consumo de energia em kWh	108	432	540

✓ A empresa utiliza o critério de departamentalização para alocação dos custos aos produtos.
✓ O aluguel é distribuído de acordo com a área e a energia elétrica é distribuída de acordo com o consumo de cada Departamento.
✓ Os custos departamentais são distribuídos aos produtos nas seguintes proporções:

Produtos	Departamento de Corte	Departamento de Costura
Calça	40%	30%
Camisa	60%	70%

✓ Quantidade de produção

	Quantidade Produzida
Calça	10.000 unidades
Camisa	7.000 unidades

Considerando que a empresa produziu no período 10.000 calças, o custo de produção de uma calça é de:

a) ( ) R$ 13,00.
b) ( ) R$ 13,22.
c) ( ) R$ 13,33.
d) ( ) R$ 13,46.

61. (Liquigás/Contador_Cesgranrio) Uma indústria, que aloca seus custos indiretos dos departamentos de serviços para os departamentos de produção, utilizando o método da departamentalização, apresentou a seguinte distribuição dos custos indiretos de um determinado período produtivo, incorridos por todos os departamentos de sua estrutura operacional:

CIF	Departamentos de serviços		Departamentos de produção			Total dos CIF
	A	B	C	D	E	
Depreciação	20.000,00	25.000,00	15.000,00	12.000,00	8.000,00	80.000,00
Rateio A	(20.000,00)	8.000,00	3.750,00	3.600,00	4.650,00	0,00
Depreciação	0,00	33.000,00	18.750,00	15.600,00	12.650,00	80.000,00

No rateio da depreciação, a companhia adota como base de rateio a quantidade de máquinas que são utilizadas tanto nos departamentos de serviços quanto nos de produção, assim distribuídas:

Elementos	Departamentos de Serviços		Departamentos de Produção			Total
Máquinas	A	B	C	D	E	
Quantidade	30	10	15	20	5	80

Considerando-se exclusivamente as informações apresentadas e a técnica de departamentalização para o rateio dos custos indiretos de fabricação, dos departamentos de serviços para os departamentos de produção, a parcela de custos fixos do departamento de serviços B a ser alocada ao departamento de produção C, em reais, é de:

a) ( ) R$ 6.187,50   b) ( ) R$ 8.250,00   c) ( ) R$ 9.375,00   d) ( ) R$ 9.900,00
e) ( ) R$ 12.375,00

62. (QCO/Contabilidade_Exército) A empresa Ômega, para efeito de alocação de custos, foi estruturada com dois departamentos de serviço (ou auxiliares) e dois departamentos de produção. Os custos dos departamentos de serviço se distribuirão de conformidade com o quadro abaixo:

Especificação	Departamento de Serviço 01	Departamento de Serviço 02	Departamento de Produção 01	Departamento de Produção 02
1. Custos dos departamentos	R$ 100.000,00	R$ 150.000,00	R$ 180.000,00	R$ 200.000,00
2. Descargas:				
- do DS 01	0,00	0,20	0,60	0,20
- do DS 02	0,30	0,00	0,50	0,20

Considerando a reciprocidade das descargas entre os Departamentos de Serviços (DS), os valores a serem descarregados dos DS 01 e DS 02 são, respectivamente:

a) ( ) R$ 100.000,00 e R$ 150.000,00   b) ( ) R$ 154.255,00 e R$ 180.851,00
c) ( ) R$ 143.206,00 e R$ 175.282,00   d) ( ) R$ 152.301,00 e R$ 179.250,00
e) ( ) R$ 160.301,00 e R$ 180.852,00

63. (INSS/Analista Previdenciário – Contador_Cesgranrio) Analise a tabela abaixo.

Deptos.	A	B	C	D	E	ALFA	BETA	GAMA	TOTAL
CIF (R$)	5.000,00	6.520,00	19.735,00	19110,00	19.100,00	8.650,00	9.765,0	91.120,00	97.000,00
A									
B									
C									
D									
E									
SOMA									

Sabe-se que:
• os departamentos A, B, C, D e E são de serviço;
• os departamentos Alfa, Beta e Gama são de produção;
• já foi realizado o rateio primário (rateio dos custos indiretos de fabricação aos diversos departamentos);
• o departamento A serve a todos os demais departamentos, utilizando como critério de rateio o número de empregados de cada um.

As bases do rateio são apresentadas a seguir.

Deptos.	Nº de Empregados	Hora de MOD	Materiais (R$)	MOD (R$)	CIF(R$)
A	5	150	-	-	5.000,00
B	18	300	-	-	6.000,00
C	21	450	-	-	19.000,00
D	24	600	-	-	19.000,00
E	30	1.000	-	-	18.000,00
Alfa	45	2.500	6.000,00	8.000,00	8.000,00
Beta	90	5.000	8.000,00	12.000,00	9.000,00
Gama	72	4.000	12.000,00	16.000,00	9.000,00
TOTAL	305	14.000	26.000,00	36.000,00	9.000,00

Com base nos dados acima, os valores, em reais, rateados do departamento A para os departamentos Alfa, Beta e Gama, respectivamente, são:

a) ( ) 150,00 – 225,00 – 300,00;
b) ( ) 342,00 – 460,00 – 575,00;
c) ( ) 737,70 – 1.475,41 – 1.180,00;
d) ( ) 750,00 – 1.500,00 – 1.200,00;
e) ( ) 930,00 – 1.550,00 – 1.150,00.

64. (Inea/Contador_Cesgranrio_adaptada) A Cia. Industrial Sol Nascente S/A costuma ratear seus custos fixos aos produtos pelo critério de departamentalização. A empresa, em maio de 20x7, apresentou os seguintes números:

Custos fixos:

Custos	Valor (R$)	Base de rateio
Aluguel de fábrica	4.500,00	Área
Força e luz	18.000,00	Área
Depreciação	55.000,00	Máquinas R$
Seguro	11.000,00	Máquinas R$
Manutenção	4.500,00	N° de máquinas
Superintendência	38.000,00	Empregados
MOI	150.000,00	Hora de MOI
Material indiretos	10.250,00	Produção

Distribuição dos critérios de rateio:

Base	Dept° de Serviço			Dept° de produção			Total
	ADM	Controle	Transporte	Usinagem	Pintura	Secagem	
Área M2	60	20	30	120	100	120	450
Máquina R$	40.000	15.000	75.000	160.000	140.000	120.000	550.000
N° máquina	5	5	15	15	20	30	90
Empregados	15	5	15	15	20	30	90
MOI/horas	120	50	130	400	300	200	1.200
Produção	0	0	0	85.000	60.000	60.000	205.000

A parcela do aluguel de fábrica alocada ao departamento de pintura, proveniente do rateio realizado para todos os departamentos, foi de:

a) ( ) R$ 800,00   b) ( ) R$ 1.000,00   c) ( ) R$ 1.100,00
d) ( ) R$ 1.200,00   e) ( ) R$ 1.500,00.

65. (Petrobrás-Biocombustível/Contador_Cesgranrio) Na Indústria Aluminovo Ltda., o custo de depreciação é rateado, em reais, aos departamentos de serviço e de produção proporcionalmente ao valor das máquinas existentes em cada departamento, como segue abaixo.

- Departamento de Administração Geral   R$ 35.600,00
- Departamento de Almoxarifado   R$ 56.740,00
- Departamento de Usinagem   R$ 138.918,00
- Departamento de Montagem   R$ 187.350,00
- Departamento de Acabamento   R$ 81.392,00

Sabendo-se que os custos de depreciação montam a R$ 42.500,00, o custo de depreciação rateado ao Departamento de Montagem foi, em reais, de:

a) ( ) R$ 11.808,03   b) ( ) R$ 12.918,32 c)   ( ) R$ 13.427,95
d) ( ) R$ 15.924,75   e) ( ) R$ 30.260,00

66. (Exame de Suficiência/CFC) Uma Sociedade Empresária industrial é formada por três departamentos, sendo um de serviços e dois de produção. Considere as seguintes informações, sabendo que essa sociedade adota a departamentalização na alocação dos custos indiretos de fabricação.

Estrutura departamental

Elementos	Departamento de Serviço	Departamento de Produção 1	Departamento de Produção 2
Área ocupada (em m²)	20	50	30
Empregados (quantidade)	40	60	100
Máquinas (quantidade)	2	3	5

Gastos comuns a todos os departamentos e bases de rateio

Gastos comuns aos departamentos	Custo ($)	Base de rateio
Energia elétrica consumida	50.000,00	Área ocupada (m²)
Água, telefone e alimentação	100.000,00	Empregados (quantidade)
Depreciação	12.000,00	Máquinas (quantidade)

De acordo com as informações recebidas, assinale a alternativa que indica o valor total dos custos comuns alocados ao Departamento de Serviços.

a) ( ) $ 12.000,00
b) ( ) $ 22.400,00
c) ( ) $ 30.000,00
d) ( ) $ 32.400,00

67. (Petrobras/Contador_Cesgranrio) Como são conceituados os custos não controláveis?

a) ( ) Os que não podem ser controlados pela empresa por se referirem a insumos obtidos de terceiros.
b) ( ) Os não recorrentes que, em virtude dessa característica, se alteram mês a mês, impedindo que seja realizado um controle eficaz sobre seu desempenho.
c) ( ) Os que não podem ser controlados pelo responsável por um determinado departamento, embora possam ser controlados por alguém em nível hierárquico superior.
d) ( ) Os que sofrem variações no período, em virtude de acréscimos não previstos, tornando seu acompanhamento instável e incontrolável.
e) ( ) Os que não podem ser controlados por nenhum nível hierárquico da empresa, devido a suas características imprevisíveis.

Gabarito

1	2	3	4	5	6	7	8	9	10	11	12	13	14	15	16	17	18	19	20
E	A	A	B	D	C	D	D	A	D	D	C	A	D	D	C	B	D	B	D

21	22	23	24	25	26	27	28	29	30	31	32	33	34	35	36	37	38	39	40
A	B	D	C	D	E	D	B	A	A	B	D	C	D	C	D	D	B	C	B

41	42	43	44	45	46	47	48	49	50	51	52	53	54	55	56	57	58	59	60
A	B	D	B	C	D	B	B	B	D	A	D	A	C	A	B	C	B	D	A

61	62	63	64	65	66	67
E	B	D	B	D	D	C

Veja a solução completa de todos os exercícios no capítulo 12 deste livro.

4

SISTEMAS DE ACUMULAÇÃO DE CUSTOS – CUSTOS POR ORDEM E CUSTOS POR PROCESSO

O sistema de acumulação de custos está associado ao tipo de atividade exercida pela empresa e destina-se a coletar os dados de custos direta ou indiretamente identificados com algum objeto de custeio e organizá-los de forma que possam contribuir para a formação do custo final do produto. Dependendo do tipo de atividade da empresa, o sistema operacional adotado poderá atender a pedidos ou a encomendas específicas. Neste caso, seu sistema de acumulação de custos será de *produção por ordem*. Quando o sistema operacional for programado para atender a demandas previamente conhecidas, num fluxo contínuo de fabricação de produtos similares, o sistema de acumulação de custos será de *produção por processo*.

Segundo Martins (2010), a forma de a empresa trabalhar e a conveniência contábil-administrativa são dois fatores que devem ser considerados na avaliação da empresa em usar o sistema de acumulação de custos por ordem (encomenda) ou por processo (contínuo).

Existem empresas que utilizam os dois sistemas num mesmo processo produtivo. Nesse caso, elas terão um sistema *híbrido* (combinado) de produção.

4.1 Produção por ordem (encomenda)

A produção por ordem é um sistema que fabrica produtos não padronizados a partir de encomendas/pedidos específicos de cada cliente. Cada pedido tem características especiais de tamanho, de capacidade e de outros atributos que o torna praticamente único (diferente dos demais).

Este tipo de produção tem início no pedido de vendas gerado pela área comercial da empresa, ou seja, o produto é vendido para depois ser fabricado, e o processo produtivo dos itens dar-se-á por meio de uma ordem de produção e/ou de serviço.

A ordem de produção (OP) deverá conter todas as especificações do produto como descrição, materiais (matérias-primas) necessários, data em que deve ser entregue, quantidades requisitadas etc.

Nesse sistema, os custos vão sendo acumulados separadamente em cada ordem de produção emitida até que ela seja encerrada; e isso pode acontecer em um exercício subsequente ao do início da OP. Nesse caso, o saldo da OP em fabricação no final do exercício será totalmente classificado na conta Produtos em Processo. No exercício subsequente, quando a OP estiver concluída, poderá ocorrer uma das duas situações a seguir:

– o saldo da conta relativa à OP será transferido para a conta Estoque de Produtos Acabados; ou

– o saldo da conta relativa à OP será transferido para a conta Custo dos Produtos Vendidos, caso tenha sido realizada a venda e o produto entregue diretamente ao cliente, sem passar pelos estoques.

No sistema de produção por ordem, os custos são acumulados em ordens específicas de fabricação. Cada OP ou de ordem de serviço (OS) recebe um código para identificar o trabalho ou o serviço que será executado.

As OP são emitidas no início da execução da produção de determinada unidade ou lote de produto e acompanham os produtos em cada etapa do processo de fabricação até o estágio final (de acabamento). Somente quando a OP é terminada é que se pode saber o custo efetivo de fabricação.

Exemplo de uma OP:

Razão Social: LorentzMaq S/A		Ordem de Produção nº: 1.001					
Cliente: Chapa Kent Metalúrgica Ltda		Código do Cliente: 1.234					
Produto: Furadeira radial pesada		Quantidade a ser fabricada: 1 unidade					
Início: 01/12/X4		Previsão de término: 31/01/X5					
Materiais diretos		Mão de obra direta			CIF		
Requisição nº	Total ($)	Horas	Taxa ($)	Total ($)	Horas	Taxa ($)	Total ($)
(Detalhamento)	Valor total	Quantidade de horas	Valor unitário	Valor total	Horas de CIF aplicadas	Valor unitário	Valor total
Total							
Responsável		Responsável			Responsável		
Data de Conclusão: 28/01/X5		Contabilidade:		Data:		Visto:	

Fonte: adaptado de Perez Júnior, Oliveira e Costa (2012).

Como exemplos de ramos de negócios que utilizam o sistema de acumulação de custos por ordem de produção ou serviço, temos: transportes especializados de produtos químicos, explosivos e derivados de petróleo; gráficas; fabricantes de piscinas, de móveis por encomenda, de equipamentos de grande porte; estaleiros; empresas de projetos de arquitetura e engenharia, de consultoria e de auditoria; a construção civil (obras do governo ou prédios industriais); assistência técnica de veículos automotores; entre outros.

4.1.1 Apropriação dos custos às ordens de produção

As matérias-primas e os demais materiais diretos são apropriados com base nas requisições emitidas pelos diversos departamentos, durante todo o processo de fabricação dos produtos.

A mão de obra direta deve respaldar-se em fichas, mapas ou outros relatórios de apontamento do tempo de mão de obra gasto em cada OP.

Os CIF que não puderem ser identificados a cada OP, observando a relação custo *versus* benefício, deverão ser rateados de acordo com os critérios de rateio já estudados.

Exemplo: em 05/12/X4, a Metalúrgica Chapa Kent encomendou uma máquina da indústria de máquinas *LorentzMaq*, com prazo de entrega de dois meses. Para dar início aos trabalhos, a *LorentzMaq* emitiu a OP nº 1.001.

Durante o mês de dezembro, foram requisitados os seguintes insumos de produção:

– Materiais diretos	$ 30.000,00
– Mão de obra direta	$ 20.000,00
– CIF rateados	$ 15.000,00
	$ 65.000,00

Contabilmente, será lançado em dezembro no razonete da conta da OP nº 1.001, o seguinte:

OP Nº 1.001

MD	30.000	
MOD	20.000	
CIF	15.000	
	65.000	

Tendo em vista que em 31/12/X4 a OP nº 1.001 estará em andamento, seu saldo de $ 65.000,00 constará no Balanço (Ativo Circulante) como "Produtos em Processo".

Dando prosseguimento aos trabalhos em X5, a OP nº 1.001 recebeu os seguintes valores:

– Materiais diretos	$ 7.000,00
– Mão de obra direta	$ 5.000,00
– CIF (mediante rateio)	$ 3.000,00
	$ 15.000,00

Conforme previa o contrato (2 meses), a OP nº 1.001 foi encerrada e acumulou um saldo de $ 80.000,00 ($ 65.000,00 + $ 15.000,00); e este será o custo final do produto acabado que, se entregue/instalado imediatamente no cliente, aquele valor será transferido diretamente para a conta Custo dos Produtos Vendidos, conforme a seguir:

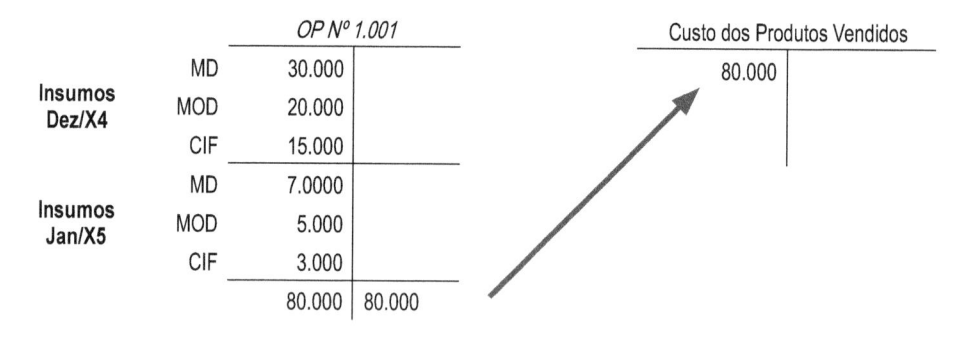

Caso a entrega não seja imediata, a OP nº 1.001 será encerrada com contrapartida da conta Produtos Acabados, conforme a seguir:

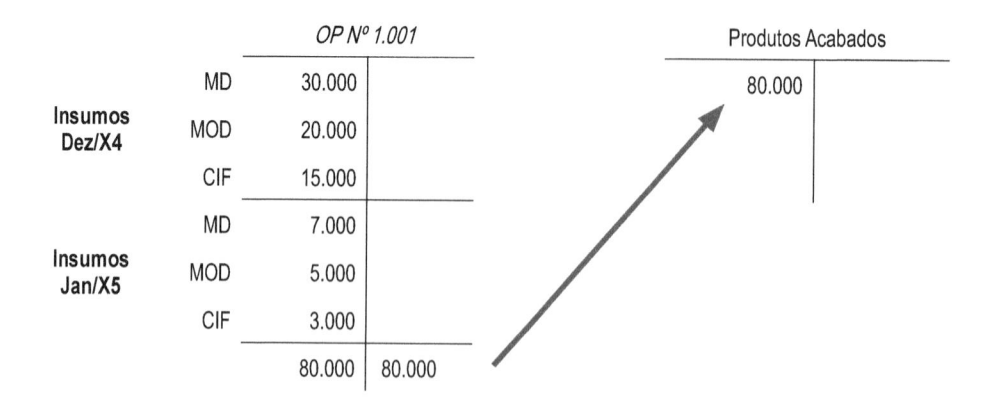

Fluxo de custos na produção por ordem

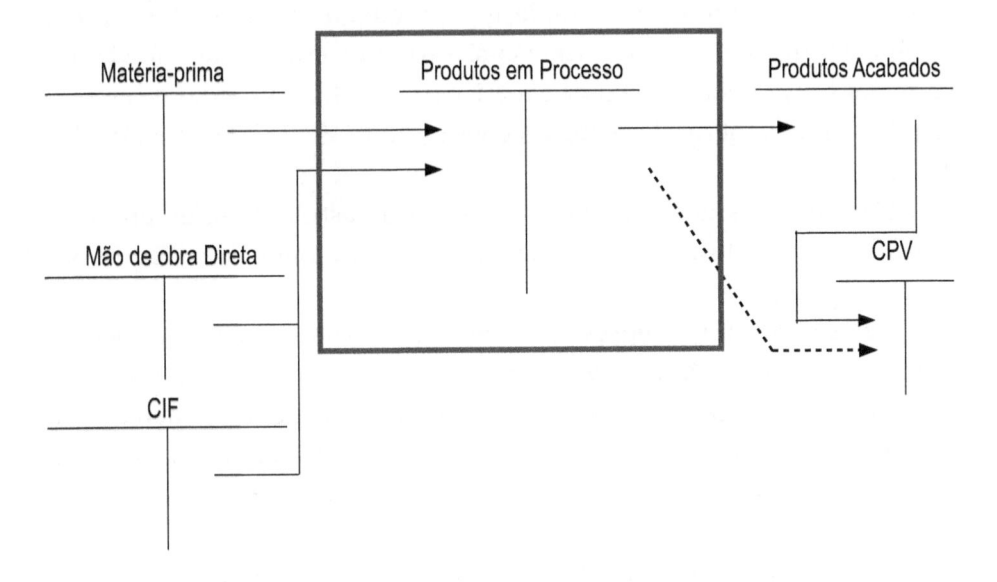

4.1.2 Contabilização de danificações na produção por ordem

Na produção por ordem, quando há danificações de materiais (diretos e indiretos) durante a elaboração de determinadas ordens, dois procedimentos podem ser utilizados, conforme recomenda Martins (2010):

1) A concentração dentro dos custos indiretos para rateio à produção toda do período, desde que não seja um valor relevante, pois, caso contrário, deverão ser consideradas perdas do período (conta de resultado); ou

2) Apropriação direta à ordem que está sendo elaborada, desde que essa apropriação seja viável. No entanto, se as danificações ocorrerem no almoxarifado (depósito) antes de sua aplicação na produção de determinada ordem de produção, será necessário atribuir os valores a todas as ordens do período.

Ocorrendo a danificação de uma ordem inteira ou praticamente concluída, deverá ocorrer a baixa direta no resultado como perdas do período.

4.2 Produção por processo (contínua)

A produção por processo ou contínua caracteriza-se pela fabricação em série de produtos padronizados. Neste caso, a empresa produz para estoque e não para atender encomendas específicas de clientes, para posterior distribuição às revendas – lojas ou distribuidoras.

São fabricados produtos padronizados, embora possam existir diferenças entre eles como, por exemplo, fogões com quatro ou seis bocas, com forno autolimpante ou não. Eles não são fruto de encomenda prévia por parte dos compradores, e sim da experiência do setor de vendas da empresa no tocante ao perfil do mercado consumidor (VICECONTI e NEVES, 2013).

São exemplos de produção contínua, a indústria têxtil, de produtos farmacêuticos, indústrias alimentícias, peças para automóveis, entre outros.

Nesse sistema, as empresas devem atentar para o nível de estoque – mínimo e máximo, a fim de evitar a produção em excesso e, da mesma forma, evitar a sua falta, atentando, ainda, para as tendências do mercado ao qual a empresa esteja inserida para que possa se antecipar às expectativas de consumo de seus clientes, tanto no que se refere à inovação quanto à *sazonalidade*[12] nas vendas.

No sistema de produção por processo, os custos são acumulados em contas representativas dos produtos ou linha de produtos, que nunca são encerradas, pois há um fluxo ininterrupto de produtos em processo, produtos acabados e produtos vendidos.

Exemplo: em julho/X4 a empresa industrial Brasil S/A apresentou os seguintes dados referentes à fabricação do seu produto K:

– Estoque inicial de produtos em processo..............	zero
– Estoque inicial de produtos acabados..................	zero
– Custos de fabricação ocorridos em julho:	
Materiais diretos (MD)...............................	$ 21.000,00
Mão de obra direta (MOD)	$ 16.632,00
Custos indiretos de fabricação (CIF) rateados........	$ 22.368,00
	$ 60.000,00

Ao final do mês de julho foram concluídos 75% dos produtos em fabricação, sendo vendidos 80% dos produtos prontos.

Contabilmente, os lançamentos em razonetes ficariam conforme a seguir:

---

12   É a ocorrência de eventos em algumas épocas do ano. Em uma empresa, é importante identificar a sazonalidade das vendas, ou seja, os meses em que ela irá vender mais e os meses em que venderá menos.

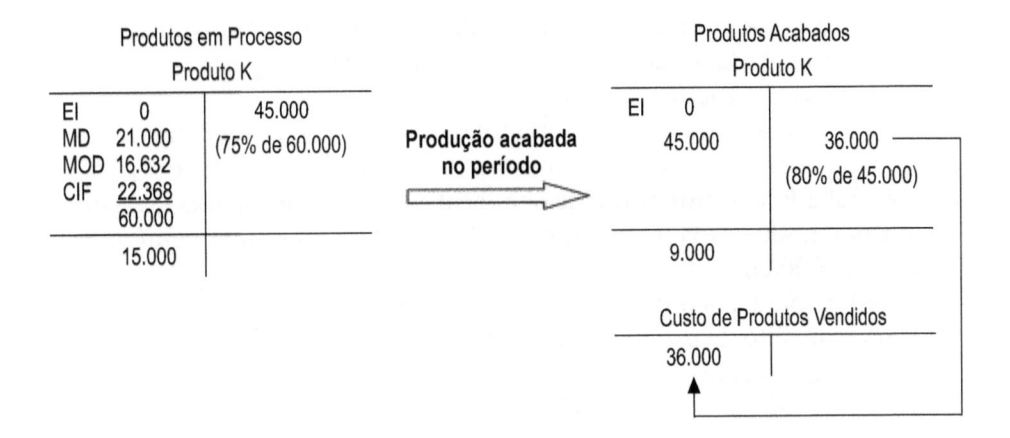

4.2.1. Produção equivalente

Em um sistema de acumulação de custos por processo ocorre a produção em série e ininterrupta e, por esse motivo, podem ocorrer três situações:

1. Unidades iniciadas em períodos anteriores e concluídas no atual;

2. Unidades iniciadas e concluídas dentro do mesmo período; e

3. Unidades iniciadas no período atual e encerradas em períodos subsequentes.

Dessa forma, no final de cada período há a necessidade de se calcular o custo unitário (médio) dos produtos. Para tanto precisaremos dividir o custo total da produção (CPP) pela quantidade total produzida. Na situação 2 acima, esse cálculo é simples, mas o que fazer quando ocorrem as situações 1 e 3? Como determinar a quantidade produzida se boa parte da produção está inacabada? Para esses casos utilizaremos o conceito de **produção equivalente** ou **equivalente de produção.**

A produção equivalente corresponde à quantidade de produtos que poderiam ser acabados (concluídos) com os custos aplicados na produção no período. Na verdade, consideram-se as unidades parcialmente acabadas em unidades teoricamente acabadas.

Vamos supor que a empresa industrial Brasil S/A tenha iniciado, no mês de julho, a produção de 3.000 unidades do produto K. No entanto, somente 60% da produção foram concluídos, ficando o restante, ou seja, 1.200 unidades concluídas pela metade. Como devemos calcular o custo médio (unitário) de produção das 1.800 unidades efetivamente acabadas, que serão transferidas do estoque de produtos em processo para o estoque de produtos acabados no período?

Observe que, com os custos de produção do período ($ 60.000,00), foram efetivamente fabricados produtos acabados (60%) e parte foi aplicada em produtos em processo (40%).

Não poderemos dividir o custo total da produção por 3.000 unidades porque estaríamos atribuindo o mesmo custo médio a uma unidade totalmente acabada e a uma unidade semiacabada. Também não poderíamos dividir por 1.800 unidades porque as 1.200 unidades restantes contêm parte dos $ 60.000,00.

Assim, para encontrarmos o denominador dessa questão devemos utilizar o conceito de produção equivalente. Para calcular a produção equivalente devemos observar o seguinte: 1.800 unidades estão totalmente acabadas, restando 1.200 unidades pela metade. Logo, com os recursos utilizados para fazer 1.200 unidades pela metade daria para fazer 600 unidades inteiras equivalentemente. Assim, equivalentemente teremos:

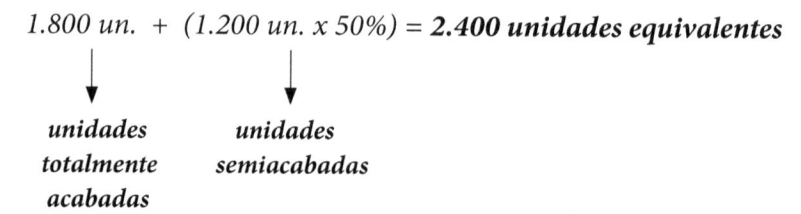

*1.800 un. + (1.200 un. x 50%) = **2.400 unidades equivalentes***

    unidades   *unidades*
   totalmente *semiacabadas*
    acabadas

O custo médio (unitário) seria, então:

$$\frac{\text{Custo de produção do período}}{\text{Produção equivalente}} = \frac{\$\ 60.000,00}{2.400\ \text{un.}} = \$\ 25,00$$

Assim, o custo da produção acabada será: 1.800 un. x $ 25,00 = $ 45.000,00.

Observe os lançamentos a seguir:

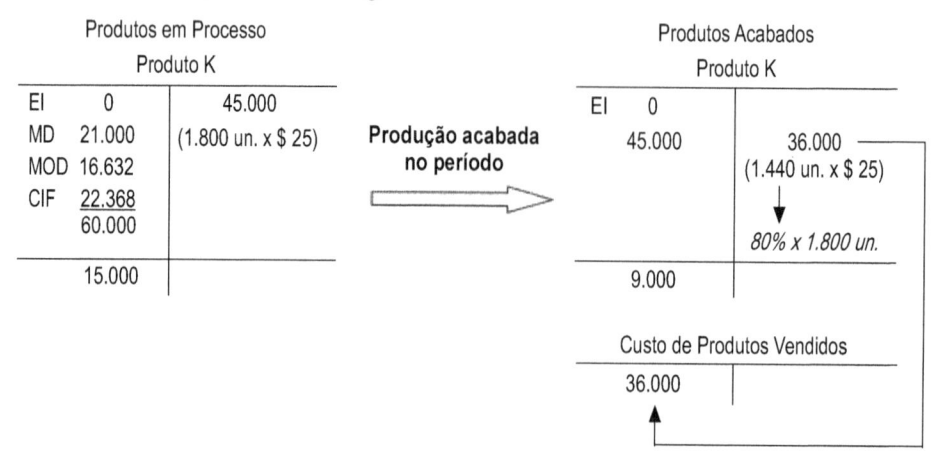

A produção não acabada (produtos em processo) do mês de julho ficará com o saldo composto da seguinte maneira: 1.200 unidades x 50% x $ 25,00 = $ 15.000,00 (1.200 unidades num estágio de 50% ao custo médio de $ 25,00/cada).

Esse valor também poderá ser obtido pela verificação do saldo da conta produtos em processo ($ 60.000,00 - $ 45.000,00 = $ 15.000,00).

O cálculo da produção acabada apresentado parece simples, pois considera que todos os insumos de produção (MD + MOD + CIF) estão no mesmo estágio de acabamento, ou seja, 50%. Porém na prática isso normalmente não ocorre, porque os insumos de produção podem apresentar estágios de acabamentos diferenciados. Em muitos casos, por exemplo, toda a matéria-prima (material direto) necessária para a produção poderá ser alocada no início do processo. Assim, com relação à matéria-prima, tanto as unidades acabadas quanto as unidades em elaboração, no final do período, estarão em um estágio de acabamento de 100%. A engenharia de produção é responsável por essa informação, pois conhece o processo fabril com a profundidade necessária para estabelecer o nível de acabamento de cada item de custo e, quanto maior o nível de detalhamento, mais preciso será o custo médio apurado.

Vamos supor que as 1.200 unidades iniciadas e ainda não concluídas no final do período estejam com os seguintes graus de acabamento em relação aos componentes dos custos aplicados à produção do período:

- MD: 100%, pois todo o material direto necessário para a fabricação de 3.000 unidades foi transferido à produção no início do processo;

- MOD: 60%, de acordo com os apontamentos (anotações de tempo) realizados na produção; e

- CIF: 50%, de acordo com o número de horas-máquina trabalhadas.

Como os itens de custos apresentam diferentes graus de acabamento em relação a cada um deles, devemos calcular a produção equivalente de cada um, como se segue:

Material direto: como o material direto foi aplicado totalmente (100%) no início do processo, as unidades acabadas e as em processo já receberam totalmente a sua aplicação. Assim, a produção equivalente de MD será:

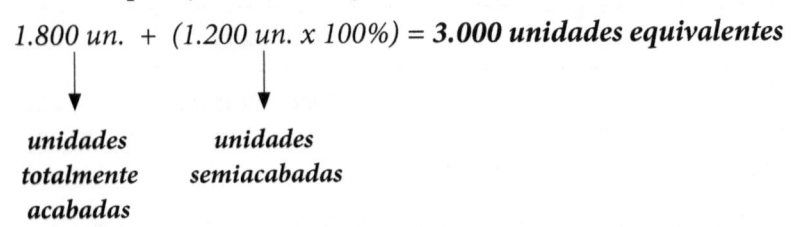

$$1.800\ un.\ +\ (1.200\ un.\ x\ 100\%) = \textbf{\textit{3.000 unidades equivalentes}}$$

unidades   *unidades*
totalmente   *semiacabadas*
acabadas

Mão de obra direta: aplicada uniformemente durante a fabricação dos produtos. Na produção semiacabada foram aplicados 60% desse insumo. Assim, a produção equivalente referente à MOD será:

1.800 un. + (1.200 un. x 60%) = **2.520 unidades equivalentes**

↓	↓
unidades	*unidades*
totalmente	*semiacabadas*
acabadas	

Custos indiretos de fabricação: foram aplicados aos produtos semia-cabados 50% dos CIF. Assim, a produção equivalente referente a CIF será:

1.800 un. + (1.200 un. x 50%) = **2.400 unidades equivalentes**

↓	↓
unidades	*unidades*
totalmente	*semiacabadas*
acabadas	

O custo da produção do período, por item de custo, foi:

MD........ $ 21.000,00
MOD..... $ 16.632,00
CIF....... <u>$ 22.368,00</u>
$ 60.000,00

O custo médio (unitário) do produto será:

Item do custo	Valor total do item	Produção equivalente	Custo médio do item
MD	$ 21.000,00	3.000 unidades	$ 7,00
MOD	$ 16.632,00	2.520 unidades	$ 6,60
CIF	$ 22.368,00	2.400 unidades	$ 9,32
		Custo unitário total	$ 22,92

O custo da produção acabada (CPA) das 1.800 unidades será: 1.800 unidades x $ 22,92 = **$ 41.256,00.**

Observe os lançamentos a seguir:

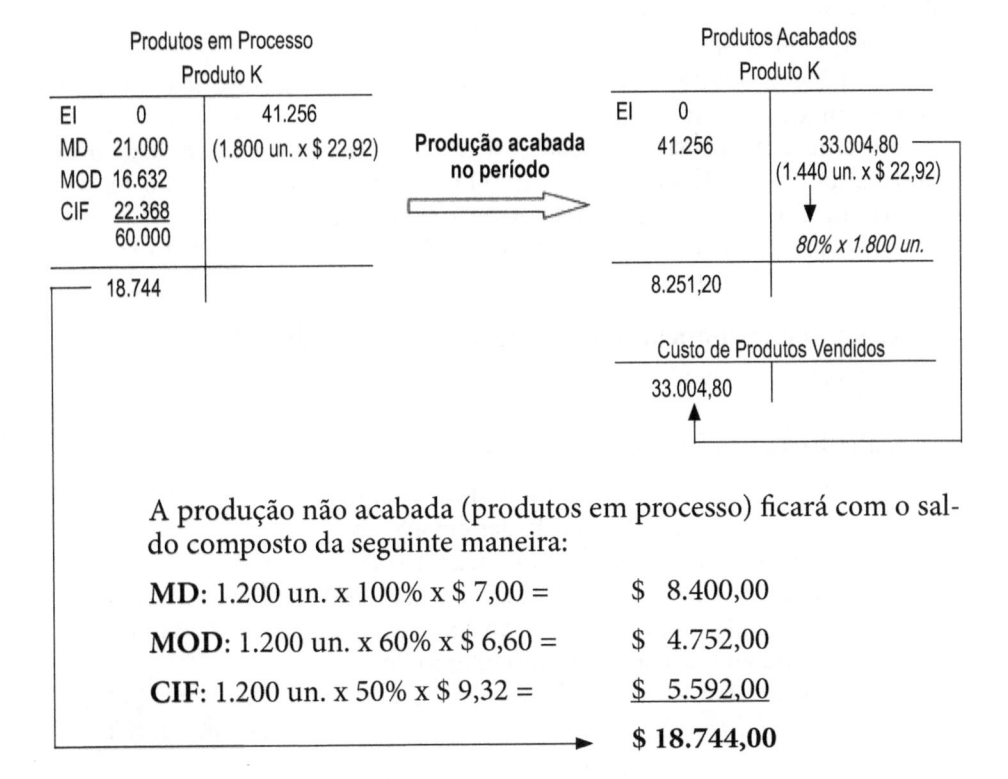

A produção não acabada (produtos em processo) ficará com o saldo composto da seguinte maneira:

MD: 1.200 un. x 100% x $ 7,00 = $ 8.400,00

MOD: 1.200 un. x 60% x $ 6,60 = $ 4.752,00

CIF: 1.200 un. x 50% x $ 9,32 = $ 5.592,00

                                                $ 18.744,00

Como podemos observar até esse ponto do estudo, a mensuração dos estoques pelo sistema de custeio por ordem ocorre pelo método do custo específico, o que não acontece com o sistema de custeio por processo que, pela sua própria natureza, poderá adotar dois critérios para avaliação dos estoques dos produtos em processamento que passam de um período para outro: o PEPS e o custo médio ponderado.

Nos exemplos anteriores sobre custeio por processo consideramos situações menos complexas, como produção do período com estoques iniciais iguais a zero, mas como determinar a produção equivalente quando houver estoque inicial de unidades parcialmente acabadas?

Quando houver estoque de produtos em processo remanescente do período anterior a empresa poderá optar pelo critério PEPS ou o critério custo médio ponderado para calcular o valor referente às unidades prontas a ser transferido para o estoque de produtos acabados, conforme veremos a seguir.

Continuando com os dados do exemplo inicial da empresa industrial Brasil S/A, a produção não acabada (Produtos em Processo) ficou com o saldo composto da seguinte maneira no final do mês de julho:

- 1.200 un. x 50% x $ 25,00 = $ 15.000,00

Este saldo, consequentemente, será o saldo inicial da conta Produtos em Processo no mês de agosto.

Vamos supor que:

- as 1.200 unidades iniciadas em julho, que estavam 50% acabadas, foram terminadas no mês de agosto;

- a empresa industrial Brasil S/A iniciou em agosto a fabricação de 2.000 unidades, sendo que destas, 1.600 foram concluídas e as 400 restantes permaneceram num estágio de 50% de acabamento; e

- o custo da produção do período (MD + MOD + CIF) do mês de agosto foi de $ 36.960,00.

Cálculo da produção acabada utilizando o critério PEPS

✓ Custo de período (agosto): $ 36.960,00

Cálculo da produção equivalente

✓ 1.200 unidades do mês de julho num estágio
de acabamento de 50%, acabadas em agosto
– o custo deste mês só ajudou a acabar essa
metade .... 1.200 un. x 50% =   600 un.
✓ 1.600 unidades acabadas em agosto. .... = 1.600 un.
✓ 400 unidades acabadas em um estágio de
50% de acabamento em agosto. .... 400 un. x 50% =   200 un.
                                                              Soma   2.400 un.

$$\textbf{Custo médio} = \frac{\$\ 36.960,00}{2.400\ un.} = \textbf{\$ 15,40}$$

Por este critério não iremos somar o custo do período anterior com o atual para obtermos o custo médio. Somente utilizaremos o custo do período e não uma média dos dois períodos.

Custo das unidades iniciadas em julho e acabadas em agosto:

✓ Custo das 1.200 unidades
iniciadas em julho (EIPE) .... $ 15.000,00
✓ Custo do mês de agosto
para completar as unidades
do mês de julho .... 1.200 un. x 50% x $ 15,40 = $ 9.240,00
✓ Custo das unidades iniciadas
e terminadas em agosto ....1.600 un. x $ 15,40 = $ 24.640,00
Custo da produção acabada (CPA) $ 48.880,00

Observe os lançamentos a seguir:

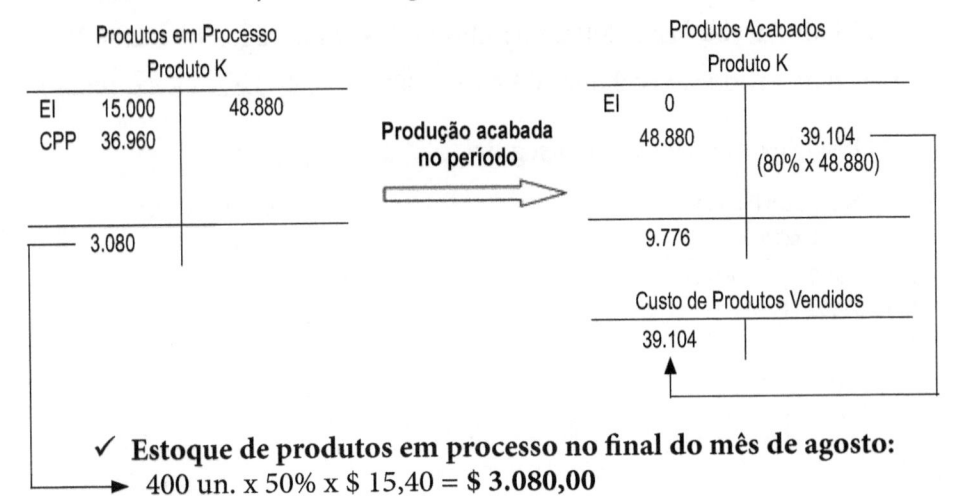

✓ **Estoque de produtos em processo no final do mês de agosto:**
→ 400 un. x 50% x $ 15,40 = **$ 3.080,00**

Cálculo da produção acabada utilizando o critério custo médio ponderado

Este critério, por motivos de simplificação, é bastante utilizado na prática, pois basta somar o custo remanescente do período anterior com o custo do período e achar o custo médio dividindo esse total pela produção equivalente, conforme cálculos a seguir.

✓ **Custos de produção**

– de julho...................... $ 15.000,00
– de agosto .... $ 36.960,00
                    Soma $ 51.960,00

Cálculo da produção equivalente

✓ 1.200 unidades do mês de julho completadas em agosto. Como os custos de julho foram somados aos custos de agosto, a quantidade será considerada pelo seu valor total...= 1.200 un.
✓ 1.600 unidades acabadas em agosto.............................= 1.600 un.
✓ 400 unidades acabadas em um estágio de 50% de acabamento em agosto............ 400 un. x 50% = 200 un.
                              Soma   3.000 un.

$$\text{Custo médio} = \frac{\$\ 51.960,00}{3.000\ \text{un.}} = \$\ 17,32$$

Custo das unidades iniciadas em julho e acabadas em agosto:

✓ Unidades acabadas: 1.200 un. (julho) + 1.600 un. (agosto) = 2.800 un.

✓ Custo da produção acabada (CPA) = 2.800 un. x $ 17,32 = **$ 48.496,00**

Observe os lançamentos a seguir:

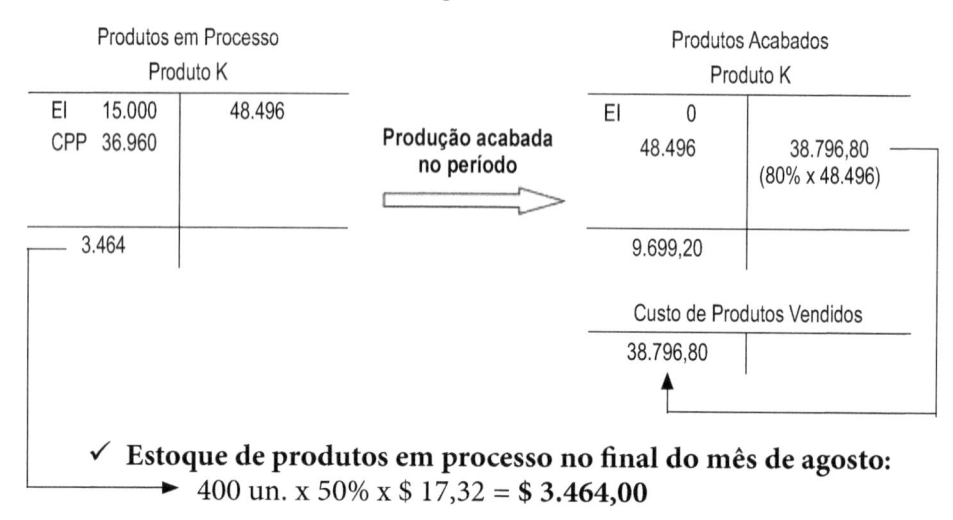

✓ **Estoque de produtos em processo no final do mês de agosto:**
     400 un. x 50% x $ 17,32 = **$ 3.464,00**

Do ponto de vista de custo para avaliação de estoques, Martins (2010), argumenta que qualquer desses procedimentos é aceitável. Para efeito interno à empresa, o melhor é o PEPS, haja vista que este critério procura não misturar custo médio de um com outro período. Entretanto, por ser mais simples, usa-se bastante o custo médio ponderado.

O critério adotado para a avaliação dos estoques de produtos em processo – PEPS ou custo médio ponderado – também será utilizado para avaliação do estoque de produtos acabados e do custo dos produtos vendidos.

4.3 Custos na prestação de serviços

O setor de prestação de serviços tem características distintas do setor industrial. No entanto, com relação aos aspectos conceituais e de análise de custos, não há diferenças fundamentais entre produtos e serviços, pois ambos os segmentos consomem tanto custos diretos e indiretos, como custos fixos e variáveis.

Como exemplo de setores prestadores de serviços, podem ser citados: consultorias, agências de publicidade, vigilância, entretenimento, bancos e financeiras, escolas, hotéis, hospitais, empresas de seguro, empresas aéreas, empresas de telefonia, empresas de transporte de pessoas e mercadorias, entre outras.

O principal objetivo da contabilidade de custos é apurar e atribuir o custo unitário ao produto fabricado ou ao serviço realizado pela empresa. Para tanto, é necessário identificar os insumos que esses produtos ou serviços consomem, tais como materiais diretos, mão de obra direta e custos indiretos. No caso das indústrias, cuja fabricação de produtos pode ser feita por encomenda ou por produção contínua, os custos buscam avaliar os estoques, seja de matérias-primas e materiais secundários, produtos em elaboração (andamento) ou produtos acabados. No caso das prestadoras de serviços que, em geral, trabalham sob encomenda, apesar de não haver estoque de serviços, temos a existência de serviços em elaboração ou andamento, cujo montante consiste, principalmente, em mão de obra e outros custos com o pessoal diretamente envolvido na prestação do serviço, o material utilizado e os custos indiretos atribuíveis. Os salários e os outros gastos relacionados com as vendas e com o pessoal geral administrativo não devem ser incluídos no custo, mas reconhecidos como despesa do período em que são incorridos.

Megliorini (2012) corrobora que a apuração de custos de prestadoras de serviços assemelha-se à apuração realizada pelas empresas industriais, com exceção da aplicação de materiais, pois há situações em que os serviços necessitam de algum tipo de material; em outras, isso pode não ocorrer ou ser insignificante, como por exemplo, instituições financeiras, cujos principais custos referem-se à mão de obra, à depreciação das agências e aos investimentos em informática, tendo em vista o elevado nível de automação por meio da informatização; serviços relacionados com escritórios de consultoria, contabilidade, auditoria engenharia, arquitetura, advocacia, perícia, pesquisas, recrutamento e seleção, treinamento etc., cujos custos são formados, basicamente, por mão de obra especializa, além de gastos indiretos relacionados a alugueis, depreciação etc.; e serviços educacionais, cujos principais custos são compostos por mão de obra e depreciação dos prédios e equipamentos e, normalmente, os custos com materiais são insignificantes.

Todas as técnicas, os métodos e sistemas de custeamento que foram estudados nos capítulos anteriores e serão estudados nos capítulos seguintes deste livro poderão ser aplicados às empresas prestadoras de serviços.

4.4 Exercícios

1. (Petrobras/Contador_Cesgranrio_adaptada) Considere as informações da Cia. Industrial Mediterrânea Ltda. a seguir.

• Ordens de produção (OP) existentes em 1º de março de 20x9:

Ordem nº	Matéria-prima	Mão de obra direta	Custos indiretos de fabricação (CIF)
21.144	20.000,00	15.000,00	4.500,00
21.145	9.000,00	14.000,00	4.200,00
21.146	2.000,00	1.000,00	300,00

• Os gastos em março de 20x9:

Ordem nº	Matéria-prima	Mão de obra direta
21.144	6.000,00	3.000,00
21.145	5.000,00	7.000,00
21.146	3.000,00	2.000,00
21.147 (iniciada)	10.000,00	2.000,00
21.148 (iniciada)	8.000,00	6.000,00

Os custos indiretos de fabricação no mês foram de R$ 6.000,00 e foram apropriados às OP proporcionalmente aos gastos com mão de obra direta ocorridos durante o mês de março de 20x9.

As ordens de produção 21.145, 21.146 e 21.148 foram completadas durante o mês, entregues e faturadas aos clientes.

Considerando apenas as informações acima, na apuração de resultados, em 31 de março de 20x9, foi levado ao custo dos produtos vendidos (CPV) o valor, em reais, de:

a) ( ) R$ 52.000,00   b) ( ) R$ 66.000,00
c) ( ) R$ 58.000,00   d) ( ) R$ 70.800,00
e) ( ) R$ 74.700,00

• Compra de matérias-primas   R$ 46.000,00
a crédito
• Matérias-primas requisitadas
OP nº 1 (Biscoito A) R$ 16.000,00
OP nº 2 (Biscoito B) R$ 13.000,00
OP nº 3 (Biscoito C) R$ 11.000,00   R$ 40.000,00
• Apontamento da mão de obra direta aplicada às ordens de produção (OP)
OP nº 1   R$ 30.000,00
OP nº 2   R$ 15.000,00
OP nº 3   R$ 5.000,00   R$ 50.000,00

Os custos indiretos de fabricação (CIF) apurados, nesse período produtivo, de R$ 60.000,00, são rateados para os produtos pelo valor da mão de obra direta.

As OP 1 e 2 foram completadas e os produtos foram enviados para o depósito de produtos acabados.

Considerando exclusivamente as informações acima e desprezando a incidência de qualquer imposto, o total da conta estoque de produtos acabados, no final do processo produtivo, foi, em reais, de:

a) ( ) 22.000,00   b) ( ) 46.000,00
c) ( ) 128.000,00   d) ( ) 132.000,00
e) ( ) 160.000,00

2. (Petrobras/Contador_Cesgranrio) A Indústria Alimentícia Bom Ltda., no primeiro mês de suas atividades, recebeu três encomendas para produzir os biscoitos A, B e C.

As operações realizadas pela indústria para atender a essas encomendas foram:

3. (SEFAZ RS/Agente Fiscal do Tesouro do Estado_FUNDATEC) As assertivas apresentadas a seguir referem-se aos tipos de produção:

I. O custeio por ordem é utilizado em empresas que fabricam produtos diferenciados sob encomenda.

II. Na produção por ordem, os custos são acumulados em conta específica para cada ordem ou encomenda.

III. No custeio por processo, os custos são acumulados em conta de custos de produção do período e são encerradas somente quando os produtos ficam prontos.

IV. Na produção por processo, quando a empresa tem produtos em elaboração, utiliza-se o equivalente de produção para apurar o custo médio por unidade.

V. O custeio por processo é utilizado quando a empresa produz produtos homogêneos em escala.

Quais estão corretas?

a) ( ) Apenas I e II
b) ( ) Apenas II e III
c) ( ) Apenas III e IV
d) ( ) Apenas I, III, IV e V
e) ( ) Apenas I, II, IV e V

4. (ICMS SP_FCC) Na produção por ordem, quando há danificações de matérias-primas durante a elaboração de determinadas ordens, dois procedimentos podem ser utilizados: a concentração dentro dos custos indiretos para rateio à produção toda do período ou a apropriação:

a) ( ) aos departamentos de produção.
b) ( ) aos departamentos de apoio à produção.
c) ( ) à ordem que está sendo elaborada.
d) ( ) às unidades operacionais.
e) ( ) aos departamentos administrativos.

5. (INSS/AFPS_ESAF_adaptada) A empresa Tarefeoir Ltda. fabrica seu principal produto por encomendas antecipadas. Nesse tipo de atividade, os custos são acumulados numa conta específica para cada ordem de produção (ou encomenda). A apuração só ocorre quando do encerramento de cada ordem. Em 31.01.x1 estavam em andamento as seguintes ordens de produção:

Ordem Prod.	Mat. Prima	M. Obra	CIF	Total
001	R$ 30.000,00	R$ 12.000,00	R$ 20.000,00	R$ 62.000,00
002	R$ 100.000,00	R$ 40.000,00	R$ 50.000,00	R$ 190.000,00

Em fevereiro de 20x1, os gastos com matéria-prima e mão de obra foram de:

Ordem Produção	Matéria-prima	Mão de obra
001	R$ 45.000,00	R$ 28.800,00
002	R$ 135.000,00	R$ 50.400,00
003	R$ 297.000,00	R$ 64.800,00
Total	R$ 477.000,00	R$ 144.000,00

Os custos indiretos de fabricação no mês de fevereiro de 20x1 totalizaram R$ 225.000,00 e foram apropriados proporcionalmente aos custos com a mão de obra. Sabendo-se que as ordens 001 e 002 foram concluídas em fevereiro e foram faturadas aos clientes por R$ 350.000,00 e R$ 580.000,00, respectivamente, e que os produtos são isentos de tributação, pode-se afirmar, com certeza, que as referidas ordens geraram, respectivamente, Lucro Bruto no valor de:

a) ( ) R$ 150.200,00 e R$ 130.350,00;
b) ( ) R$ 174.500,00 e RS 140.300,00;
c) ( ) R$ 190.000,00 e R$ 173.800,00;
d) ( ) R$ 184.250,00 e R$ 148.300,00;
e) ( ) R$ 169.200,00 e R$ 125.850,00.

6. (Petrobras/Contador_Cesgranrio) A apuração do custo de produção por ordem de serviço e por produção contínua apresentam pequenas variações no respectivo tratamento contábil.

Uma característica específica da produção contínua, na apuração do custo de produção, sob o enfoque contábil, é que o:

a) ( ) custo é avaliado à base do custo médio ponderado.
b) ( ) custo é acumulado numa conta específica para cada encomenda.

c) ( ) custo indireto é alocado aos produtos sem passar pelos departamentos.

d) ( ) encerramento das contas ocorre quando os produtos são elaborados.

e) ( ) valor dos custos é calculado unidade por unidade

7. (Agente Fiscal de Rendas/SP_FCC) Identifique a alternativa que descreve o que, em custeio, convencionou-se chamar de equivalente de produção.

a) ( ) Os custos são acumulados em contas representativas das diversas linhas de produção; estas contas não são encerradas à medida que os produtos são elaborados e estocados, mas apenas quando do fim do período contábil.

b) ( ) Custo planejado para determinado período, analisando cada fator de produção em condições normais de fabricação.

c) ( ) Número de unidades iniciadas e acabadas a que corresponde, em custos, o quanto se gastou para chegar até certo ponto de outro número de unidades não acabadas.

d) ( ) Alocam-se custos indiretos com base nos recursos consumidos em cada atividade envolvida no desenho, produção e distribuição de um produto qualquer.

e) ( ) Os custos são acumulados numa conta específica; a conta não é encerrada quando do fim do período contábil, mas quando o produto estiver concluído, transferindo-se os custos para estoque ou para custo dos produtos vendidos, conforme a situação.

8. (UFMG/Contador_UFMG) A Industrial Sete Lagoas utiliza o sistema de custeamento por processo. Num determinado mês, em que não havia estoque inicial de produtos em elaboração, foi iniciada a produção de 1.000 (mil) unidades do produto Z, das quais 700 (setecentas) unidades foram acabadas no período. No quadro a seguir, são apresentados os custos de produção incorridos no período e o grau de acabamento das 300 (trezentas) unidades remanescentes no final do período em elaboração, por tipo de custo:

Tipo de Custo	Total dos custos incorridos	Grau de acabamento dos produtos em elaboração
Matéria-prima	R$ 500.000,00	100%
Mão de obra direta	R$ 282.000,00	80%
Custos indiretos de produção	R$ 170.000,00	50%

É correto afirmar que, no final do mês, o saldo da conta de Produtos em Elaboração e o valor a ser transferido para a conta de Produtos Acabados serão, respectivamente, de:

a) ( ) R$ 168.000,00 e R$ 784.000,00.

b) ( ) R$ 248.000,00 e R$ 704.000,00.

c) ( ) R$ 252.000,00 e R$ 700.000,00.

d) ( ) R$ 160.000,00 e R$ 792.000,00.

e) ( ) R$ 200.000,00 e R$ 800.000,00

9. (Exame de Suficiência/CFC_adaptada) No mês de setembro de 20x0, foi iniciada a produção de 1.500 unidades de um determinado produto.

Ao final do mês, 1.200 unidades estavam totalmente concluídas e restaram 300 unidades em processo. O percentual de conclusão das unidades em processo é de 65%. O custo total de produção do período foi de R$ 558.000,00. O Custo de Produção dos Produtos Acabados e o Custo de Produção dos Produtos em Processo são respectivamente:

a) ( ) R$ 446.400,00 e R$ 111.600,00.

b) ( ) R$ 480.000,00 e R$ 78.000,00.

c) ( ) R$ 558.000,00 e R$ 0,00.

d) ( ) R$ 558.000,00 e R$ 64.194,00.

Com as informações a seguir, responda as questões 10 e 11.
(ICMS SP_FCC_adaptada) Uma empresa inicia suas operações no mês de março de 20x6. No final do mês produziu 12.100 unidades, sendo que 8.500 foram acabadas e 3.600 não foram acabadas.
Os custos de matéria-prima foram R$ 3.200.450,00. Os custos de mão de obra direta foram R$ 749.920,00 e os custos indiretos de fabricação foram R$ 624.960,00. A produção não acabada recebeu os seguintes custos: 100% da matéria-prima, 2/3 da mão de obra e 3/4 dos custos indiretos de fabricação.

10. Aplicando-se a técnica do equivalente de produção, o custo médio unitário do mês é:

a) ( ) R$ 544,80   b) ( ) R$ 455,20
c) ( ) R$ 410,25   d) ( ) R$ 389,10
e) ( ) R$ 355,20

11. O valor total da produção em processo no final do mês será:

a) ( ) R$ 1.125.432,00
b) ( ) R$ 1.267.980,00
c) ( ) R$ 1.380.444,00
d) ( ) R$ 1.400.760,00
e) ( ) R$ 1.525.740,00

12. (Exame de Suficiência/CFC) Uma determinada empresa iniciou suas atividades no mês de agosto fabricando mesas escolares. Nesse mês, foram acabadas 700 unidades e 75 ficaram na produção em andamento com acabamento médio de 36%.

Custos:
- Matéria-prima   R$ 124.000,00
- Mão de obra direta   R$ 50.000,00
- Custos indiretos   R$ 36.700,00

A matéria-prima é totalmente requisitada do almoxarifado antes de se iniciar a produção.

Os custos da produção acabada e da produção em andamento são, respectivamente, de:

a) ( ) R$ 105.350,00 e R$ 105.350,00.
b) ( ) R$ 190.309,68 e R$ 20.390,32.
c) ( ) R$ 195.480,06 e R$ 15.219,94.
d) ( ) R$ 202.874,83 e R$ 7.825,17.

13. (Liquigás/Contador_Cesgranrio_adaptada) Uma indústria de produção contínua começou janeiro de 20x1, após as férias coletivas dos empregados e com todos os estoques zerados, iniciando a produção de 25.000 unidades e concluindo, ao final do mês, 20.000 unidades da produção iniciada.

As unidades em processo estão em estágios diferentes de estimativa de produção, como segue:

• Matéria-prima: toda a necessidade já foi consumida no processo.
• Mão de obra direta: consumidos 80% da necessidade prevista
• Custos indiretos de fabricação: consumidos 60% das necessidades.

Gastos incorridos no processo produtivo de janeiro de 20x1:
  – Matéria-prima
  .... 250.000,00
  – Mão de obra direta
  .... 198.000,00
  – Custos indiretos de fabricação
  .... 138.000,00

Considerando exclusivamente as informações recebidas, o custo da produção acabada no mês de janeiro de 20x1, em reais, é:

a) ( ) R$ 468.800,00 b) ( ) R$ 485.000,00
c) ( ) R$ 539.120,00 d) ( ) R$ 562.560,00
e) ( ) R$ 586.000,00

Considere o enunciado abaixo para responder às questões de números 14 e 15.

(SEFAZ SP/Agente Fiscal de Rendas_FCC) No segundo mês de produção de uma empresa, foram iniciadas 20.000 unidades de produção das quais 18.000

foram terminadas, ficando 2.000 unidades semiacabadas. Nesse mesmo mês, foram terminadas 1.500 unidades que eram semiacabadas no final do mês anterior. Nas unidades semiacabadas do mês anterior, 2/3 de todos os custos já haviam sido aplicados. Nas unidades semiacabadas do mês, 50% de todos os custos já foram aplicados. O custo total de produção (diretos e indiretos) do período é R$ 487.500,00.

O custo total aplicado à produção semiacabada no mês anterior foi R$ 15.000,00. A empresa produz somente um produto.

14. Utilizando-se a técnica de equivalente de produção, o custo unitário médio do mês é:

a) ( ) R$ 50,00   b) ( ) R$ 45,00
c) ( ) R$ 30,00   d) ( ) R$ 25,00
e) ( ) R$ 15,00

15. Utilizando-se a técnica de equivalente de produção, o custo total da produção acabada no mês é:

a) ( ) R$ 502.500,00 b) ( ) R$ 487.500,00
c) ( ) R$ 477.500,00 d) ( ) R$ 450.500,00
e) ( ) R$ 435.500,00

16. (Transpetro/Contador_FCC_adaptada) Uma indústria com produção contínua (processo) apresentou as seguintes informações referentes à produção de março/20x2:

Produtos em elaboração
Estoque inicial (estoque final de fevereiro de 20x2): 20.000 unidades.
Estágio de acabamento das unidades (produção em fevereiro): 40% acabadas.
Custo do estoque inicial dos produtos acabados: R$ 200.000,00.

Produção do período (março de 20x2)
• Produção iniciada no período: 120.000 unidades.
• Produção concluída no período: 100.000 unidades.

• Estoque final de produtos em elaboração: 40.000 unidades.
• Estágio de acabamento das unidades em elaboração: 50% acabadas.
• Custo da produção do período: R$ 3.584.000,00.

Considerando-se exclusivamente as informações recebidas e as características técnicas da produção equivalente, no processo produtivo contínuo, o estoque final de produtos acabados, em reais, é de:

a) ( ) R$ 2.560.000,00
b) ( ) R$ 2.944.000,00
c) ( ) R$ 3.144.000,00
d) ( ) R$ 3.384.000,00
e) ( ) R$ 3.784.000,00

17. (ICMS RS_Fundatec) A Cia. Industrial Eureka apresentou os seguintes dados referentes à sua produção do mês de abril:

Custo de produção do período	R$ 50.000,00
Unidades novas iniciadas em abril	20.000 unidades
Unidades em elaboração do mês anterior (março) com ½ acabadas	6.000 unidades
Unidades acabadas no mês de abril	22.000 unidades
Unidades em elaboração no final do mês de abril, com 2/5 acabadas	4.000 unidades

De acordo com os dados apresentados, qual é o equivalente total de produção?

a) ( ) 20.600 unidades
b) ( ) 3.000 unidades
c) ( ) 1.600 unidades
d) ( ) 30.000 unidades
e) ( ) 21.400 unidades

18. (TCM CE/Analista de Controle Externo_FCC) Considere os dados a seguir.

– Período inicial sem estoques anteriores
– Custos diretos e indiretos da produção do período: R$ 5.000,00.
– Unidades produzidas no período: 3.000 unidades (iniciadas e acabadas no período).

Segundo Período

– Custos diretos e indiretos da produção do 2º período: R$ 5.500,00.
– Unidades iniciadas no período: 2.600.
– Unidades acabadas no período: 2.000.
– Unidades em elaboração no final do segundo período: 600.
– As unidades "semiacabadas" receberam 1/3 de todo o processamento necessário.

A empresa utiliza o custeio por processo.
Utilizando-se o critério de "Equivalente de Produção", o custo unitário das unidades acabadas produzidas no segundo período foi:

a) ( ) R$ 1,67.   b) ( ) R$ 2,10
c) ( ) R$ 2,12   d) ( ) R$ 2,50
e) ( ) R$ 2,75

19. (QCO/Contabilidade_Exército) A indústria BEIJA-FLOR produz apenas um artigo, em um único processo. Os custos de transformação distribuem-se continuamente ao longo do período e o material direto entra no início do processo. Nas unidades prontas aplicam-se custos específicos variáveis de R$ 12,00 por unidade. Durante o período foram produzidas 7.000 unidades, 2.500 ficaram a 80% de processamento e 500 unidades defeituosas sem valor econômico, a 10% de processamento. Os custos de transformação (CTr) montaram a R$ 226.250,00 e a MP R$ 200.000,00. Tendo em vista a inexistência de estoque inicial de produtos em processamento, no final do período, os custos das unidades prontas, das unidades em processamento e das defeituosas (considerando a não absorção pelas unidades boas) são, respectivamente:

a) ( ) R$ 315.000,00; R$ 110.000,00 e R$ 10.250,00
b) ( ) R$ 316.000,00: R$ 109.000,00 e R$ 11.250,00
c) ( ) R$ 318.000,00; R$ 97.000,00 e R$ 11.250,00

d) ( ) R$ 380.000,00; R$ 110.000,00 e R$ 11.250,00
e) ( ) R$ 399.000,00; R$ 100.000,00 e R$ 11.250,00

20. (CFC/Exame de Suficiência) Uma Indústria fabrica os produtos "A", "B" e "C". No mês de fevereiro, apresentou as seguintes informações:

Informações	Produtos		
	"A"	"B"	"C"
Volume de produção acabada	200 unidades	100 unidades	
Volume de produção em elaboração			300 unidades
Matéria-prima consumida por unidade	R$ 15,00	R$ 20,00	R$18,00

O gasto com mão de obra aplicada na produção dos três produtos nesse mês totalizou R$ 25.500,00. Para efeito de apuração do custo, a Indústria distribui esse gasto aos produtos de acordo com a quantidade produzida.

Informações adicionais:

• não havia saldo inicial de produtos em elaboração
• toda a matéria-prima necessária para produzir as unidades acabadas e em elaboração foi integralmente aplicada na produção
• no final do mês de fevereiro, a produção em elaboração do produto "C" está num estágio de 70% de acabamento em relação à mão de obra

Considerando-se apenas as informações apresentadas, o custo dos produtos em elaboração do produto "C" no mês de fevereiro é de:

a) (   ) R$ 10.500,00.
b) (   ) R$ 12.750,00.
c) (   ) R$ 15.900,00.
d) (   ) R$ 18.150,00.

21. (CFC/Exame de Suficiência_adaptada) Em 1º.7.20x6, uma indústria apresentou os seguintes dados:
- Estoque de 100 unidades de produtos acabados no montante total de R$ 500.000,00.
- Estoque de matéria-prima no montante de R$ 200.000,00.

Durante o mês de julho de 20x6, não ocorreu nenhuma venda, e os gastos apresentados pela indústria foram:

Gastos com matéria-prima	R$ 175.000,00
Gastos com propaganda	R$ 50.000,00
Gastos com mão de obra	R$ 300.000,00
Gastos com depreciação de máquinas	R$ 80.000,00
Gastos com energia elétrica da indústria	R$ 120.000,00

No mês de julho de 20x6, foram iniciadas 250 unidades e acabadas 50 unidades.
Toda a matéria-prima necessária para a produção das 250 unidades já foi alocada, tanto às unidades acabadas quanto às unidades em elaboração.
Para fins de alocação dos demais custos, o processo de fabricação das 200 unidades em elaboração encontra-se em um estágio de 25% de acabamento.

Considerando-se que a indústria adota o Custeio por Absorção, o saldo final do estoque de produtos acabados, em 31.7.20x6, é de:

a) (   ) R$ 785.000,00.
b) (   ) R$ 810.000,00.
c) (   ) R$ 675.000,00.
d) (   ) R$ 600.000,00.

22. (CFC/Exame de Suficiência_adaptada) Em relação ao sistema de acumulação de custos por ordem de produção (custeio de ordens e de encomendas), analise as afirmativas a seguir.
I. Sua escolha para uso em uma empresa está atrelada à forma de ela trabalhar e à conveniência contábil-administrativa.
II. Os custos são acumulados em contas representativas das diferentes linhas de produção.
III. O conceito de equivalência de produção é muito importante para a sua correta aplicação.
IV. Não pode ser empregado com o custeio por absorção.
Está(ão) correta(s) apenas a(s) afirmativa(s):

a) (   ) I.
b) (   ) I e II.
c) (   ) II e III.
d) (   ) II, III e IV.

---

23. (CFC/Exame de Suficiência_adaptada) A empresa Fabrica por Processos PM S/A, em 01/01/20x9, apresentou as seguintes informações contábeis em suas contas de estoque:

	Valor (em $)
Estoque de matéria-prima	80.000,00
Estoque de produtos acabados (50 unidades)	120.000,00

Ademais, durante o mês de janeiro de 20x9, a empresa supracitada apresentou os seguintes gastos:

	Valor (em $)
Mão de obra da fábrica	100.000,00
Depreciação das máquinas de produção	40.000,00
Pessoal administrativo	50.000,00
Propaganda	15.000,00
Consumo de matéria-prima	60.000,00

Durante o mês de janeiro de 20x9, foi iniciada a produção de 100 unidades de seu único produto; porém, apenas 40 unidades foram acabadas. Além disso, nenhuma unidade foi vendida no período. É importante destacar que todo o material direto necessário para a produção das 100 unidades já foi alocado no início da produção, tanto as unidades acabadas quanto as unidades em elaboração. No que se refere à alocação dos demais custos, o processo de fabricação das 60 unidades ainda em elaboração se encontra em um estágio de 50% de acabamento. Por fim, informa-se que a empresa utiliza o custeio por absorção. Diante do exposto, é correto afirmar que:

a) (   ) O custo dos produtos acabados em janeiro de 20x9 foi inferior a $ 100.000,00.

b) (   ) O custo total de produção da empresa em janeiro de 20x9 foi superior a $ 250.000,00.

c) (   ) O saldo de estoque de produtos em elaboração no final do mês de janeiro de 20x9 foi superior a $ 100.000,00.

d) (   ) O saldo final do estoque de produtos acabados da empresa no final do mês de janeiro de 20x9 foi superior a $ 200.000,00.

Gabarito

1	2	3	4	5	6	7	8	9	10	11	12
B	C	E	C	E	A	C	C	B	D	B	C

13	14	15	16	17	18	19	20	21	22	23
B	D	C	C	A	D	E	C	A	A	D

Veja a solução completa de todos os exercícios no capítulo 12 deste livro.

5

CUSTOS CONJUNTOS

Até este ponto do estudo, observamos que a atividade produtiva normal apresenta formas de produção que possibilitam identificar facilmente os produtos fabricados. Observamos também que alguns custos são atribuídos a esses produtos mais facilmente, que são os custos diretos; outros nem tanto, que são os indiretos.

Entretanto, existem processos de fabricação que, na produção de determinado produto, surgem concomitantemente, vários outros produtos de espécies ou qualidades diferenciadas, que emergem de uma mesma matéria-prima ou processo, ou de várias matérias-primas e processos. Chamamos este processo de fabricação de produção conjunta, no qual há uma série de custos que não são facilmente atribuíveis aos produtos que resultam dele.

De acordo com o engenheiro agrônomo da Federação da Agricultura no Estado do Paraná (Faep), Rubens Niederheitmann, *apud* Lyrian Saiki (2013), o aproveitamento de um boi, por exemplo, não se restringe ao mero consumo de sua carne que, só para consumo humano, são mais de 90 cortes possíveis, além de miúdos como rins, coração e fígado. O sebo transforma-se em matéria-prima para a indústria de sabão e detergente; os pelos da orelha são exportados para a China e transformam-se em pincéis; as tripas transformam-se em embutidos. Até a veia aorta é usada pela medicina e nem os lábios do animal são desperdiçados. Há pelo menos cem itens no boi que podem ser aproveitados, distribuindo-se em coprodutos e subprodutos.

A produção conjunta ocorre com maior frequência nos processos fabris dos ramos de beneficiamento de cereais (soja, milho, arroz etc.), frigoríficos, laticínios, petroquímicos, entre outros. O petróleo, por exemplo, é um insumo que, após certo processamento, permite a fabricação de outros produtos como nafta, gasolina, querosene, óleo, entre outros produtos. Na produção de frangos, por exemplo, após certo processamento, permite obter coxas, sobrecoxas, peito etc.

Assim, de acordo com os exemplos acima, alguns itens serão considerados coprodutos (principais) e, outros, subprodutos. O que vai definir é o mercado, conforme comentaremos em seguida.

Até que a produção se resulte simultaneamente em diversos outros produtos, são acumulados diversos custos (materiais, mão de obra e demais custos), que serão os *custos conjuntos*. Estes são considerados custos gerais da produção, já que não podem ser identificados objetivamente em nenhum dos produtos individualmente.

A produção em conjunto ou *produção conjunta* é o tipo de fabricação que se caracteriza por um fluxo comum de produção até certo ponto denominado de *ponto de cisão*, *ponto de ruptura* ou *ponto de separação*, do qual resultam múltiplos produtos individualmente identificáveis que, conforme a importância que suas vendas tenham para a empresa industrial, são denominados *coprodutos* ou *subprodutos*. No ponto de separação poderão surgir também as sucatas (resíduos).

O custo conjunto é a soma dos custos de produção (materiais, mão de obra e gastos gerais de fabricação) ocorridos do início até o ponto de separação dos processos em conjunto. Nesse momento, há a distribuição, por meio de rateio ou rastreamento, do custo conjunto aos produtos (coprodutos) que emergem nesse ponto.

Os diversos métodos existentes para essa distribuição baseiam-se no rateio dos custos de produção antes do ponto de separação e podem apresentar vantagens e desvantagens, cabendo ao gestor decidir qual o melhor a ser utilizado em seu ramo de atividade.

5.1 Coprodutos, subprodutos e sucatas (resíduos)

O critério de classificação dos produtos que emergem após o ponto de separação normalmente é definido pelo mercado, assim a diferença entre um coproduto e um subproduto será baseada na importância relativa ao resultado das vendas de cada um dos dois tipos de produtos. De acordo com Leone (2010), o critério utilizado para separar ambos os produtos é o valor comercial atribuído ao subproduto em relação ao coproduto. Essa classificação, no entanto, não pode ser considerada uma verdade absoluta. É possível que o subproduto possa tornar-se significativo em termos de volume de vendas, podendo, um coproduto, tornar-se um subproduto e vice e versa. O que vai definir essa classificação é o mercado.

De acordo com José Luiz Medeiros *apud* Lyrian Saiki (2013), diretor de operações do um famoso Grupo Frigorífico no Brasil, um frigorífico grande (que abate entre quinhentas e mil cabeças por dia) é uma "fábrica de desmontagem" que consegue aproveitar quase 100% do boi e, na prática, cada produto tem seu preço e a hora de negociar, não levando em consideração qual vale mais, o subproduto ou a própria carne (coproduto).

Os coprodutos ou produtos conjuntos (principais), têm faturamento considerado significativo para a empresa, o que não ocorre com os subprodutos que, apesar de nascerem de forma normal durante o processo de produção, têm um mercado de venda relativamente estável com relação a compradores e preços e uma importância secundária em termos de vendas em relação aos coprodutos. São produtos de comercialização tão normal quanto os coprodutos, porém, seu faturamento é bem menor em relação àqueles.

Após o ponto de separação, o que não for considerado como *coproduto* ou *subproduto* será classificado como *sucata* ou *resíduo*. As sucatas emergem da produção, seja conjunta ou não, e não possuem mercado certo de comercialização, por isso não têm relevância para os negócios da empresa.

A despeito disso, as sucatas fazem parte do processo produtivo e, muitas vezes, demandam gastos para o seu armazenamento e descarte. No entanto, diferentemente dos coprodutos e subprodutos, as sucatas não devem figurar no estoque da empresa. Elas fazem parte do custo do produto principal, pois são consideradas *perdas normais*, conforme já estudado no capítulo 1 deste livro.

Caso se consiga vender as sucatas o valor da venda será registrado a crédito de uma conta de resultado operacional (Outras Receitas Operacionais).

Os produtos conjuntos incorrem em custos, que são comuns ou conjuntos, antes do ponto de separação. A partir do ponto de separação os produtos e seus custos, tornam-se perfeitamente identificados. O problema é determinar a parcela específica que cada produto, após o ponto de separação, irá receber do custo conjunto. Estudaremos isso a seguir.

5.1.1 Apropriação dos custos conjuntos aos coprodutos

Nos termos da NBC TG 16 (R2), um processo de produção pode resultar em mais de um produto sendo produzido simultaneamente. Esse é o caso, por exemplo, quando produtos conjuntos são produzidos ou quando existe um produto principal e um subproduto. A alocação de custos de transformação a produtos fabricados, nesse caso, é feita em base racional e consistente, como por exemplo, com base no valor da receita de venda de cada produto, seja na fase do processo de produção em que os produtos se tornam separadamente identificáveis, seja no final da produção, conforme o caso.

Do ponto de vista de custos para a avaliação dos estoques, a apropriação dos custos conjuntos poderá ser feita utilizando um dos três métodos apresentados a seguir, entre outros métodos existentes:

✓ Valor de mercado após o ponto de separação;
✓ Quantidades físicas; e
✓ Igualdade do lucro bruto.

5.1.1.1 Método do valor de mercado após o ponto de separação

Neste método, os custos conjuntos, já deduzidos da receita obtida com a venda dos subprodutos, são distribuídos aos coprodutos, de acordo com as unidades produzidas, ponderadas pelo preço de vendas dos produtos que surgem como unidades individuais no ponto de separação, admitindo-se que possam ser vendidos neste estado.

Havendo a necessidade de processamentos adicionais a um ou vários dos coprodutos após o ponto de separação, o que normalmente ocorre, os custos específicos e identificáveis a cada um deles serão debitados a cada coproduto.

Cabe ressaltar que nem sempre é possível encontrar os valores de mercado para todos os produtos no ponto de separação, sendo aqueles valores considerados incertos e, sendo assim, toma-se por base o valor de mercado do produto final, subtraindo os custos adicionais de cada produto para torná-lo em condições de venda.

O método do valor de mercado segue o critério dos *benefícios recebidos*[13] na apropriação de custos e, segundo Martins (2010), é o mais utilizado na prática, mais em função da inexistência de outros melhores do que de méritos próprios, tendo em vista a alegação de que os produtos de maior valor são os que recebem ou têm condições de receber maior parcela de custos, distribuindo, assim, o resultado de forma homogênea aos coprodutos.

Considere o seguinte exemplo:

- Custo conjunto: $ 31.500.000,00

- Custos adicionais (após o ponto de separação):
  a) Coproduto A: $ 2.000.000,00
  b) Coproduto B: $ 500.000,00
  c) Coproduto C: $ 3.000.000,00

- Valor de venda por kg:
  a) Coproduto A: $ 216,00
  b) Coproduto B: $ 240,00
  c) Coproduto C: $ 150,00

---

13 Os custos são alocados na proporção do benefício que cada um dos produtos recebe (proporção das receitas esperadas).

- Quantidade produzida:
  a) Coproduto A: 50.000 kg
  b) Coproduto B: 90.000 kg
  c) Coproduto C: 84.000 kg

Copro-dutos	Valor de venda total ($)	Proporção %	Custo conjunto apropriado ($)	Custos adicionais ($)	Custos totais ($)
A	216,00 x 50.000 kg = 10.800.000,00	24%	7.560.000,00	2.000.000,00	9.560.000,00
B	240,00 x 90.000 kg = 21.600.000,00	48%	15.120.000,00	500.000,00	15.620.000,00
C	150,00 x 84.000 kg = 12.600.000,00	28%	8.820.000,00	3.000.000,00	11.820.000,00
Total	45.000.000,00	100%	31.500.000,00	5.500.000,00	37.000.000,00

Assim, o custo unitário/kg de cada produto seria:

a) Coproduto A: \$ 9.560.000,00 ÷ 50.000 kg = **\$ 191,20**
b) Coproduto B: \$ 15.620.000,00 ÷ 90.000 kg = **\$ 173,56**
c) Coproduto C: \$ 11.820.000,00 ÷ 84.000 kg = **\$ 140,71**

5.1.1.2 Método das quantidades físicas

Neste método, a apropriação dos custos conjuntos aos coprodutos ocorre utilizando como base uma medida física comum, tal como peso, volume de produção geral de cada produto ou outra medida física dos produtos conjuntos. Essa distribuição é feita com base em suas proporções no ponto de separação.

A Souza e Diehl (2009) argumentam que a lógica implícita nesse método é que os custos conjuntos guardam relação com o volume de produção, principalmente para os casos em que tais custos sejam majoritariamente variáveis.

A apropriação dos custos conjuntos aos coprodutos será obtida dividindo os custos conjuntos totais pela quantidade total produzida, que resultará em valores iguais para produtos diferentes, não traduzindo, assim, o real valor de cada produto. Por esse motivo é recomendável que esse método seja aplicado em produtos que tenham características semelhantes entre si e pouca divergência em seus preços de venda, para não ocasionar problemas a alguns produtos, pois poderiam absorver um custo maior que o seu valor de mercado.

Quando a empresa decidir pela utilização desse método, ela deverá ter cuidado para não utilizar uma unidade física que provoque distorções, como por exemplo, o uso de quilo para separar o custo da carne, pois os custos a serem alocados para carnes como filé e picanha, que são obtidos em proporções menores em comparação a outros tipos de carnes, seriam proporcionais a seus pesos, apesar de o valor de mercado ser maior.

Dessa forma, empregando-se o método das quantidades físicas a produtos cujos preços são bastante diferentes, isso fará com que maior soma de custos conjuntos sejam alocados ao produto de maior peso na produção, que poderá ser aquele que possui menor capacidade de gerar receita, como, por exemplo, as carnes menos nobres.

Considerando os dados do exemplo anterior, vamos apropriar os custos conjuntos por esse método, a seguir:

Coprodutos	Quantidade produzida (kg)	Proporção %	Custo conjunto apropriado ($)	Custos adicionais ($)	Custos totais ($)
Coproduto A	50.000 kg	22,32%	7.031.250,00	2.000.000,00	9.031.250,00
Coproduto B	90.000 kg	40,18%	12.656.250,00	500.000,00	13.156.250,00
Coproduto C	84.000 kg	37,50%	11.812.500,00	3.000.000,00	14.812.500,00
Total	224.000 kg	100%	31.500.000,00	5.500.000,00	37.000.000,00

Assim, o custo unitário/kg de cada produto seria:

a) Coproduto A: $ 9.031.250,00 ÷ 50.000 kg = **$ 180,63**
b) Coproduto B: $ 13.156.250,00 ÷ 90.000 kg = **$ 146,18**
c) Coproduto C: $ 14.812.500,00 ÷ 84.000 kg = **$ 176,34**

5.1.1.3 Método da igualdade do lucro bruto

Também conhecido como *método da margem bruta percentual*, este método apropria os custos conjuntos aos coprodutos de modo que cada produto tenha o mesmo lucro bruto por unidade, independentemente se tiveram ou não custos adicionais após o ponto de separação. Consequentemente, o maior ou menor lucro total por produto irá depender do volume produzido e vendido.

É um método pouco recomendável para produtos que tenham grandes diferenças e oscilações de preços no mercado. Souza e Diehl (2009) comentam que uma das justificativas para a adoção desse método decorre do fato de os coprodutos serem semelhantes. Nesse caso, os custos (independentemente de serem fixos ou variáveis) são proporcionais a sua quantidade física.

Vamos apropriar os custos conjuntos aos produtos com base nas informações utilizadas no exemplo anterior, considerando que **não existam** os custos adicionais aos coprodutos A, B e C:

- Custos conjuntos totais: $ 31.500.000,00
- Receitas:

Coprodutos	Valor de venda total ($)
Coproduto A	216,00 x 50.000 kg = 10.800.000,00
Coproduto B	240,00 x 90.000 kg = 21.600.000,00
Coproduto C	150,00 x 84.000 kg = 12.600.000,00
	Receita total 45.000.000,00

Receita total: $ 45.000.000,00
(-) Custos conjuntos   ($ 31.500.000,00)
= Lucro Bruto $ 13.500.000,00

Lucro Bruto/kg: $ 13.500.000,00 ÷ 224.000 kg = $ 60,27/kg

Custo unitário

Coprodutos	Preço de venda ($)	(-) Lucro bruto ($)	(=) Custo unitário ($)
Coproduto A	216,00	60,27	**155,73**
Coproduto B	240,00	60,27	**179,73**
Coproduto C	150,00	60,27	**89,73**

Alguns produtos podem apresentar custos adicionais de processamento após o ponto de separação, que são necessários para que eles atinjam o acabamento final e sejam comercializados. No exemplo apresentado os custos adicionais dos coprodutos A, B e C no valor de $ 5.500.000,00 serão incluídos nos custos conjuntos antes de apurar o lucro bruto por produto, a fim de manter o mesmo lucro bruto a todos os produtos, conforme veremos a seguir:

Receita total: $ 45.000.000,00
(–) Custos conjuntos   ($ 31.500.000,00)
(–) Custos adicionais   ($ 5.500.000,00)
(=) Lucro Bruto $ 8.000.000,00

Lucro Bruto/kg: $ 8.000.000,00 ÷ 224.000 kg = **$ 35,71/kg**

Custo unitário

Coprodutos	Preço de venda ($)	(-) Lucro bruto ($)	(=) PV – LB ($)	(-) Custo adicional ($)	(=) Custo conjunto ($)
Coproduto A	216,00	*35,71*	180,29	40,00	**140,29**
Coproduto B	240,00	*35,71*	204,29	5,56	**198,73**
Coproduto C	150,00	*35,71*	114,29	35,71	**78,58**

Confirmando os cálculos apresentados acima em valores unitários:

Coprodutos	Preço de venda ($)	Custo conjunto ($)	Custo adicional ($)	Custo total ($)	Lucro bruto ($)
Coproduto A	216,00	**140,29**	40,00	180,29	*35,71*
Coproduto B	240,00	**198,73**	5,56	204,29	*35,71*
Coproduto C	150,00	**78,58**	35,71	114,29	*35,71*

O quadro a seguir apresenta um resumo dos três métodos apresentados.

Métodos	Valor de mercado	Volumes produzidos	Igualdade de lucro bruto
Coprodutos	Custos conjuntos por kg ($)	Custos conjuntos por kg	Custos conjuntos por kg ($)
A	191,20	180,63	140,29
B	173,56	146,18	198,73
C	140,71	176,34	78,58

Analisando o quadro acima observa-se que, na aplicação dos métodos apresentados, a apropriação dos custos conjuntos pode ter grande variação, muitas vezes não refletindo a realidade do segmento do negócio e inviabilizando a venda dos produtos.

De acordo com o que sugerem a NBC TG (R2) e diversos autores da área de Custos, o método de alocação de custo conjunto mais indicado é o método de valor de mercado. Mesmo trazendo um grau de subjetivismo e arbitrariedade, pois baseia-se na distribuição dos custos conjuntos por meio de rateio, é o método que apresenta uma relação mais forte com os custos necessários à fabricação dos coprodutos. No entatnto, percebe-se o subjetivismo e a arbitrariedade em todos os métodos, uns com mais, outros menos relevância.

Qualquer que seja o método de apropriação dos custos conjuntos utilizados, sempre haverá dificuldade de definição do melhor método matemático a ser aplicado. O importante é que o gestor esteja convencido de que o método utilizado esteja vinculado à capacidade de trazer o maior número de informações sobre o processo e o melhor retorno para a empresa.

5.1.2 Avaliação dos estoques dos subprodutos

Os subprodutos têm mercado de comercialização tão normal quanto os produtos principais da empresa, entretanto, seu valor no faturamento total é tão pequeno que não compensa o esforço de atribuir-se custos aos seus estoques. A mensuração desses estoques, que figuram no Ativo Circulante, é feita com base no *valor realizável líquido*, que corresponde o valor de venda menos as despesas necessárias para a venda (comissões de vendedores, impostos, fretes etc.), os custos de processamento para colocar o subproduto em condições de venda e, ainda, uma eventual margem de lucro bruto.

O valor realizável líquido apurado é deduzido do custo dos produtos principais e é considerando como recuperação de parte do custo de produção daqueles itens para os quais a empresa realmente dirige sua atenção.

Há também outro método de contabilização de subprodutos, o qual considera a receita da venda dos subprodutos como *"outras receitas operacionais"*. Neste caso, não haverá a dedução do custo dos produtos principais. No entanto, segundo Martins (2010), o procedimento mais correto é o que considera a receita originada da venda de subprodutos como redução do custo de produção da empresa.

Exemplo[14]: a Serraria ABC tem custos conjuntos totais com toras de madeira de $ 1.000.000,00 e fabrica os coprodutos *vigas* e *chapas,* cujo processo de fabricação gera o subproduto *lascas de madeira.* Este subproduto, para ser comercializado, deve sofrer um processamento adicional que gera custos estimados em torno de $ 20,00 por quilo. A Serraria ABC, para cada quilo vendido de *lascas de madeira,* está sujeita à incidência de ICMS no valor de $ 17,00. No mês de junho, do processo produtivo da empresa resultaram 1.000 quilos do subproduto e sabe-se que o preço de mercado deste é de $ 50,00 por quilo.

Cálculo do valor realizável líquido:

Valor estimado da venda do subproduto	= 1.000 kg x $ 50,00 =	$ 50.000,00
(-) Custo do processamento adicional	= 1.000 kg x $ 20,00 =	($ 20.000,00)
(-) Despesa de ICMS	= 1.000 kg x $ 17,00 =	($ 17.000,00)
(=) **Valor realizável líquido**		**$ 13.000,00**

Portanto, o estoque de 1.000 quilos do subproduto *lascas de madeira* será avaliado em $ 13.000,00 e a sua contabilização será feita a crédito da conta *Custos de Produção (1),* por representar uma redução do custo de elaboração dos produtos principais. Veja os lançamentos que serão efetuados a seguir:

Razonetes

Custos de Produção (Conjuntos)		Estoque de Subprodutos	
1.000.000,00	13.000,00 (1)	(1) 13.000,00	
987.000,00			

O estoque de subprodutos ficará avaliado pelo preço de venda, e não pelo custo; e o valor de $ 13.000,00 será considerado como uma recuperação de parte dos custos de produção a serem apropriados aos coprodutos, que são agora de $ 987.000,00.

Quando se proceder ao tratamento adicional dos subprodutos, debita-se Estoque de Subprodutos pelos respectivos custos de processamento adicionais ($ 20.000,00) – (2), elevando-o para $ 33.000,00.

Razonetes

Custos de Produção (Conjuntos)		Estoque de Subprodutos	
1.000.000,00	33.000,00 (2)	(2) 33.000,00	
967.000,00			

---

14 Adaptado de Neves e Viceconti (2013)

Os custos de produção a serem apropriados aos coprodutos são agora de $ 967.000,00, pois o valor de $ 33.000,00 será considerado como uma recuperação de parte dos custos de produção.

Ocorrendo a venda dos subprodutos por $ 50.000,00, serão feitos os seguintes lançamentos:

- ✓ Dá-se baixa no estoque de subprodutos; e
- ✓ Credita-se a conta de ICMS a Recolher.

Razonetes

Caixa / Bancos / Contas a Receber		ICMS a Recolher	
(3) 50.000,00			17.000,00 (3)

Estoque de Subprodutos	
33.000,00	33.000,00 (3)

Quando o subproduto é vendido sem a adição de uma margem de lucro, ocorre apenas uma troca de valores entre um item estocado e um ativo monetário. Haverá resultado na venda (lucro ou prejuízo), se ela ocorrer por valores diferentes de $ 33.000,00, mas normalmente essa diferença é muito pequena.

5.1.3 Tratamento contábil das sucatas

As sucatas (também conhecidas como resíduos, sobras e aparas), ao contrário dos subprodutos, não têm garantia alguma de que serão vendidas. As sucatas têm venda esporádica e realizada por valor não previsível, geralmente irrelevante, na data em que surgem na produção e, também, não têm sua receita considerada como diminuição dos custos de produção; podem ser controladas fisicamente, mas não recebem nenhum custo e não são avaliadas para fins de estoques, mesmo que existam em quantidades razoáveis na empresa. As sucatas geradas no processo normal de produção são consequências inevitáveis deste processo e têm seus custos incorporados automaticamente às unidades boas.

Quando ocorrer a sua venda, o valor será registrado a crédito de uma conta de resultado operacional, conforme a seguir:

Caixa / Bancos / Duplicatas a Receber		Receita de Venda de Sucatas (Outras Receitas Operacionais)	
$$$			$$$

As sucatas também podem ser originadas de coprodutos ou subprodutos rejeitados em função de danificação dentro do processo ou reprovados pelo controle de qualidade.

5.2 Exercícios

1. (Liquigás/Contador_Cesgranrio) Nas indústrias, em geral, é até bastante comum o surgimento de sucatas no processo produtivo, ou fora dele, e de subprodutos, sendo que os últimos surgem somente no processo produtivo. A maior ocorrência dessas duas situações, notadamente a segunda, é nas indústrias com produção conjunta.

Nesse contexto, quando as indústrias negociam essas sucatas e esses subprodutos, a condição de comercialização é:

a) ( ) anormal para os dois, com os subprodutos tendo melhor preço de venda.

b) ( ) anormal para os dois, mas com as sucatas tendo melhor mercado comprador.

c) ( ) normal, tanto para as sucatas quanto para os subprodutos.

d) ( ) normal, mas somente para as sucatas.

e) ( ) normal, mas somente para os subprodutos

2. (Transpetro/Contador_Cesgranrio) Na produção contínua, é normal o surgimento de custos conjuntos em decorrência de a mesma matéria-prima ser utilizada na produção de coproduto. É comum, igualmente, o surgimento, nesse processo produtivo, de subprodutos e sucatas.

Uma das características básicas dos subprodutos é:

a) ( ) preço de venda estável.

b) ( ) receita de venda debitada do custo de produção.

c) ( ) não ter mercado de venda relativamente estável.

d) ( ) não ter comercialização normal.

e) ( ) não recebem custos de produção

3. (ICMS/RJ_FGV). Analise as afirmativas a seguir:

I. Os coprodutos são todos os produtos secundários, isto é, deles se espera a geração esporádica de receita que é relevante para a entidade.

II. Dos subprodutos se espera a geração de receita regular ou esporádica para a entidade, sendo seu valor irrelevante para a entidade, em relação ao valor de venda dos produtos principais.

III. Os subprodutos são avaliados, contabilmente, pelo valor líquido de realização.

IV. A receita auferida com a venda de sucatas é reconhecida como "Receita Operacional Bruta".

Assinale:

a) ( ) se somente as afirmativas I e II forem corretas.

b) ( ) se somente as afirmativas I, II e IV forem corretas.

c) ( ) se somente as afirmativas II e III forem corretas.

d) ( ) se somente as afirmativas II e IV forem corretas.

e) ( ) se somente a afirmativa III for correta.

4. (SEFAZ-PI/Auditor Fiscal_FCC) Os coprodutos:

a) ( ) têm os custos apurados com o uso de critérios de apropriação de custos conjuntos.

b) ( ) não são objetos de custeio pelas empresas.

c) ( ) possuem pouquíssima relevância dentro do faturamento global da empresa.

d) ( ) não têm valor de venda ou condições de negociabilidade boas.

e) ( ) são assim chamados por serem oriundos de duas matérias-primas similares.

5. (ICMS SP/Agente Fiscal de Rendas_FCC) No processo produtivo, as perdas normais e as sucatas devem receber o tratamento contábil expresso em:

	Perdas normais	Sucatas
a) ( )	Seu custo deve ser lançado como despesas do mês.	Devem ser lançadas como redução dos custos do mês.
b) ( )	Seu custo deve ser agregado ao produto de sua origem.	Não recebem custos.
c) ( )	Devem ser lançadas como outras despesas não operacionais.	Devem receber custos.
d) ( )	Devem ser custeadas separadamente.	Devem receber custos da mesma forma que um produto normal da empresa.
e) ( )	Devem ser lançadas como despesas não operacionais.	Devem ser lançadas como redução de custos do mês.

6. (Liquigás/Contador_Cesgranrio) Subprodutos são os itens que surgem no processo produtivo de forma normal e que se caracterizam por apresentarem:

a) ( ) comercialização anormal
b) ( ) mercado de venda instável
c) ( ) grande participação nas receitas
d) ( ) preço de venda relativamente estável
e) ( ) elementos de produtos propriamente ditos

7. (ICMS SP_FCC) Considere as seguintes assertivas:

I. Itens gerados de forma normal durante o processo de produção possuem mercado de venda relativamente estável e representam porção ínfima do faturamento da empresa.
II. Itens cuja venda é realizada esporadicamente por valor não previsível no momento em que surgem na produção.
III. Itens consumidos de forma anormal e involuntária durante o processo de produção.

Com base nas terminologias de custos, as assertivas I, II e III referem-se, respectivamente, a:

a) ( ) subprodutos, perdas e gastos.
b) ( ) sucatas, coprodutos e perdas.
c) ( ) sucatas, perdas e subprodutos.
d) ( ) sucatas, subprodutos e custos.
e) ( ) subprodutos, sucatas e perdas.

8. (AFTN_ESAF) Os itens de produção que nascem de forma normal durante o processo produtivo, porém, não possuem mercado definido e cuja venda é aleatória, são denominados (as):

a) ( ) perdas produtivas
b) ( ) subprodutos
c) ( ) sucatas
d) ( ) coprodutos
e) ( ) perdas improdutivas

9. (Petrobras/Contador_Cesgranrio_adaptada) Uma indústria de produção contínua no processamento de um determinado material realiza a produção conjunta de três coprodutos, Alfa, Beta e Gama com mercado cativo próprio e aquecido.

Essa indústria apresentou as seguintes informações para um determinado período produtivo:
a) Dados da produção:

Linha de Coprodutos	Quantidade (em toneladas)	Preço de venda (por tonelada)
ALFA	2.000	R$ 1.360,00
BETA	1.400	R$ 1.700,00
GAMA	1.600	R$ 2.125,00

b) Gastos do período produtivo:

Mão de obra direta	R$ 1.200.000,00
Materiais diretos (matéria-prima)	R$ 2.800.000,00
Materiais indiretos	R$ 600.000,00
Transporte dos produtos (despesa)	R$ 400.000,00

Sabendo-se que a indústria adota o método do valor mercado para fazer a apropriação dos custos conjuntos aos coprodutos, o valor do custo alocado ao coproduto Alfa é:

a) ( ) R$ 1.288.000,00
b) ( ) R$ 1.472.000,00
c) ( ) R$ 1.600.000,00
d) ( ) R$ 1.840.000,00
e) ( ) R$ 2.000.000,00

10. (Liquigás/Contador_Cesgranrio) Uma indústria que trabalha de forma contínua e produz os coprodutos, X; Y; Z; e W apresentou as seguintes informações relativas exclusivamente a tais coprodutos, anotadas num determinado período produtivo.

Dados dos coprodutos

Elementos	Produto X	Produto Y	Produto Z	Produto W
Produção (em unidades)	12.000	20.000	8.000	10.000
Preço Venda (em reais)	40,80	38,52	135,00	126,00

Custos do período produtivo com os coprodutos

Elementos	Matéria-prima	Mão de obra direta	Custos indiretos Fabricação
Custos conjuntos (em reais)	580.000,00	320.000,00	100.000,00

Apropriação dos custos do período aos coprodutos: método do valor de mercado. Considerando exclusivamente as informações recebidas e a boa técnica da apropriação dos custos conjuntos aos coprodutos, o custo alocado ao coproduto Z é:

a) ( ) R$ 160.000,00
b) ( ) R$ 225.000,00
c) ( ) R$ 250.000,00
d) ( ) R$ 270.000,00
e) ( ) R$ 300.000,00

11. (Exame de Suficiência/CFC) Uma indústria apresenta o custo padrão necessário para comprar, cortar e beneficiar uma tora de madeira.

- Custos com materiais: R$ 125.000,00.
- Custos de transformação R$ 55.000,00.

Do processo inicial, sairão dois produtos, partindo desses custos conjuntos: chapas de madeira e vigas de madeira. Os valores de venda estimados desses dois produtos são os seguintes:

- Chapas   R$ 252.000,00.
- Vigas   R$ 378.000,00.

Os custos adicionais para venda das chapas são estimados em R$ 50.000,00 e para venda das vigas em R$ 112.000,00. Considerando o valor das vendas dos produtos finais como base de rateio e considerando os custos conjuntos das chapas de madeira e das vigas de madeira, as margens líquidas em percentual de cada produto são, respectivamente:

a) ( ) 40,00% e 60,00%.
b) ( ) 51,59% e 41,80%.
c) ( ) 71,43% e 71,43%.
d) ( ) 72,22% e 58,52%

12. (Petrobras/Contador_Cesgranrio_ adaptada) A Cooperativa Mandacaru triturou 1.000 toneladas de macaxeira em março de 20x0.

Desse processo, ocorreu uma perda de 5% na matéria-prima, gerando uma produção de 500 toneladas de farinha fina, 250 toneladas de farinha grossa e 200 toneladas de pó para massa. O preço pago aos produtores foi, em média, de R$ 0,20 por quilo.

Os custos conjuntos do ano foram de R$ 275.000,00, além da matéria-prima. No entanto, ocorreram outros custos além desses, especificamente para cada produto, apresentados abaixo.

Preços de venda e Custos	Farinha fina (R$)	Farinha grossa (R$)	Pó para massa (R$)
Preço de venda	1,20/kg	1,20/kg	1,50/kg
Mão de obra direta	20.000,00	10.000,00	8.000,00
Embalagem	15.000,00	5.000,00	12.000,00
Custos indiretos de produção	15.000,00	5.000,00	10.000,00

Considerando-se exclusivamente os dados acima e utilizando o critério de apropriação de custos conjuntos conhecido como método do valor de mercado, o custo dos produtos vendidos, referente ao produto farinha grossa é de:

a) ( ) R$ 575.000,00
b) ( ) R$ 475.000,00
c) ( ) R$ 287.500,00
d) ( ) R$ 148.750,00
e) ( ) R$ 138.750,00

13. (Transpetro/Contador_Cesgranrio) A indústria ZE que utiliza a mesma matéria-prima na sua linha de produtos, ao final de um período produtivo, apresentou o seguinte quadro de dados:

Linha de Produtos	Preço de Venda por kg	Produção em Kg
ZA	$ 62,50	20.000
ZB	$ 39,00	50.000
ZC	$ 60,00	30.000

Custos conjuntos: $ 2.800.000,00

Considerando-se exclusivamente os dados informados, a boa técnica da contabilidade de custos e sabendo que a indústria ZE aloca os custos conjuntos aos produtos pelo método da igualdade do lucro bruto, o custo alocado ao produto ZB, em reais, é de:

a) ( ) $ 550.000,00
b) ( ) $ 850.000,00
c) ( ) $ 1.092.000,00
d) ( ) $ 1.100.000,00
e) ( ) $ 1.400.000,00

14. (Transpetro/Contador_Cesgranrio_adaptada) Uma indústria de produtos alimentícios consumiu 4.000.000 de litros de leite, em 20x0, na produção de queijo e manteiga. O preço pago aos produtores foi, em média, R$ 2,00 por litro. O total da produção do ano foi 400.000 kg de queijo e 200.000 kg de manteiga. Os custos conjuntos do ano corresponderam a R$ 2.000.000,00, além da matéria-prima. Além desses, incorreram outros custos, especificamente para um e outro produto, conforme pode ser observado a seguir.

Custos específicos da manteiga (em R$)		Custos específicos do queijo (em R$)	
Mão de obra direta	1.200.000,00	Mão de obra direta	2.000.000,00
Embalagem	50.000,00	Embalagem	80.000,00
Custos indiretos de fabricação	350.000,00	Custos indiretos de fabricação	800.000,00

Tendo em conta as informações acima, sabe-se que o preço de venda da manteiga era de R$ 80,00/kg, e o do queijo, R$ 120,00/kg.
O custo unitário total atribuído ao queijo e à manteiga, com base no método do valor de mercado foi, em reais, respectivamente, de:

a) ( ) 25,95 e 20,50   b) ( ) 22,75 e 19,85   c) ( ) 21,17 e 19,35
d) ( ) 20,65 e 18,75   e) ( ) 18,75 e 12,50

15. (Petrobras/Contador_Cesgranrio_adaptada) A Indústria Espiga Ltda., produz derivados de milho. No mês de abril de 20x1, comprou 58 toneladas de milho a R$ 5,00 o quilo. Para realizar seu processo produtivo, além da matéria-prima, incorreu nos seguintes custos:

• Mão de obra direta   R$ 50.000,00

• Outros custos   R$ 25.000,00

No mesmo processo produtivo, foram fabricados os seguintes volumes como coproduto:

• Fubá de milho   30.000 kg,   vendido o saco de 60 kg a R$ 480,00.
• Milho granulado   24.000 kg,   vendido a R$ 5,00/kg.
• Farinha de milho   4.000 kg,   vendido a R$ 10,00/kg.

Considere exclusivamente as informações acima e despreze a incidência de qualquer tipo de impostos.

Quais os custos comuns, em reais, atribuídos ao produto fubá de milho, adotando-se o critério de apropriação de custos comuns com base no valor de mercado?

a) ( ) 355.550,00   b) ( ) 240.000,00   c) ( ) 226.896,00
d) ( ) 219.000,00   e) ( ) 169.650,00

16. (SEFAZ-PI/Auditor Fiscal_FCC_adaptada) No mês de outubro de 20x4, a Indústria Têxtil Gama Ltda. adquiriu 125 metros de um tecido pelo valor total de R$ 2.750,00, sendo que neste valor estão incluídos R$ 250,00 de IPI e R$ 450,00 de ICMS. Do total de tecido adquirido, foram utilizados 120 metros para a produção de 100 unidades de um dos modelos de blusa feminina. Os retalhos gerados durante o processo de produção das blusas são considerados subprodutos pela empresa, cujo valor realizável líquido de R$ 50,00 foi reduzido do custo de produção das blusas. Considerando que os tributos incidentes na compra são recuperáveis e que não havia estoques iniciais no mês de outubro, o custo do tecido por unidade de blusa produzida foi, em reais,

a) ( ) R$ 25,90.   b) ( ) R$ 20,00.   c) ( ) R$ 19,18.
d) ( ) R$ 19,20.   e) ( ) R$ 16,40.

17. (Exame de Suficiência/CFC_adaptada) Uma entidade produz, utilizando a mesma matéria-prima, os produtos "Tipo A", "Tipo B" e "Tipo C". Essa entidade apresentou, em maio de 20x8, os seguintes dados relacionados à produção:

Produto	Matéria-Prima Processada (kg)	Quantidade Líquida Produzida (kg)	Rejeito (kg)
Tipo A	20 kg	12 kg	8 kg
Tipo B	40 kg	30 kg	10 kg
Tipo C	60 kg	54 kg	6 kg

- Os custos da matéria-prima processada no período foram de $ 1.200,00.
- Os custos indiretos de produção no período foram de $ 960,00.
- O rejeito gerado na produção é considerado um subproduto, sendo comercializado ao valor líquido de $ 1,00 por quilo.

- A entidade rateia os custos indiretos com base na quantidade líquida produzida por produto.

Considerando-se apenas as informações apresentadas, o custo unitário por quilo de cada produto dessa entidade no período foi:

a) (   ) Tipo A $ 26; Tipo B $ 23; Tipo C $ 21.
b) (   ) Tipo A $ 20; Tipo B $ 40; Tipo C $ 60.
c) (   ) Tipo A $ 12; Tipo B $ 30; Tipo C $ 54.
d) (   ) Tipo A $ 21; Tipo B $ 23; Tipo C $ 26.

Gabarito

1	2	3	4	5	6	7	8	9	10
E	E	C	A	B	D	E	C	B	E

11	12	13	14	15	16	17
B	E	B	A	D	C	A

Veja a solução completa de todos os exercícios no capítulo 12 deste livro.

6

CUSTEIO VARIÁVEL

A realidade das empresas no mundo atual, frente à globalização, é de extrema competitividade. Os desafios do dia a dia com relação à concorrência levam as empresas a buscarem cada vez mais a sua eficiência. Neste aspecto, uma boa gestão de custos de produção passa a ser fator fundamental para o sucesso de qualquer negócio.

No custeio variável, também conhecido como custeio direto, somente os custos variáveis são alocados aos produtos ou aos serviços. Este método procura amenizar o impacto das distorções existentes nos critérios de rateios, alocando os custos fixos diretamente no resultado, sendo estes tratados como despesas. Dessa forma, o custeio variável permite demonstrar quanto cada produto contribuiu para o resultado final da empresa. Esta é a principal vantagem desse método no apoio às decisões gerenciais de curto prazo, pois proporciona ao gestor maior informação sobre a relação existente entre custo, volume e lucro.

6.1 Custeio variável versus custeio por absorção

Inicialmente, para o estudo do custeio variável, será abordada a comparação desse método com o custeio por absorção, a fim de facilitar o seu entendimento. A diferença entre esses dois métodos está basicamente em dois aspectos: os custos indiretos de fabricação fixos que são levados em consideração na avaliação dos estoques e, por consequência, o modelo de apuração do resultado do exercício.

O custeio por absorção, cuja aplicação está mais sob os enfoques contábil e fiscal, é o método de custeio do estoque, no qual todos os custos de fabricação são considerados custos *inventariáveis*[15], ou seja, o estoque "absorve" todos os custos de fabricação.

Por considerar o total dos custos por produto (fixos, variáveis, diretos e indiretos) o custeio por absorção necessita de critérios de rateio para a apropriação dos custos indiretos de fabricação quando houver dois ou mais produtos ou serviços. Esse procedimento requer certo grau de subjeti-

---

15 São custos debitados ao inventário (estoque).

vidade e arbitrariedade, o que torna os critérios de rateio pouco confiáveis, comprometendo os dados da análise.

O custeio por absorção não é considerado como uma ferramenta de gestão de custos útil, pois possibilita distorções ao distribuir (ratear) custos comuns entre diversos produtos e serviços, possibilitando mascarar ineficiências e/ou desperdícios, elevando artificialmente os custos de alguns produtos ou serviços.

O mundo contemporâneo tem sofrido várias transformações, tanto no cenário político-econômico, quanto na gestão das empresas, influenciada pelo mercado e pelas concorrências interna e externa, exigindo que os gestores detenham informações relevantes e pertinentes sobre os custos da empresa. Conhecer quanto cada produto contribui para o resultado final é fundamental para otimizar as decisões para a maximização do lucro. E essa é a grande utilidade do custeio variável.

O custeio variável, que é formatado para atender às necessidades gerenciais, é o método de custeio de estoque em que todos os custos de fabricação são variáveis – geralmente os materiais diretos utilizados, a mão de obra apontada (direta) e a parte variável dos CIF – e todos os custos fixos são excluídos dos custos inventariáveis, pois vão direto para o resultado como despesa, por serem custos efetivos do período em que ocorreram, ou seja, existem mesmo que não haja produção no período.

Assim, o custo dos produtos vendidos (CPV) e os estoques finais de produtos em elaboração e produtos acabados só conterão custos variáveis.

O método de custeio variável, além de ser conhecido como custeio direto, também é conhecido como custeio marginal ou custeio por contribuição, por utilizar o conceito da **margem de contribuição**.

O resultado do exercício, pelo custeio variável, é apresentado da forma simplificada a seguir:

Demonstração do resultado (custeio variável ou direto)

Vendas
(-) Custos variáveis
(-) Despesas variáveis
(=) Margem de contribuição
(-) Custos e despesas fixos
(=) Resultado antes do IR e CSSL
(-) IR e CSSL
(=) Lucro do exercício (Lucro operacional)

Observe a figura a seguir, que representa o fluxo de recursos no método de custeio variável.

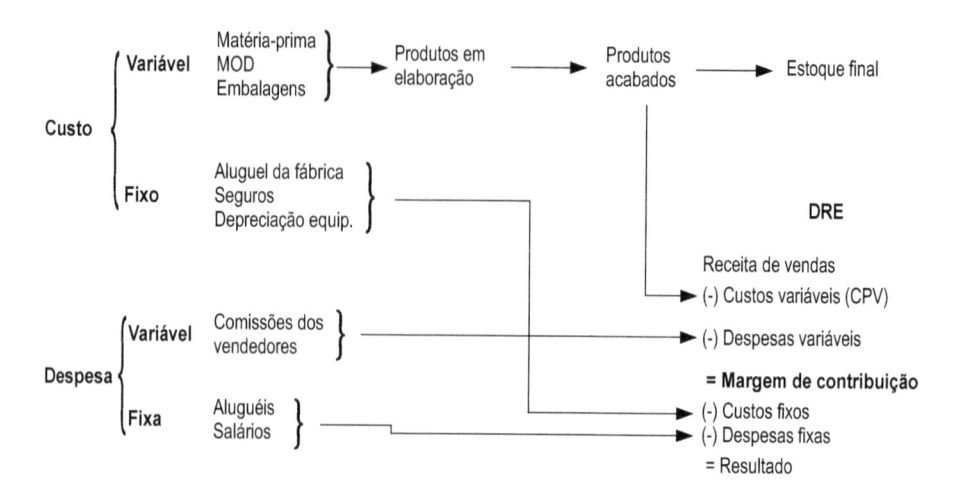

A seguir será demonstrado um exemplo com o estudo das diferenças entre os métodos de custeio variável e de custeio por absorção:

A Cia KFS tem a seguinte estrutura de custos e despesas:
- Capacidade instalada: 8.000 unidades.
- Número de unidades produzidas no período (normal): 6.000 unidades.
- Custos variáveis unitários:
  Materiais diretos: $ 2,00
  Mão de obra direta: $ 4,00
  Outros custos variáveis: $ 1,00

- Despesas variáveis: $ 3,00
- Custos fixos por ano: $ 30.000,00
- Despesas fixas: $ 10.000,00

Com base nos dados acima, determine o custo unitário pelo método do custeio por absorção e pelo método de custeio variável.

1) **Cálculo do custo unitário**

a) Solução: **custeio por absorção**
Total dos custos variáveis por unidade: $ 2,00 + $ 4,00 + $ 1,00 = $ 7,00
Custos fixos: $ 30.000,00
Despesas variáveis por unidade: $ 3,00
Despesas fixas: $ 10.000,00

$$\text{Custo unitário} = \frac{(6.000 \text{ un.} \times \$ 7,00) + \$ 30.000,00}{6.000 \text{ un.}} = \$12,00/\text{un.}$$

Observando o cálculo acima, no custeio por absorção **todos** os custos de produção, sejam fixos ou variáveis, são incluídos no cálculo do custo unitário do produto. As despesas serão lançadas diretamente na conta de Apuração do Resultado, sem passar pela conta Custo dos Produtos Vendidos.

b) Solução: **custeio variável**

Custo unitário: $ 2,00 + $ 4,00 + $ 1,00 = $ 7,00/un.

Os custos fixos serão lançados diretamente na conta de Apuração do Resultado e somente os custos variáveis farão parte do custo dos estoques e, posteriormente, dos custos dos produtos vendidos.

2) Comparação do resultado entre os métodos de custeio (por absorção e variável).

Dando continuidade ao exemplo, considere as informações a seguir:

- Estoque inicial de produtos: $ 0,00
- Unidades produzidas no período: 6.000 unidades.
- Unidades vendidas: 5.000 unidades a $ 20,00 cada.
- Unidades em estoque no final do período: 1.000 unidades.

Demonstração de resultado pelo custeio por absorção:

Receita de vendas: 5.000 un. x $ 20,00 =	$ 100.000,00
(-) Custo dos produtos vendidos: 5.000 un. x $ 12,00 =	($ 60.000,00)
(=) Lucro bruto operacional	$ 40.000,00
(-) Despesas operacionais	
Variáveis: 5.000 un. x $ 3,00 =	($ 15.000,00)
Fixas	($ 10.000,00)
(=) Lucro líquido operacional	$ 15.000,00

Estoque final de produtos: 1.000 un. x $ 12,00 = $ 12.000,00

Demonstração de resultado pelo custeio variável:

Receita de vendas: 5.000 un. x $ 20,00 =	$ 100.000,00
(-) Custo dos produtos vendidos: 5.000 un. x $ 7,00 =	($ 35.000,00)
(-) Despesas variáveis 5.000 un. x $ 3,00 =	($ 15.000,00)
(=) Margem de contribuição	$ 50.000,00
(-) Custos fixos	($ 30.000,00)
(-) Despesas fixas	($ 10.000,00)
(=) Lucro líquido operacional	$ 10.000,00

Estoque final de produtos: 1.000 un. x $ 7,00 = $ 7.000,00

6.1.1 Análise das diferenças

Analisando os resultados obtidos pelos dois métodos no exemplo anterior, chega-se às seguintes conclusões:

- Os $ 5.000,00 de diferença a maior no resultado do custeio por absorção, em comparação com o custeio variável, significa que parte dos custos fixos (com relação as 1.000 unidades não comercializadas) está ativada como Estoque de Produtos, enquanto no custeio variável todos os custos fixos são descarregados na conta de Apuração do Resultado independentemente da quantidade vendida; consequentemente, os estoques só contêm custos variáveis na sua composição.

- Na comparação entre os dois métodos, havendo estoque final no período, a diferença entre os dois métodos estará nos custos fixos que foram alocados aos produtos no custeio por absorção, o que não ocorre com o custeio variável, já que todos os custos fixos são levados a resultado. Assim, no custeio por absorção cada unidade em estoque contém $ 5,00 de custo fixo ($ 30.000,00 ÷ 6.000 un.); multiplicando pelas 1.000 unidades não vendidas, teremos como resultado o estoque final de $ 5.000,00 a maior em relação ao custeio variável.

- Caso tudo que se produza no período seja comercializado, **não vai existir** diferença entre os resultados de cada método, em face da inexistência de estoque final.

Entretanto, supondo que o gerente resolva aumentar a produção de 6.000 unidades para 7.000 unidades, o que acontecerá com o custo unitário em cada método? Supondo, ainda, que a estrutura de custos permaneça a mesma e as unidades vendidas continuem no mesmo patamar.

Cálculo do custo unitário pelo método de custeio por absorção:

$$\frac{(7.000 \text{ un. x } \$ 7,00) + \$ 30.000}{7.000 \text{ un.}} = \$ \mathbf{11,28/un.}$$

Cálculo do custo unitário pelo custeio variável:

$$\$ 2,00 + \$ 4,00 + \$ 1,00 = \$ \mathbf{7,00/un.}$$

Comparando os resultados, aumentando-se a produção, no custeio por absorção o custo unitário diminui e no custeio variável permanece o mesmo. Por quê? Os custos fixos ocorrem independentemente da produção, por isso são chamados de custos estruturais; quanto maior a produção, melhor utiliza-se a planta fabril e diminui-se o custo fixo unitário por produto. Em consequência, o custo unitário, agora, é menor que se tivesse no nível de produção de 6.000 unidades.

Já no custeio variável, o custo unitário continua o mesmo, já que os custos variáveis unitários não se alteram.

Vamos comparar novamente os resultados obtidos:

Demonstração de Resultado pelo custeio por absorção (com nível de produção 7.000 unidades):

Receita de vendas: 5.000 un. x $ 20,00	$ 100.000,00
(-) Custo dos produtos vendidos: 5.000 un. x $ 11,28	($ 56.400,00)
(=) Lucro bruto operacional	$ 43.600,00
(-) Despesas operacionais	
Variáveis 5.000 un. x $ 3,00	($ 15.000,00)
Fixas	($ 10.000,00)
(=) Lucro líquido operacional	$ 18.600,00

Estoque final de produtos: 2.000 un. x $ 11,28 = $ 22.560,00.

Demonstração de resultado pelo custeio variável (com nível de produção 7.000 unidades):

Receita de vendas: 5.000 un. x $ 20,00	$ 100.000,00
(-) Custo dos produtos vendidos: 5.000 un. x $ 7,00	($ 35.000,00)
(-) Despesas variáveis: 5.000 un. x $ 3,00	($ 15.000,00)
(=) Margem de contribuição	$ 50.000,00
(-) Custos fixos	($ 30.000,00)
(-) Despesas fixas	($ 10.000,00)
(=) Lucro líquido operacional	$ 10.000,00

Estoque final de produtos: 2.000 un. x $ 7,00 = $ 14.000,00.

Analisando mais uma vez as diferenças, percebemos que o resultado pelo método de custeio por absorção, agora, aumentou em relação ao anterior, face ao menor custo fixo por unidade produzida. No entanto, a empresa vendeu as mesmas unidades no período.

Já no custeio variável, o resultado continua o mesmo, porque não existe uma relação inversa entre os custos variáveis e o nível de produção, muito pelo contrário, existe uma relação direta: quanto maior a produção, maiores serão os custos variáveis. O gestor que não conheça essa relação de custos pode ser enganado face um aumento irreal no resultado da empresa, tendo em vista um aumento de produção, sem a respectiva aceitabilidade pelo mercado. Observamos, assim, que o custeio por absorção não proporciona informações confiáveis para as tomadas de decisões.

A diferença entre os resultados apresentados pelo método de custeio por absorção e o método de custeio variável está no custo fixo incorporado aos estoques, pelo primeiro método.

6.2 Margem de contribuição

As decisões tomadas com base no lucro unitário podem não ser as mais adequadas, pois este, produto do custeio por absorção, pode conter distorções provocadas pelo rateio dos custos indiretos fixos. Assim, para as tomadas de decisões, o mais adequado é a utilização da margem de contribuição, que é um índice que mostra o que cada produto efetivamente agrega à empresa como excedente entre a receita e os custos variáveis diretos e indiretos.

A margem de contribuição é a diferença entre o preço de venda e todos custos e despesas variáveis. O conhecimento da margem de contribuição é importante para a definição de prioridades de vendas para os produtos com maior lucratividade.

A margem de contribuição unitária pode ser determinada pela fórmula a seguir:

MCu = PVu - (CVu + DVu)

Sendo: MCu = Margem de Contribuição Unitária

CVu = Custo Variável Unitário

DVu= Despesa Variável Unitária

PVu = Preço de Venda Unitário

A margem de contribuição torna mais visível a potencialidade de cada produto. Quanto maior a margem de contribuição de um produto, mais ele contribui para cobrir os gastos fixos (custos e despesas) e formar o lucro propriamente dito. Entretanto, Martins (2010) argumenta que alguns cuidados devem ser tomados: se houver algum fator que limite a produção (materiais, horas etc.), o mais rentável será o produto que tiver maior margem de contribuição pelo fator de limitação da capacidade produtiva. Estudaremos isso no capítulo seguinte.

Caso não haja limitações na capacidade produtiva, o produto mais rentável será aquele que apresentar maior margem de contribuição por unidade.

Índice de margem de contribuição

A margem de contribuição também pode ser expressa em porcentagem. O índice de margem de contribuição indica a porcentagem de cada unidade monetária de vendas disponível para cobrir os custos fixos e propiciar lucro para empresa.

Índice de margem de contribuição = **vendas – custos e despesas variáveis**
vendas

Exemplo:

Vendas... $ 1.000.000,00
(-) Custos variáveis.................. $ 400.000,00
(-) Despesas variáveis.............. $ 200.000,00
(=) Margem de contribuição ... $ 400.000,00

Índice de margem de contribuição: $ 400.000,00 ÷ $ 1.000.000,00 = 40 %

6.3 Vantagens e desvantagens do método de custeio variável

Para fins de gestão, o custeio variável proporciona melhores condições para o gestor obter informações importantes para as tomadas de decisões de curto prazo sobre preços, volumes, composição de produtos e outros itens, tendo em vista que os custos fixos são desprezados e tratados como despesas do período, já que a sua existência, por sua própria natureza, independe da fabricação dos diversos produtos e da oscilação das quantidades fabricadas. Considera-se, assim, que os custos fixos são encarados como encargos necessários para que a empresa tenha condições de produzir e não como encargos de um produto específico.

Os custos fixos não estão vinculados a nenhuma unidade de produção ou a nenhum produto específico e são distribuídos aos produtos no custeio por absorção por meio de critérios de rateio que contêm, em maior ou menor grau, a subjetividade e a arbitrariedade (quando se produz mais de um produto e esses custos sejam indiretos). A maioria dos rateios é feita por meio da utilização de fatores que não vinculam cada item de custo a cada produto. Em termos de valoração de estoque, o rateio tem sua utilidade. Todavia, para a tomada de decisão, o rateio, por melhores que sejam os critérios, não parece muito útil. Basta verificar que a simples modificação do critério de rateio pode fazer um produto não rentável passar a ser rentável, e isso não está correto. Além disso, o valor dos custos fixos a ser distribuído a cada produto depende, também, do volume da produção, podendo ocorrer, ainda, a variação do custo de um produto em função da variação de quantidade produzida de outro produto.

Por outro lado, no médio e no longo prazo, o custeio variável pode não ser o mais recomendado, tendo em vista que, ao se ignorar a relação dos custos fixos com os produtos, assume-se a ideia de que não há uma associação entre os produtos e aqueles custos, pois para uma eficiente gestão de custos fixos, o gestor precisa ter uma noção de que forma os objetos de custos consomem esses recursos.

Outro ponto importante é que o custeio variável não atende aos princípios de contabilidade, principalmente o da competência. Com isso, o resultado final é menor do que o obtido no custeio por absorção, gerando, assim, menor recolhimento temporário de impostos. Esse, também, é um dos motivos pelo qual ele não é aceito pelo Fisco para fins de valoração de estoques, nem pela auditoria externa (auditores independentes), que pode não aceitar os números apresentados, ressalvando o fato em seus relatórios de auditoria.

Com relação a não aceitação do custeio variável pelo Fisco, de fato, não há menção na legislação fiscal que determine o uso de um método de custeio específico. No entanto, o Decreto-lei nº 1.598/77, bem como o RIR/2018 determinam que os produtos em fabricação e os produtos acabados serão avaliados pelo custo de produção e que os itens classificados como custo dos produtos incluem matéria-prima, mão de obra em geral, custos de locação, encargos de depreciação, entre outros.

As mesmas normas citam, ainda, que as empresas que mantenham *sistema de custo contábil integrado*[16] e coordenado com o restante da escrituração fiscal, poderão utilizar o custo desse sistema como custo da produção para a valoração dos estoques. Caso contrário, argumentam Perez Júnior, Oliveira e Costa (2012), a autoridade fiscal poderá arbitrar o valor dos estoques para efeito de cálculo do imposto de renda e da contribuição social, desconsiderando a escrituração contábil. Aqueles autores afirmam, ainda, que a legislação societária (Lei 6.404/76) e comercial brasileira determinam que a escrituração comercial seja feita de acordo com os princípios de contabilidade; e o sistema de custeio que atende aos princípios contábeis é o custeio por absorção, no qual todos os custos de produção (diretos e indiretos, fixos e variáveis) devem ser computados ao custo dos produtos. Nesse sentido, percebe-se a importância de os custos estarem de acordo com as exigências da legislação societária, fiscal e dos princípios contábeis.

Caso a empresa adote outro sistema para a escrituração contábil e fiscal, como o custeio variável por exemplo, ela deverá, por ocasião do encerramento do exercício, fazer os ajustes necessários em seus estoques e no custo dos produtos vendidos para que estejam registrados como seriam se a empresa utilizasse o custeio por absorção.

---

16 Considera-se sistema de contabilidade de custo integrado e coordenado com o restante da escrituração aquele: I - apoiado em valores originados da escrituração (matéria-prima, mão de obra direta, custos gerais de fabricação); II - que permita a determinação contábil, ao fim de cada mês, do valor dos estoques de matérias-primas e outros materiais, produtos em elaboração e produtos acabados; III - apoiado em livros auxiliares, fichas, folhas contínuas ou mapas de apropriação ou rateio, tidos em boa guarda e de registros coincidentes com aqueles constantes da escrituração principal; e IV - que permita avaliar os estoques existentes na data de encerramento do período de apropriação de resultados de acordo com os custos efetivamente incorridos (Art. 306, § 1º do RIR/2018).

Assim, para efeito de determinação da base de cálculo do imposto de renda e da contribuição social, tem-se como único sistema de custos aceitável o custeio por absorção, que, além de obedecer aos princípios de contabilidade, deve, principalmente, seguir as normas fiscais e societárias.

Apesar de apresentar algumas desvantagens, nada impede a utilização do custeio variável para fins gerenciais em relatórios internos das empresas. É o método mais indicado para a tomada de decisão, principalmente de curto prazo.

Por fim, podemos concluir que o custeio variável:

• Impede que aumentos de produção que não correspondam a aumento de vendas distorçam o resultado.

• É uma ferramenta melhor para as tomadas de decisões dos gestores. O uso do custeio por absorção pode levar a decisões errôneas sobre a produção face à arbitrariedade dos critérios de rateio e a distribuição dos custos fixos à produção do período.

As desvantagens são mínimas, alertando, somente, sobre os custos mistos, aqueles que têm uma parcela fixa e outra variável, pois nem sempre é possível separá-las objetivamente.

6.4 Exercícios

1. (CFC/Exame de Suficiência) Uma indústria adota como método de custeamento o Custeio Variável. No mês de fevereiro, produziu e vendeu 5.000 unidades de determinado produto, de acordo as seguintes informações:

– Preço de venda unitário: R$ 25,00
– Alíquota de tributos incidentes sobre as vendas: 17%
– Custo variável unitário: R$ 11,00
– Percentual de comissão sobre vendas: 5%
– Custo fixo mensal: R$ 30.000,00

Considerando-se apenas as informações apresentadas, a margem de contribuição unitária desse produto é de:

a) ( ) R$ 2,50.
b) ( ) R$ 3,75.
c) ( ) R$ 8,50.
d) ( ) R$ 9,75.

2. (SEFAZ RS/Agente Fiscal_FUNDATEC) Quando a produção do período não é totalmente vendida, o custeio variável apresenta lucro menor do que o custeio por absorção. Por que existe essa diferença?

a) ( ) Porque no custeio por absorção, os custos variáveis são rateados.
b) ( ) Porque no custeio por absorção, os custos fixos não fazem parte do custo dos produtos.
c) ( ) Porque no custeio variável, o custo dos produtos é maior.
d) ( ) Porque no custeio por absorção, somente os custos primários são atribuídos aos produtos.
e) ( ) Porque no custeio por absorção, parte dos custos fixos encontra-se no estoque.

3. (TCE SP/Auditor_FCC) Com o objetivo de diminuir a repetência e a evasão escolar decorrentes de problemas de audição dos alunos do ensino fundamental, a Secretaria de Educação do Município X propôs o desenvolvimento de uma atividade para diagnosticar os alunos com tais problemas e, posteriormente, encaminhá-los para tratamento médico. Para isso, a secretaria estabeleceu uma parceria com uma organização social, definindo um repasse de R$ 1,00 por diagnóstico realizado nas dependências da organização social, além disso, a prefeitura comprometeu-se a enviar os formulários necessários ao diagnóstico. A atividade seria realizada sob a supervisão de um funcionário da Secretaria da Educação. Supondo que a Prefeitura do Município X utilize o método de custeio variável, o custo unitário do produto "diagnóstico realizado" seria composto pelo valor:

a) ( ) do repasse por diagnóstico realizado mais o custo de supervisão dividido pelo número de alunos atendidos.
b) ( ) unitário do formulário mais o custo de supervisão dividido pelo número de alunos atendidos.
c) ( ) do repasse por diagnóstico realizado menos o custo de supervisão.
d) ( ) do repasse por diagnóstico realizado mais o valor unitário do formulário mais o custo de supervisão dividido pelo número de alunos atendidos.
e) ( ) do repasse por diagnóstico realizado mais o valor unitário do formulário.

4.   (ENADE/Contabilidade_adaptada) Cia das Camisas pretende elaborar a Demonstração de Resultado pelo método do Custeio por Absorção e pelo Custeio Variável. Para isso, irá utilizar as informações a seguir:

– Preço de venda: R$ 20,00.
– Custos variáveis de produção: R$ 6,00.
– Custos variáveis comerciais (variam conforme unidades vendidas): R$ 2,00.
– Custos fixos: R$ 60.000,00 por mês
– Volume mensal de produção: 30.000 unidades.
– Volume mensal de vendas: 20.000 unidades.

Diante do exposto, o lucro mensal da Cia das Camisas pelo Custeio por Absorção e pelo Custeio Variável é igual a, respectivamente:

a) ( ) R$ 200 000,00 e R$ 180 000,00.
b) ( ) R$ 216 000,00 e R$ 236 000,00.
c) ( ) R$ 240 000,00 e R$ 180 000,00.
d) ( ) R$ 240 000,00 e R$ 220 000,00.
e) ( ) R$ 344 000,00 e R$ 234 000,00.

5. (Exame de Suficiência/CFC_adaptada) No primeiro trimestre de 20x2, uma Indústria concluiu a produção de 600 unidades de um produto, tendo vendido 400 unidades ao preço unitário de R$ 120,00. No mesmo período, foram coletadas as informações abaixo:

✓ Custo variável unitário: R$ 20,00
✓ Total de custos fixos: R$ 18.000,00
✓ Despesas variáveis de vendas: R$ 2,00 por unidade
✓ Estoque inicial de produtos acabados: R$ 0,00

Com base nas informações acima, feitas as devidas apurações, o custo dos produtos vendidos calculado, respectivamente, por meio do custeio por absorção e do custeio variável, alcançou os seguintes valores:

a) ( ) R$ 18.000,00 e R$ 8.000,00.
b) ( ) R$ 18.000,00 e R$ 8.800,00.
c) ( ) R$ 20.000,00 e R$ 8.000,00.
d) ( ) R$ 20.000,00 e R$ 8.800,00.

6. (Exame de Suficiência/CFC) Uma indústria de laticínios produz dois tipos de queijo: minas padrão e muçarela. No mês de julho de 20x8 foram apuradas as seguintes informações:

• Custo da matéria-prima (MP): R$ 1,00 por litro de leite.

• O consumo de matéria-prima se dá por quilo produzido:

Produtos (queijos)	Consumo	Produção
Minas padrão	4 litros/kg	4.000 kg
Muçarela	6 litros/kg	4.000 kg

• A mão de obra direta (MOD) totalizou R$ 20.000,00 sendo 60% distribuído para o queijo minas padrão e 40% para o muçarela.

• Os custos indiretos de produção fixos totalizaram R$ 24.000,00.

• O preço de venda do queijo minas padrão foi R$ 17,00/kg e o preço de venda do queijo muçarela foi R$ 19,00/kg.

Considerando-se apenas as informações disponíveis, assinale a alternativa correta que indica, respectivamente, o valor em R$ da margem de contribuição por quilo do queijo minas padrão e por quilo do queijo muçarela. Desconsidere qualquer incidência de impostos e admita que essa indústria trabalhou com sua capacidade normal de produção.

a) ( ) R$ 7,00 e R$ 8,00.
b) ( ) R$ 10,00 e R$ 11,00.
c) ( ) R$ 12,00 e R$ 14,00.
d) ( ) R$ 14,00 e R$ 17,00.

7. (Petrobras/Contador_Cesgranrio) A indústria A apresentou as seguintes informações com relação à produção de um de seus produtos:

✓ Produção: 50.000 unidades

✓ Matéria-prima total consumida: R$ 490.000,00

✓ Mão de obra direta total utilizada: R$ 245.000,00

✓ Comissão total paga na venda da produção: R$ 105.000,00

✓ Custos fixos totais dessa produção: R$ 70.000,00

✓ Preço de venda unitário do produto: R$ 25,00

Considerando exclusivamente as informações apresentadas e a boa prática da contabilidade de custos na análise de custos para decisão, a margem de contribuição unitária da indústria A para uma produção e venda de 70.000 unidades é:

a) ( ) R$ 8,20   b) ( ) R$ 8,90
c) ( ) R$ 13,00   d) ( ) R$ 13,50
e) ( ) R$ 14,50

8. (BR Distribuidora/Contador_Cesgranrio) A indústria, que adota o custeio direto na tomada de decisão administrativa e a fixação do preço de venda, apresentou as seguintes informações, em reais, referentes à produção de um produto de sua linha:

• Preço de venda: R$ 125,00
• Matéria-prima consumida: R$ 50,00
• Mão de obra direta: R$ 38,00
• Custos indiretos de fabricação fixos: R$ 12,00
• Comissão de venda: R$ 4,00

Considerando exclusivamente as informações recebidas e desconsiderando a incidência de quaisquer tipos de impostos, a margem de contribuição desse produto, em reais, é

a) ( ) 21,00   b) ( ) 25,00
c) ( ) 33,00   d) ( ) 37,00
e) ( ) 125,00

9. (Petrobras/Contador_Cesgranrio) A companhia industrial que adota o custeio direto na análise gerencial apresentou as seguintes informações com relação a um de seus produtos:

✓ Capacidade instalada de produção: 70.000 unidades
✓ Produção atual: 60.000 unidades
✓ Custo variável unitário da produção atual: R$ 10,00
✓ Custo fixo unitário da produção atual: R$ 3,50
✓ Preço de venda unitário do produto: R$ 15,00

Considerando que:

✓ Toda a produção do período anterior foi vendida e o estoque final é 0 (zero),
✓ Há uma estimativa de aumento de consumo do produto igual a 25% sobre o nível da produção atual dessa indústria,
✓ Não há qualquer tipo de tributação nas operações praticadas,
✓ A estrutura de custos e preço será mantida no próximo período,
✓ Por uma questão de logística, a indústria estima para o próximo período um estoque final de produtos acabados de 5.000 unidades e utilizando exclusivamente as informações apresentadas e a boa técnica da contabilidade de custos, o resultado dessa indústria, estimado para o próximo período, pelo custeio direto é:

a) ( ) R$ 90.000,00
b) ( ) R$ 97.500,00
c) ( ) R$ 115.000,00
d) ( ) R$ 140.000,00
e) ( ) R$ 154.000,00

Considere exclusivamente as informações a seguir para responder às questões de números 10 a 13.

(Liquigás/Contador_Cesgranrio) Uma indústria, que aloca seus custos de produção pelo método de custeio por absorção, produziu 40.000 unidades de um dos produtos de sua linha com custo total de produção de R$ 690.000,00 e custo unitário variável de R$ 12,20. Estima-se um aumento de 25% na produção, com a manutenção de sua estrutura atual de custos, para atender à demanda do mercado, sem necessidade de modificar a capacidade de produção já instalada.

10. Tendo em vista o novo volume de produção, o custo unitário de produção, mantido o método do custeio por absorção é de:

a) ( ) R$ 12,20   b) ( ) R$ 13,80
c) ( ) R$ 15,25   d) ( ) R$ 16,24
e) ( ) R$ 17,25

11. O estoque inicial de produtos acabados dessa linha é igual a 0 (zero), e o preço de venda unitário é de R$ 20,00 na venda de 90% do novo nível de produção.

O valor do estoque final desses produtos acabados, pelo método de custeio variável é de:

a) ( ) R$ 61.000,00   b) ( ) R$ 69.000,00
c) ( ) R$ 76.250,00   d) ( ) R$ 81.200,00
e) ( ) R$ 86.250,00

12. Admitindo-se que a indústria passe a adotar o método de custeio variável e que negocie toda a nova produção pelo aludido preço de venda unitário de R$ 20,00, exclusivamente, nessas condições, o lucro operacional bruto da indústria, somente desse produto será de:

a) ( ) R$ 137.500,00
b) ( ) R$ 188.000,00
c) ( ) R$ 390.000,00
d) ( ) R$ 798.000,00
e) ( ) R$ 1.000.000,00

13. Admitindo-se que o estoque inicial de produtos acabados seja 0 (zero), que haja um aumento de 10% nos custos fixos de sua produção e que o novo nível de produção e o volume de vendas sejam estimados em 90% da nova produção, o novo custo de produção unitário, pelo método do custeio variável é de:

a) ( ) R$ 11,09   b) ( ) R$ 12,20
c) ( ) R$ 13,42   d) ( ) R$ 16,77
e) ( ) R$ 17,75

Considere os dados a seguir para responder às questões de números 14 e 15.

(Petrobras/Contador_Cesgranrio_adaptada) Informações extraídas da contabilidade da Cia. Industrial Pescafácil S.A. em dezembro de 20x9:

• Unidades fabricadas do produto: 50.000
• Custo fixo do mês: R$ 1.800.000,00
• Preço de venda unitário do produto: R$ 80,00
• Custo variável unitário do produto: R$ 20,00
• Despesa variável unitária: R$ 5,00
• Despesa fixa do mês: R$ 750.000,00
• Unidades vendidas do produto: 45.000

14. Considerando, exclusivamente, as informações acima, o resultado operacional da empresa em dezembro de 20x9, pelo critério do custeio direto ou variável, será, em reais, de:

a) ( ) lucro de 105.000,00.
b) ( ) lucro de 105,00.
c) ( ) lucro de 75,00.
d) ( ) prejuízo de 105.000,00.
e) ( ) prejuízo de 75.000,00.

15. Considerando, exclusivamente, as informações dadas, o total do estoque da empresa em dezembro de 20x9, pelo critério do custeio por absorção, será, em reais, de:

a) ( ) 100.000,00   b) ( ) 105.000,00
c) ( ) 150.000,00   d) ( ) 180.000,00
e) ( ) 280.000,00

16. (Petrobras/Administrador_Cesgranrio) Uma companhia industrial, que adota o custeio variável nas suas decisões gerenciais, está estudando o lançamento de um novo produto no mercado. Para complementar o estudo, foi realizada uma pesquisa mercadológica que indicou as seguintes alternativas para a aceitação desse produto no mercado consumidor:

Alternativa	Produção e vendas	Preço de venda por unidade	Matéria-prima por unidade	Custos fixos por unidade	Despesa variável por unidade
DM1	40.000	98,00	55,00	15,40	12,00
DM2	38.000	96,00	55,00	16,00	8,50
DM3	35.000	94,50	55,00	17,50	3,20
DM4	30.000	94,00	55,00	20,00	0,20
DM5	28.000	92,00	55,00	22,00	0,10

Considerando, exclusivamente, as informações recebidas, a maximização do resultado com a comercialização desse produto é obtida pela alternativa

a) ( ) DM1   b) ( ) DM2
c) ( ) DM3   d) ( ) DM4
e) ( ) DM5

Para responder às questões de números 17 e 18 considere os dados a seguir referentes aos exercícios financeiros de 20x1 e 20x2, sobre uma indústria que produz e vende um único produto (ICMS SP/ Agente Fiscal de Rendas_FCC_adaptada):

Dados	20x1	20x2
Quantidade produzida	500.000	625.000
Quantidade vendida	500.000	500.000
Preço líquido de venda por unidade	R$ 42,00	R$ 42,00
Custos variáveis por unidade	R$ 30,00	R$ 30,00
Despesas variáveis por unidade	R$ 5,00	R$ 5,00
Custos fixos por ano	R$ 3.000.000,00	R$ 3.000.000,00
Despesas fixas por ano	R$ 400.000,00	R$ 400.000,00

Observação: Considere ainda que não existiam estoques iniciais de produtos em elaboração e de produtos acabados em cada um dos exercícios financeiros.

17. Os valores da margem de contribuição unitária do produto nos exercícios financeiros de 20x1 e 20x2 foram, respectivamente, em R$:

a) ( ) 5,20 e 5,20.   b) ( ) 6,00 e 6,00.
c) ( ) 6,00 e 7,20.   d) ( ) 7,00 e 7,00.
e) ( ) 12,00 e 12,00.

18. Referente ao exercício financeiro de 20x2, a diferença entre os valores dos estoques finais de produtos acabados apurados pelos métodos de custeio por absorção e variável é, em R$:

a) ( ) 80.000,00.   b) ( ) 600.000,00.
c) ( ) 625.000,00.   d) ( ) 680.000,00.
e) ( ) 750.000,00.

Considere as informações a seguir para responder às questões de números 19 e 20.

(Metro SP/Contador_FCC_adaptada) A Cia. LEVE produz um único produto e durante o mês de janeiro de 20x4, produziu integralmente 2.000 unidades do referido produto e vendeu 1.200 unidades por R$ 100,00 cada. As informações sobre custos e despesas incorridos pela Cia. no mês de janeiro de 20x4 são:

✓ Custo fixo: R$ 22.000,00/mês
✓ Custos variáveis:
  Matéria-prima: R$ 15,00/unidade
  Mão de obra direta: R$ 6,00/unidade
✓ Despesas fixas: R$ 7.000,00/mês
✓ Despesas variáveis: R$ 3,00/unidade
✓ Comissões sobre venda: 5% do preço de venda

19. Pelo método de custeio variável, o custo unitário da produção do mês de janeiro de 20x4 foi, em reais, de:

a) ( ) 29,00.   b) ( ) 26,00.
c) ( ) 24,00.   d) ( ) 21,00.
e) ( ) 15,00.

20. Sabendo que não havia estoque inicial de produtos em elaboração e de produtos acabados, o valor do estoque final de produtos acabados da Cia. LEVE, em 31 de janeiro de 20x4, pelo custeio por absorção, era, em reais:

a) ( ) 16.800,00.   b) ( ) 29.600,00.
c) ( ) 25.600,00.   d) ( ) 28.000,00.
e) ( ) 64.000,00.

21. (Transpetro/Adminstração_Cesgranrio) Ao final de um determinado período produtivo, uma indústria que produz um só produto e que adota o custeio variável nas suas análises gerenciais apresentou as seguintes informações ao final de um exercício social:

• Margem de contribuição unitária = R$ 25,00
• Preço de venda do produto = R$ 45,00
• Custos variáveis totais = R$ 400.000,00
• Custos fixos por unidade = R$ 10,00

Sabendo-se que toda a produção foi vendida, o resultado (lucro líquido) da indústria, em reais, é:

a) ( ) 200.000,00   b) ( ) 300.000,00
c) ( ) 400.000,00   d) ( ) 500.000,00
e) ( ) 900.000,00

22. (IMBEL/Analista Contábil_UFF) Observe os dados abaixo e assinale a alternativa que contenha a resposta certa.

	R$
Vendas	230.000,00
Custos fixos	40.000,00
Custos variáveis	60.000,00
Despesas variáveis	45.000,00
Estoque inicial	30.000,00
Estoque final	15.000,00
Compras	55.000,00

A margem de contribuição é de:

a) ( ) R$ 100.000,00
b) ( ) R$ 145.000,00
c) ( ) R$ 85.000,00
d) ( ) R$ 125.000,00
e) ( ) R$ 130.000,00

Considere os dados a seguir para resolver às questões de números 23 e 24.

(Liquigas/Contador_Cesgranrio) Uma determinada indústria, ao final de um determinado período operacional, apresentou as seguintes anotações referentes a um dos produtos de sua linha:

Custos fixos	R$ 1.500,00
Custos variáveis	R$ 3.000,00
Despesas fixas	R$ 200,00
Despesas variáveis	R$ 300,00
Vendas líquidas	R$ 8.000,00

23. Considerando somente as informações recebidas e a boa técnica da contabilidade de custos, o lucro bruto desses produtos, apurado pelo método do custeio por absorção, em reais, é:
a) ( ) 3.500,00   b) ( ) 4.500,00
c) ( ) 6.000,00   d) ( ) 6.300,00
e) ( ) 8.000,00

24. Considerando somente as informações recebidas e a boa técnica da contabilidade de custos, o lucro bruto (margem de contribuição) desses produtos, apurado pelo método do custeio variável, em reais, é:
a) ( ) 3.200,00   b) ( ) 3.300,00
c) ( ) 4.700,00   d) ( ) 5.000,00
e) ( ) 6.300,00

25. (INSS/Auditor Fiscal da Previdência Social_ESAF_adaptada) No segundo trimestre de 20x2, a Indústria Esse de Produtos Fabris concluiu a produção de 600 unidades do item K2, tendo logrado vender 400 dessas unidades, ao preço unitário de R$ 120,00.

No mesmo período foram coletadas as informações abaixo:

• Custo Variável unitário: R$ 20,00.
• Total de Custos Fixos: R$ 18.000,00.
• Despesas variáveis de vendas de: R$ 2,00 por unidade.
• Inexistência de Estoque Inicial de Produtos no período.

Com base nas informações acima, feitas as devidas apurações, pode-se dizer que:
- o custo dos produtos vendidos;
- o estoque final de produtos; e
- o lucro líquido do período calculado, respectivamente, por meio do custeio por absorção e do custeio variável, alcançaram os seguintes valores:

a) ( ) R$ 18.000,00; R$ 6.000,00; R$ 8.000,00; R$ 6.000,00; R$ 27.000,00; R$ 21.000,00.

b) ( ) R$ 16.000,00; R$ 4.000,00; R$ 12.000,00; R$ 3.000,00; R$ 26.500,00; R$ 20.500,00.

c) ( ) R$ 20.000,00; R$ 8.000,00; R$ 10.000,00; R$ 4.000,00; R$ 27.200,00; R$ 21.200,00.

d) ( ) R$ 15.000,00; R$ 5.000,00; R$ 14.000,00; R$ 8.000,00; R$ 25.400,00; R$ 23.200,00.

e) ( ) R$ 12.000,00; R$ 10.000,00; R$ 16.000,00; R$ 6.000,00; R$ 22.200,00; R$ 20.200,00.

26. (BNDES/Contador_VUNESP_adaptada) A Cia. Plutão iniciou suas atividades em 1º de janeiro de 20x0. Incorreu, no exercício, nos seguintes custos e despesas operacionais:

- Custos Fixos: R$ 300.000,00;
- Custos Variáveis: R$ 50,00 por unidade produzida;
- Despesas Operacionais Fixas: R$ 120.000,00;
- Despesas Operacionais Variáveis: R$ 20,00 por unidade vendida.

A Cia fabricou em 20x0 10.000 unidades do produto Y, das quais 90% foram vendidas nesse período, ao preço unitário de R$ 150,00.

Comparando-se o lucro operacional que a companhia auferiria no custeio por absorção e no custeio variável, pode-se afirmar que o lucro do primeiro sistema de custeio, em relação ao segundo, seria:

a) ( ) superior em R$ 30.000,00
b) ( ) inferior em R$ 30.000,00
c) ( ) igual
d) ( ) superior em R$ 50.000,00
e) ( ) inferior em R$ 50.000,00

27. (Metro SP/Contador_FCC) A Cia. Pro-Paga S.A. produz três produtos, X, Y e Z, cujas informações são apresentadas a seguir:

Produtos	x	y	z
Preço de venda (por unidade)	R$ 500,00	R$ 400,00	R$ 300, 00
Custos variáveis (por unidade)	R$ 270,00	R$ 180,00	R$ 90,00
Custos fixos (por unidade)	R$ 72,00	R$ 48,00	R$ 24,00
Despesas variáveis (por unidade)	R$ 60,00	R$ 60,00	R$ 40,00
Quantidade produzida e vendida mensalmente	1.000	1.010	800

Os custos fixos são comuns aos três produtos e são alocados com base nos custos variáveis. A Cia. tem recursos para investirem propaganda de APENAS um dos três produtos e a expectativa é que haja um aumento de 10% no volume mensal de produção e venda do produto objeto da propaganda. Supondo que a Cia. Pro-Paga escolha investir em propaganda do produto que levará à maximização do seu lucro, o aumento no resultado mensal será, em reais, de:

a) ( ) 17.372.   b) ( ) 15.800.   c) ( ) 11.680.

d) ( ) 17.000.   e) ( ) 16.160.

28. (CFC/Exame de Suficiência_adaptada) Uma indústria produz um único produto e adota como método de custeamento o Custeio Variável. Essa Indústria apresentou, em 31.8.20x7, a seguinte Demonstração de Resultado para fins gerenciais, referente ao mês de agosto, equivalente à produção e venda de 500 unidades:

Demonstração de Resultado para fins gerenciais:

Receita bruta com venda de produtos	R$ 450.000,00
(–) Tributos sobre vendas	(R$ 81.000,00)
(–) Comissão sobre vendas	(R$ 18.000,00)
(–) Custos variáveis	(R$ 200.000,00)
(=) Margem de contribuição	R$ 151.000,00
(–) Custos fixos	(R$ 85.000,00)
(–) Despesas fixas	(R$ 34.000,00)
(=) Resultado do período	R$ 32.000,00

Para o mês de setembro de 20x7, a indústria estima produzir e vender 400 unidades desse mesmo produto, nas mesmas condições e com a mesma estrutura disponível em agosto de 20x7.

Considerando-se apenas as informações apresentadas, a margem de contribuição total da indústria, prevista para setembro de 20x7, é de:

a) (   ) R$ 151.000,00.
b) (   ) R$ 120.800,00.
c) (   ) R$ 117.200,00.
d) (   ) R$ 104.600,00

Gabarito

1	2	3	4	5	6	7	8	9	10
C	E	E	A	C	B	A	C	C	D

11	12	13	14	15	16	17	18	19	20
A	C	B	E	E	C	D	B	D	C

21	22	23	24	25	26	27	28
B	D	A	C	C	A	D	B

Veja a solução completa de todos os exercícios no capítulo 12 deste livro.

7

RELAÇÃO CUSTO/VOLUME/LUCRO

O processo de planejamento empresarial envolve a seleção de objetivos e a definição dos meios para atingi-los. Neste contexto a maximização dos lucros constitui o objetivo principal de qualquer organização empresarial com fins lucrativos.

O lucro é a consequência final da gestão empresarial, para qual concorrem outras variáveis tais como receitas, custos, despesas e volumes produzidos e vendidos. Assim, para uma gestão eficiente das empresas, é importante dispor de técnicas de análises que permitam estudar os inter-relacionamentos entre essas variáveis, bem como a sua influência em relação ao lucro.

O entendimento das relações custo/volume/lucro apoia os gestores em muitas decisões como, por exemplo, fazer ou comprar, a que preço vender, quanto deve ser gasto em propaganda e promoção, assistência técnica própria ou mediante agentes terceirizados, programação de volumes produzidos, possibilidades de redução de custos, renovação de equipamento, a viabilização de um projeto, o ponto de equilíbrio, entre outros.

A análise custo/volume/lucro é uma eficiente técnica baseada no custeio variável e, por meio dela, pode-se estabelecer a quantidade mínima que a empresa deverá produzir e vender para que não incorra em prejuízo.

7.1 Ponto de equilíbrio contábil (PEC)

O ponto de equilíbrio contábil, chamado geralmente de *ponto de equilíbrio* apenas (em inglês: *break-even point*), é o ponto do nível da atividade da empresa em que surge a igualdade entre os custos e despesas totais com a receita total. O PEC representa a quantidade mínima que a empresa terá que comercializar para cobrir seus gastos. Ao atingir este ponto, a empresa não apresenta lucro nem prejuízo, ela apenas está operando para gerar recursos suficientes para remunerar os seus fatores de produção. Este ponto, que indica o mínimo de receita gerada pela produção para que a empresa não sofra prejuízo, também é chamado de ponto de equilíbrio operacional (PEO), ponto de ruptura, ponto de nivelamento, ponto crítico ou ponto de quebra.

Para se determinar o PEC são levados em conta todos os custos e despesas fixos contábeis relacionados com o funcionamento da empresa.

O PEC pode ser representado pela seguinte fórmula:

$$\text{PEC} = \frac{\textbf{custos fixos} + \textbf{despesas fixas}}{\textbf{MCu}}$$

Para se chegar a essa fórmula, desenvolvemos o seguinte raciocínio lógico:

PEC $\Rightarrow$ RT = CT + DT

RT = PVu x Q

CT = CF + CVu x Q

DT= DF + DVu x Q

Sendo: PEC = Ponto de equilíbrio contábil

RT = Receitas totais

CT = Custos totais

DT = Despesas totais

PVu = Preço de venda unitário

Q = Quantidade

CVu = Custo variável unitário

CF = Custos fixos

DF = Despesas fixas

DVu = Despesa variável unitária

Substituindo esses parâmetros na fórmula, teremos:

PVu x Q = CF + CVu x Q + DF + DVu x Q

PVu x Q – CVu x Q – DVu x Q = CF + DF

$$Q = \frac{CF + DF}{PVu - CVu - DVu}$$

ou

$$\text{PEC} = \frac{\textbf{CF} + \textbf{DF}}{\textbf{MCu}}$$

A partir do PEC, pelo aumento das vendas, surge o lucro correspondente à margem de contribuição unitária multiplicada pelas quantidades comercializadas acima desse ponto; abaixo desse ponto, pela diminuição das vendas, a empresa incorrerá em prejuízo, representado pelo número de unidades vendidas abaixo do PEC multiplicado pela margem de contribuição unitária.

Observe o exemplo a seguir:

- Preço de venda unitário: $ 10,00
- Custos variáveis unitários: $ 6,00
- Margem de contribuição unitária: $ 4,00

- Custos fixos totais: $ 100.000,00

$$\textbf{PEC} = \frac{CF + DF}{MCu} \qquad PEC = \frac{100.000,00}{4,00} = 25.000 \text{ unidades}$$

Como pode ser observado no quadro a seguir, o custo fixo mantém-se em $ 100.000,00, pois independe da quantidade produzida e vendida. O custo variável, no entanto, é proporcional às quantidades produzidas e tem um aumento de $ 6,00 por unidade produzida.

Quando a empresa comercializa 25.000 unidades, atinge o seu PEC, isto é, o ponto da atividade em que a receita total cobre todos os seus gastos e em que não há lucro nem prejuízo. Daí para frente, a empresa conseguirá lucros. Vendendo menos do que 25.000 unidades a empresa incorrerá em prejuízo.

Unidades Produzidas	Custo fixo	Custo variável	Custo total	Receita de vendas	Lucro ou prejuízo
	($)	($)	($)	($)	($)
10.000	100.000,00	60.000,00 (10.000 un. x $ 6,00)	160.000,00	100.000,00 (10.000 un. x $ 10,00)	(60.000,00)
20.000	100.000,00	120.000,00 (20.000 un. x $ 6,00)	220.000,00	200.000,00 (20.000 un. x $ 10,00)	(20.000,00)
25.000	**100.000,00**	**150.000,00 (25.000 un. x $ 6,00)**	**250.000,00**	**250.000,00 (25.000 un. x $ 10,00)**	**(0,00)**
30.000	100.000,00	180.000,00 (30.000 un. x $ 6,00)	280.000,00	300.000,00 (30.000 un. x $ 10,00)	20.000,00
40.000	100.000,00	240.000,00 (40.000 un. x $ 6,00)	340.000,00	400.000,00 (40.000 un. x $ 10,00)	60.000,00

A seguir é apresentada uma representação gráfica com a identificação do PEC obtido no exemplo anterior.

Gráfico do ponto de equilíbrio contábil

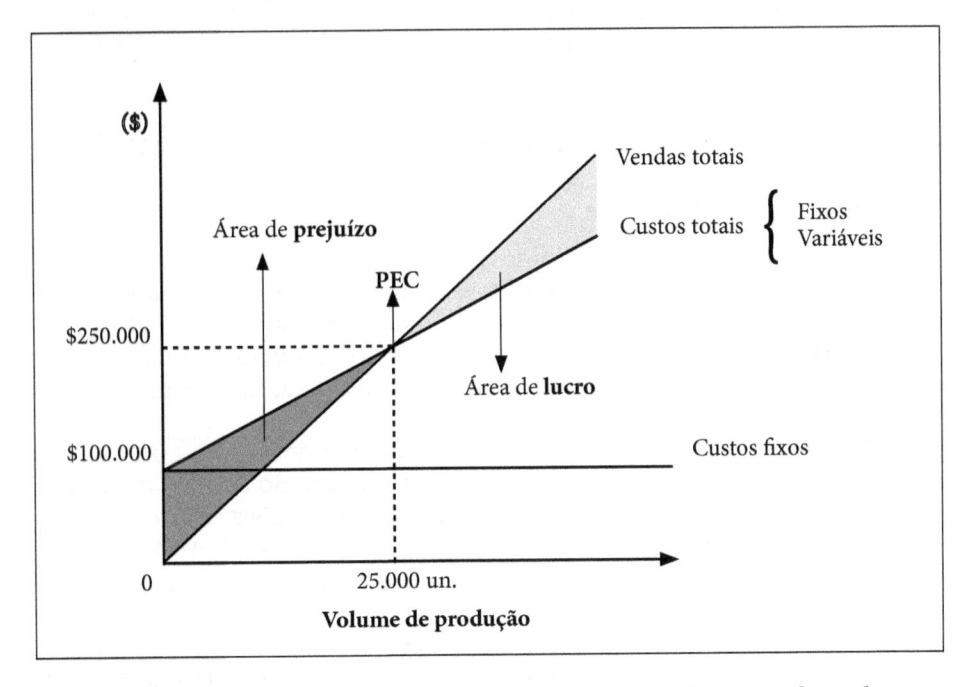

À direita do PEC encontra-se a área do lucro e, à esquerda, a do prejuízo.

Esta técnica é muito importante do ponto de vista gerencial, pois indica quantas unidades do produto são necessárias vender para, a partir da margem ganha em cada uma delas [PVu – (CVu + DVu)], a empresa cobrir os custos e despesas fixos.

A fórmula do ponto de equilíbrio apresentada poderá, ainda, ser complementada com o lucro desejado ou outras informações que o processo gerencial requeira, conforme estudaremos nos itens a seguir.

A fórmula em quantidades permite calcular o ponto de equilíbrio de cada produto. Para saber o valor da receita de vendas no PEC, basta multiplicar as quantidades encontradas neste ponto pelo preço de venda unitário.

A empresa também poderá calcular o ponto de equilíbrio considerando uma combinação de produtos (mix de vendas). Estudaremos isso no item 7.4 deste livro.

7.2 Ponto de equilíbrio econômico (PEE)

É a quantidade que iguala a receita total com a soma dos custos e despesas acrescida de uma remuneração mínima sobre o capital investido pela empresa. Esta remuneração mínima, normalmente, corresponde à taxa de juros do mercado multiplicada pelo capital investido e é denominada de *custo de oportunidade*.

O PEE será obtido quando a soma da margem de contribuição totalizar um valor que cobrirá todos os custos e despesas fixos mais o valor correspondente ao custo de oportunidade; e poderá ser determinado por meio da seguinte fórmula:

$$\text{PEE} = \frac{\text{CF + DF + \textbf{Custo de oportunidade} (retorno mínimo s/ PL)}}{\text{MCu}}$$

Custo de oportunidade

O objetivo principal de qualquer organização é o lucro. A questão é: qual o lucro suficiente? Essa questão está diretamente ligada ao custo de oportunidade, pois o volume ideal do lucro deverá estar relacionado ao capital investido. Segundo Martins (2010), custo de oportunidade é a remuneração, que se deixou de ganhar, por ter investido capital em um investimento, em vez de aplicá-lo em outro.

Para a identificação do custo de oportunidade deverá ser considerada uma análise criteriosa sobre os riscos dos investimentos dados como opção. Em termos práticos, é necessário que as comparações sejam feitas entre valores de igual poder de compra. Assim, é necessário trabalharmos com lucros (receitas e despesas), investimentos e juros reais, ou seja, em valores do mesmo poder aquisitivo.

A inflação também é um fator considerado importante no cálculo do custo de oportunidade, pois de nada adianta remunerar o capital com um valor inferior à inflação do período. Assim, no cálculo do custo de oportunidade, devem estar todos os valores (dados históricos da contabilidade) corrigidos.

7.3 Ponto de equilíbrio financeiro (PEF)

O PEF é a quantidade que iguala a receita total com a soma dos custos e despesas que representam desembolso financeiro para a empresa, ou seja, é o nível de produção e vendas em que o saldo de caixa é igual a zero. Representa a quantidade de vendas necessárias para cobrir os gastos desembolsáveis, tanto operacionais, quanto não operacionais. Assim, por exemplo, os encargos de depreciação são excluídos no cálculo do PEF por não representarem desembolso para a empresa.

O PEF poderá ser determinado por meio da seguinte fórmula:

$$\text{PEF} = \frac{\text{custos fixos + despesas fixas - depreciação* + amortizações financeiras**}}{\text{MCu}}$$

Apenas para exemplificar na fórmula. Poderíamos ter também custos/despesas com exaustão (redução do valor de investimentos necessários à exploração de recursos minerais ou florestais) e amortização (de ativos intangíveis utilizados em processo de produção).

** *Representam desembolsos obrigatórios no período, que não estejam computadas nos custos e despesas.*

A seguir serão apresentadas as informações para o cálculo dos pontos de equilíbrio contábil (PEC), econômico (PEE) e financeiro (PEF).

A empresa industrial KFS fabrica um produto com preço de venda unitário de $ 12.000,00. Os gastos variáveis unitários (custos e despesas) somam $ 9.000,00 e os custos e despesas fixos do período somam $ 6.000.000,00. Com base nessas informações, vamos calcular o PEC.

Cálculo do PEC

$$PEC = \frac{CF + DF}{MCu}$$

O PEC em quantidade será de:

MCu = $ 12.000,00 - $ 9.000,00 = $ 3.000,00

$$PEC = \frac{\$ 6.000.000,00}{\$ 3.000,00} = 2.000 \text{ unidades}$$

Qual o PEC em receita?

PEC($) = 2.000 un. x $ 12.000,00 = $ 24.000.000,00

Outra forma de se fazer o cálculo do PEC em receitas é utilizando o valor da margem de contribuição unitária em termos percentuais.

Exemplo:

MCu = $ 3.000,00

MCu (%) = $ 3.000,00 ÷ $ 12.000,00 = 25 %

$$PEC (\$) = \frac{\$ 6.000.000,00}{0,25} = \$ 24.000.000,00$$

O PEC pode ser utilizado para:

- determinar o nível de atividades necessárias para cobrir todas as despesas e custos, tantos fixos quanto variáveis;

- avaliar a lucratividade associada aos diversos níveis possíveis de vendas; e

- facilitar a análise dos efeitos sobre a lucratividade decorrente de alterações nas despesas e custos fixos e variáveis, no volume de vendas, no preço de vendas e na distribuição relativa de linhas de produtos vendidos.

No PEC o resultado é nulo – não há lucro ou prejuízo – porque o que se deseja saber é exatamente o momento em que o lucro operacional é igual a zero, o que significa que, economicamente, a empresa está perdendo, pelo menos, o retorno mínimo sobre o patrimônio líquido (PL).

Cálculo do PEE

Continuando com as informações do exemplo, vamos supor que a empresa em estudo tenha um capital de $ 18.000.000,00. Aplicando esse valor no mercado financeiro, ela consegue uma taxa líquida de 10% no período. O custo de oportunidade com a aplicação no mercado financeiro vai ser, então, de $ 1.800.000,00 no período.

$$PEE = \frac{CF + DF + \text{custo de oportunidade (retorno mínimo s/ PL)}}{MCu}$$

O PEE em quantidade será de:

$$PEE = \frac{\$\ 6.000.000,00 + \$\ 1.800.000,00}{\$\ 3.000,00} = 2.600 \text{ unidades}$$

O PEE em receita:

PEE ($) = $ 7.800.000,00 ÷ 0,25 = $ 31.200.000,00

O lucro da atividade esperado será obtido quando a empresa produzir e vender 2.600 unidades.

Caso a empresa esteja vendendo um volume intermediário entre 2.000 e 2.600 unidades, obterá resultado contábil positivo, mas estará economicamente perdendo, por não conseguir recuperar o valor do juro do capital investido.

O PEE contempla o retorno mínimo esperado pela empresa, que cobrirá o seu retorno sobre o PL.

Cálculo do PEF

Continuando ainda com as informações do exemplo, vamos supor que, dentro dos custos e despesas fixos, 20% correspondam à depreciação, ou seja, $ 1.200.000,00. O PEF será alcançado quando a empresa comercializar as seguintes quantidades:

$$PEF = \frac{\text{custos fixos + despesas fixas - depreciação}}{MCu}$$

$$PEF = \frac{\$\ 6.000.000,00 - \$\ 1.200.000,00}{\$\ 3.000,00} = 1.600 \text{ unidades}$$

O PEF em receita:

PEF ($) = $ 4.800.000,00 ÷ 0,25 = $ 19.200.000,00

A empresa, nesse nível de atividade (1.600 unidades), conseguirá equilibrar-se financeiramente, mas estará com prejuízo contábil de R$ 1.200.000,00 (400 un. x $ 3.000,00), já que não conseguirá recuperar-se da parcela "consumida" do seu Ativo Imobilizado (Ativo Não Circulante).

Economicamente, considerando o custo de oportunidade de $ 1.800.000,00, estará com um prejuízo anual total de R$ 3.000.000,00 (1.000 un. x $ 3.000,00).

Cálculo do PEF considerando parcelas financeiras de desembolso obrigatório no período

Uma outra utilização do PEF seria computando as parcelas financeiras de desembolso obrigatório no período que não estejam computadas nos custos e despesas.

Exemplo: supondo que a empresa em estudo fez um empréstimo de $ 13.200.000,00 para somar a seus recursos próprios a fim de conseguir melhor operar; e ainda, os encargos financeiros desse empréstimo estejam inclusos nas despesas fixas. Supondo, ainda, que a amortização desse empréstimo seja em parcelas de $ 3.300.000,00 por período. Conclui-se que, financeiramente, a empresa precisa obter, em cada período, os $ 4.800.000,00 de desembolso para cobrir os custos e despesas fixos, mais essa parcela de $ 3.300.000,00. Logo, o PEF será de:

$$PEF = \frac{\$\ 6.000.000,00 - \$\ 1.200.000,00 + \$\ 3.300.000,00}{\$\ 3.000,00} = 2.700 \text{ unidades}$$

A receita total neste ponto seria de: $ 8.100.000,00 ÷ 0,25 = $ 32.400.000,00.

Em resumo, nossos pontos de equilíbrios foram:

PEC	PEE	PEF (1)	PEF (2)
2.000 un.	2.600 un.	1.600 un.	2.700 un.

Assim, por exemplo, se a empresa operar na faixa de 2.650 unidades, estará com os seguintes resultados:
- Resultado contábil de $ 1.950.000,00 (650 un. x $ 3.000,00);
- Resultado econômico de $ 150.000,00 (50 un. x $ 3.000,00);
- Resultado financeiro de $ 3.150.000,00 (1.050 un. x $ 3.000,00), se considerar somente as operações - PEF(1); e
- Resultado financeiro deficitário em $ 150.000,00 (50 un. x $ 3.000,00), se levar em conta que não conseguiu todos os recursos necessários para o pagamento da amortização da dívida - PEF(2).

O efeito do imposto de renda e da contribuição social sobre o lucro (CSSL) no cálculo do ponto de equilíbrio

Até este ponto ignoramos o imposto de renda e a CSSL no cálculo do ponto de equilíbrio, entretanto, as empresas privadas estão sujeitas a ele. Discutimos no item 7.2 que o Ponto de equilíbrio econômico (PEE) representa a quantidade que iguala a receita total com a soma dos custos e despesas, acrescida de uma remuneração mínima sobre o capital investido pela empresa, que representa o lucro desejado. No entanto, este lucro representa o lucro operacional que, em geral, refere-se ao lucro antes do imposto de renda e da contribuição social sobre o lucro (LAIR e CSSL).

Reconsidere os dados do exemplo da empresa industrial KFS, cujo lucro operacional desejado é de $ 1.800.000,00. Se o imposto de renda e a CSSL fossem fixados em 30%, o novo resultado seria:

LAIR e CSSL	$ 1.800.000,00	(100%)
(−) Imposto de renda e CSSL (30%)	($ 540.000,00)	(30%)
(=) Lucro líquido	$ 1.260.000,00	70%

Observe que:

Lucro líquido = LAIR e CSSL − 0,30 = 0,70

$$\text{LAIR e CSSL} = \frac{\text{Lucro líquido}}{0,70}$$

Assim, considerando que o lucro líquido desejado pela empresa, *depois do imposto de renda e da CSSL*, seja de $ 1.260.000,00, para o cálculo do ponto de equilíbrio econômico devemos determinar, inicialmente, o lucro operacional (LAIR e CSSL), da seguinte forma:

$$\text{LAIR e CSSL} = \frac{\text{Lucro líquido a ser obtido depois do IR e CSSL}}{1 - \text{alíquota (IR e CSSL)}}$$

$$\text{LAIR e CSSL} = \frac{\$\,1.260.000,00}{1 - 0,30} = \frac{\$\,1.260.000,00}{0,70} = \$\,1.800.000,00$$

O PEE em quantidade será de (conforme já demonstrado):

$$\text{PEE} = \frac{\$\,6.000.000,00 + \$\,1.800.000,00}{\$\,3.000,00} = 2.600 \text{ unidades}$$

Suponha que o lucro líquido, **após** o imposto de renda e a CSSL de 30%, seja de $ 1.800.000,00. O volume de vendas necessário para atingir o PEE aumentaria para 2.857 unidades, conforme a seguir:

$$\text{LAIR e CSSL} = \frac{\$\,1.800.000,00}{1 - 0,30} = \frac{\$\,1.800.000,00}{0,70} = \$\,2.571.428,57$$

Com o lucro operacional definido, podemos partir para o cálculo do PEE:

$$\text{PEE} = \frac{\$\,6.000.000,00 + \$\,2.571.428,57}{\$\,3.000,00} = 2.857 \text{ unidades}$$

Limitações ao uso do ponto de equilíbrio

Uma limitação importante na utilização do ponto de equilíbrio ocorre quando a empresa produz e vende mais de um produto. Quando os custos fixos são identificados a cada produto, fica mais fácil calcular o ponto de equilíbrio. No entanto, quase sempre existirão os custos fixos que serão comuns a todos os produtos e, por isso, serão rateados, podendo o resultado ficar distorcido, tendo em vista o grau de arbitrariedade e subjetividade provocados pela técnica do rateio. Uma forma de calcular o ponto de equilíbrio considerando a combinação de diversos produtos, consiste em estimar as quantidades a serem vendidas por todos os produtos, calcular uma margem de contribuição média e dividir os custos fixos por essa margem de contribuição, conforme estudaremos com mais detalhes no item a seguir.

7.4 Ponto de equilíbrio com múltiplos produtos (mix de vendas)

A análise de custo/volume/lucro até o momento concentrou-se numa única linha de produtos, sem variações para os clientes. Dessa forma, verificamos que a obtenção do ponto de equilíbrio contábil, econômico ou financeiro é bastante simples.

Ocorre que, em geral, as empresas produzem e vendem mais de um tipo de produto e a obtenção do ponto de equilíbrio torna-se um pouco mais complexa. Devemos considerar, também, que muitos produtos são diferentes entre si, tanto em característica quanto em termos de tamanho, volume etc.

O ponto de equilíbrio com múltiplos produtos é utilizado por empresas que produzem tipos de produtos distintos para a identificação do ponto de equilíbrio geral. A principal dificuldade encontrada no cálculo é a diversidade de produtos que compõem o mix ofertado e as diferentes margens de contribuição de cada produto.

Para o cálculo do ponto de equilíbrio geral da empresa considerando múltiplos produtos (mix), é necessário calcular a margem de contribuição média (ponderada) dessa combinação.

Exemplo: suponhamos que uma empresa com dois produtos tenha uma margem de contribuição unitária de $ 2,00 para o produto A e $ 4,00 para o produto B e que os custos fixos sejam de $ 280.000,00 no período.

O ponto de equilíbrio por produto seria:

- de 140.000 unidades, se fosse vendido apenas o produto A (PE = $ 280.000,00 ÷ $ 2,00); e

- de 70.000 unidades, se fosse vendido apenas o produto B (PE = $ 280.000,00 ÷ $ 4,00).

Suponhamos, ainda, que a combinação de venda planejada seja de três unidades de A para cada duas de B. A margem de contribuição dessa combinação de produtos seria:

$$3 \times \$\ 2{,}00 = \$\ 6{,}00$$
$$+\ \underline{2} \times \$\ 4{,}00 = \underline{\$\ 8{,}00}$$
$$5 \qquad\qquad \$14{,}00$$

Margem de contribuição média = $ 14,00 ÷ 5 unidades = **$ 2,80**.

Outro cálculo poderia ser feito da seguinte forma:

Produtos	Vendas planejadas	Proporção*	MC unitária	Média ponderada
A	3	60%	$ 2,00	$ 1,20
B	2	40%	$ 4,00	$ 1,60
	5	100%		**$ 2,80**

em relação à combinação de vendas - três unidades de A para duas de B.

Para obter a margem de contribuição média, basta multiplicar as margens individuais pela participação percentual nas vendas e, depois, somar o resultado.

O ponto de equilíbrio, na hipótese de se manter a combinação seria:
PE = $ 280.000,00 ÷ $ 2,80 = 100.000 unidades
Sendo: 60.000 unidades de A (60%); e
   40.000 unidades de B (40%)

Para confirmarmos o número de unidades no ponto de equilíbrio que compõem o mix de venda acima, a margem de contribuição total esperada deve igualar-se aos gastos fixos totais (custos fixos + despesas fixas) do período. Assim, teremos:

Produto	MC unitária	Unidades no PEC	MC total
A	$ 2,00	60.000 un.	$ 120.000,00
B	$ 4,00	40.000 un.	$ 160.000,00
		Soma	$ 280.000,00

MC total no PEC (mix) $ 280.000,00
(–) Custos fixos totais $ 280.000,00
(=) Resultado (lucro) $ 0,00

A margem de contribuição unitária dá uma posição de lucratividade por produto. No entanto, não leva em consideração a contribuição proporcional que cada produto pode dar numa combinação de vendas de dois ou mais produtos, o que é mais comum de se ver no mercado.

Nas situações em que se elabora mais de um produto ou serviço, a expressão do ponto de equilíbrio em quantidades diferentes de produtos diferentes perde, em boa parte, seu sentido. A melhor forma de expressá-lo seria pela receita total de vendas, ou seja, pelo ponto de equilíbrio em receitas.

7.5 Margem de segurança operacional

Para o gestor é importante saber até que ponto as vendas podem ser reduzidas, sem que a empresa incorra em prejuízo. A diferença entre as quantidades apresentadas no PEC e as quantidades que a empresa pretende vender representa a Margem de Segurança Operacional. Corresponde às quantidades que são comercializadas acima do PEC. É o espaço que a empresa tem para fazer lucros após o PEC. Quanto maior a margem de segurança operacional, maior a capacidade de lucro da empresa, fortalecendo a certeza de que a empresa não incorrerá em prejuízos.

A Margem de Segurança pode ser calculada pela seguinte fórmula:

$$MS = \frac{QV - QE}{QV}$$

Sendo: MS = Margem de segurança operacional
QV = Quantidade vendida
QE = Quantidade no ponto de equilíbrio contábil

Exemplo:

✓ Gastos fixos: $ 1.000,00/mês

✓ Matéria-prima/embalagem: $ 8,00/kg

✓ Preço de venda: $ 10,00/kg

✓ Volume de vendas: 600 kg/mês

$$PEC = \frac{\$\ 1.000,00}{\$\ 10,00 - \$\ 8,00} = 500\ kg$$

$$MS = \frac{600 - 500}{600} = 16,67\%$$

Sempre que o negócio estiver operando acima do seu ponto de equilíbrio contábil, o numerador será positivo e menor que o denominador. Logo:

$$0 < MS > 1$$

Quanto mais próximo de zero estiver a margem de segurança, maior o risco de o negócio entrar em prejuízo.

Representação gráfica

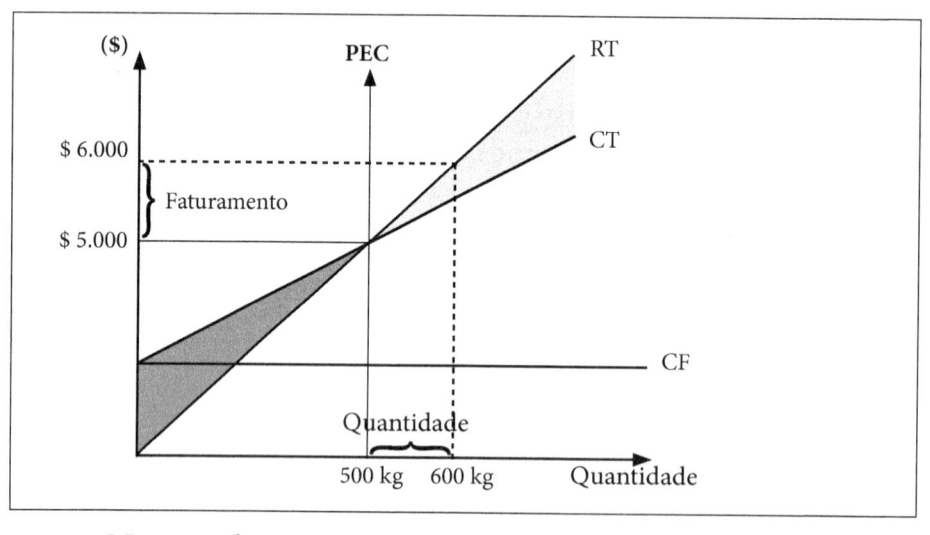

Margem de segurança em quantidade

Vendas (Q) – PEC (Q)

600 kg – 500 kg = 100 kg

Podemos dizer que a empresa está operando com uma margem de segurança de 100 quilos, pois pode ter essa redução sem entrar na zona de prejuízo.

Margem de segurança em $

Vendas ($) – PEC ($)

$ 6.000,00 – $ 5.000,00 = $ 1.000,00

Da mesma forma, mas considerando as receitas, podemos dizer que a empresa está operando com uma margem de segurança de $ 1.000,00, pois pode ter essa redução no faturamento sem entrar na zona de prejuízo.

7.6 Grau de alavancagem operacional (GAO)

A alavancagem operacional refere-se ao grau de alavancagem que os resultados das operações da empresa possuem em relação às suas vendas, ou seja, quando 1% de elevação nas vendas provocar uma elevação superior a 1% nos resultados operacionais, ocorrerá a alavancagem operacional.

Quando uma empresa apresenta um aumento de vendas de 1.000 para 1.200 unidades, por exemplo, admitindo-se que sua estrutura de custos e despesas fixos suporte esse aumento, o lucro aumenta mais que proporcionalmente ao aumento dos custos e das despesas variáveis, já que os fixos permanecem os mesmos.

O grau de alavancagem operacional (GAO) representa a medida dos efeitos provocados no resultado operacional (lucro antes do imposto de renda e CSSL) em função do aumento no volume de vendas e pode ser calculado com a seguinte fórmula:

$$GAO = \frac{\text{Margem de contribuição}}{\text{Lucro operacional}}$$

Exemplo: A empresa industrial ABC apresentou as seguintes informações referentes a mês de julho:

- Receita de vendas: $ 180.000,00
- Custos e despesas variáveis: $ 120.000,00
- Custos e despesas fixos: $ 40.000,00

Resultado

Receita de vendas	$ 180.000,00
(-) Custos e despesas variáveis	($ 120.000,00)
(=) Margem de contribuição	$ 60.000,00
(-) Custos e despesas fixos	($ 40.000,00)
(=) Lucro operacional	$ 20.000,00

$$GAO = \frac{\$ 60.000,00}{\$ 20.000,00} = 3$$

O GAO é 3. Isso significa que, para cada ponto percentual de aumento na receita, teremos um aumento 3 vezes maior no lucro operacional. Este número é válido para as comparações a partir do volume atual correspondente à receita de $ 180.000,00.

Vamos supor que a receita de vendas teve um aumento de 10% em função do volume. Assim, a receita total passará para $ 198.000,00. Consequentemente, a margem de contribuição acompanhará esse aumento percentual, pois receitas e gastos variáveis totais são multiplicados pelas mesmas quantidades vendidas. Nosso resultado operacional, então, será:

Resultado

Receita de vendas	$ 198.000,00
(-) Custos e despesas variáveis	($ 132.000,00)
(=) Margem de contribuição	$ 66.000,00
(-) Custos e despesas fixos	($ 40.000,00)
(=) Lucro operacional	$ 26.000,00

Percebe-se que um aumento de 10% nas vendas provocou um aumento de 30% no lucro operacional (de $ 20.000,00 para $ 26.000,00).

Podemos utilizar o mesmo raciocínio quando ocorre o contrário, ou seja, com a diminuição do volume de vendas. Será apresentado um exemplo adiante.

O GAO também poderá ser calculado da seguinte maneira:

$$GAO = \frac{\text{Variação percentual do lucro operacional}}{\text{Variação percentual da receita}}$$

$$GAO = \frac{30\%}{10\%} = 3$$

Quando a empresa atinge o ponto de equilíbrio contábil (PEC) não é possível calcular o GAO, haja vista que, naquele ponto, o lucro operacional é igual a zero. Calcula-se o GAO para os níveis de vendas superiores ao PEC, ou seja, num ponto em que haja lucro.

O efeito da alavancagem operacional está relacionado com os gastos fixos da empresa, que são distribuídos por volume maior de produção, fazendo com que o custo unitário do produto seja reduzido quando o volume aumenta. Os gastos fixos da empresa, quando elevados, poderão constituir risco para as atividades operacionais e a alavancagem operacional mede qual será a proporção desse risco, que diminuirá na proporção do crescimento das vendas acima do PEC, resultando, assim, em um lucro maior. Quando ocorrer uma elevação no PEC em função da redução do preço de venda para que o produto seja mais competitivo, por exemplo, a empresa estará vulnerável e, consequentemente, os gastos fixos provocarão efeitos nos lucros em função das alterações do volume de vendas. Se a empresa possuir um elevado grau de alavancagem operacional, haverá um risco ainda maior, tendo em vista que os gastos fixos não serão reduzidos em função da queda do volume de vendas. Observe o exemplo a seguir:

Uma empresa produz e vende 200 unidades mensais do produto Alfa com os seguintes dados:

- Preço de venda por unidade: $ 1.350,00
- Custos e despesas variáveis por unidade: $ 850,00
- Custos e despesas fixos: $ 75.000,00

O resultado do período, de acordo com os dados apresentados, será:

Resultado	Valores
Receita de vendas: 200 un. x $ 1.350,00	$ 270.000,00
(–) Custos e despesas variáveis: 200 un. x $ 850,00	($ 170.000,00)
(=) Margem de contribuição	$ 100.000,00
(–) Custos e despesas fixos	($ 75.000,00)
(=) Lucro operacional	$ 25.000,00

Calculando o GAO:

$$GAO = \frac{\$\ 100.000,00}{\$\ 25.000,00} = 4,0$$

O GAO 4 demonstra em quantas vezes o resultado operacional variará em função do aumento ou da redução do volume de vendas.

Uma empresa com custos fixos e GAO elevados poderá ter grandes aumentos ou grandes reduções nos lucros, dependendo da oscilação do volume de vendas. No exemplo apresentado essas oscilações provocarão aumentos ou reduções no resultado operacional iguais a quatro vezes à alteração percentual ocorrida no volume de vendas.

Considerando os dados do exemplo apresentado, admita a ocorrência de um aumento e uma redução de 20% no volume atual de vendas do produto Alfa.

Sabendo que o GAO no volume atual de vendas é 4, depreende-se, imediatamente, que o resultado das vendas aumentará e reduzirá em 80% (4 x 20%).

Vamos aos cálculos:

a) Aumento do volume de vendas

- Aumento = 20%
- GAO = 4,0
- Aumento no resultado operacional = 20% x 4,0 = 80%
- Resultado atual = $ 25.000,00
- Resultado após aumento no volume de vendas = $ 25.000,00 + ($ 25.000,00 x 80%) = $ 45.000,00

b) Redução do volume de vendas

- Redução = 20%
- GAO = 4,0
- Redução no resultado operacional = 20% x 4,0 = 80%
- Resultado atual = $ 25.000,00
- Resultado após redução no volume de vendas = $ 25.000,00

- ($ 25.000,00 x 80%) = $ 5.000,00

Quadro comparativo do resultado projetado

Resultado	Situação atual	Aumento (20%)	Redução (20%)
Receita de vendas	$ 270.000,00	$ 324.000,00	$ 216.000,00
(–) Custos e despesas variáveis	$ 170.000,00	$ 204.000,00	$ 136.000,00
(=) Margem de contribuição	$ 100.000,00	$ 120.000,00	$ 80.000,00
(–) Custos e despesas fixos	$ 75.000,00	$ 75.000,00	$ 75.000,00
(=) Lucro operacional	$ 25.000,00	$ 45.000,00	$ 5.000,00
Variação percentual do lucro operacional		$\frac{\$\,45.000 - \$\,25.000}{\$\,25.000} \times 100 = \mathbf{80\%}$	$\frac{\$\,5.000 - \$\,25.000}{\$\,25.000} \times 100 = \mathbf{(80\%)}$
Variação percentual da receita		$\frac{\$\,324.000 - \$\,270.000}{\$\,270.000} \times 100 = \mathbf{20\%}$	$\frac{216.000 - \$\,270.000}{\$\,270.000} \times 100 = \mathbf{(20\%)}$
GAO = $\frac{\text{Variação \% do lucro operacional}}{\text{Variação \% da receita}}$		GAO = $\frac{80}{20} = \mathbf{4,00}$	GAO = $\frac{(80)}{(20)} = \mathbf{4,00}$

Comprova-se no quadro acima que o aumento ou a redução de 20% nas vendas produz uma variação de 80% no lucro operacional, motivada pela presença dos custos e despesas fixos.

De acordo com Megliorini (2012), empresas que apresentam custos e despesas fixos em proporções mais elevadas apresentam alavancagem operacional maior, o que representa maior risco operacional. O autor ressalta, ainda, que outros fatores também devem ser levados em conta para avaliar a ocorrência do risco operacional, como o comportamento da concorrência, falhas ou inadequações dos processos internos, entre outros.

O grau de alavancagem operacional tem muita utilidade para as projeções dos resultados que as empresas possam obter em diversos níveis de atividades de produção e vendas, quando mantidos constantes o preço de venda, os custos e despesas variáveis e o montante dos custos e despesas fixos.

7.7 Custos para decisão

O gestor, no seu processo decisório, depara-se sempre com duas ou mais alternativas. Antes de tomar a decisão de fazer ou comprar determinado componente do seu produto final ou aceitar um pedido de venda especial, ele precisa ter um entendimento profundo das informações de custos. Os custos e benefícios de uma alternativa precisam ser comparados com os custos e benefícios de outra, pois eles se comportam de forma diferente nas alternativas. Os custos que se comportam de forma diferente nesses casos são chamados de **custos relevantes**, pois eles são os únicos custos significativos na análise de alternativas de decisão; também são conhecidos como **custos diferenciais**, porque são os custos que diferem entre alternativas de decisão. Normalmente, são os custos variáveis e os custos fixos identificados.

Outros conceitos importantes

Custos incrementais: são os custos adicionais que ocorrem em razão da escolha de uma alternativa de decisão em detrimento de outra. Os custos incrementais são relevantes e diferenciais.

Custo irrecuperável ou perdido (*Sunk Cost*): é aquele que já ocorreu, do qual se esperava a geração de benefícios futuros; entretanto, não pode ser alterado por qualquer decisão presente ou futura, não podendo ser atribuído a qualquer alternativa de decisão considerada. Não são custos diferenciais e se repetem nas diversas alternativas, sendo irrelevantes em qualquer uma delas. Contabilmente, o custo irrecuperável está relacionado a gastos com pesquisa e desenvolvimento, propaganda e capacidade instalada de uma empresa.

Exemplo[17]: uma empresa investiu, há alguns anos, $ 3 milhões na aquisição de um equipamento especial para a fabricação de um determinado produto, que agora está obsoleto e não mais vendido. Embora a longo prazo a compra do equipamento possa ter sido ruim, nada pode desfazer essa decisão; e não seria viável continuar a fabricar o produto, numa tentativa de tentar recuperar o custo do equipamento. Os $ 3 milhões pagos pelo equipamento já ocorreram e não podem ser um custo diferencial em qualquer decisão futura. Portanto, tais custos são irrecuperáveis e devem ser ignorados na tomada de decisões.

Margem por segmento: é obtida pela dedução dos custos fixos identificáveis a um segmento da sua respectiva margem de contribuição. Para Garrison, Noreen e Brewer (2013), ela representa a margem disponível depois de um segmento incluir todos os seus custos fixos rastreáveis, e é a melhor medida da lucratividade de um segmento em longo prazo, pois inclui apenas os custos originados em determinado segmento. Um segmento da empresa que não cobre seus próprios custos, provavelmente deverá ser descontinuado, a menos que essa decisão provoque importantes efeitos colaterais sobre outros segmentos e, sobretudo, no resultado.

Os **custos fixos rastreáveis** (ou **identificados**) de um segmento são aqueles incorridos devido a sua existência. Se ele não existir, o custo fixo não será

---

17 Adaptado de Garrison, Noreen e Brewer (2013)

incorrido. Se um segmento for extinto, o custo fixo também deixará de existir. Esses custos fixos também são chamados de *evitáveis*, porque podem ser evitados (eliminados) se uma determinada decisão for tomada.

Exemplo: uma fábrica de bebidas produz diversos produtos, como sucos, refrigerantes, bebidas isotônicas etc. O salário do gerente do produto "sucos" é um custo rastreável desse segmento de produto no negócio da fábrica de bebidas, que deixará de existir se o produto "sucos" for descontinuado.

Os **custos fixos comuns** (ou **não identificados**) dão suporte a mais de um segmento, mas não são rastreáveis em parte ou totalmente por qualquer segmento. Se um segmento for eliminado, eles continuarão existindo. Portanto, esses custos fixos também são chamados de *inevitáveis*. Por exemplo, o salário do diretor geral da fábrica de bebidas é um custo fixo comum a vários segmentos de produtos da fábrica, como sucos, refrigerantes, bebidas isotônicas etc.

Cabe ressaltar que, para fins de cálculo da margem, os custos fixos comuns não são alocados a segmentos.

Exemplo: Uma empresa comercial é composta pelos departamentos de Cama, Mesa e Banho. O seu gerente decidiu descontinuar o departamento de Banho, pois estava apresentando prejuízo, conforme a tabela a seguir:

Resultado	Cama	Mesa	Banho
Receita de vendas	25.000,00	40.000,00	50.000,00
(-) Custos variáveis	(9.000,00)	(16.000,00)	(30.000,00)
= Margem de contribuição	16.000,00	24.000,00	20.000,00
(-) **Custos fixos evitáveis**	(1.000,00)	(2.000,00)	(10.000,00)
= Margem por segmento	15.000,00	22.000,00	10.000,00
(-) **Custos fixos inevitáveis**	(6.000,00)	(8.000,00)	(11.000,00)
= Resultado	9.000,00	14.000,00	**(1.000,00)**

O departamento de Banho deverá ser eliminado?

Observe o como ficará o resultado da empresa, caso este departamento seja descontinuado:

Resultado	Cama	Mesa	Banho	Resultado Geral	Resultado sem o dep. de Banho
Receita de vendas	25.000,00	40.000,00	50.000,00	115.000,00	65.000,00
(-) Custos variáveis	(9.000,00)	(16.000,00)	(30.000,00)	(55.000,00)	(25.000,00)
= Margem de contribuição	16.000,00	24.000,00	20.000,00	60.000,00	40.000,00
(-) **Custos fixos evitáveis**	(1.000,00)	(2.000,00)	(10.000,00)	(13.000,00)	(3.000,00)
= Margem por segmento	15.000,00	22.000,00	10.000,00		
(-) **Custos fixos inevitáveis**	(6.000,00)	(8.000,00)	(11.000,00)	(25.000,00)	(25.000,00)
= Resultado	9.000,00	14.000,00	(1.000,00)	22.000,00	**12.000,00**

Com base na situação apresentada, a eliminação do departamento de Banho resultará em uma queda de $ 10.000,00 no lucro da empresa, que representa cerca de 45,45%. Isso ocorre porque, apesar desse segmento ser deficitário, comparado com os demais departamentos, o volume monetário de sua margem total contribui muito para a amortização dos custos fixos da empresa, principalmente os seus custos fixos inevitáveis no valor de $ 11.000,00, que continuarão existindo mesmo que o departamento de Banho seja descontinuado.

Analisando a situação também pelo enfoque da margem por segmento proporcionada pelo departamento de Banho, verificamos que ela é inferior à parcela de custos fixos inevitáveis distribuída a ele. Isso significa que o segmento não está cobrindo os seus próprios custos. No entanto, as decisões sobre linhas de produtos ou segmentos da empresa que devem ser descontinuados figuram entre as decisões mais difíceis que o gestor tem que tomar. Nessas decisões, muitos fatores quantitativos e qualitativos devem ser levados em conta, como por exemplo, reavaliar os critérios de distribuição (rateio) dos custos fixos comuns, manter uma linha de produtos ou segmento não lucrativa, se ela for necessária à venda de outros produtos ou para atrair clientes de um modo geral, entre outros.

Com base nos dados apresentados no exemplo, a explicação do resultado deficitário do departamento de Banho reside nos custos fixos comuns alocados a ele. Conforme comentado em alguns capítulos deste livro, um dos grandes problemas da alocação (rateio) dos custos fixos comuns é que ela pode fazer com que um segmento (ou uma linha de produtos) pareça menos lucrativo do que ele realmente é. O rateio dos custos fixos comuns por todos os departamentos fez o departamento de Banho parecer não lucrativo, quando na verdade, a sua eliminação resultaria na redução do lucro total da empresa.

7.7.1 Decisões de fazer ou comprar

Normalmente, a maioria dos produtos industriais é composta de inúmeros componentes e muitas empresas controlam todas as atividades dentro do processo, desde a fabricação dos materiais básicos ou componentes até o produto final. Outras decidem comprar alguns materiais que entrarão na composição dos seus produtos acabados.

A decisão de fabricar internamente um componente, em vez de comprá-lo de um fornecedor pode ter algumas vantagens, como por exemplo:

- a empresa fica menos dependente dos fornecedores e pode assegurar um fluxo permanente de peças e de materiais para a produção;
- em caso de greve prolongada em um dos fornecedores não irá interromper o processo de fabricação;
- melhor controle de qualidade na fabricação de suas próprias peças ou componentes.

No entanto, comprar um ou mais componentes de uma ou mais empresas pode levar a economias significativas na produção se os fornecedores forem eficientes na fabricação dos mesmos e oferecê-los a um preço que compense a decisão. Essa decisão concentra-se apenas nos custos incrementais (custos que não existiriam ou teriam sido evitados se essas transações não ocorressem).

A análise comparativa entre as opções de fazer ou comprar deve considerar os custos que poderão ser eliminados. A proposta que trouxer maior incremento ao resultado é a que deve ser escolhida.

Exemplo: Uma empresa produz determinado componente que utiliza na fabricação de um de seus produtos. A produção mensal é de 1.000 unidades (tanto de componente como de produto).

Custo unitário do componente

Materiais	$ 84,00
(+) Mão de obra direta	$ 78,00
(=) Custo variável total	$ 162,00
(+) Custos indiretos de fabricação (fixos)	$ 100,00
(=) Total do custo unitário do **componente**	$ 262,00

Custo unitário do produto

Materiais	$ 450,00
(+) Mão de obra direta	$ 250,00
(+) Custos indiretos de fabricação (fixos)	$ 390,00
(+) **Componente**	$ 262,00
(=) Custo unitário do produto	$ 1.352,00

Um fornecedor propôs entregar o componente por $ 190,00 a unidade. A empresa deve aceitar?

Antes de tomar a decisão e partirmos para os cálculos, devemos fazer uma análise mais profunda. Considerando que todos os custos indiretos fixos são comuns a todos os produtos e passar a comprar ou não o componente em nada alterará esses custos, não haverá interesse na aquisição, pois o custo variável do componente é de $ 162,00 contra $ 190,00 do fornecedor.

Observe o quadro comparativo a seguir considerando as duas decisões.

Quadro comparativo: comprar x fabricar

Elementos	Custo total do produto	
	Fabricando o componente ($)	Comprando o componente ($)
Materiais	$ 450,00 x 1.000 un. = $ 450.000,00	$ 450,00 x 1.000 un. = $ 450.000,00
(+) Componentes (custos incrementais)	$ 162,00 x 1.000 un. = $ 162.000,00	$ 190,00 x 1.000 un. = $ 190.000,00
(+) Mão de obra direta	$ 250,00 x 1.000 un. = $ 250.000,00	$ 250,00 x 1.000 un. = $ 250.000,00
(+) Custos fixos	$ 490,00 x 1.000 un. = $ 490.000,00 (*)	$ 490,00 x 1.000 un. = $ 490.000,00 (*)
(=) Total	$ 1.352.000,00	$ 1.380.000,00

(*) [($ 100,00 + $ 390,00) x 1.000 un.]

Conforme observamos no quadro anterior, a decisão de comprar o componente aumentaria os custos totais em $ 28.000,00 ($ 1.380.000,00 - $ 1.352.000,00).

Suponha que dos $ 100,00 de custos fixos alocados ao componente, metade seja referente a supervisores que serão dispensados (custo fixo identificado) e poderá ser evitada se a compra for efetuada. Nesse caso, teremos:

Custo incremental do componente:

Materiais	$ 84,00
(+) Mão de obra direta	$ 78,00
(+) Custo indireto fixo identificado	$ 50,00
(=) Total do custo incremental do componente	$ 212,00

Os custos variáveis e os custos indiretos fixos identificados de $ 212,00 podem ser evitados por meio da compra no fornecedor. Nesse caso, conclui-se ser mais vantajosa a compra do componente no fornecedor por $ 190,00.

Observe o quadro comparativo a seguir considerando as duas decisões.

Quadro comparativo: comprar x fabricar

Elementos	Custo total do produto	
	Fabricando o componente ($)	Comprando o componente ($)
Materiais	$ 450,00 x 1.000 un. = $ 450.000,00	$ 450,00 x 1.000 un. = $ 450.000,00
(+) Componentes		
(custos incrementais)	$ 212,00 x 1.000 un. = $ 212.000,00	$ 190,00 x 1.000 un. = $ 190.000,00
(+)Mão de obra direta	$ 250,00 x 1.000 un. = $ 250.000,00	$ 250,00 x 1.000 un. = $ 250.000,00
(+) Custos fixos	$ 440,00 x 1.000 un. = $ 440.000,00 (*)	$ 440,00 x 1.000 un. = $ 440.000,00 (*)
(=) Total	$ 1.352.000,00	$ 1.330.000,00

(*) [($ 50,00 + $ 390,00) x 1.000 un.]

Conforme observamos no quadro anterior, a decisão de comprar o componente seria mais apropriada, pois reduziria os custos totais em $ 22.000,00 ($ 1.352.000,00 - $ 1.330.000,00). Logo, se o componente for adquirido de terceiros e a empresa puder eliminar grande parte de seus custos fixos, essa alternativa poderá ser viável.

Outras considerações para a decisão de fazer ou comprar

Utilização da capacidade ociosa: se ao comprar componentes de terceiros a empresa consiga liberar mão de obra, matéria-prima e utilizar a capacidade instalada (maquinário, instalações etc.) que ficará ociosa, para produzir mais quantidades do produto final, desde que haja demanda para absorver a produção adicional, deve-se avaliar se haverá incremento no resultado do período em função do volume maior de vendas, ainda que a decisão em comprar o componente reduza a margem de contribuição por produto. Observe o exemplo a seguir.

A Metal & Tal S.A. é uma indústria metalúrgica que fabrica porcas e parafusos para atender diversos ramos como petroquímicas, indústria naval, construção civil, estruturas metálicas etc.

A empresa produz mensalmente, utilizando o mesmo tipo de matéria-prima, a mesma mão de obra e com as mesmas máquinas, 120.000 conjuntos de porcas e parafusos, vendendo o conjunto (formado por uma porca e um parafuso) por $ 40,00, líquidos de impostos, cujos custos de produção são os seguintes:

Elementos	Mesas	Conjunto de 4 cadeiras
Custos variáveis	$ 7,40	$ 14,00
Tempo de produção	12 minutos	20 minutos
Custos fixos por mês	$ 108.000,00	
Despesas fixas por mês	$ 60.000,00	

A Metal & Tal S.A. percebeu um aumento de demanda para o seu produto (conjunto formado por porca e parafuso) e resolveu estudar a oferta de outra indústria metalúrgica, que propôs vender-lhe a porca com a mesma qualidade técnica da que ela produz por $ 10,50, cada unidade. Sabe-se, também, que a sua estrutura de custos e despesas fixos não sofreria alteração e que haveria demanda para consumir toda produção adicional do conjunto (porca e parafuso).

Sabe-se, ainda, que a empresa poderia aproveitar toda a capacidade instalada para produzir somente parafusos. Seria vantajoso para ela aceitar a proposta? Que resultado ela obteria em função dessa decisão?

Como a empresa poderia aproveitar a estrutura de produção de porcas que ficaria ociosa para produzir mais parafusos, parando de fabricar as porcas, seria adicionado à fabricação de parafusos o tempo gasto na produção de cada porca (12 minutos por unidade). Este tempo excedente disponível representa 60% (12 minutos ÷ 20 minutos) do tempo utilizado para a fabricação de parafusos.

Como a produção de parafusos aproveitaria esse tempo disponível, haveria um acréscimo de 72.000 unidades (120.000 unidades x 60%) e o novo volume de produção de parafusos seria de 192.000 unidades.

Outra forma para calcular o acréscimo na produção é a seguinte:

- Calcular o tempo total gasto para produzir as porcas: 120.000 unidades x 12 minutos = 1.440.000 minutos.

- Apurar a quantidade de parafusos que seria produzida com esse tempo: 1.440.000 minutos ÷ 20 minutos = 72.000 unidades de parafusos produzidos adicionalmente.

Raciocinando em termos de margem de contribuição fica bastante simples o entendimento sobre o acréscimo no resultado, caso a Metal & Tal S.A. aceite a proposta, conforme a seguir:

Resultado (comprando as porcas)	Valor
Vendas: 192.000 un. x $ 40,00	$ 7.680.000,00
(–) Custos variáveis: 192.000 un. x ($ 10,50 + $ 14,00)	$ 4.704.000,00
(=) Margem de contribuição	$ 2.976.000,00
(–) Custos fixos	$ 208.000,00
(–) Despesas fixas	$ 60.000,00
(=) Resultado	$ 2.708.000,00

Margem de contribuição unitária (conjunto porca e parafuso) = $ 40,00 – ($ 10,50 + $ 14,00) = $ 15,50.

Resultado (fabricando as porcas)	Valor
Vendas: 120.000 un. x $ 40,00	$ 4.800.000,00
(-) Custos variáveis: 120.000 un. x ($ 7,40 + $ 14,00)	$ 2.568.000,00
(=) Margem de contribuição	$ 2.232.000,00
(-) Custos fixos	$ 208.000,00
(-) Despesas fixas	$ 60.000,00
(=) Resultado	$ 1.964.000,00

Margem de contribuição unitária (conjunto porca e parafuso) = $ 40,00 – ($ 7,40 + $ 14,00) = $ 18,60.

Comparando as duas demonstrações de resultado apresentadas, se a Metal & Tal S.A. optar por comprar as porcas, aproveitando a capacidade de produção que ficaria disponível para fabricar mais parafusos, teria um acréscimo de $ 744.000,00 no resultado ($ 2.708.000,00 – $ 1.964.000,00).

Apesar de ter uma margem de contribuição por conjunto (porca e parafuso) menor ao aceitar a proposta, a empresa obteria um lucro maior considerando o volume de vendas do conjunto porca e parafuso, que aumentaria em 60%.

Na análise comparativa para esse tipo de decisão devemos, também, verificar se a empresa incorrerá em custos adicionais por comprar de terceiros, como fretes, seguros, recebimento, armazenagens etc.

7.7.2 Pedidos de venda especiais

Os pedidos de venda especiais correspondem a vendas esporádicas e não repetitivas de produtos, que normalmente têm preços de venda inferiores aos praticados pela empresa em uma perspectiva de curto prazo, que compreende um período durante o qual a empresa não possui prazo suficiente para alterar seus fatores fixos de produção como instalações básicas, equipamentos já existentes e capacidade.

Só será vantajoso atender os pedidos de venda especiais se eles proporcionarem margens de contribuição positivas e houver capacidade ociosa na fábrica, ou seja, se ela estiver operando abaixo da capacidade normal de produção, além de não afetar os negócios normais da empresa.

Assim, quando uma empresa possui capacidade ociosa e recebe uma proposta de um pedido especial, a decisão de atendê-la será favorável desde que a margem de contribuição do pedido seja positiva, pois em qualquer caso os custos fixos de produção permanecerão os mesmos.

Exemplo: a empresa KFS apresentou os custos e despesas para produzir e vender uma única unidade do produto X:

- Materiais diretos $ 5,00
- Mão de obra direta $ 6,00
- Custos variáveis indiretos $ 1,00
- Despesas variáveis $ 3,00

Demais custos e despesas:
- Custos fixos indiretos $ 68.000,00
- Despesas fixas $ 32.000,00

O nível de atividade atual da empresa, para a fabricação do produto X, é de 8.000 unidades por mês.

O preço de venda praticado é de $ 30,00 por unidade. A capacidade normal da empresa é de 10.000 unidades por mês.

Foi recebido um pedido de 2.000 unidades de um cliente pelo preço de $ 20,00 por unidade. Este pedido não afetaria as vendas normais, além de não alterar a relação da empresa com os clientes atuais. Os custos e despesas fixos totais da empresa também não serão afetados.

O preço de venda oferecido é inferior em $ 10,00 ao preço praticado pela empresa. O pedido deve ser aceito?

Vamos ao cálculo do custo unitário do produto:

Custo unitário = $\dfrac{\text{custos fixos + (custo variável unitário x quantidade)}}{\text{quantidade}}$

Custo unitário = $ 68.000,00 + ($ 12,00 x 8.000 un.) ÷ 8.000 un. = $ 20,50.

De imediato recusaríamos a proposta, pois o preço oferecido ($ 20,00) é inferior ao custo unitário do produto. O cálculo desse custo, baseado no custeio por absorção, considera os custos fixos de $ 68.000,00, que serão consumidos pela produção de 8.000 unidades, 10.000 unidades ou qualquer outro nível de atividade. Logo, para a decisão que queremos tomar, essa informação de custo não parece muito útil, pois os custos indiretos fixos ocorrem independentemente dos produtos e volumes, o que faz com que seu valor por unidade dependa diretamente da quantidade fabricada.

Para apoiar nossa decisão devemos utilizar o conceito de margem de contribuição por unidade, que é a diferença entre o preço de venda e o custo/despesa variável de cada produto; corresponde ao valor que cada unidade efetivamente traz à empresa de sobra entre sua receita e o custo que de fato provocou e que lhe pode ser imputado sem erro. O pedido em questão só afeta os custos variáveis de fabricação, na base de $ 12,00 por unidade. Os custos fixos permanecem inalterados, podendo, portanto, ser perfeitamente desconsiderados nessa tomada de decisão.

Se cada unidade referente ao pedido especial for vendida, proporcionará a seguinte margem de contribuição unitária (MCu):

MCu = $ 20,00 – ($ 5,00 + $ 6,00 + $ 1,00 + 3,00) = $ 5,00.

Observe a seguir o resultado comparativo considerando as decisões de aceitar ou não o pedido de venda especial.

Resultado (considerando não aceitar o pedido de venda especial)

Receita de vendas $ 30,00 x 8.000 un. =	$ 240.000,00
(-) Custo dos produtos vendidos $ 20,50 x 8.000 un. =	($ 164.000,00)
(=) Lucro bruto	$ 76.000,00
(-) Despesas variáveis $ 3,00 x 8.000 un. =	($ 24.000,00)
(-) Despesas fixas	($ 32.000,00)
(=) Lucro líquido	$ 20.000,00

Resultado (considerando aceitar o pedido de venda especial)

Receita de vendas $ 30,00 x 8.000 un. =	$ 240.000,00
$ 20,00 x 2.000 un. =	$ 40.000,00
Receita total	$ 280.000,00
(-) Custo dos produtos vendidos $ 18,80 x 10.000 un. =	($ 188.000,00)
(=) Lucro bruto	$ 92.000,00
(-) Despesas variáveis $ 3,00 x 10.000 un. =	($ 30.000,00)
(-) Despesas fixas	($ 32.000,00)
(=) Lucro líquido	$ 30.000,00

O custo unitário baixou para $ 18,80 porque os custos indiretos fixos foram distribuídos às 10.000 unidades fabricadas [$ 68.000,00 + ($ 12,00 x 10.000 un.) ÷ 10.000 un.].

Comparando as duas demonstrações de resultado apresentadas, se aceitar o pedido de venda especial a empresa terá um acréscimo de $ 10.000,00 no resultado, pois como já foi comentado, os custos e despesas fixos continuariam a existir aceitando ou não o pedido.

De uma forma mais simplificada, podemos também identificar o acréscimo provocado no resultado com a nova decisão:

2.000 un. (acréscimo na produção e vendas)
x $ 5,00 (MCu)
= $ 10.000,00 (acréscimo no lucro líquido)

Verificamos, assim, que os gastos fixos podem interferir negativamente nos momentos de decisão de curto prazo e que a margem de contribuição torna mais clara a rentabilidade de cada produto. As unidades vendidas ao preço menor, mas acima dos custos e despesas variáveis correspondentes, provocaram um acréscimo direto no lucro. Assim, havendo capacidade ociosa (existem custos fixos embutidos nessa capacidade), qualquer valor positivo de margem de contribuição proporcionará incremento no resultado.

É importante ressaltar que, para a empresa aceitar um pedido especial de clientes por preços inferiores ao normalmente praticados, ele tem que ser atendido apenas com a capacidade ociosa normal, pois assim, o pedido gerará apenas custos variáveis. Se houver a necessidade de adquirir um equipamento específico, trabalhar em hora extra, período noturno, ou até mesmo contratar pessoal, nessa situação, de acordo com Megliorini (2012), a empresa incorreria em custos adicionais para obter a capacidade operacional necessária, que deveriam ser considerados na decisão do preço de venda mínimo a ser praticado. Nesses casos, o preço mínimo precisa cobrir os custos variáveis e todos os demais custos necessários para adquirir a capacidade necessária para atender o pedido de venda especial.

A aceitação de um pedido especial também deve levar em conta que os benefícios no curto prazo não acarretarão consequências no longo prazo, como por exemplo, clientes regulares sentirem-se no direito de exigir descontos, a capacidade de produção para atender aos pedidos normais ficar comprometida, entre outras.

7.7.3 Limitação da capacidade produtiva

O estudo do cenceito de margem de contribuição visto neste capítulo e no anterior demonstra a sua grande importância como ferramenta de tomada de decisão. Entretanto, eventualmente ocorrem problemas derivados da existência de diversos fatores que podem limitar a capacidade de produção da fábrica, fazendo que ela não seja suficiente para atender à demanda esperada para o período, como por exemplo, limitações nas horas de mão de obra, nas quantidades de um ou mais tipos de materiais etc.

Os fatores que limitam a produção são chamados de "gargalos[18]". Para cada caso, é necessário conhecer a margem de contribuição por produto ou pelo fator que representa o gargalo da produção, a fim de maximizar o resultado. Assim, quando houver algum fator que limite a produção (materiais, horas de mão de obra etc.), o produto mais rentável será aquele que tiver maior margem de contribuição pelo fator de limitação da capacidade produtiva.

---

18 Recurso no Gargalo (Recursos Restritivos): um recurso do sistema produtivo no qual a demanda de operações é maior que a sua capacidade produtiva.

Se **não** houver limitação na capacidade de produção, conforme já comentamos, o produto mais rentável será o que apresentar maior margem de contribuição por unidade.

Teoria das restrições

O Físico israelense Elyahu M. Goldratt desenvolveu o método OPT (*Optimized Production Technology* – Tecnologia da Produção Otimizada) de onde se desenvolveram os conceitos da Teoria das Restrições (Theory of Constraints – TOC), que foi uma das teorias mais revolucionárias no campo da administração de produção e operações industriais. A Teoria das Restrições ficou famosa no livro de Goldratt e Jeff Cox – A Meta (*The Goal*) – Um Processo de Melhoria Contínua, lançado na década de 1980.

A ideia básica da TOC é encontrar as restrições ou gargalos produtivos que limitam o fluxo contínuo da produção e otimizar os recursos disponíveis nesse gargalo.

O estudo da gestão dos fluxos produtivos e da capacidade permitiu o desenvolvimento dos princípios do OPT, cujo objetivo é gerar mais dinheiro para a organização através do correto gerenciamento dos recursos produtivos.

A contribuição do método dá-se na maneira de encontrar o gargalo. A TOC, cuja ideia básica é encontrar as restrições ou gargalos produtivos que limitam o fluxo contínuo da produção, destina-se à administração da produção, utilizando o custeio variável na mensuração e identificação do impacto de decisões no resultado da empresa. Para Goldratt e Cox (2014), margem de contribuição e ganho são sinônimos (receita menos custos variáveis).

Exemplo: observe os dados a seguir de uma indústria que fabrica os produtos X e Y:

	Produto X	Produto Y
Preço de venda unitário	$ 875,00	$ 700,00
(-) Custos variáveis unitários	$ 500,00	$ 400,00
= Margem de contribuição unitária	**$ 375,00**	**$ 300,00**

Analisando o quadro acima podemos dizer que o produto mais rentável é o X, pois apresenta maior margem de contribuição unitária. No entanto, caso haja alguma limitação na capacidade produtiva, devemos considerar como produto mais rentável aquele cuja margem de contribuição unitária, dividida pelo fator que limita a capacidade de produção, apresentar maior valor.

Supondo que a indústria em questão sofra limitação das horas necessárias em sua linha de produção e que os produtos X e Y consomem 1,5 h e

1,0 h por unidade, respectivamente; para decidir pelo produto mais rentável faremos os seguintes cálculos:

	Produto X	Produto Y
Margem de contribuição unitária	$ 375,00	$ 300,00
Tempo de produção por unidade (fator limitante)	<u>1,5 hora</u>	<u>1,0 hora</u>
Margem de contribuição pelo fator limitante (tempo de produção)	**$ 250,00**	**$ 300,00**

Os cálculos acima mostram que, enquanto se produz uma unidade de X com $ 375,00 de margem de contribuição unitária, pode-se produzir uma unidade e meia de Y, proporcionando, assim, uma margem de contribuição unitária de $ 450,00 ($ 300,00 x 1,5) deste produto.

Como a indústria está sofrendo limitações no tempo disponível de produção, conclui-se que o mais adequado é que ela priorize a fabricação do produto Y que, nesse caso, passa a ser o mais rentável, pois este produto traz mais retorno por hora utilizada na produção.

Nem sempre o produto com margem de contribuição maior é o mais rentável. Vários produtos podem consumir um mesmo material em quantidades diferentes. Um produto com margem de contribuição maior pode ter o uso desse material maior que os demais, consumindo, assim, mais rapidamente aquele recurso que está limitado na produção.

Observe este outro exemplo: a empresa LX S/A produz três produtos (A, B e C) cujos preços de venda – líquidos de tributos – são $ 120,00, $ 100,00 e $ 80,00, respectivamente. Os custos e despesas fixos são de $ 4.000,00 por período.

Os custos variáveis unitários são os seguintes:

- Produto A: $ 66,00
- Produto B: $ 56,00
- Produto C: $ 48,00

As despesas variáveis unitários são as seguintes:

- Produto A: $ 6,00
- Produto B: $ 5,00
- Produto C: $ 4,00.

Consumo de matéria-prima por unidade (os produtos consomem a mesma matéria-prima):

- Produto A: 4 kg
- Produto B: 3 kg
- Produto C: 2 kg

Segundo o Diretor de Marketing, o mercado consome, no máximo, 100 unidades de cada produto da empresa por período.

Sabendo-se que há apenas 600 quilos de matérias-primas disponíveis para a produção dos três produtos, qual seria o produto mais rentável? Qual seria a melhor combinação (*mix de produção*) para a maximização do resultado?

Solução:

Margem de contribuição unitária (Mcu) de cada produto:
- ✓ Produto A: $ 120,00 – ($ 66,00 + $ 6,00) = $ 48,00
- ✓ Produto B: $ 100,00 – ($ 56,00 + $ 5,00) = $ 39,00
- ✓ Produto C: $ 80,00 – ($ 48,00 + $ 4,00) = $ 28,00

Para atender à demanda total a empresa LX S/A necessitaria de 900 quilos de matéria-prima, no entanto ela só dispõe de 600 quilos no período. Devemos considerar, então, como produto mais rentável aquele cuja margem de contribuição unitária, dividida pelo fator que limita a capacidade de produção, apresentar maior valor, e assim, decidir pelo novo plano de produção (mix) por ordem de prioridade:

a) Determinar a ordem de prioridade de produção:

Produto	MCu	(÷) Fator limitativo	(=) MC/F. limitativo	Ordem de prioridade na fabricação
A	$ 48,00	4 kg	$ 12,00/kg	3º
B	$ 39,00	3 kg	$ 13,00/kg	2º
C	$ 28,00	2 kg	$ 14,00/kg	1º

b) Determinar o novo plano (mix) de produção:

Produto (por ordem de prioridade)	Quantidade a fabricar	Consumo de kg por unidade	Consumo total	MP disponível **600 kg**
C	100 un.	2 kg	200 kg	400 kg
B	100 un.	3 kg	300 kg	100 kg
A	25 un. *	4 kg	100 kg	0

* Produto A: 100 kg ÷ 4 kg/un. = 25 unidades

De acordo com os quadros acima, o produto C é o que traz mais retorno por quilo utilizado na produção, seguido do produto B e, depois, do produto A. Vamos priorizar, então, a fabricação desses produtos nessa sequência. O produto C consome 2 quilos e precisam ser produzidas 100 unidades para atender à demanda desse produto. Logo, serão necessários 200 quilos de matéria-prima. Seguindo esse mesmo raciocínio com o próximo produto, o B, este tem uma demanda de 100 unidades e consome 3 quilos por unidade. Assim, ele necessitará de 300 quilos de matéria-prima.

Dos 600 quilos de matéria-prima disponíveis no período, 500 quilos serão consumidos pelos produtos B e C (300 kg + 200 kg), restando um saldo de 100 quilos de matéria-prima para fabricar o produto A. Como este produto consome 4 quilos por unidade para ser fabricado, serão produzidas 25 unidades dele (100 kg ÷ 4 kg/un.).

Por fim, definimos a combinação de produção (o mix) para o período a fim de obter o melhor resultado possível, ou seja, 25 unidades do produto A, 100 unidades do produto B e 100 unidades do produto C.

Após a identificação do mix de produção, teremos o seguinte resultado:

Resultado

Margem de contribuição total:

(+) A = 25 un. x $ 48,00 =	$	1.200,00
(+) B = 100 un. x $ 39,00 =	$	3.900,00
(+) C = 100 un. x $ 28,00 =	$	2.800,00
(=) Margem bruta =	$	7.900,00
(-) Custos e despesa fixos	($	4.000,00)
(=) Resultado líquido	$	3.900,00

Identificando o mix de produção quando existem estoques de produtos

Ao definir a combinação de produção deve-se observar se há algumas unidades em estoque dos produtos que compõem o mix, pois essas unidades serão levadas em conta para tal composição.

Suponha, por exemplo, que a empresa LX S/A possuía em estoque, no início do período considerado, 30 unidades de C, 20 unidades de B e nenhuma de A. Então, o plano de produção para o período, considerando o fator limitante, seria definido conforme a seguir:

Produto (por ordem de prioridade)	Quantidade a fabricar	Consumo de kg por unidade	Consumo total	MP disponível **600 kg**
C	70 un. (100 - 30)	2 kg	140 kg	460 kg
B	80 un. (100 – 20)	3 kg	240 kg	220 kg
A	55 un. *	4 kg	220 kg	0

* Produto A: 220 kg ÷ 4 kg/un. = 55 unidades

Nesse caso, a combinação de produção para o período, a fim de obter o melhor resultado possível, considerando os estoques iniciais de B e C, seria: 55 unidades do produto A, 80 unidades do produto B e 70 unidades do produto C.

Existência de diversos fatores limitantes

Pode ocorrer que existam, simultaneamente, num mesmo período, diversos fatores que limitem a capacidade produtiva da fábrica, como horas-máquina, matérias-primas, homens-hora etc. Nesses casos, a identificação do mix de produção torna-se mais complexa, sendo necessário que a empresa recorra a métodos mais sofisticados, como a programação linear ou outros modelos matemáticos da pesquisa operacional (PADOVEZE, 2010; MARTINS, 2010).

Apropriação dos custos fixos com base no fator de limitação

Como regra, a apropriação dos custos fixos aos produtos provoca distorções que podem afetar o processo de tomada de decisões. Entretanto, havendo limitação na capacidade produtiva, alocando-se os custos fixos com base no recurso que estiver limitando a produção, ocorrerá sempre a sequência e hierarquia que obteríamos caso fizéssemos os cálculos com base na margem de contribuição unitária pelo mesmo fator limitante (MARTINS, 2010).

7.8 Exercícios

1. (Exame de Suficiência/CFC) Uma sociedade empresária produz um produto com preço de venda de R$ 10,00 por unidade. Os custos variáveis são R$ 8,00 por unidade e os custos fixos totalizam R$ 18.000,00 por ano, dos quais R$ 4.000,00 são relativos à depreciação. O Patrimônio Líquido da empresa é de R$ 50.000,00 e a sua taxa mínima de atratividade é de 10% ao ano.

Os pontos de equilíbrio contábil, econômico e financeiro são, respectivamente:
a) ( ) 9.000 unidades por ano, 11.500 unidades por ano e 7.000 unidades por ano.
b) ( ) 9.000 unidades por ano, 11.500 unidades por ano e 9.500 unidades por ano.
c) ( ) 9.000 unidades por ano, 7.000 unidades por ano e 9.500 unidades por ano.
d) ( ) 9.000 unidades por ano, 9.500 unidades por ano e 7.000 unidades por ano.

2. (Casa da Moeda/Analista_Cesgranrio_adaptada) Em Vale Dourado existem duas indústrias que produzem e vendem caixas acústicas. O mercado absorve 4.000 unidades por mês, divididas igualmente pelas duas indústrias cujas estruturas de receitas, custos e despesas, em abril de 20x9, foram, em reais:

Itens	Indústria A	Indústria B
Preço de venda	8.000,00 por unidade	8.000,00 por unidade
Custos variáveis	6.000,00 por unidade	6.400,00 por unidade
Despesas variáveis	500,00 por unidade	600,00 por unidade
Custos fixos	1.249.500,00 por mês	1.010.000,00 por mês
Despesas fixas	249.900,00 por mês	190.000,00 por mês
Investimentos	20.000.000,00	18.000.000,00

No mês seguinte, devido à entrada no mercado da representação de uma empresa chinesa, as duas empresas locais se viram obrigadas a reduzir o preço de venda em 10%.

Com base apenas nos dados acima, considerando o conceito de estruturas diferenciadas e as relações custo/volume/lucro, os pontos de equilíbrio contábil (ou operacional) das Indústrias A e B após a redução do preço de venda, serão, respectivamente, de quantas unidades?

a) ( ) 1.514 e 5.889 b) ( ) 1.555 e 4.512
c) ( ) 2.105 e 5.900 d) ( ) 2.142 e 6.000
e) ( ) 3.123 e 5.500

3. (CEDAE_CEPERJ) Uma determinada empresa industrial fabrica e vende mensalmente 5.000 unidades de seu único produto. No processo, são apropriados os seguintes custos e despesas:

Fixos   R$ 50.000,00
Variáveis   R$ 25,00 por unidade

Na hipótese de a empresa manter o mesmo volume de produção e venda, bem como manter os gastos atuais de produção, e desejando obter um lucro mensal de R$ 25.000,00, o preço de venda unitário de seus produtos deveria ser igual a:

a) ( ) R$ 40,00   b) ( ) R$ 35,00
c) ( ) R$ 25,00   d) ( ) R$ 30,00
e) ( ) R$ 45,00

4. (CFC/Exame de Suficiência_adaptada) No mês de agosto de 20x7, uma Indústria produziu e vendeu 5.000 unidades de um único produto e apresentou a seguinte Demonstração de Resultado para fins gerenciais, de acordo com o método de Custeio Variável:

Demonstração do Resultado para fins gerenciais:

Receita bruta com venda de produtos	R$ 2.500.000,00
(–) Tributos sobre vendas	(R$ 450.000,00)
(=) Receita líquida de vendas	R$ 2.050.000,00
(–) Custos variáveis	(R$ 750.000,00)
(–) Comissão sobre vendas	(R$ 125.000,00)
(=) Margem de contribuição	R$ 1.175.000,00
(–) Custos fixos	(R$ 1.222.000,00)
(–) Despesas fixas	(R$ 188.000,00)
(=) Resultado do período	(R$ 235.000,00)

Informação adicional:

No valor dos custos fixos está incluído o valor de R$ 117.500,00, referente à depreciação das máquinas e equipamentos da Indústria.

Considerando-se apenas as informações apresentadas, em relação ao ponto de equilíbrio, assinale a alternativa INCORRETA.

a) ( ) Se a Indústria produzir e vender 5.100 unidades mensais, terá prejuízo de R$ 23.500,00.

b) ( ) Se a Indústria produzir e vender 5.500 unidades mensais, atingirá o ponto de equilíbrio financeiro.

c) ( ) Se a Indústria produzir e vender 6.000 unidades mensais, atingirá o ponto de equilíbrio contábil.

d) ( ) Se a Indústria produzir e vender 6.400 unidades mensais, terá lucro de R$ 94.000,00.

5. (Petrobras/Administrador_Cesgranrio) A indústria R, que no custeio de seus produtos e nas avaliações gerenciais para as tomadas de decisão adota o método do custeio variável, apresentou as seguintes informações relativas somente a um de seus produtos:

- Custo variável unitário R$ 7,00
- Despesa variável unitária R$ 2,00
- Despesa fixa total R$ 120.000,00
- Investimento realizado, exclusivamente para a produção desse produto R$ 500.000,00
- Preço de venda unitário R$ 15,00
- Retorno mínimo esperado, pela indústria, para o investimento realizado 10%
- O produto atinge o ponto de equilíbrio econômico (PEE) na comercialização de 80.000 unidades

Considerando, exclusivamente, as informações apresentadas pela indústria R, a contabilidade gerencial para a tomada de decisões e a relação do custo volume lucro, o total dos custos fixos, suportado pela indústria, referente a tal produto é:

a) ( ) R$ 120.000,00
b) ( ) R$ 170.000,00
c) ( ) R$ 310.000,00
d) ( ) R$ 430.000,00
e) ( ) R$ 480.000,00

Para responder as questões de números 6 a 9, observe as informações a seguir:

(TRE-MT/Analista Judiciário/Contabilidade_CESPE) A análise custo-volume-lucro permite a simulação de situações para os gestores das organizações. A tabela abaixo abrange informações acerca desse assunto.

Componente	Custo por unidade produzida
Material direto	R$ 30,00
Mão de obra direta	R$ 20,00
Outros componentes diretos	R$ 8,00
Componente	**Gasto mensal**
Custos indiretos fixos	R$ 15.000,00
Despesas totais	R$ 14.500,00

Outras informações

Tributos incidentes sobre receita	17%
Preço de venda unitário	R$ 120,00
Capacidade máxima de produção mensal	2.100 unidades

6. Na situação apresentada, o percentual da margem bruta para uma venda de 1.000 unidades situa-se entre:

a) ( ) 20% e 30%.   b) ( ) 30,01% e 40%.
c) ( ) 40,01% e 50%. d) ( ) 50,01% e 60%.
e) ( ) 60,01% e 70%.

7. O ponto de equilíbrio contábil, em unidades, situa-se entre:

a) ( ) 500 e 549.
b) ( ) 550 e 599.
c) ( ) 600 e 649.
d) ( ) 650 e 699.
e) ( ) 700 e 749.

8. Considere uma variação de custo de mão de obra favorável em 20%. Nesse caso, o lucro operacional da organização, ao produzir e vender em sua capacidade máxima, é um valor que se situa entre:

a) ( ) R$ 20.000,00 e R$ 30.000,00.
b) ( ) R$ 30.000,01 e R$ 40.000,00.
c) ( ) R$ 40.000,01 e R$ 50.000,00.
d) ( ) R$ 50.000,01 e R$ 60.000,00.
e) ( ) R$ 60.000,01 e R$ 70.000,00.

9. Caso a organização produza 1.800 unidades e venda apenas 1.600 delas, seu lucro operacional ficará entre:

a) ( ) R$ 36.000,00 e R$ 38.000,00.
b) ( ) R$ 38.000,01 e R$ 40.000,00.
c) ( ) R$ 40.000,01 e R$ 42.000,00.
d) ( ) R$ 42.000,01 e R$ 44.000,00.
e) ( ) R$ 44.000,01 e R$ 46.000,00.

Analise os dados apresentados a seguir para responder às questões de números 10 e 11.

(DEGASE_CEPERJ_adaptada) Uma companhia industrial durante o mês de setembro de 20x0, contabilizou os seguintes gastos para a produção de 1.000 unidades mensais de um determinado produto da sua linha de produção:

Custos e despesas fixos	
Mão de obra direta	R$ 41.000,00
Seguros da fábrica	R$ 10.000,00
Depreciação das máquinas operatrizes	R$ 9.000,00

Custos e despesas variáveis por unidade	
Matéria-prima consumida	R$ 240,00
Embalagens	R$ 60,00

10. Sabendo-se que o preço de venda unitário desse produto é de R$ 500,00, o valor da receita, no seu ponto de equilíbrio, será igual a:

a) (   ) R$ 300.000,00
b) (   ) R$ 250.000,00
c) (   ) R$ 200.000,00
d) (   ) R$ 150.000,00
e) (   ) R$ 100.000,00

11. Na hipótese de a companhia querer obter um lucro de vinte por cento sobre a receita de venda desse produto, a quantidade necessária a produzir e vender seria de:

a) (   ) 600   b) (   ) 300   c) (   ) 675
d) (   ) 800   e) (   ) 900

12. (Transpetro/Adminstração_Cesgranrio) Uma indústria adota nas suas decisões gerenciais o custeio direto. Na análise gerencial da margem de contribuição de um de seus produtos, essa indústria apresentou as seguintes anotações referentes unicamente ao produto em análise:

– Quantidade produzida e vendida: 40.000 unidades
– Preço de venda unitário: R$ 50,00
- Margem de contribuição unitária: R$ 30,00

- Ponto de equilíbrio comercial ou operacional: 20.000 unidades

Considerando-se exclusivamente as informações recebidas e que a indústria estima para o próximo período produtivo produzir 50.000 e vender 45.000 unidades desse produto, bem como adotar o critério do custeio por absorção, o valor do estoque desse produto, em reais, é:

a) (   ) 90.000,00   b) (   ) 100.000,00
c) (   ) 150.000,00   d) (   ) 160.000,00
e) (   ) 175.000,00

Para responder às questões de números 13 e 14, considere os dados a seguir:

(ICMS SP/Agente Fiscal de Rendas_FCC) A administração da Empresa Beta realizou um levantamento de informações sobre o seu principal produto, conforme apresentado no quadro:

Itens	Valores
Preço líquido de vendas	R$ 210,00 por unidade
Custos variáveis	R$ 110,00 por unidade
Despesas variáveis	R$ 20,00 por unidade
Custos e despesas fixos identificados com o principal produto	R$ 360.000,00 por período
Investimentos identificados com o principal produto	R$ 500.000,00
Lucro mínimo desejável sobre os investimentos identificados com o principal produto	8% ao período

13. O valor do ponto de equilíbrio contábil do principal produto da empresa, considerando APENAS os custos e despesas fixos identificados, em unidades, é:

a) (   ) 3.600   b) (   ) 4.500
c) (   ) 5.000   d) (   ) 6.250
e) (   ) 10.750

14. O valor do ponto de equilíbrio econômico do principal produto da empresa, considerando apenas os custos e despesas fixos identificados, em unidades, é:

a) (   ) 500   b) (   ) 4.000
c) (   ) 4.500   d) (   ) 5.000
e) (   ) 6.750

Considere as informações, a seguir, para responder às questões de números 15 a 17.
(ICMS RJ/Auditor Fiscal_ FCC_adaptada) A empresa Industrial produz um único produto e para produzir integralmente 1.000 unidades deste produto incorreu nos seguintes gastos durante o mês de junho de 20x3:
• Custos fixos: R$ 21.000,00/mês
• Custos variáveis:
Matéria-prima: R$ 9,00/unidade
Mão de obra direta: R$ 4,00/unidade
• Despesas fixas: R$ 5.000,00/mês
• Despesas variáveis: R$ 2,00/unidade
• Comissões sobre venda: 10% do preço de venda

Informações adicionais:
• Preço de venda: R$ 100,00/unidade
• Impostos sobre a venda: 10% da receita de vendas
• Quantidade vendida: 700 unidades

15. Sabendo que a empresa Industrial utiliza o custeio por absorção, o custo unitário da produção do período foi:

a) ( ) R$ 51,00.   b) ( ) R$ 13,00.
c) ( ) R$ 15,00.   d) ( ) R$ 34,00.
e) ( ) R$ 41,00.

16. Em junho de 20x3, o ponto de equilíbrio contábil da empresa Industrial, em quantidade, foi:

a) ( ) 347.   b) ( ) 323.
c) ( ) 400.   d) ( ) 280.
e) ( ) 306.

17. Caso a empresa Industrial adotasse o custeio variável, o custo unitário da produção do período teria sido:

a) ( ) R$ 35,00.   b) ( ) R$ 25,00.
c) ( ) R$ 23,00.   d) ( ) R$ 15,00.
e) ( ) R$ 13,00.

18. (Metro SP/Contador_FCC) A empresa Industrial produz um único produto. Cada unidade de seu produto é vendida por R$ 1.800,00, sendo que neste valor estão inclusos 20% de tributos. O valor dos custos variáveis é de R$ 940,00 por unidade e os custos fixos mensais são R$ 900.000,00 referentes à mão de obra e R$ 360.000,00 referentes à depreciação dos equipamentos. As despesas fixas mensais são R$ 38.000,00 referentes a gastos gerais e R$ 430.000,00 referentes aos salários dos administradores da empresa. Com base nestas informações, o ponto de equilíbrio contábil mensal da empresa Industrial, em quantidade, é:

a) ( ) 2.520.   b) ( ) 3.456.
c) ( ) 2.512.   d) ( ) 2.010.
e) ( ) 1.200.

19. (TRT Campinas/Analista Judiciário/ Contabilidade_FCC) A Cia Holanda produz e vende, por R$ 1.000,00 a unidade, o produto "A". Para produzir e vender este produto incorre na estrutura de custos e despesas abaixo.

Custos variáveis por unidade	Despesas variáveis por unidade	Total dos custos fixos	Despesas fixas totais
R$ 400,00	R$ 100,00	R$ 480.000,00	R$ 20.000,00

Em um determinado período, a empresa estabelece como objetivo diminuir seu endividamento em R$ 300.000,00 e ainda gerar um lucro de R$ 100.000,00, mantendo a mesma estrutura de custos e despesas. Para alcançar seus objetivos, a empresa deveria produzir e vender, em unidades,

a) ( ) 1.200.   b) ( ) 1.600.
c) ( ) 1.800.   d) ( ) 2.000.
e) ( ) 1.000.

20. (CRMV RS/Contábil_ Fundatec_adaptada) Uma empresa fabricante de turbinas de avião atingiu, no ano de 20x0, em termos de custeio gerencial, o ponto de equilíbrio contábil (Break-even Point) com a venda de 20 turbinas, e obteve uma receita de vendas total de R$ 710.000,00. As despesas e os custos fixos no ano foram de R$ 190.000.00, e projeta-se um aumento de 10% para o próximo ano. Por outro lado, estima-se que os custos variáveis unitários permanecerão iguais, assim como o pre-

ço de venda unitário. Sabendo que a empresa fabrica um único tipo de turbina e que vende todas as turbinas pelo mesmo preço, quantas unidades a empresa terá de vender em 20x1 para que os acionistas tenham um lucro de R$ 47.500,00?

a) ( ) 22.   b) ( ) 23.   c) ( ) 25.
d) ( ) 27.   e) ( ) 29.

21. (Innova/Administrador_Cesgranrio) Num determinado período produtivo, uma indústria produziu e vendeu 80.000 unidades de um de seus produtos pelo preço líquido de venda de R$ 100,00. As anotações da indústria feitas no mesmo período produtivo, somente sobre esse produto, são:

• Custo dos produtos vendidos (por unidade):
    – Apurado pelo método do custeio por absorção: R$ 75,00
    – Apurado pelo método do custeio variável: R$ 60,00
• Despesas fixas: R$ 240.000,00
• Despesas variáveis: nenhuma anotada

Considerando-se, exclusivamente, as anotações apresentadas pela indústria, o ponto de equilíbrio ou ponto de ruptura na venda desse produto ocorrerá quando as vendas alcançarem, em unidades, a quantidade de:

a) ( ) 6.000   b) ( ) 19.200
c) ( ) 30.000   d) ( ) 36.000
e) ( ) 48.000

22. (BR Distribuidora/Administração_Cesgranrio_adaptada) Uma indústria identificou que os custos indiretos fixos de sua produção alcançaram 240.000,00 e que os custos variáveis representavam 60% da receita de vendas (preço de venda total). Considerando exclusivamente as informações recebidas, bem como desconsiderando qualquer tipo de incidência tributária, a receita dessa indústria, no ponto de equilíbrio, em reais, é:

a) ( ) 600.000,00   b) ( ) 400.000,00
c) ( ) 384.000,00   d) ( ) 336.000,00
e) ( ) 240.000,00

23. (Termoaçu/Contador_Cesgranrio) A Cia. Veloz é uma indústria automobilística e alcança o ponto de equilíbrio com a venda de 12 automóveis, conforme dados que se seguem.

Custo fixo	R$ 18.000,00
Custo variável unitário	R$ 1.500,00
Preço de venda	R$ 3.000,00

Uma redução de 20% no preço de venda representa um acréscimo no ponto de equilíbrio de:

a) ( ) 2 automóveis
b) ( ) 8 automóveis
c) ( ) 10 automóveis
d) ( ) 15 automóveis
e) ( ) 20 automóveis

24. (Codeba/Contador_FGV). Uma sociedade empresária produz e vende exclusivamente o produto W. Cada unidade de W é vendida a $ 60,00. Além disso, seus custos de produção e suas despesas de vendas e administrativas são os seguintes:

• custos variáveis: $ 15 por unidade
• custos fixos: $ 40.000 por mês.
• comissão de venda: 20% do preço.
• despesas administrativas: $ 30.000 por mês.

Considerando que os sócios exigem um lucro líquido de $ 80.000 por mês e que a sociedade empresária reconhece seu imposto sobre renda pela alíquota de 25%, assinale a opção que indica seu ponto de equilíbrio econômico.

a) ( ) 2.122 unidades.
b) ( ) 2.425 unidades.
c) ( ) 3.260 unidades.
d) ( ) 4.546 unidades.
e) ( ) 5.354 unidades.

25. (Petrobras/Contador_Cesgranrio) A empresa Y, produzindo e vendendo 50.000 unidades do produto X, apresentou os custos abaixo:

– Custos fixos totais: R$ 1.100.000,00
– Custos variáveis totais: R$ 5.000.000,00
– Ponto de equilíbrio contábil: 20%

Com base nos dados, o preço de venda do produto X, em reais, é de:

a) ( ) 210,00   b) ( ) 200,00
c) ( ) 180,00   d) ( ) 175,00
e) ( ) 150,00

26. (Petrobras/Contador_Cesgranrio_adaptada) Um contador, em visita a uma empresa monoprodutora do ramo têxtil, deparou-se com as seguintes informações gerenciais referentes ao mês de novembro de 20x6:

- Mão de obra direta: R$ 120.000,00
- Aluguel da fábrica: R$ 45.000,00
- Matéria-prima: R$ 200.000,00
- Depreciação: R$ 30.000,00
- Outros gastos fixos: R$ 70.000,00

Sabendo-se que os gastos variáveis foram gerados a partir da produção de 40.000 peças e que o preço de venda unitário é igual a R$ 13,80, o ponto de equilíbrio contábil é igual a:

a) ( ) 19.000 unidades
b) ( ) 19.828 unidades
c) ( ) 25.000 unidades
d) ( ) 28.000 unidades
e) ( ) 22.000 unidades

27. (ENADE/Contabilidade) Suponha que determinada empresa atinge seu ponto de equilíbrio contábil (lucro zero) vendendo 250 unidades de seu produto, conforme discriminado na tabela abaixo.

Demonstração do lucro (no ponto de equilíbrio)

Vendas: 250 un. x $ 8,00 = $ 2 000,00 (100%)

(–) Custos variáveis:

250 un. x $ 2,00   = $ 500,00 (25%)

(–) Despesas variáveis:

250 un. x $ 0,80   = $ 200,00 (10%)

(=) Lucro marginal   = $ 1 300,00 (65%)

(–) Custos fixos   = $ 1 300,00 (65%)

(=) Lucro operacional = $ 0,00 (0 %)

A empresa deseja avaliar o impacto de aumentar, simultaneamente, no próximo período, os custos fixos para $ 1.500,00 o preço de venda unitário para $ 10,00, o custo variável por unidade para $ 4,00 e as despesas variáveis para $ 1,00. Além disso, ela deseja alcançar lucro operacional de $ 500,00.

Considerando que essa empresa implemente todas as alterações projetadas para o próximo período, para atingir seu novo ponto de equilíbrio (econômico), ela deverá vender:

a) ( ) 260 unidades.
b) ( ) 300 unidades.
c) ( ) 360 unidades.
d) ( ) 400 unidades.
e) ( ) 600 unidades.

28. (ENADE/Contabilidade) Uma empresa vende seu produto ao preço de R$ 7,00 a unidade. Os relatórios financeiros apresentam custo variável unitário de R$ 2,00 e custo e despesas fixas de R$ 150.000,00, sendo a alíquota do Imposto de Renda igual a 30%. Nessa situação, para obter um lucro líquido de R$ 31.500,00, a empresa deverá vender o correspondente a:

a) ( ) R$ 273.000,00.
b) ( ) R$ 210.000,00.
c) ( ) R$ 195.000,00.
d) ( ) R$ 150.000,00.
e) ( ) R$ 78.000,00.

29. (SUAPE/Analista Contábil_Cesgranrio) Uma indústria fabrica e vende, em média, 25.000 unidades de seus produtos por mês. Num determinado mês, incorreu em R$ 100.000,00 de custos variáveis e R$ 80.000,00 de custos fixos. Sabendo-se que esse produto é vendido por R$ 12,00 a unidade, a margem de segurança da empresa é, em percentual, de:

a) ( ) 40%
b) ( ) 45%
c) ( ) 50%
d) ( ) 55%
e) ( ) 60%

30. (BR Distribuidora/Administrador_Cesgranrio) A indústria Verde e Amarelo produz e vende 100 carrocerias para caminhão por mês. Cada carroceria é vendida por R$ 50.000,00, com os seguintes custos de produção:

• Variáveis = R$ 31.000,00/unidade
• Gastos fixos (custos + despesas) = R$ 1.520.000,00/mês

Na última reunião do conselho, ficou determinado que a indústria Verde e Amarelo reduziria em 10% seus gastos fixos. Com base nessas informações e na nova política de redução de custos, qual seria a nova margem de segurança?

a) (   ) 20%   b) (   ) 22%   c) (   ) 24%   d) (   ) 26%   e) (   ) 28%

31. (CFC/Exame de Suficiência) Uma indústria apresentou os seguintes dados de produção em determinado período:

- Custos fixos totais no período   R$ 1.800.000,00
- Depreciação (já inclusa nos custos fixos totais)   R$ 585.000,00
- Custos variáveis totais no período   R$ 27.000.000,00
- Produção acabada e vendida no período   36.000 unidades

Considerando que o preço de venda unitário é de R$ 1.200,00, é CORRETO afirmar que:

a) (   ) o ponto de equilíbrio financeiro é de 36.000 unidades no período.
b) (   ) a margem de segurança no período é de R$ 16.200.000,00.
c) (   ) a margem de contribuição unitária é de R$ 450,00.
d) (   ) o ponto de equilíbrio contábil é de 22.500 unidades no período.

32. (Casa da Moeda do Brasil/Analista_Cesgranrio) Dados extraídos da contabilidade de custos da Cia. Relâmpago S.A.:

- Preço de venda do produto X   R$ 25,00 a unidade
- Custo variável   R$ 10,00 a unidade
- Despesa variável   R$ 5,00 a unidade
- Custo fixo   R$ 250.000,00 por mês
- Despesa fixa   R$ 100.000,00 por mês
- Nível de atividade da empresa   50.000 unidades

Com base apenas nos dados acima, a margem de segurança da empresa corresponde a:

a) (   ) 35%
b) (   ) 30%
c) (   ) 25%
d) (   ) 20%
e) (   ) 15%

33. (Exame de Suficiência/CFC) Uma empresa produz e vende três modelos diferentes de produtos, conforme apresentado abaixo.

Demonstração da margem de contribuição				
Produtos	A	B	C	Total
Quantidades	2.000	4.000	4.000	10.000
Receita com vendas	R$200.000,00	R$240.000,00	R$160.000,00	R$600.000,00
(–) Custos variáveis	(R$100.000,00)	(R$96.000,00)	(R$48.000,00)	(R$244.000,00)
(=) Margem de contribuição	R$100.000,00	R$144.000,00	R$112.000,00	R$356.000,00
(–) Custos fixos				(R$206.000,00)
(=) Lucro líquido				R$150.000,00

A média ponderada da margem de contribuição unitária e o ponto de equilíbrio contábil em unidades, desconsiderando as casas decimais no resultado final são, respectivamente:

a) ( ) R$ 20,60 e 10.000 unidades.
b) ( ) R$ 35,60 e 5.786 unidades.
c) ( ) R$ 45,00 e 12.640 unidades.
d) ( ) R$ 60,00 e 3.433 unidades

34. O proprietário da Estamparia Santa Helena Ltda, uma empresa de estampagem de camisetas, está planejando o lucro do ano seguinte.

Mix de produtos em unidades

Produto	Quantidade de camisetas
Camiseta A	300
Camiseta B	800
Camiseta C	900

Preço e custo variável por produto

Produtos	Preço de venda unitário	Custo variável unitário
Camiseta A	$ 16,00	$ 10,00
Camiseta B	$ 10,00	$ 6,00
Camiseta C	$ 8,00	$ 5,00

Os custos fixos estimados para o ano corrente são de $ 1.000.000,00.
Com base nos dados acima, pode-se informar que ponto de equilíbrio em unidades físicas de cada produto é de:

a) ( ) 38.961, 103.896 e 116.883
b) ( ) 37.540, 102.280 e 115.800
c) ( ) 29.000, 103.000 e 116.000
d) ( ) 38.252, 101.230 e 116.240

35. (ENADE/Contabilidade) Uma empresa fabrica 2 produtos, sendo que o produto X corresponde a 75% das vendas e o produto Y a 25% das vendas. O produto X é vendido por R$ 40,00, tendo custos e despesas variáveis de R$ 20,00 e custos e despesas fixas de R$ 4,00. O produto Y é vendido por R$ 30,00, tendo custos e despesas variáveis de R$ 14,00 e custos e despesas fixas de R$ 6,00. Sob essas condições, a margem de contribuição conjunta para os produtos X e Y será de:

a) ( ) R$ 14,50.
b) ( ) R$ 19,00.
c) ( ) R$ 23,00.
d) ( ) R$ 23,50.
e) ( ) R$ 37,50.

36. (Polícia Científica-PE/Perito Criminal/Contabilidade_CESPE) Com referência à alavancagem operacional, assinale a opção correta.

a) ( ) O grau de alavancagem operacional de uma empresa independe do seu nível de vendas.
b) ( ) Uma empresa que apresente estrutura de custo distinta de outra e que detenha menor proporção de custos fixos em relação aos custos totais terá um grau de alavancagem operacional maior do que o da concorrente.
c) ( ) A alavancagem operacional permite saber de que forma uma variação percentual nos custos variáveis afeta os lucros de uma empresa.
d) ( ) A alavancagem operacional atua como uma espécie de multiplicador, indicando a relação entre a variação percentual do lucro e a variação percentual das vendas.
e) ( ) Um grau de alavancagem operacional igual a 4 indica que um aumento de 1% no lucro terá sido provocado por um aumento de 4% nas vendas.

37. (ANS_FUNCAB_adaptada) É correto afirmar que há alavancagem operacional quando:

a) ( ) os custos e despesas operacionais fixos sofrem alterações decorrentes da flutuação das vendas.
b) ( ) as flutuações nas receitas de venda ocorrem nas atividades associadas, exclusivamente, a custos variáveis.
c) ( ) os encargos financeiros fixos permitem a maximização dos efeitos dos

acréscimos do operacional e expansão do lucro líquido.

d) ( ) um aumento ou uma diminuição da receita bruta x% gera um aumento ou uma diminuição do resultado operacional num percentual sempre maior.

38. A empresa Delta S.A. apresentou os seguintes dados:

Quantidade vendida:	100 un.
Preço de venda:	$ 45,00/un.
Custos e despesas variáveis:	$ 30,00/un.
Custos e despesas fixos:	$ 1.000,00/ano

Caso a empresa consiga um aumento de 20% na quantidade vendida, mantendo-se o preço e os custos e despesas fixas constantes, qual será o grau de alavancagem operacional:

a) ( ) 4,0   b) ( ) 3,0   c) ( ) 2,0
d) ( ) 1,0   e) ( ) zero.

39. (Chesf/Contador_Cesgranrio) A Empresa Beta apresentou os seguintes resultados diante de três opções:

Dados	Opção 1	Opção 2	Opção 3
Margem contribuição unitária	$ 100,00	$ 70,00	$ 50,00
Margem contribuição total	$ 4.000,00	$ 2.800,00	$ 2.000,00
Lucro operacional	$ 3.000,00	$ 1.800,00	$ 2.000,00
Grau de alavancagem operacional	1,33	1,56	1,00

Considerando que o grau de alavancagem operacional, em um certo nível de vendas, ajuda a calcular o efeito das flutuações nas vendas sobre o lucro operacional; caso as vendas aumentem em 50%, o lucro operacional para a OPÇÃO 1 será:

a) ( ) R$ 4.500,00   b) ( ) R$ 5.000,00
c) ( ) R$ 3.200,00   d) ( ) R$ 6.000,00
e) ( ) NRA.

40. [Adaptado de Megliorini (2012)] A empresa KFS produz e vende 3.500 unidades mensais de seu produto Alfa com os seguintes custos e despesas:

Custos e despesa fixos: $ 90.000,00

Custos e despesas variáveis: $ 55,00/un.

O preço de venda por unidade do produto Alfa é $ 100,00. Caso ocorra um aumento de 500 unidades na margem de segurança operacional, o grau de alavancagem operacional da empresa KFS será:

a) ( ) 2,0   b) ( ) 3,7   c) ( ) 4,5
d) ( ) 2,33   e) ( ) 5,0

41. (ENADE/Contabilidade) A empresa Alfa acumula vendas no valor de R$ 1.000.000,00, obtendo um lucro bruto de R$ 200.000,00. O preço de venda do único produto produzido pela empresa é de R$ 1.000,00 e o seu custo unitário variável é de R$ 300,00.

Nessa situação, o grau de alavancagem operacional da empresa Alfa é igual a:

a) ( ) 5,5.
b) ( ) 5,0.
c) ( ) 4,5.
d) ( ) 4,0.
e) ( ) 3,5.

42. (FUB/Contador_CESPE_adaptada) Considerando as informações abaixo, relativas à empresa industrial hipotética Next, marque a alternativa correta:

Receita de vendas	R$ 500.000,00
Índice de margem de contribuição	20%
Lucro operacional líquido	R$ 7.000,00

a) ( ) A empresa Next tem que vender mais de R$ 475.000,00 para atingir seu ponto de equilíbrio.

b) ( ) O índice da margem de segurança da empresa Next no momento dado é superior a 10%.

c) ( ) Os custos e despesas variáveis da empresa Next superam R$ 400.000,00.

d) ( ) Caso a empresa Next apresente aumento de 10% em suas vendas, mantidas as atuais condições de custos e preços e a atual distribuição de seu mix de vendas, seu lucro operacional líquido aumentará R$ 10.000,00.

e) ( ) O grau de alavancagem operacional da empresa Next no momento dado é inferior a 14.

Considere as informações a seguir e responda às questões de números 43 a 47.
(UFES/Contabilidade_UFES) Uma fábrica de churrasqueiras comercializa seu produto a R$ 1.200,00 por unidade e apresenta custos variáveis unitários de R$ 700,00 e custo total por unidade produzida de R$ 1.000,00. Foram produzidas e vendidas 100 unidades, o que corresponde à capacidade máxima de produção da fábrica.

43. O valor da margem de contribuição, quando a fábrica opera com sua capacidade máxima, é de:
a) ( ) R$ 10.000,00.
b) ( ) R$ 20.000,00.
c) ( ) R$ 30.000,00.
d) ( ) R$ 40.000,00.
e) ( ) R$ 50.000,00.

44. O ponto de equilíbrio em quantidade, quando a fábrica opera em sua capacidade máxima, é de:
a) ( ) 60 churrasqueiras.
b) ( ) 70 churrasqueiras.
c) ( ) 80 churrasqueiras.
d) ( ) 90 churrasqueiras.
e) ( ) 100 churrasqueiras.

45. A margem de segurança em quantidade, quando a fábrica opera em sua capacidade máxima, é de:
a) ( ) 10 churrasqueiras.
b) ( ) 20 churrasqueiras.
c) ( ) 30 churrasqueiras.
d) ( ) 40 churrasqueiras.
e) ( ) 50 churrasqueiras.

46. O grau de alavancagem operacional, quando a fábrica opera em sua capacidade máxima, é de:
a) ( ) 1,5.
b) ( ) 2,0.
c) ( ) 2,5.
d) ( ) 3,0.
e) ( ) 3,5.

47. O lucro operacional, quando a fábrica opera em sua capacidade máxima, é de:
a) ( ) R$ 10.000,00.
b) ( ) R$ 20.000,00.
c) ( ) R$ 30.000,00.
d) ( ) R$ 40.000,00.
e) ( ) R$ 50.000,00.

48. (Petrobras/Contador_Cesgranrio) A Ação Indústria de Aços Ltda. produz parafusos e porcas de aço de uma polegada, de alta resistência, com as mesmas máquinas, matéria-prima e mão de obra, nas seguintes condições:

Dados	Parafuso	Porca
Custo variável por unidade (R$)	2,50	0,76
Produto mensal (unidades)	800.000	800.000
Tempo de produção, por unidade (minutos)	32	24

Dados adicionais:
• Preço de venda de cada conjunto, formado por parafuso e porca, R$ 4,00.
• Custos fixos de produção R$ 85.000,00, por mês.

Com o mercado aquecido e com o aumento das obras de grande porte que utilizam esse tipo de parafuso e porca, a empresa percebeu existir uma grande possibilidade de negócios e resolveu aceitar a oferta de porcas, ao custo de R$ 1,05 por unidade, feita por outra indústria que só produz as porcas, com qualidade idêntica à da sua produção.

Considerando, exclusivamente, as informações acima e desconsiderando a incidência de qualquer tipo de imposto, o resultado mensal previsto pela empresa Ação, comprando as porcas e aproveitando a capacidade instalada para produzir somente os parafusos, em reais, é

a) ( ) 360.000,00   b) ( ) 507.000,00
c) ( ) 545.000,00   d) ( ) 592.000,00
e) ( ) 630.000,00

49. (Liquigás/Contador_Cesgranrio) A indústria Virdes S/A produz, com o mesmo tipo de matéria-prima e mesma mão de obra, 6.000 conjuntos formados por uma xícara e um pires de vidro refratário, vendendo exclusivamente o conjunto por R$ 14,50 cada um, cujos custos de produção são os seguintes:

Elementos	Xícara	Pires
Matéria-prima (R$ por unidade)	5,00	2,00
Mão de obra direta (R$ por unidade)	1,00	0,50
Tempo MOD (consumido por unidade)	24 minutos	18 minutos

Outra indústria de vidros propôs vender o pires para a Virdes, com a mesma qualidade técnica dos que ela produz, por R$ 3,50 cada unidade.
Considerando as informações disponíveis, e aproveitando a capacidade instalada para produzir somente as xícaras, a melhor decisão a ser tomada pela Virdes é:

a) ( ) aceitar a proposta, pois o resultado aumenta R$ 16.500,00.
b) ( ) aceitar a proposta, pois o resultado aumenta R$ 22.500,00.
c) ( ) aceitar a proposta, pois a margem unitária aumenta R$ 6,00.
d) ( ) recusar a proposta, pois a margem unitária reduz R$ 5,00.
e) ( ) recusar a proposta, pois o resultado reduz R$ 6.000,00.

50. (CFC/Exame de Suficiência_adaptada) No mês de agosto de 20x6, a Indústria "A" produziu 600 unidades de um determinado produto e apresentou a seguinte composição do custo de produção:

Matéria-prima	R$ 84.000,00
Mão de obra direta	R$ 336.000,00
Custos fixos	R$ 132.000,00

Para apurar o custo de produção, adota-se o Custeio por Absorção. No início do mês de setembro de 20x6, a Indústria recebe uma proposta para adquirir 600 peças semiacabadas da Indústria "B" a um custo de R$ 850,00 por unidade, e mais um frete de R$ 40,00 por unidade.

Para processar e acabar esse lote adquirido da Indústria "B", em vez de produzir integralmente o lote de peças internamente, a Indústria "A" incorreria nos seguintes custos:

Itens	Valor
Matéria-prima	R$ 9.000,00
Mão de obra direta	R$ 6.000,00
Custos fixos	R$ 11.400,00

Diante das informações apresentadas, assinale a alternativa CORRETA.

a) ( ) A Indústria "A" deve recusar a proposta, pois o custo unitário da peça será de R$ 915,00, que é maior do que o custo atual, no valor de R$ 700,00.

b) ( ) A Indústria "A" deve aceitar a proposta, pois, com redução dos custos de fabricação, o custo unitário da peça será de R$ 894,00, que é menor que o custo atual, no valor de R$ 920,00.

c) ( ) A Indústria "A" deve aceitar a proposta, pois o custo unitário de cada peça será de R$ 890,00, que é menor que o custo atual, no valor de R$ 920,00.

d) ( ) A Indústria "A" deve recusar a proposta, pois o custo unitário da peça será de R$ 934,00, que é maior do que o custo atual, no valor de R$ 920,00.

51. (ENADE/Contabilidade) A Indústria Metalúrgica Sem Fronteiras S.A. fabrica 10.000 unidades mensais de determinada peça cujo custo está discriminado na tabela a seguir.

Custos	10 000 peças	Unitário
Materiais	$ 50.000,00	$ 5,00
Mão de obra direta	$ 30.000,00	$ 3,00
Custos indiretos variáveis	$ 20.000,00	$ 2,00
Custos fixos	$ 100.000,00	$ 10,00
Custo total	$ 200.000,00	$ 20,00

Essa empresa recebe uma proposta de comprar a peça diretamente de um fornecedor por $ 11,00 cada; porém, nesse caso, incorreria nos seguintes custos adicionais:

Fretes de $ 2,00 por unidade;

Mão de obra indireta adicional para recepção, inspeção e manuseio das peças de $ 20.000,00 mensais.

Se parar de fabricar a peça, a empresa não conseguirá eliminar todos os custos atuais relacionados à fabricação do produto, restando, ainda, 40% dos custos fixos.

Caso a empresa deixe de fabricar a peça e passe a comprá-la do fornecedor, seu custo unitário será de:

a) ( ) $ 19,00.

b) ( ) $ 21,00.

c) ( ) $ 23,00.

d) ( ) $ 25,00.

e) ( ) $ 27,00.

52. (IMBEL/Supervisor de Vendas_CETRO_adaptada) A Cia Dânika que fabrica um único produto, cujos custos e despesas variáveis são de R$ 200,00 a unidade, recebeu uma proposta de exportação de 500 unidades por um preço de venda de R$ 220,00. O preço de venda no mercado interno é de R$ 260,00, excluindo impostos. Os custos e despesas fixos montam a R$ 150.000,00 e as vendas no mercado interno são estimadas em 3.000 unidades. Sabendo-se que a capacidade produtiva da Dânika é de 5.000 unidades, assinale a afirmativa correta.

a) ( ) Não deve aceitar o pedido de exportação ao preço de R$ 220,00, porque a margem de contribuição unitária é negativa.

b) ( ) Não deve aceitar o pedido de exportação, porque a soma de custos e despesas unitárias é superior a R$ 220,00.

c) ( ) Deve aceitar o pedido de exportação, porque o lucro aumentará em R$ 10.000,00 com essa venda.

d) ( ) Não deve aceitar o pedido de exportação, porque o preço de venda é inferior ao do mercado interno.

e) ( ) Deve aceitar o pedido de exportação, somente se o preço aumentar para R$ 260,00.

53. (Auditor Fiscal da Previdência Social_ESAF adaptada) A Fábrica de Coisas de Plástico trabalhava sua produção com base nos seguintes dados:

- Capacidade de produção: 10.000 unidades.

- Produção e Vendas: 8.000 unidades.

- Preço de Venda: R$ 100,00 por unidade.

Os custos incorridos na produção das 8.000 unidades eram os seguintes:

- Matéria-prima: R$ 32,00 por unidade.

- Mão de obra direta: R$ 24,00 por unidade.

- Custo indireto variável: R$ 8,00 por unidade.

- Custo indireto fixo: R$ 80.000,00 por mês.

As despesas administrativas e de vendas são:

- Fixas: R$ 120.000,00 por mês.

- Variáveis: 3% da receita bruta.

A empresa trabalhava com estes indicadores quando recebeu uma proposta para fornecimento de 1.200 unidades durante os próximos dois meses, ao preço unitário de R$ 70,00.

A empresa convocou o contador de custos para decidir se poderia aceitar a proposta, mesmo sabendo que as despesas variáveis de vendas para esse pedido seriam de 5% da respectiva receita.

Utilizando o conceito da margem de contribuição, pode-se concluir que:

a) ( ) o pedido não deve ser aceito, pois o preço de venda da proposta é menor que o já praticado pela empresa.

b) ( ) o pedido não deve ser aceito, pois além de o preço de venda ser inferior ao já praticado pela empresa, o lucro diminuirá em função do aumento das despesas variáveis de 3% para 5%.

c) ( ) o pedido deve ser aceito, pois significará um aumento da ordem de R$ 1.000,00 no lucro final da empresa.

d) ( ) o pedido deve ser aceito, pois significará um aumento da ordem de R$ 3.000,00 no lucro final da empresa.

e) ( ) o pedido deve ser aceito, pois significará um aumento da ordem de R$ 4.000,00 no lucro final da empresa.

54. (QCO/Contabilidade_Exército) A indústria "Gama" dispõe de uma capacidade de produção de 2.500.000 unidades do produto "D". Para a produção de 2.000.000 unidades, obtém-se o seguinte resultado:

Vendas	R$ 20.000.000,00
Custo dos produtos vendidos	(R$ 12.000.000,00)
Margem bruta	R$ 8.000.000,00
Despesas administrativas e de vendas	(R$ 6.000.000,00)
Lucro operacional	R$ 2.000.000,00

Os custos de fabricação fixos montam a R$ 4.800.000,00 e as despesas administrativas e de vendas fixas montam a R$ 4.400.000,00.

Verifica-se uma capacidade ociosa em torno de 500.000 unidades. A empresa "Ômega" propôs a compra de um lote de 200.000 unidades do Produto "D" a um preço unitário de R$ 8,00, embora seu preço de venda para o período tenha sido de R$ 10,00 por unidade.

Caso a proposta da empresa "Ômega" seja acolhida, o impacto no resultado do período será:

a) ( ) acréscimo de R$ 480.000,00 no lucro operacional.

b) ( ) redução de R$ 400.000,00 no lucro operacional.

c) ( ) prejuízo de R$ 2,00 por unidade.

d) ( ) elevação do lucro operacional em R$ 720.000,00.

e) ( ) redução do lucro operacional de R$ 720.000,00.

55. (Petrobras/Contador_Cesgranrio) Em um determinado mês, uma indústria apresentou um volume de matéria-prima inferior ao volume médio mensal necessário para fabricação de seus quatro produtos. Em decorrência disso, a decisão sobre qual (ou quais) produto (s) deve (m) ter sua produção sacrificada, total ou parcialmente, deverá ser adotada em função:

a) ( ) Dos custos variáveis unitários

b) ( ) Dos custos e despesas variáveis totais

c) ( ) Da margem de contribuição unitária média

d) ( ) Da margem de contribuição pelo fator limitante

e) ( ) Da margem de lucratividade operacional líquida total

56. (Petrobras/Administrador_Cesgranrio) A Cerâmica ZO, segmento de louça de porcelana que, em condições normais produtivas, consome 18.700 quilos de porcelana e estima uma queda de 15% no

fornecimento dessa matéria-prima para o próximo período produtivo, apresentou as seguintes anotações do último período produtivo, em condições normais de produção:

Louça	Matéria-prima (em reais)	MOD (em reais)	Despesa variável (em reais)	Consumo de matéria-prima por unidade (em gramas)	Produção (em unidades)	Preço de venda (em reais por unidade)
Prato fundo	12,00	10,00	7,00	150	20.000	41,00
Prato raso	13,00	8,00	6,00	200	18.000	40,00
Jarra	11,00	5,50	6,00	250	16.000	39,50
Travessa	15,00	11,50	9,00	300	13.000	53,50
Terrina	12,50	10,50	8,00	350	12.000	55,50

Utilizando-se 4 (quatro) casas decimais nos cálculos e considerando-se, exclusivamente, as informações recebidas e a boa técnica da teoria das restrições, a indústria ZO, para maximizar o resultado, perante a restrição estimada, deve sacrificar a produção do produto:

a) ( ) jarra   b) ( ) prato fundo   c) ( ) prato raso   d) ( ) terrina   e) ( ) travessa

Considere as informações a seguir para responder às questões de números 57 e 58.

(Liquigás/Contador_Cesgranrio_adaptada) Uma indústria, que faz suas análises gerenciais pelo método de custeio variável, ao final do processo produtivo de uma de suas linhas de produtos, apresentou suas anotações e registros, referentes exclusivamente à fabricação dos produtos dessa linha, como demonstrado a seguir.

Registro e anotações Período produtivo: Junho/20x4	Produtos		
	Alfa	Beta	Gama
Produção (em unidades)	2.500	2.000	3.000
Matéria-prima (quilos por unidade)	25	30	20
Mão de obra direta (horas por unidade)	6	8	5
Preço de venda unitário (em reais)	218,00	251,00	174,00
Custo fixo unitário (em reais)	12,00	10,00	13,00
Comissão de vendas p/unidade (em reais)	3,00	5,00	8,00

Outras anotações:
• Preço do quilo de matéria-prima (em reais) = R$ 5,00.
• Valor da hora MOD (em reais) = R$ 2,00.

Limitação da capacidade produtiva:
A indústria estima uma redução de 25% na quantidade de horas de mão de obra direta disponíveis para a fabricação da linha de produtos Alfa, Beta e Gama.

57. No contexto de expectativa de redução da quantidade de mão de obra direta necessária para a produção dessa linha de produtos e de acordo com a técnica da limitação da capacidade produtiva, a margem de contribuição unitária por fator limitante (fator de restrição) dos produtos Alfa, Beta e Gama, respectivamente, em reais, é a seguinte:

a) (   ) 11,50; 8,75; 10,20
b) (   ) 13,00; 8,75; 8,60
c) (   ) 13,00; 16,00; 10,00
d) (   ) 13,00; 10,00; 11,20
e) (   ) 16,00; 15,00; 19,20

58. No contexto da expectativa de redução da quantidade de mão de obra direta necessária para a produção dessa linha de produtos e adotando os procedimentos da técnica da limitação da capacidade produtiva, o lucro bruto (margem bruta) total máximo possível, decorrente da limitação esperada para a linha dos produtos Alfa, Beta e Gama é o seguinte:

a) (   ) R$ 360.150,00
b) (   ) R$ 394.200,00
c) (   ) R$ 407.960,00
d) (   ) R$ 442.270,00
e) (   ) R$ 564.500,00

---

59. (CFC/Exame de Suficiência) Uma indústria fabrica quatro tipos de produtos e obtém as margens de contribuição a seguir discriminadas:

	Produto 1	Produto 2	Produto 3	Produto 4
Preço de venda	R$ 150,00	R$ 300,00	R$ 200,00	R$ 350,00
Custos variáveis	R$ 80,00	R$ 180,00	R$ 170,00	R$ 290,00
Margem de contribuição unitária	R$ 70,00	R$ 120,00	R$ 30,00	R$ 60,00

Na fabricação dos quatro produtos, é utilizado um mesmo tipo de material secundário, nas seguintes quantidades:

	Produto 1	Produto 2	Produto 3	Produto 4
Quantidades de material secundário necessárias à fabricação de uma unidade de produto	2	5	1	3

No mês de julho, ocorreu uma escassez do material secundário no mercado. A indústria identificou que não dispõe, em seus estoques, de materiais em quantidade suficiente para fabricar os produtos e atender à demanda pelos quatro produtos.

Considerando-se as informações fornecidas e que o mercado absorve todas as unidades produzidas, é CORRETO afirmar que, diante da escassez de material secundário, a indústria deverá priorizar a fabricação do:

a) (   ) produto 1, pois é o que apresenta maior margem de contribuição por fator limitativo da produção.

b) (   ) produto 2, pois é o que apresenta menor margem de contribuição unitária.

c) (   ) produto 3, pois é o que apresenta menor quantidade de material secundário por unidade produzida.

d) (   ) produto 4, pois é o que apresenta maior preço de venda por produto

60. (ENADE/Contabilidade) A empresa Rainha fabrica, atualmente, três produtos, de acordo com as informações apresentadas na tabela a seguir.

Produtos	Horas-máquina necessárias para uma unidade de produto	Margem de contribuição unitária	Margem de contribuição por horas-máquina
Branco	6 horas	R$ 36,00	R$ 6,00
Laranja	4 horas	R$ 28,00	R$ 7,00
Verde	2 horas	R$ 20,00	R$ 10,00

A capacidade total de horas-máquina necessária e a produção máxima semanal para satisfazer a demanda estão explicitadas na tabela seguinte.

Produtos	Horas-máquina	Demanda máxima semanal
Branco	900	150 un.
Laranja	600	150 un.
Verde	300	150 un.

Considerando que a capacidade das máquinas é limitada em 1.752 horas semanais e que o mix de produção é função da capacidade das máquinas e da demanda de mercado, o mix que maximiza os resultados, na sequência de classificação dos produtos, é:

a) ( ) branco 142 unidades; verde 150 unidades; laranja 150 unidades.

b) ( ) branco 142 unidades; laranja 150 unidades; verde 150 unidades.

c) ( ) laranja 150 unidades; branco 142 unidades; verde 150 unidades.

d) ( ) verde 150 unidades; laranja 150 unidades; branco 142 unidades.

e) ( ) branco 150 unidades; laranja 150 unidades; verde 142 unidades.

61. (Liquigás/Contador Jr_Cesgranrio) Uma indústria que tem na sua linha um produto de alta demanda, com três modelos diferentes, fez as seguintes anotações durante o período produtivo:

- Matéria-prima consumida no processo produtivo: 17.000 quilos.

- Anotações técnicas da produção:

Elementos	Modelo A	Modelo B	Modelo C
Produção (em unidades)	2.000	3.000	5.000
Matéria-prima			
- Consumo: quilos por unidade	3	2	1
- Custo: R$ por kg	2,00	2,00	2,00
Mão de obra direta			
- Consumo: hora por unidade	4	2	3
- Custo: R$ por hora	5,00	6,00	4,00
CIF (custo fixo): R$ por unidade	4,50	2,00	3,00
Preço de venda: R$ por unidade	53,00	36,00	25,00

Informações adicionais:

- Estoques finais: saldo de todos os estoques ao final do período produtivo anterior: 0 (zero).

- Estrutura de custos para o próximo período produtivo: será rigorosamente igual.

- Preços de venda unitários: serão os mesmos praticados no período anterior.

- Por questões de ordem técnica, a indústria só conseguiu comprar 10.200 quilos de matéria-prima, para o próximo período produtivo.

Considerando exclusivamente as informações recebidas e em decorrência da restrição na quantidade de matéria-prima, o lucro bruto máximo que a indústria poderá obter, em reais, é:

a) ( ) R$ 77.000,00   b) ( ) R$ 93.600,00   c) ( ) R$ 107.000,00
d) ( ) R$ 125.000,00   e) ( ) R$ 218.600,00

62. (Transpetro/Contador_Cesgranrio_adaptada) Uma indústria vidraceira que produz Copos, Taças e Vasos com a mesma matéria-prima, mão de obra e maquinaria, fez as anotações sobre a produção unitária dessas peças a seguir:

Produto	Preço de venda $	Comissão de venda $	Matéria-prima		MOD	
			$	Gramas	$	Minutos
Copo	27,00	2,00	10,00	10	7,50	1,5
Taça	35,00	3,00	12,00	15	14,00	3,0
Vaso	48,00	6,00	15,00	25	12,00	5,0

Essa indústria, em decorrência da especialização de sua mão de obra, estima que, a partir do próximo período produtivo, ocorra uma redução significativa da mão de obra direta disponível no mercado, o que implicará a redução de sua produção, face à restrição prevista.

Nesse contexto, qual a ordem sequencial para a fabricação dos produtos que a indústria deve adotar, de acordo com a teoria das restrições, para obter o máximo lucro possível?

a) ( ) 1° Copo, 2° Taça, 3° Vaso   b) ( ) 1° Copo, 2° Vaso, 3° Taça
c) ( ) 1° Taça, 2° Copo, 3° Vaso   d) ( ) 1° Taça, 2° Vaso, 3° Copo
e) ( ) 1° Vaso, 2° Copo, 3° Vaso

Gabarito

1	2	3	4	5	6	7	8	9	10
A	D	A	A	C	C	E	E	A	D

11	12	13	14	15	16	17	18	19	20
A	D	B	D	D	C	E	B	C	D

21	22	23	24	25	26	27	28	29	30
D	A	B	E	A	C	D	A	E	E

31	32	33	34	35	36	37	38	39	40
C	B	B	A	B	D	D	B	B	D

41	42	43	44	45	46	47	48	49	50
E	D	E	A	D	C	B	C	A	D

51	52	53	54	55	56	57	58	59	60
A	C	D	D	D	E	D	C	A	D

61	62
C	B

Veja a solução completa de todos os exercícios no capítulo 12 deste livro.

8

CUSTEIO BASEADO EM ATIVIDADE
(Activity Based Costing – ABC)

O custeio baseado em atividade (ABC) surgiu em um momento em que os custos indiretos passaram a representar uma parcela significativa do custo total de fabricação das empresas. Segundo a maioria dos autores da área de custos, até a década de 1970, os principais fatores de produção eram a matéria-prima e a mão de obra, pois esses eram os mais representativos.

Tendo em vista o novo ambiente de produção que surgiu naquela época com a modernização do processo de fabricação para enfrentar a concorrência, principalmente a das empresas asiáticas, houve grandes investimentos na informatização e automação dos processos produtivos reduzindo, dessa forma, a participação da mão de obra, que foi substituída gradativamente por máquinas e robôs e, consequentemente, aumentou progressivamente a participação dos custos indiretos e das despesas operacionais das empresas, o que fez surgir a necessidade de novos instrumentos de informação para apoiar as decisões na gestão das empresas.

No atual cenário empresarial de competição global, com a consequente elevação dos custos indiretos de fabricação (CIF) gerada pelas mudanças nas estruturas de custos, em função da maior complexidade dos processos produtivos (grande diversidade de produtos e modelos fabricados na mesma planta fabril), que exige uma melhor alocação dos custos indiretos, os empresários passaram a adotar novas tecnologias para aumentar a competitividade de suas empresas, aprimorando produtos e processos e eliminando desperdícios. Daí a importância de um tratamento adequado na alocação dos CIF aos produtos, pois os mesmos graus de arbitrariedade e de subjetividade eventualmente tolerados no passado, com a utilização de sistemas de custeios convencionais, podem provocar hoje enormes distorções.

Usualmente, de acordo com Souza e Diehl (2009), os sistemas convencionais assumem, de forma implícita, que os custos são proporcionais ao volume produtivo, como número de peças, toneladas, atendimentos etc., fazendo com que a alocação dos CIF seja feita por meio de direcionadores de volume. Para o custeio ABC, os custos são causados pelas atividades, que geram o consumo dos recursos. A execução das atividades não é necessariamente proporcional ao volume de peças produzidas ou clientes atendidos, pois haverá clientes ou peças que demandarão mais atividades que outros. O custeio ABC identifica as principais atividades que causam os custos indiretos e a sua relação com os produtos e serviços, permitindo a melhor distribuição daqueles custos.

O custeio ABC surgiu para tentar resolver os problemas causados à formação dos custos dos produtos em função das alocações (rateio) dos CIF minimizando, assim, as distorções provocadas pelo custeio por absorção.

Por não estar restrito somente às indústrias, ele pode ser aplicado em qualquer ramo de atividade.

A filosofia de custeio ABC, em uma abordagem gerencial e de gestão estratégica de custos, segundo Martins (2010), foi concebida de forma a possibilitar a análise de custos sob duas visões:

a) Visão econômica do custeio: que é uma visão vertical no sentido que apropria os custos aos objetos de custeio através das atividades realizadas em cada departamento; e

b) Visão de aperfeiçoamento de processos: que é uma visão horizontal, no sentido de que capta os custos dos processos através das atividades realizadas em vários departamentos.

A visão horizontal de aperfeiçoamento de processos, segundo o autor, reconhece que um processo é formado por uma sequência de atividades relacionadas, exercidas através de vários departamentos da empresa. Essa visão horizontal possibilita que os processos sejam analisados, custeados e aperfeiçoados através da melhoria de desempenho na execução das atividades. Sendo os processos compostos por atividades que se inter-relacionam, a sua análise permite uma visualização das atividades que podem ser melhoradas, reestruturadas ou até mesmo eliminadas desse processo, de forma a melhorar o desempenho competitivo da organização.

Os sistemas convencionais, em regra, refletem os custos segundo a estrutura funcional da empresa. Na visão horizontal do ABC procura-se custear processos que são usualmente interdepartamentais, indo além da organização funcional, podendo ser visto como uma ferramenta de análise dos fluxos de custos. Assim, quanto mais processos interdepartamentais houver na empresa, maiores serão os benefícios do custeio ABC (MARTINS, 2010).

O custeio ABC é um método de alocação de custos que permite identificar com precisão as atividades desenvolvidas por uma empresa (tanto industrial como prestadora de serviços ou comercial) por meio de direcionadores (geradores) de custos e atividades para alocar as despesas e custos indiretos de uma forma mais realista aos produtos e serviços. O custeio ABC parte do princípio de que não é o produto ou serviço que consome recursos; os recursos são consumidos pelas atividades e estas, por sua vez, são consumidas pelos produtos ou serviços.

O método concentra-se na alocação racional dos gastos indiretos aos bens e serviços produzidos procurando reduzir sensivelmente as distorções provocadas pelo rateio arbitrário dos custos indiretos, proporcionando um controle mais apurado dos gastos da empresa e melhor suporte nas decisões gerenciais. É um método de custeio baseado na análise das atividades significativas desenvolvidas dentro da empresa, permitindo um controle mais efetivo dos custos indiretos e oferecendo melhor suporte às decisões gerenciais.

8.1 Atividade

A atividade é definida como um conjunto de tarefas necessárias para a fabricação de produtos ou a execução de um serviço, as quais consomem recursos da empresa. Ela refere-se, além do processo produtivo, ao desenvolvimento de projetos, serviços, entre outros dentro da *cadeia de valor*.[19]

O trabalho de identificação das atividades geralmente é realizado pela área de engenharia de produção por meio de entrevistas com os responsáveis pelos departamentos ou processos e, ainda, com quem as executa. Cada atividade descreve a maneira como ela utiliza o tempo e os recursos necessários para a sua realização, os objetivos e as metas.

O custeio das atividades tem como origem os registros efetuados pela contabilidade financeira no Livro Razão e compreende a utilização dos recursos necessários para desempenhá-las, como recursos humanos (salários e respectivos encargos sociais), materiais, depreciação, energia etc.

A apropriação dos custos das atividades aos produtos ou serviços é feita em função de uma relação de causa e efeito, segundo o uso que cada produto ou serviço faz dessas atividades, conforme a sua necessidade e ao valor que elas agregaram. Uma atividade que não agrega valor é aquela que não é percebida pelo cliente em termos de serviço e qualidade e pode ser excluída do processo desonerando, assim, o custo final do produto.

---

19 Uma cadeia de valor representa o conjunto de atividades desempenhadas por uma empresa desde as relações com os fornecedores e ciclos de produção e de venda até à fase da distribuição final, a fim de satisfazer as necessidades dos clientes (PORTER, 1996).

Exemplo de atividades no processo de montagem de motocicletas:

- Preparar a superfície do quadro;
- Pintar;
- Montar o motor;
- Montar as rodas;
- Instalar a parte elétrica;
- Montar o banco; entre outras.

Exemplo de atividades do processo de cobrança das mensalidades de uma Instituição de Ensino:

- Emitir boletos;
- Remeter os boletos para cobrança bancária;
- Receber e conferir listagens de recebimentos;
- Relacionar inadimplentes, entre outras.

8.2 Atribuição dos custos às atividades

No custeio ABC, a alocação de custos indiretos às atividades é feita por meio de direcionadores de recursos (custos), que representam os elementos causadores ou geradores de custos e indicam a forma como as atividades consomem recursos, na primeira fase de alocação; e como as atividades são executadas em benefício dos objetos de custo, na segunda fase de alocação.

A alocação dos custos às atividades deve ser feita da forma mais criteriosa possível, de acordo com a seguinte ordem de prioridade: alocação direta, rastreamento e rateio (MARTINS, 2010).

A alocação direta ocorre quando há uma identificação clara, direta e objetiva de itens de custos às atividades. O rastreamento aloca os custos às atividades com base na identificação da relação causa x efeito, entre a ocorrência da atividade e a geração de custos. Quando não há a possibilidade de utilizar nem a alocação direta, nem o rastreamento, utiliza-se o rateio.

Os conceitos apresentados podem ser visualizados por meio do seguinte esquema:

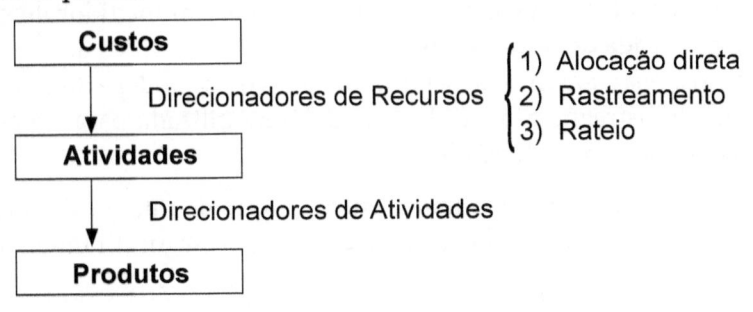

Conforme observado, o ABC não elimina a figura do rateio dos custos. No entanto, este critério é utilizado quando não há mais a possibilidade da utilização da alocação direta e do rastreamento, nessa ordem.

O rateio é a alocação dos custos de forma arbitrária e subjetiva. Como exemplo, pode-se citar o rateio dos custos dos departamentos de produção para os produtos em função das horas-máquina utilizadas por eles. Nesses custos rateados estão inclusos gastos que não se relacionam diretamente com as máquinas, como o aluguel, iluminação da área, mão de obra indireta, entre outros. Assim, os critérios de rateio não indicam necessariamente a verdadeira relação dos custos com o produto ou a atividade, o que acaba por ocasionar grandes distorções, como ocorre com o método de Custeio por Absorção, no entendimento de Martins (2010).

O rastreamento, por sua vez, procura analisar a verdadeira relação entre o custo e a atividade através dos direcionadores de recursos, identificando efetivamente a origem do custo de maneira racional e analítica, reduzindo as possíveis distorções. Os direcionadores de recursos poderão ser definidos como qualquer variável do processo que possa ser medida, como por exemplo, horas gastas para a realização de uma atividade, quantidade de funcionários, quantidade consumida de recursos variáveis, quantidade de processo de compras, quantidade de faturas emitidas, área ocupada etc. Observe, a seguir, alguns direcionadores de recursos mais comuns:

– Mão de obra indireta (pessoal da supervisão): esses custos indiretos podem ser atribuídos às atividades por meio da alocação direta em folha de pagamento ou do rastreamento e por meio das folhas de registro de tempo.

– Material de consumo: alocação direta identificada por meio das requisições de material.

– Depreciação: alocação direta por meio da análise do ativo imobilizado utilizado nos setores produtivos. Em departamentos em que exista maior dificuldade de se alocar custos às atividades, como departamentos de apoio, utiliza-se o rateio.

– Energia elétrica: rastreamento com base nas horas-máquina utilizadas por produtos, no caso de empresas que possuem um medidor de energia elétrica para cada departamento.

– Seguros: rastreamento do seguro dos bens de cada departamento.

– Aluguel: rastreamento, em função da área utilizada para execução das tarefas que formam a atividade.

Apesar de haver uma semelhança entre critério de rateio e direcionador de recurso, a grande diferença entre eles é que o segundo indica uma relação mais próxima do real, obtida através de estudos e pesquisas, enquanto o primeiro é resultado de mera arbitrariedade e subjetivismo.

Os direcionadores de atividades representam a forma como os produtos ou serviços consomem atividades e servem para custeá-los. Os processos demandam atividades para serem realizados, assim, o custo de um processo será o montante dos custos das atividades consumidas por este.

8.3 Implantação do custeio ABC

Para a implantação de qualquer método de custeio é importante que se avalie, inicialmente, o controle interno da entidade, agrupando as funções assumidas por ela e o fluxo de seus processos.

Para o custeio ABC, o ponto inicial é a identificação das atividades relevantes dentro de cada departamento eliminando, assim, as atividades que não agregam valor ao produto ou serviço.

O processo de implantação do custeio ABC vai depender da sua finalidade e das facilidades e/ou dificuldades encontradas para o seu desenvolvimento. O ABC deverá ser projetado de acordo com a sua aplicação, com definição do escopo do trabalho, seu alcance, seu nível de detalhe e o tipo de resultado esperado de acordo com os tipos de decisão aos quais o ABC deverá dar suporte.

A definição (mapeamento) de atividades deve ser baseada em entrevistas com funcionários qualificados e orientados sobre a metodologia que está sendo aplicada e seus objetivos. Nesse momento, devem ser averiguados os fatores que as influenciam para dar suporte à escolha de direcionadores de custo (relação causa x efeito), podendo estes ser obtidos por meio de simples observação ou até por estudos de *regressão*[20], dependendo da disponibilidade de tempo e da dificuldade de definição de direcionadores.

O gestor deve avaliar o custo-benefício da decisão em implantar o custeio ABC. Conforme comentado, o método tem como ponto principal reduzir as distorções provocadas pelo rateio dos CIF no custeio convencional. Entretanto, os custos de implantação e acompanhamento, recurso humano necessário, produtos envolvidos, demanda dos gestores, entre outros, devem ser considerados para que se dimensionem as vantagens e desvantagens para cada empresa.

O custeio ABC, de acordo com Cogan (1994), tem melhor utilidade e apresenta resultados mais precisos quando a organização utiliza grande

---

20 A análise da regressão pode ser usada como um método descritivo da análise de dados (como, por exemplo, o ajustamento de curvas) sem serem necessárias quaisquer suposições acerca dos processos que permitiram gerar os dados. *Regressão* designa também uma equação matemática que descreva a relação entre duas ou mais variáveis.

quantidade de CIF em seu processo produtivo e tem significativa diversificação em produtos, processo de produção e clientes.

A seguir será apresentado um exemplo da aplicação do custeio ABC.

Uma indústria de confecções produz dois produtos: camisa e vestido. Os custos diretos por unidade são:

Produtos	Material direto (tecidos e aviamentos)	Mão de obra direta
Camisa	$ 3,20	$ 1,25
Vestido	$ 4,10	$ 2,00

A produção mensal de camisas é de 12.000 unidades e de vestidos é de 10.000 unidades.

Os preços de venda unitários são: camisa $ 14,25; vestido $ 23,20.

Os custos indiretos totalizam $ 107.300,00 e referem-se às seguintes atividades relevantes:

Atividades	Valor
Realizar manutenção preventiva de equipamentos	$ 1.500,00
Corte e costura	$ 60.000,00
Acabamento	$ 37.800,00
Programar produção	$ 8.000,00
Total	$ 107.300,00

Os dados referentes às atividades são os seguintes:

Direcionadores	Camisa	Vestido	Total
Nº de horas de manutenção de equipamentos	48	52	100
Nº de horas de corte e costura	400	600	1.000
Nº de horas de acabamento	238	462	700
Nº de horas dos engenheiros	80	120	200

Considerando as informações acima, vamos determinar o custo unitário dos produtos camisa e vestido.

1) Cálculo da taxa de aplicação de CIF por atividades:

- ✓ Realizar manutenção de equipamentos: .... $ 1.500,00 ÷ 100 h = $ 15,00 por hora.
- ✓ Cortar e costurar: . $ 60.000,00 ÷ 1.000 h = $ 60,00 por hora.
- ✓ Fazer acabamentos: . $ 37.800,00 ÷ 700 h = $ 54,00 por hora.
- ✓ Programar produção:. $ 8.000,00 ÷ 200 h = $ 40,00 por hora.

2) Distribuição dos custos das atividades aos produtos:

Direcionadores	Camisa		Vestido	
Nº de horas de manutenção de equipamentos	48 h x $ 15,00 =	$ 720,00	52 h x $ 15,00 =	$ 780,00
Nº de horas de corte e costura	400 h x $ 60,00 =	$ 24.000,00	600 h x $ 60,00 =	$ 36.000,00
Nº de horas de acabamento	238 h x $ 54,00 =	$ 12.852,00	462 h x $ 54,00 =	$ 24.948,00
Nº de horas dos engenheiros	80 h x $ 40,00 =	$ 3.200,00	120 h x $ 40,00 =	$ 4.800,00
CIF total		$ 40.722,00		$ 66.528,00
Quantidade produzida	(÷)	12.000 un.	(÷)	10.000 un.
CIF unitário	(=)	$ 3,40	(=)	$ 6,65

3) Cálculo do custo unitário:

	Camisa	Vestido
CIF unitário	$ 3,40	$ 6,65
(+) Material direto	$ 3,20	$ 4,10
(+) Mão de obra direta	$ 1,25	$ 2,00
(=) **Custo unitário**	**$ 7,85**	**$ 12,75**

Há outra forma de se calcular o custo do produto pelo custeio ABC por meio do percentual de CIF por atividade, conforme a seguir:

Direcionadores	Camisa	Vestido	Total
Nº de horas de manutenção de equipamentos	48 h (48%)	52 h (52%)	100 h (100%)
Nº de horas de corte e costura	400 h (40%)	600 h (60%)	1.000 h (100%)
Nº de horas de acabamento	238 h (34%)	462 h (66%)	700h (100%)
Nº de horas dos engenheiros	80 h (40%)	120 h (60%)	200 h (100%)

Distribuição dos custos das atividades aos produtos:

Custos indiretos	Camisa	Vestido	Total
Realizar manutenção preventiva de equipamentos	$ 720,00 (48%)	$ 780,00 (52%)	$ 1.500,00
Corte e costura	$ 24.000,00 (40%)	$ 36.000,00 (60%)	$ 60.000,00
Acabamento	$ 12.852,00 (34%)	$ 24.948,00 (66%)	$ 37.800,00
Programar produção	$ 3.200,00 (40%)	$ 4.800,00 (60%)	$ 8.000,00
Total dos custos indiretos	$ 40.772,00	$ 66.528,00	$ 107.300,00

Custo indireto unitário:

- Camisa: 40.772,00 ÷ 12.000 un. = 3,40
- Vestido: 66.528,00 ÷ 10.000 un. = 6,65

Cálculo do custo unitário:

	Camisa	Vestido
CIF unitário	$ 3,40	$ 6,65
(+) Material direto	$ 3,20	$ 4,10
(+) Mão de obra direta	$ 1,25	$ 2,00
(=) Custo unitário	$ 7,85	$ 12,75

8.4 Vantagens e desvantagens do custeio ABC

Vários benefícios podem ser obtidos com o custeio ABC, como por exemplo, o de permitir uma melhoria nas decisões gerenciais, ao atribuir responsabilidades aos responsáveis pelas atividades e, principalmente, atribuir CIF aos produtos e serviços de forma coerente utilizando recursos consumidos para a execução das atividades.

Com a utilização do custeio ABC, a empresa deixa de ter produtos subcusteados e/ou supercusteados permitindo, assim, otimizar a rentabilidade do negócio.

Outras vantagens importantes desse método são:

- As informações gerenciais geradas tornam-se mais confiáveis, haja vista a utilização de forma reduzida do rateio dos CIF;
- A consequente revisão e/ou implantação dos controles internos das entidades;
- Utilização por empresas de diversos segmentos de atuação (industrial, comercial, prestador de serviços etc.);
- Eliminação e/ou redução de atividades que não agregam valor ao produto, reduzindo custos e otimizando o processo;
- Substituição, após análise, de atividades que agregam valor por outras com menor custo;
- Observância aos princípios de contabilidade; entre outros.

Apesar dos benefícios apresentados, o método apresenta também algumas limitações, tais como:
- Resistência por parte do pessoal à mudança (psicológico), além da ausência de pessoal competente e qualificado que viabilize a implantação do ABC;
- Complexidade do método decorrente da sua sofisticação (dispêndio de tempo e de recursos);
- Necessidade de revisão frequente/periódica do ABC;
- Necessidade de organização da empresa anterior à sua implantação, com integração entre os departamentos; entre outros.

8.5 Exercícios

1. (Exame de Suficiência/CFC) Relacione os métodos de custeio, enumerados na primeira coluna, com as respectivas descrições na segunda coluna e, em seguida, assinale a opção CORRETA.

(1) Custeio baseado em atividades	( ) Método que aloca os custos variáveis aos produtos e considera os custos fixos como despesa do período, afetando o resultado desse período.
(2) Custeio por absorção	( ) Forma de alocação de custos que consiste no rateio dos custos de produção e de todas as despesas da empresa, inclusive as financeiras, a todos os produtos.
(3) Custeio variável	( ) Procura reduzir as distorções provocadas pelo rateio arbitrário dos custos indiretos por meio da utilização de direcionadores de custos.
(4) Custeio pleno ou RKW	( ) Consiste na apropriação de todos os custos de produção aos bens elaborados. Todos os gastos relativos ao esforço de produção são distribuídos para todos os produtos ou serviços feitos.

A sequência CORRETA é:

a) (   ) 2, 1, 4, 3.   b) (   ) 2, 4, 1, 3.
c) (   ) 3, 1, 4, 2.   d) (   ) 3, 4, 1, 2

2. (Petrobras/Contador_Cegranrio) Um dos aspectos mais importantes na aplicação do custeio ABC (Custeio Baseado em Atividades) é identificação e seleção dos direcionadores de custos. Desse modo, é relevante saber que direcionador de custo é o (a):

a) (   ) critério de rateio usado para atribuir um custo fixo a um produto.
b) (   ) fator que determina o custo de uma atividade.
c) (   ) indicador da relação custo-benefício no levantamento do custeio ABC.
d) (   ) ferramenta utilizada para se atribuir um custo direto a um produto.
e) (   ) forma como se pode ratear um custo fixo a um departamento ou atividade.

3. (QCO/Contabilidade_Exército) Com relação ao custeio ABC, pode-se afirmar que:

a) (   ) É um sistema de custeio baseado na análise das atividades significativas desenvolvidas na empresa. O centro de interesse do sistema concentra-se nos gastos diretos.
b) (   ) É uma técnica de custeamento em que os custos e as despesas indiretos são apropriados a várias unidades por meio de algumas bases que estão relacionadas com o volume dos fatores de produção.
c) (   ) A finalidade é apropriar os custos às atividades executadas pela empresa e, então, apropriar de forma adequada aos produtos, as atividades, segundo o uso que cada produto faz dessas atividades.
d) (   ) na operacionalização do sistema, procura-se estabelecer a relação entre atividades e produtos utilizando-se de direcionadores de produtos.
e) (   ) nesse método, assume-se que os recursos de uma empresa são consumidos pelos produtos, visando ao custeamento das atividades.

4. (QCO/Contabilidade_Exército) Como característica do custeio baseado em atividades (ABC), é correto afirmar:

a) (   ) Aloca os custos indiretos com base em direcionadores de custos
b) (   ) Não considera os custos fixos
c) (   ) Considera apenas os custos do processo de produção
d) (   ) É um tipo de custo padrão
e) (   ) É utilizado somente para finalidades gerenciais

5. (Petrobras/Contador_Cesgranrio) A finalidade primordial para a qual se utiliza o custeio ABC - Activity-Based Costing (Custeio Baseado em Atividades) refere-se à (ao):

a) (   ) alocação da mão de obra aos produtos.
b) (   ) identificação dos processos relevantes.
c) (   ) rastreamento dos custos diretos às atividades.
d) (   ) tratamento dado aos custos indiretos.
e) (   ) rateio dos custos fixos aos departamentos.

6. (Exame de Suficiência/CFC_adaptada) As seguintes informações foram extraídas do departamento de escuderia de uma indústria, no mês de junho 20x1, que utiliza o sistema de custeio ABC:

Produto	Materiais diretos	Mão de obra direta	Pedidos de alterações de engenharia	Quilowatt-hora
A	R$ 22.000,00	R$ 8.000,00	15	7.000 kWh
B	R$ 28.000,00	R$ 12.000,00	25	13.000 kWh
Total	R$ 50.000,00	R$ 20.000,00	40	20.000 kWh

Foram identificadas as seguintes atividades relevantes:

Atividades	Direcionador de custo
Realizar engenharia	Pedidos de alterações de engenharia
Energizar	Quilowatt-hora

Os custos indiretos de manufatura para o mês foram:

Realizar engenharia	R$ 84.000
Energizar	R$ 15.000
Total dos custos indiretos de manufatura	R$ 99.000

Com base nos dados apresentados, assinale a opção que apresenta o custo total do Produto "A" e do Produto "B", utilizando o custeio ABC, respectivamente:

a) ( ) R$ 66.750,00 e R$ 102.250,00.
b) ( ) R$ 69.600,00 e R$ 99.400,00.
c) ( ) R$ 72.429,00 e R$ 96.571,00.
d) ( ) R$ 73.560,00 e R$ 95.440,00.

---

7. (ICMS SP_FCC) É uma etapa relevante do custeio baseado em atividades:

a) ( ) o rateio dos custos indiretos aos departamentos.
b) ( ) a atribuição dos custos variáveis aos departamentos.
c) ( ) a identificação e seleção dos direcionadores de custos.
d) ( ) a distribuição dos custos acumulados dos departamentos de serviços aos departamentos de produção.
e) ( ) a atribuição dos custos dos departamentos aos produtos.

8. (SEFAZ SP/Agente Fiscal de Rendas_FCC) A diferença fundamental do custeio baseado em atividades (Activity-Based Costing) em relação aos sistemas tradicionais (absorção) está no tratamento dado:

a) ( ) aos custos diretos de fabricação.
b) ( ) ao ponto de equilíbrio financeiro.
c) ( ) aos custos indiretos de fabricação.
d) ( ) às despesas variáveis.
e) ( ) às despesas financeiras.

9. (SEFAZ-RS/Agente Fiscal_FUNDATEC) Em relação ao custeio por atividades (Activity-Based Costing), é correto afirmar que:

a) ( ) A atribuição de custos às atividades é feita com a seguinte ordem de prioridade: rastreamento, alocação direta e rateio.

b) ( ) Os direcionadores de recursos de atividades identificam como as atividades consomem recursos.

c) ( ) Os direcionadores de custos de recursos identificam como as atividades consomem recursos.

d) ( ) Os direcionadores de custos de recursos identificam como as atividades consomem as atividades.

e) ( ) As tarefas são divididas em atividades e estas formam as operações.

10.   (Transpetro/Contador_Cesgranrio) O método de custeio ABC fundamenta-se no entendimento básico de que atividades consomem recursos e os produtos consomem atividades. Sob esse prisma, os custos indiretos de fabricação (CIF) são atribuídos aos produtos com base nas atividades que cada um deles consumiu, sendo, numa primeira fase, alocados às atividades e, numa segunda, transferidos dessas atividades para os produtos.

São chamados de direcionadores os fatores que mostram a relação existente entre o consumo do recurso e a atividade ou entre essas mesmas atividades e os produtos.

Nesse contexto, entende-se por direcionador de custos o elemento:

a) ( ) causador do custo

b) ( ) inibidor do custo

c) ( ) maximizador do custo

d) ( ) recebedor do custo

e) ( ) redutor do custo

11 (Petrobras Biocombustível/Contador_ Cesgranrio) A principal diferença entre o critério de custeio ABC (Activity-Based Costing) e o modelo de departamentalização (custeio por absorção) é que:

a) ( ) os custos fixos são atribuídos, no custeio ABC, aos produtos através de rateio recíproco, enquanto a departamentalização usa o rateio assimétrico.

b) ( ) os custos e despesas são atribuídos, no custeio ABC, aos produtos através dos custos das atividades, enquanto, na departamentalização, os custos e despesas são atribuídos através de direcionadores de tarefas.

c) ( ) o custeio ABC somente deve ser aplicado em empresas não industriais, devido ao fato de somar custos e despesas, enquanto a departamentalização é utilizada, exclusivamente, em empresas industriais.

d) ( ) o custeio ABC pode ser utilizado apenas em conjunto com a reengenharia de processos, pois a departamentalização usa, exclusivamente, rateio linear misto.

e) ( ) a departamentalização tem uma visão verticalizada, enquanto o custeio ABC tem uma abordagem horizontal por ser interdepartamental.

12. (TRE PA/Analista Judiciário_FCC) No método de custeio baseado em atividades ou Activity-Based Costing (ABC), a atribuição de custos para as atividades por meio de rastreamento é feita com base:

a) ( ) em critérios subjetivos de rateio.

b) ( ) em medidas objetivas de consumo de recursos pelas atividades.

c) ( ) na proporção do valor dos custos variáveis e diretos.

d) ( ) no volume de produção de cada atividade.

e) ( ) nos direcionadores de custos de recursos.

13. (BNDES – Analista_Cesgranrio) No sistema de custeio ABC - Activity Based Costing - (custeio com base em atividades), a alocação de custos às atividades deve ser feita da forma mais criteriosa possível, de acordo com a seguinte ordem de prioridade:

a) ( ) plotagem, empoderamento e divisão proporcional.

b) ( ) proporção, rateio simples e rateio misto.

c) ( ) confrontação, subordinação e distribuição.

d) ( ) alocação direta, rastreamento e rateio.

e) ( ) fixação, departamentalização e indução.

14. (TRE PA/Analista Judiciário_FCC) Na visão horizontal, o método de custeio baseado em atividades permite a análise, custeamento e aperfeiçoamento

a) ( ) dos processos interdepartamentais.

b) ( ) da mensuração física dos estoques.

c) ( ) da elaboração de relatórios para o fisco.

d) ( ) da alocação de custos por meio de rateios.

e) ( ) da determinação dos custos diretos dos produtos.

15. (TRE MT/Analista Judiciário_CESPE) O custeio que tem como base atividades (ABC) utiliza técnica específica para minimizar os problemas de alocação dos custos indiretos. Acerca desse assunto, assinale a opção correta.

a) ( ) Apesar de suas técnicas inovadoras, o sistema ABC é incapaz de acompanhar e corrigir os processos internos da empresa, além de não interferir nos controles internos da entidade.

b) ( ) Uma das desvantagens do custeio ABC é o não atendimento aos princípios contábeis, o que impossibilita sua adoção à luz da legislação vigente.

c) ( ) O sistema ABC não se aplica a empresas prestadoras de serviços. Seu arcabouço teórico parte do pressuposto da existência de processo de transformação de insumos em produtos, o que não ocorre em empresas não industriais.

d) ( ) Uma vez estruturado o sistema ABC, é desnecessário regular a revisão

dos procedimentos. Geralmente, a revisão ocorre a cada três ou cinco anos, diferentemente do que acontece com os outros sistemas de custeio que exigem revisões em períodos menores.

e) ( ) Para alocar os custos indiretos, o sistema ABC atribui, inicialmente, os custos às atividades e, posteriormente, aos produtos. O processo consiste em rastrear os custos, apropriando-os às atividades, verificar as circunstâncias em que os portadores finais de custos absorveram os serviços de tais atividades e, finalmente, incorporar esses custos aos produtos.

16. (QCO/Contabilidade_Exército) Sobre o conceito de direcionador de custos em um sistema de custeio baseado em atividades, assinale a alternativa correta.

a) ( ) É o fator que determina a ocorrência de uma atividade

b) ( ) É o fator que determina o preço dos produtos da empresa

c) ( ) É utilizado quando há uma integração entre o custeio ABC e o custeio variável

d) ( ) É a base para o cálculo dos preços dos produtos

e) ( ) É utilizado nos custos de reorganização societários

17. (AFRF) Pode-se afirmar, com relação ao custeio baseado em atividades:

a) ( ) Não deve ser utilizado em empresas industriais nas quais os custos indiretos são parte substancial do total dos custos.

b) ( ) É uma moderna metodologia para apropriação dos gastos indiretos de produção de bens e serviços, tendo como fundamento a análise das atividades desenvolvidas na empresa.

c) ( ) Sua aplicação prática só é possível para controle e gerenciamento dos gastos diretos com matérias-primas e mão de obra.

d) ( ) Não pode ser aplicado em empresas prestadoras de serviços.

18. (CFC/Exame de Suficiência_adaptada) O Departamento de Custos de uma sociedade industrial apresentou os seguintes dados:

I) Referentes à produção do período:

	Produto 1	Produto 2	Total
Produção (unidades)	10.000	200	10.200
Custo direto (por unidade)	R$ 15,00	R$ 10,00	
Custo direto total	R$ 150.000,00	R$ 2.000,00	R$ 152.000,00
Custo indireto de fabricação			R$ 223.400,00
Número de lotes recebidos e produzidos	50	30	80
Quantidade de ordens de produção	16	4	20
Horas-máquina para operação do equipamento	897	403	1.300

II) Referentes à distribuição dos custos indiretos de fabricação (CIF):

Atividades	Valor	Direcionador de custo
Recebimento e movimentação de material	R$ 72.400,00	Número de lotes recebidos e produzidos
Planejamento e controle de produção	R$ 47.000,00	Quantidade de ordens de produção
Operação do equipamento	R$ 104.000,00	Horas-máquina para operação do equipamento
Total	R$ 223.400,00	///

Considerando que a empresa adota o Custeio Baseado em Atividades, o custo de produção do "Produto 1" é de:

a) ( ) R$ 284.040,00   b) ( ) R$ 289.625,00   c) ( ) R$ 304.610,00

d) ( ) R$ 328.720,00

19. (ENADE/Contabilidade) As categorias de custos existentes para o custeio da atividade de atendimento ao contribuinte em uma prefeitura são energia, depreciação de computadores, folha de pagamento e custos diversos, de acordo com a tabela a seguir:

Categorias	Direcionadores	Total no mês	Valor total	Consumo na atividade por pessoa atendida
Energia	kW	100 kW	R$ 200,00	0,5 kW
Depreciação de computadores	Atendimentos	880 pessoas	R$ 880,00	1 atendimento
Folha de pagamento	Minuto	10.000 minutos	R$ 1 800,00	5 minutos
Custos diversos	Atendimentos	880 pessoas	R$ 1.760,00	1 atendimento

Com base no quadro acima, o valor do custo por pessoa para a atividade atendimento da prefeitura é de:

a) ( ) R$ 6,90.   b) ( ) R$ 4,90.   c) ( ) R$ 5,90.

d) ( ) R$ 3,90.   e) ( ) R$ 2,90.

20 (ICMS RJ_FCC) Determinada empresa industrial fabrica e vende dois produtos: X e Y. No último mês analisado, a empresa produziu 400 unidades de X e 350 unidades da Y. Sabe-se que os gastos com matéria-prima e com mão de obra são:

Gastos diretos	X	Y
Matéria-prima (kg/un.)	4	6
Matéria-prima (R$/kg)	5,0	5,00
Mão de obra (h/un.)	3	4
Mão de obra (R$/h)	4,0	4,00

Determine o custo unitário do produto X e do produto Y, respectivamente, incorrido nesse período, com base nas informações apuradas para fins do custeio baseado em atividade, conforme segue:

Ativi--dades	Custo (em R$/ mês)	Capacidade instalada (em horas/ mês)	X (em horas/ unidade)	Y (em horas/ unidade)
I	3.700,00	1.850	2	3
II	2.900,00	1.450	1	3
III	3.000,00	1.500	2	2

Desconsidere qualquer tributo e qualquer informação não apresentada neste enunciado.

a) ( ) R$ 10,00/unidade e R$ 16,00/unidade.

b) ( ) R$ 36,00/unidade e R$ 41,00/unidade.

c) ( ) R$ 42,00/unidade e R$ 62,00/unidade.

d) ( ) R$ 32,00/unidade e R$ 46,00/unidade

e) ( ) R$ 46,00/unidade e R$ 57,00/unidade.

21. (CFC/Exame de Suficiência_adaptada) A empresa Etagama fabrica e vende dois produtos: Eta e Gama. Seguem algumas informações sobre cada produto em X1:

Produto	Eta	Gama
Material direto por unidade (em $)	12,00	13,50
Mão de obra direta por unidade (em $)	20,00	25,00
Preço unitário (em $)	85,00	70,00
Tempo de usinagem por unidade (em horas)	1,80	0,40
Tempo de mão de obra direta por unidade (em horas)	1,40	2,00
Quantidade total produzida e vendida (em unidade)	10.000	20.000
Número total de peças transportadas (em unidade)	26.000	12.000
Número total de requisições (em unidade)	8.600	16.000

Sabe-se que a empresa incorreu nos seguintes custos indiretos em X1:

Item	Valor (em $)
Depreciação de máquinas de usinagem	105.000,00
Depreciação das empilhadeiras	75.000,00
Gastos com supervisores de mão de obra	75.000,00
Gastos com almoxarifes	40.000,00
Gastos com pessoal do transporte	60.000,00

Recentemente, a empresa Etagama implementou um projeto piloto do Custeio Baseado em Atividades (ABC) em sua fábrica. Ao analisar o seu processo produtivo, a empresa identificou quatro atividades relevantes, quais sejam:

Transportar materiais: realizada por meio de empilhadeiras pelo pessoal do transporte (direcionador de custos da atividade – número de peças transportadas por produto).

Usinar materiais: realizada por meio das máquinas de usinagem (direcionador de custos da atividade – número de horas de usinagem por produto).

Fornecer insumos: realizada pelos almoxarifes (direcionador de custos da atividade – número de requisições por produto).

Supervisionar produção: realizada pelos funcionários que supervisionam a mão de obra (direcionador de custos da atividade – número de horas de mão de obra direta por produto).

Com base apenas nessas informações, é INCORRETO afirmar que, em X1:

a) ( ) Pelo custeio ABC, o custo total do produto Eta seria superior a $ 500.000,00.

b) ( ) Pelo custeio ABC, o custo total do produto Gama seria superior a $ 900.000,00.

c) ( ) Pelo custeio ABC, o valor dos custos indiretos alocados ao produto Eta seria superior a $ 200.000,00.

d) ( ) Pelo custeio ABC, o valor dos custos indiretos alocados ao produto Gama seria superior a $ 150.000,00

Gabarito

1	2	3	4	5	6	7	8	9	10
D	B	C	A	D	A	C	C	C	A

11	12	13	14	15	16	17	18	19	20
E	E	D	A	E	A	B	C	B	C

21
C

Veja a solução completa de todos os exercícios no capítulo 12 deste livro.

9

CUSTO PADRÃO

O custo padrão é um custo determinado como base para o registro da produção antes da determinação do custo real e serve como instrumento de controle à administração da empresa, podendo ser utilizado tanto com o custeio por absorção como pelo custeio variável.

Martins (2010) comenta que o conceito de controle é o aplicável a qualquer setor ou atividade de uma empresa e pode-se dizer que a empresa tem o controle dos seus custos e despesas quando conhece os que estão sendo incorridos (reais), verifica se estão dentro do que era esperado, analisa as divergências e toma medidas para correção de tais desvios.

A comparação entre o custo padrão e o custo que realmente ocorreu serve de base para a administração avaliar a eficiência na utilização dos recursos na produção, identificando oportunamente os desvios e tomando providências no sentido de corrigi-los, quando necessário.

9.1 Conceito, finalidade e elaboração do custo padrão

O custo padrão é um custo previamente determinado baseado em cálculos analíticos sobre os processos produtivos, incluindo os estudos do tempo e dos movimentos relativos a cada operação; é um custo estabelecido como meta para os produtos de uma empresa, considerando basicamente o preço e a quantidade dos insumos consumidos na produção, além das características tecnológicas do processo produtivo de cada produto. Assim, considera-se como custo padrão o melhor que a empresa deverá obter na elaboração dos produtos, considerando as condições operacionais disponíveis.

A grande finalidade desse método é estabelecer um padrão de comportamento dos custos a fim de criar condições para o controle e a avaliação da eficiência do processo de fabricação dos produtos por meio de comparação entre os valores orçados e realizados. O custo padrão não deixa de ser uma espécie de orçamento, que tende a forçar o desempenho da produção por ser normalmente fixado com base na suposição de melhoria de aproveitamento dos fatores de produção estando, dessa forma, o custo padrão e o orçamento intimamente ligados (MARTINS, 2010).

O estabelecimento do custo padrão de um produto ou serviço envolve, basicamente, a engenharia de produção e a contabilidade de custos. Cabe à engenharia o estabelecimento de padrões de consumo físico dos recursos para a execução das atividades planejadas, como consumo de matéria-prima, tempo empregado da mão de obra, consumo de energia, tempo de uso das máquinas, entre outros. À contabilidade de custos cabe o estabelecimento dos padrões dos valores monetários correspondentes, como custo da matéria-prima, de salários e demais gastos de produção. Demais departamentos como Compras (aquisição de materiais) e Recursos Humanos (contratação de pessoal) também participam na elaboração dos padrões.

O estabelecimento do custo padrão tem como um de seus objetivos motivar todo o pessoal envolvido na produção a desenvolver suas atividades com o máximo de eficiência possível, para isso é necessário que as metas a serem atingidas como padrão sejam alcançáveis. Assim, os custos padrão não devem apresentar folgas excessivas, nem serem rígidos ao ponto de serem inatingíveis. Dessa forma, podemos classificar o custo padrão em três tipos básicos:

✓ Custo padrão ideal;
✓ Custo padrão estimado; e
✓ Custo padrão corrente.

Custo padrão ideal: o custo padrão ideal tem um conceito mais teórico, pois considera o uso das melhores práticas e recursos existentes para a fabricação de um produto ou a prestação de um serviço, descartando a possibilidade de ociosidade no tempo de mão de obra e de máquinas, sem quebras ou paradas, a não ser aquelas previstas na programação de manutenção preventiva.

Por considerar que as operações são realizadas de forma perfeita, pois considera as condições ideais de qualidade dos materiais sem qualquer perda (exceto as normais) de eficiência no uso dos insumos e da mão de obra, ele é muito difícil se ser alcançado na prática.

O custo padrão ideal tem uma aplicação mais restrita para um período de longo prazo.

Custo padrão estimado: este custo é determinado por meio de uma projeção para o futuro do desempenho ocorrido em períodos imediatamente anteriores, sem se levar em consideração as ineficiências no processo produtivo como desperdício dos materiais, produtividade da mão de obra, preços pagos pelos insumos, entre outros.

Dessa forma, esse tipo de custo padrão considera a média do desempenho passado para o planejamento das operações futuras, simplesmente. Por não considerar melhorias no desempenho e desconsiderar as deficiências passadas, esse tipo de custo padrão não motiva oportunidades de melhorias no que se refere à produtividade e maior eficiência na produção.

Custo padrão corrente: este é considerado uma aplicação intermediária – situa-se entre o Ideal e o Estimado – na busca de um custeio que mais se aproxime da realidade, levando em consideração as deficiências existentes na produção no que se refere principalmente aos desperdícios em função da qualidade dos materiais, mão de obra, equipamentos, fornecimento de energia. Considera-se, em comparação com o Ideal, como um custo "mais válido e aceitável", sendo o mais utilizado na prática.

Assim, por exemplo, são levados em consideração o desempenho de cada trabalhador em determinada linha de produção e a capacidade dos seus fornecedores, levando em conta deficiências insanáveis em cada setor, após estudos para uma avaliação da eficiência da produção.

Custo real – comparações

O custo real é o custo efetivo que a empresa paga pelos insumos de produção num determinado período. Se o custo real for superior ao custo padrão, a variação (diferença) aí ocorrida será considerada *desfavorável*, uma vez que o custo efetivo foi maior que o estabelecido como meta para a empresa. Se ocorrer o contrário, o custo real ser inferior ao custo padrão, a variação será considerada como *favorável*, uma vez que a empresa apresentou custo menor do que estabelecido como meta.

> CUSTO REAL > PADRÃO - variação DESFAVORÁVEL
>
> CUSTO REAL < PADRÃO - variação FAVORÁVEL

Assim, por exemplo:

Custos ($)		Variações ($)
Real	**Padrão**	
120,00	100,00	20,00 desfavorável
128,00	140,00	12,00 favorável

O custo padrão é um instrumento gerencial poderoso para medir a eficiência na produção, à medida que as operações vão sendo realizadas, comparando os custos previamente estabelecidos com os que efetivamente ocorreram. A partir dessa comparação inicia-se o processo de análise, buscando as causas prováveis dos desvios para que se possa tomar as decisões preventivas e/ou corretivas necessárias.

Pode-se, assim, obter as seguintes análises:
- que a produção está consumindo um volume maior de materiais do que deveria;

- que produtividade da mão de obra está aumentando ou diminuindo;
- que está havendo um volume de perdas além do esperado; entre outras.

9.2 Custeio padrão

Observamos até o momento que o custo padrão é uma ferramenta de controle dos custos para a empresa detectar suas ineficiências. A comparação entre o custo real e o custo padrão pode ser feita de forma **extracontábil,** por meio de relatórios ou de forma **contábil,** controlando as variações na própria contabilidade por meio de uma prática denominada **custeio padrão.**

O custeio padrão é um sistema que usa as informações da contabilidade de custos para custeio, controle e tomada de decisões, focado na busca constante da eliminação de desperdícios e no alcance máximo da eficiência na utilização dos recursos consumidos no processo produtivo. Nesse sentido, entende-se por custeio a adoção de métodos para custear produtos e serviços; por controle o estabelecimento de parâmetros (metas) para subsidiar avaliações de desempenho; e por tomada de decisões as avaliações resultantes da comparação entre as metas estabelecidas e o que realmente ocorreu.

Observe o exemplo a seguir:

A Cia. XPTO tem os seguintes custos padrão por unidade para fabricação do seu produto Alfa:

Material direto..................... $ 80,00
Mão de obra direta .... $ 60,00
CIF....................................... $ 50,00

- Estoques iniciais de Produtos em Elaboração e de Produtos Acabados no início do período: zero.
- Produção de Alfa: 10.000 unidades totalmente acabadas.
- Produção de Alfa vendida: 8.000 unidades (80%).

Custos reais levantados no período:

Material direto..................... $ 810.000,00
Mão de obra direta .... $ 620.000,00
CIF....................................... $ 490.000,00
Total: $ 1.920.000,00

Os custos padrão totais referentes à produção de 10.000 unidades de Alfa foram:

Material direto.................... $ 800.000,00
Mão de obra direta .... $ 600.000,00
CIF.. $ 500.000,00
                            Total: $ 1.900.000,00

Relatório de controle extracontábil do período:

Item de custo	Custo padrão	Custo real	Variações
Material direto	$ 800.000,00	$ 810.000,00	$ 10.000,00 desfavorável
Mão de obra direta	$ 600.000,00	$ 620.000,00	$ 20.000,00 desfavorável
CIF	$ 500.000,00	$ 490.000,00	$ 10.000,00 favorável
Total	$ 1.900.000,00	$ 1.920.000,00	$ 20.000,00 desfavorável

Lançamentos contábeis utilizando os razonetes:

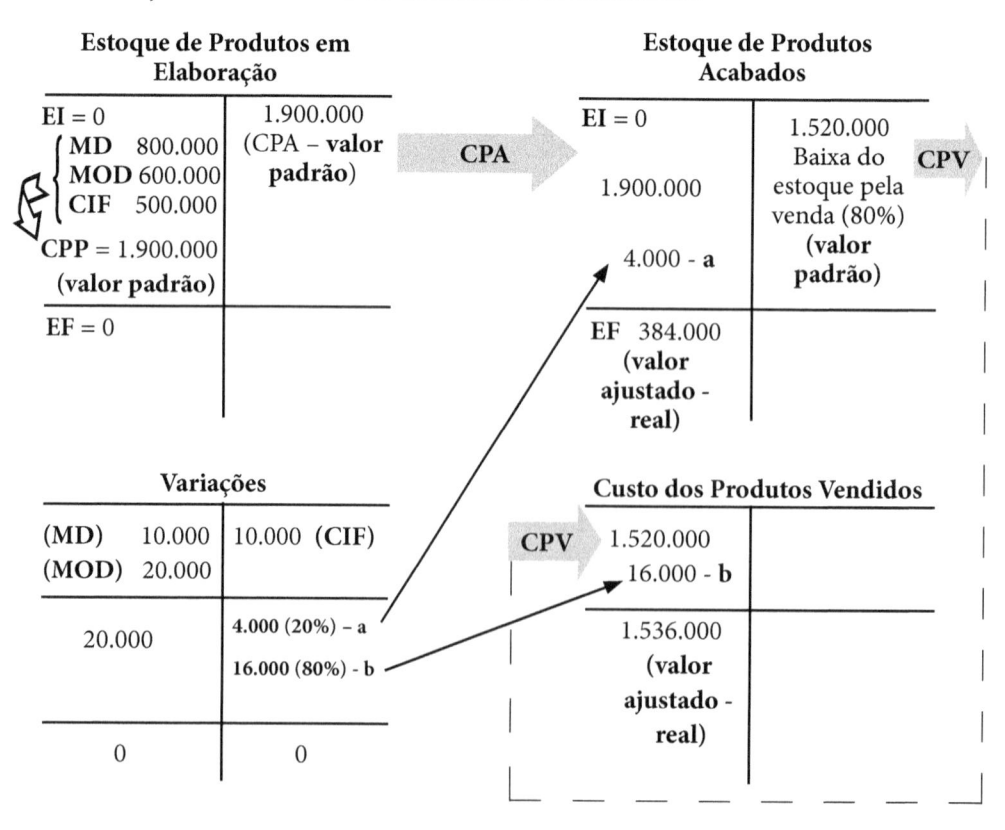

A contabilização dos custos nos estoques e no CPV durante o período é feita pelo custo padrão. No final do período, após os lançamentos de ajustes (variações) ocorridos em função da comparação entre o custo padrão e o custo real, em conta específica, serão feitos os ajustes nas contas de estoques (Produtos Acabados – lançamento a) e de resultado (lançamento b), de acordo com a transferência de valores entre elas.

O saldo da conta Variações ($ 20.000,00 desfavorável) foi ajustado com as contas de Estoque de Produtos Acabados, referente ao que permaneceu nesta conta (20%), e Custo dos Produtos Vendidos (CPV), referente ao que foi transferido para esta conta em função das vendas (80%).

Por fim, estoques de produtos acabados e o CPV ficarão com seus saldos ajustados ao valor corrente ($ 384.000,00 e $ 1.536.000,00, respectivamente), ou seja, os seus saldos finais coincidirão com os saldos que seriam obtidos se todos os custos fossem contabilizados pelos seus valores reais.

Caso a variação total de $ 20.000,00 fosse favorável (saldo credor), que corresponderia a um custo real menor que o padrão, os lançamentos da conta Variações seriam feitos a crédito das contas Estoque de Produtos Acabados e CPV.

9.3 Análise das variações

Fixado o padrão e posto em prática, este será comparado com os custos reais de materiais diretos, mão de obra direta e custos indiretos de fabricação e poderão ser observadas as variações ocorridas em cada um desses três fatores de produção.

A análise das variações entre o custo real e o custo padrão é o ponto forte na utilização do custeio padrão para fins de controle, pois permite à empresa exercer o controle dos seus custos, detectando eventuais ineficiências ocorridas na produção.

As variações favoráveis e desfavoráveis devem ser analisadas para determinar as suas origens, suas causas e seus responsáveis e fornecer orientação para que sejam realizadas as correções e os ajustes necessários.

A contabilidade de custos em conjunto com o pessoal das operações e da gestão define a amplitude das variações. Quando existem grandes variações, principalmente desfavoráveis, estas precisam ser analisadas antes de se tomarem medidas para as correções. A capacidade administrativa de um gerente pode ser medida através das variações que seu departamento incorre em um determinado período.

Variações favoráveis, principalmente grandes variações, também devem ser analisadas, pois poderão influenciar desfavoravelmente a utilização de outro insumo produtivo.

9.3.1 Variação de materiais

O custo padrão do material é constituído de duas partes: preço e quantidade. Assim, teremos três variações de materiais: a variação de preço, a variação de quantidade e a variação mista. A variação de preço compreende qualquer desvio entre o preço estabelecido e o preço realizado. A variação de quantidade é relação entre a quantidade de insumo estabelecida para a produção sob análise e aquela efetivamente incorrida. A variação mista é observada quando ocorrem, simultaneamente, as variações de preço e de quantidade.

Variação de preço

A responsabilidade principal pela ocorrência de variações do padrão do valor de materiais é, geralmente, do setor de compras, pois a determinação do valor a ser usado como padrão é mais influenciado por fatores externos do que pela gerência da empresa. No entanto, a falta de planejamento financeiro por parte da direção da empresa, que impeça negociar aquisições com preços melhores, as imposições do setor de vendas para a entrega rápida do produto, fazendo com que o setor de compras faça aquisições emergenciais de materiais, também poderão influenciar na ocorrência de variações de preços dos materiais.

Cabe observar que a falta de planejamento da área produtiva, por exemplo, também pode ocasionar a necessidade de compras emergenciais (fornecedores diferentes e distantes) com preços mais altos e com frete maior.

Variação de quantidade

O estabelecimento da quantidade padrão de materiais é responsabilidade do setor produtivo, pois a engenharia de produção em conjunto com o pessoal da produção, são os que determinarão as quantidades que deverão ser fixadas em unidades físicas para cada lote de produto. Logo, as variações de quantidade são variações de natureza técnica e seu controle é mais bem realizado em conjunto com o processo de fabricação.

No entanto, podem ocorrer variações de quantidade de materiais cujas responsabilidades poderão estar relacionadas, tanto com o departamento de produção, quanto sofrer influência de outros departamentos, como por exemplo

- Utilização de máquinas com pouca ou nenhuma manutenção, que pode ocasionar o aumento do nível de consumo de materiais, sendo o departamento de manutenção o responsável. No caso de utilização de máquinas obsoletas, a responsabilidade pela variação no consumo de materiais pode cair tanto para a produção, quanto para a direção da empresa.

- Utilização de mão de obra mal remunerada e desmotivada, que pode aumentar o nível de desperdícios de materiais utilizados na produção, sendo a direção da empresa e o departamento de recursos humanos os responsáveis. No caso de mão de obra mal treinada, essa responsabilidade também será do departamento de recursos humanos.

Cabe ressaltar que o consumo excessivo de materiais pode ocorrer pela má qualidade do material. Nesse caso, a responsabilidade será do setor de compras. No caso em que ocorrer perda de material em razão de acondicionamento inadequado, gerando perdas no manuseio, essa responsabilidade será do almoxarifado.

Variação Mista

A variação mista, conforme comentado, é a variação combinada de preço e quantidade, ou seja, produto da diferença de quantidades (padrão menos real) pela diferença de preços (padrão menos real).

Exemplo: uma indústria fixou os seguintes padrões para a matéria-prima utilizada na fabricação de um dos produtos de sua linha:

– Preço padrão por unidade..$ 10,00
– Quantidade padrão da matéria-prima a ser utilizada......1.000 unidades
– Custo padrão da matéria-prima: $ 10,00 x 1000 un. ....$ 10.000,00

No final do período de produção, a empresa apurou um custo real de $ 12.100,00, sendo:

– Preço efetivo pago por unidade... $ 11,00
– Quantidade efetivamente utilizada no processo..........1.100 unidades

A **Variação total** da matéria-prima será: $ 12.100,00 (real) - $ 10.000,00 (padrão) = $ 2.100,00 D (desfavorável).

A variação total da matéria-prima aplicada é desfavorável, tendo em vista que a empresa teve um gasto superior em $ 2.100,00 ao esperado.

As variações de quantidade e preço são calculadas mediante a aplicação das seguintes fórmulas:

Variação de preço
$VP = (PR - PP) \times QP$
$VP = (\$ 11,00 - \$ 10,00) \times 1.000$ un. $= \$ 1.000,00$ desfavorável
Onde: PR = preço real
PP = preço padrão
QP = quantidade padrão

Variação da quantidade
$VQ = (QR - QP) \times PP$
$VQ = (1.100$ un. $- 1.000$ un.$) \times \$ 10,00 = \$ 1.000,00$ desfavorável
Onde: QP = quantidade padrão
QR = quantidade real
PP = preço padrão

A variação do preço somada à variação da quantidade ($ 1.000,00 D + $ 1.000,00 D) totaliza $ 2.000,00 desfavorável.

Observe que a soma da variação do preço ($ 1.000,00 D) com a variação da quantidade ($ 1.000,00 D) não coincide com a Variação Total

($ 2.100,00 D), sendo esta $ 100,00 superior. Esta diferença refere-se à **variação mista**.

A variação mista ocorre quando há variação no preço e na quantidade do insumo e pode ser obtida pela seguinte fórmula:

Variação Mista (VM) = (QR – QP) x (PR – PP)
VM = (1.100 un. - 1.000 un.) x ($ 11,00 - $ 10,00) = $ 100,00

Para determinarmos se a variação mista é favorável ou desfavorável, observe o quadro a seguir:

Variação da quantidade	$ 1.000,00 desfavorável
Variação do preço	$ 1.000,00 desfavorável
Variação mista	**$ 100,00 desfavorável**
Variação total	$ 2.100,00 desfavorável

A identificação favorável ou desfavorável da variação mista não se dá apenas pela comparação do custo real e o custo padrão.

A variação mista é desfavorável, pois se considerarmos as variações de quantidade e preço ($ 1.000,00 D + $ 1.000,00 D = $ 2.000,00 D) e confrontarmos com a variação total ($ 2.100,00 D), teremos uma diferença (Variação Mista) de $ 100,00 D.

A variação mista pode ser visualizada no gráfico a seguir:

A área mais escura do gráfico representa o custo padrão (1.000 un. x $ 10,00 = $ 10.000,00) e o retângulo maior representa o custo real (1.100 un. x $ 11,00 = $ 12.100,00).

Geralmente, a variação mista é de difícil atribuição de responsabilidade para efeito de análise de custos e alguns autores nem a consideram, pois ela representa a sobra provocada pela existência das variações de preço e de quantidade, que é muito difícil de ser identificada com essas variações. Dessa forma, pela razão de na maioria dos casos a variação mista ser de valor pequeno e, também, em função da dificuldade de se indicar algum responsável por ela, já que, provavelmente o departamento de compras só assumirá a responsabilidade pela variação de preço e, por outro lado, o departamento produtivo, pela variação da quantidade, costuma-se, na prática, incluir a variação mista na variação total de preço por meio da seguinte fórmula:

$$VP = (PR - PP) \times QR$$

Nesse caso, observe que a variação do preço será calculada em função da quantidade real, e não da quantidade padrão.

$$VP = (\$ 11,00 - \$ 10,00) \times 1.100 \text{ un.} = \$ 1.100,00 \text{ desfavorável}$$

Assim, se somarmos a variação do preço ($ 1.100,00 D) à variação da quantidade ($ 1.000,00 D) teremos o total de $ 2.100,00 desfavorável correspondentes à **variação total** da matéria-prima calculada inicialmente.

9.3.2 Variação de mão de obra direta

As variações da mão de obra direta são analisadas de forma semelhante à utilizada para os materiais diretos. A diferença encontra-se apenas na terminologia. As variações do padrão da mão de obra direta são: variação de taxa (salário), variação da eficiência (tempo) e variação mista.

Variação da taxa (valor/salário)

A taxa de mão de obra direta padrão resulta da negociação entre os empregados e a administração da empresa. Dentro das condições normais de operação, dificilmente acontecerá variações nessa taxa. Entretanto, alguns fatores, de ocorrência esporádica, poderão causar variações da taxa, como política de remuneração inadequada com contratação de mão de obra por taxas superiores em relação ao padrão fixado, dissídios coletivos ou aumentos salariais definidos pela diretoria da empresa, entre outros.

A variação da taxa é determinada pela seguinte fórmula:

$$VT = (TR - TP) \times HP$$

Onde: VT = variação da taxa salarial
      TR = taxa salarial real
      TP = taxa salarial padrão

Variação de eficiência (quantidade/tempo)

A responsabilidade pela variação da eficiência da mão de obra direta pode estar relacionada a diversos departamentos. A produção, por exemplo, deverá controlar o emprego da mão de obra direta e conhecer as habilidades de cada operário, não permitindo que seja utilizada uma maior quantidade de mão de obra para produzir a mesma quantidade de produtos. Entretanto, alguns fatores, independentemente da influência da produção, poderão provocar variações de eficiência, conforme a seguir:

- Equipamentos mal ajustados ou sem manutenção, que poderão aumentar o tempo de paradas improdutivas (departamento responsável: manutenção).
- Falta de motivação dos operários em função de má remuneração, aumentando o nível de desperdícios (departamento responsável: direção e recursos humanos).
- Uso de mão de obra não qualificada para a tarefa, falta de treinamento adequado aos operários (departamento responsável: recursos humanos).

A variação da eficiência é determinada pela seguinte fórmula:

$$VE = (HR - HP) \times TP$$

Onde: VE = variação da eficiência
HP = Horas padrão
HR= Horas reais

Também poderá ser calculada a variação mista da mão de obra direta utilizando fórmula semelhante à da variação dos materiais, porém, sem muita aplicação.

$$\text{Variação mista (VM)} = (HR - HP) \times (TR - TP)$$

Exemplo: uma indústria fixou os seguintes padrões para a mão de obra direta utilizada na fabricação de um dos produtos de sua linha:

Custo padrão	Custo real
Mão de obra utilizada por unidade: 3 h x $ 7,00 = $ 21,00	4 h x $ 5,00 = $ 20,00

Cálculo das variações:

Variação total = $ 21,00 - $ 20,00 = $ 1,00 favorável

Variação da taxa: VT = (TR – TP) x HP
VT = ($ 5,00 - $ 7,00) x 3 h = $ 6,00 favorável

Variação da eficiência: VE = (HR – HP) x TP
VE = (4 h – 3 h) x $ 7,00 = $ 7,00 desfavorável

Variação mista: VM = (HR – HP) x (TR – TP)
VM = (4 h – 3 h) x ($ 5,00 - $ 7,00) = $ 2,00 favorável

Resumo da variação de mão de obra direta por unidade produzida:

Variação da eficiência	$ 7,00 desfavorável
Variação da taxa	$ 6,00 favorável
Variação mista	<u>$ 2,00 favorável</u>
Variação total	$ 1,00 favorável

9.3.3 Variação dos custos indiretos de fabricação

Os custos indiretos de fabricação (CIF) são aqueles envolvidos no processo de produção e que não podem ser identificados de forma direta com os produtos, como mão de obra indireta (gerência, supervisão, apoio), aluguel, seguros, depreciação etc.; e são classificados em custos variáveis e fixos, sendo estes mais predominantes.

Os CIF totais no período são apropriados a cada unidade produzida com base no volume de produção, e isso provoca alteração nos custos unitários devido à existência dos custos indiretos fixos, além da diferença causada pela oscilação nos custos em si.

A análise do CIF envolve o uso de três tipos de variações: de volume, de custo e de eficiência. Para o cálculo dessas variações, vamos supor que, para a determinação do custo indireto padrão de determinado produto, uma empresa industrial tenha apresentado as seguintes informações:

– Custo indireto variável: $ 15,00 por unidade;
– Custos indiretos fixos: $ 10.000,00 por período;
– Volume padrão de produção no período: 1.000 unidades;
– Padrão de produtividade: 1 hora-máquina por unidade.

Assim, para a produção de 1.000 unidades no período o custo indireto padrão total será:

Custos indiretos variáveis: $ 15,00 x 1.000 un. =	$ 15.000,00
(+) Custos indiretos fixos	<u>$ 10.000,00</u>
(=) Total	$ 25.000,00

O custo indireto padrão por unidade será: $ 25.000,00 ÷ 1.000 un. = $ 25,00

Os custos indiretos de fabricação reais para o mesmo período foram $ 26.000,00 para um volume real de produção de 800 unidades, que consumiram 880 horas para ficarem prontas.

Assim, o custo indireto total real por unidade produzida será: $ 26.000,00 ÷ 800 un. = $ 32.50; e a variação total será de $ 7,50 desfavorável ($ 32,50 - $ 25,00).

Variação do volume (VV)

A variação do volume faz a análise de aumento ou redução de custo provocado pelo maior ou menor volume real de produção em relação ao volume estabelecido como padrão. A variação no volume de produção afeta apenas o cálculo dos custos indiretos fixos por unidade. Assim, ela será sempre desfavorável quando houver redução no volume de produção, já que, com a redução do volume, haverá um acréscimo no custo unitário. A variação do volume será favorável quando o volume real for superior ao volume padrão.

Para calcular a variação do volume utiliza-se a seguinte fórmula:

VV = CIF padrão no volume padrão – CIF que seria padrão no volume real

De acordo com as informações de custos apresentadas no exemplo anterior e não havendo nenhuma variação nos custos, com a redução do padrão de 1.000 unidades para 800 no período teremos, como CIF que seria padrão no volume real (ajustado):

> Custos indiretos variáveis: $ 15,00 x 800 un. = $ 12.000,00
> (+) Custos indiretos fixos   = $ 10.000,00
> (=) Total $ 22.000,00

O CIF por unidade, então, será: $ 22.000,00 ÷ 800 un. = $ 27,50.

Assim, a variação de volume será: $ 25,00 - $ 27,50 = $ 2,50 desfavorável.

Observe que, em função da diminuição no volume de produção, houve um acréscimo do custo unitário; logo, desfavorável.

Variação de custo (VC)

A variação de custo corresponde à variação no valor de aquisição dos custos indiretos de fabricação (fixos e variáveis) utilizados no processo de fabricação e pode ser calculada por meio da seguinte fórmula:

VC = CIF que seria padrão no volume real – CIF real

Para calcularmos a variação de custo, continuando com as informações do nosso exemplo, inicialmente temos que calcular o CIF real por unidade, que será: $ 26.000,00 ÷ 800 un. = $ 32,50.

Assim, a variação de custo será: $ 27,50 - $ 32,50 = $ 5,00 desfavorável.

A diferença desfavorável $ 5,00 [($ 26.000,00 - $ 22.000,00) ÷ 800 un.], encontrada, baseia-se no comportamento dos custos, que ao nível real de 800 unidades deveriam ser de $ 22.000,00, mas que realmente foram $ 26.000,00. Caso o CIF real fosse inferior aos $ 22.000,00 obtidos como novo padrão ajustado para 800 unidades, a variação de custo seria favorável.

Variação da eficiência (VE)

A variação da eficiência avalia o impacto nos custos em função do maior ou menor tempo consumido na fabricação de uma unidade de produto. Neste caso, são utilizados os custos indiretos de fabricação variáveis.

A variação da eficiência pode ser calculada pela seguinte fórmula:

**VE = CIF que seria padrão no volume real – CIF padrão
ao volume real ajustado pela ineficiência**

No nosso exemplo, tivemos a produção real de 800 unidades. Cada produto tem o padrão de produtividade de 1 hora-máquina. Se as horas reais totais fossem de 800 horas-máquina, não haveria problema de eficiência. No entanto, foram gastas realmente 880 horas-máquina para a fabricação de 800 unidades, havendo um acréscimo na produção de 80 horas-máquina. Assim, os custos indiretos serão:

Custos indiretos variáveis: $ 15,00 x 880 hm = $ 13.200,00
(+) Custos indiretos fixos   = $ 10.000,00
(=) Total $ 23.200,00

O CIF por unidade, então, será: $ 23.200,00 ÷ 800 un. = $ 29,00

A variação da eficiência será: $ 27,50 - $ 29,00 = $ 1,50 desfavorável

Podemos perceber que a variação de custo não se deu somente em função das quantidades produzidas, mas também em função do aumento das horas-máquina, com o consequente aumento dos custos variáveis de mão de obra. A diferença entre o CIF que seria padrão no volume real ($ 27,50) e o CIF real ($ 32,50) é de $ 5,00. Nesse caso, essa diferença será composta pela variação da eficiência e pela variação de custos propriamente dita.

A variação da eficiência, já calculada, será de $ 1,50 desfavorável. A nova variação de custo será calculada considerando o CIF padrão ajustado ao volume real e à ineficiência, e o CIF real, da seguinte forma:

VC = CIF padrão ajustado ao volume real (com o tempo de mão de obra real) – CIF real

Assim, a variação do custo será: $ 29,00 - $ 32,50 = $ 3,50 desfavorável.

Resumindo, as variações de custos indiretos são:

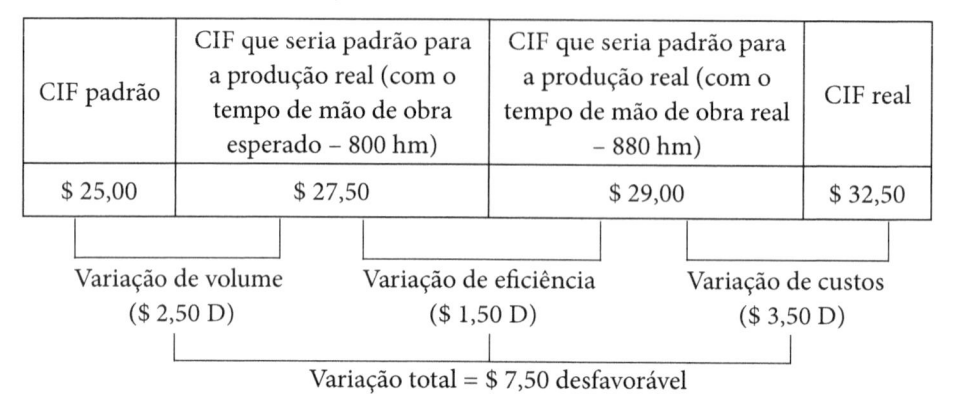

CIF padrão	CIF que seria padrão para a produção real (com o tempo de mão de obra esperado – 800 hm)	CIF que seria padrão para a produção real (com o tempo de mão de obra real – 880 hm)	CIF real
$ 25,00	$ 27,50	$ 29,00	$ 32,50

Variação de volume ($ 2,50 D)   Variação de eficiência ($ 1,50 D)   Variação de custos ($ 3,50 D)

Variação total = $ 7,50 desfavorável

Inicialmente, obtivemos uma variação de custo de $ 5,00 desfavorável. Posteriormente, obtivemos outra variação de custo de $ 3,50 desfavorável. Isso ocorreu porque subdividimos a variação de custos em variação de eficiência e variação de custos propriamente dita. Nesse caso, essa subdivisão só poderá ocorrer quando for possível fazer algum tipo de relacionamento entre produção e esforço para a produção (horas-máquina, horas de mão de obra direta, quantidade de matéria-prima etc.) e os custos indiretos variáveis estiverem diretamente relacionados com esse esforço.

Assim, de acordo com Martins (2010), em alguns tipos de indústrias pode não haver a possibilidade de se fazer a subdivisão das variações dos custos indiretos em variação de volume, de custo e de eficiência, ficando restrito apenas à variação de volume e à variação de custo. Quando houver essa possibilidade, será o mais indicado para a gestão e o controle de custos, pois demonstra o que resultou da ineficiência da utilização dos fatores de produção e o que originou custos que de fato comportaram-se acima ou abaixo do que era esperado.

9.4 Vantagens e desvantagens do custo padrão

Podemos ressaltar algumas vantagens no uso do custo padrão, tais como:

– No sistema de custo padrão, produzem-se relatórios que tornam possível um controle mais rápido das operações por parte dos gestores. A partir do conhecimento das variações encontradas, o analista de custos em conjunto com os gestores das demais áreas da empresa, inicia um trabalho de investigação para conhecer as reais causas dos desvios encontrados e, assim, poder adotar as ações corretivas para eliminá-los ou reduzi-los ao máximo. Essas ações podem ser a correção e o aperfeiçoamento de procedimentos ineficientes ou mesmo a atualização de padrões a indicadores mais realistas.

– Os padrões de custos podem ser um importante instrumento para a avaliação do desempenho. Quando os padrões estabelecidos são realistas e atingíveis e são utilizados de forma apropriada, eles podem incentivar as pessoas a desempenharem suas funções com mais eficiência.

– O custo padrão é um poderoso auxílio ao trabalho de elaboração e acompanhamento dos orçamentos.

Como desvantagens (entendem-se limitações) do custo padrão podemos relacionar as seguintes:

– Os padrões, muitas vezes, tendem a se tornar rígidos ou inflexíveis, mesmo em períodos de tempo relativamente curtos.

– Quando os padrões são alterados frequentemente, sua eficácia para a aferição do desempenho é enfraquecida, já que isso se assemelha a medir as atividades por meio de critérios elásticos.

– A demarcação dos elementos controláveis e não controláveis dos desvios é uma tarefa muito difícil.

9.5 Exercícios

1. (TRE PA/Analista Judiciário_FCC) Em relação ao custo padrão, considere:

I. O custo padrão é um custo predeterminado.
II. O custo padrão corrente considera algumas ineficiências que a entidade julga não poder saná-las.
III. Do ponto de vista gerencial, as diferenças verificadas entre custo real e padrão devem ser analisadas e, se necessário, o custo padrão deve ser ajustado.
IV. Um produto deve deixar de ser produzido quando o custo padrão não for atendido.
V. O custo padrão não pode ser utilizado para a avaliação de desempenho.

É correto o que se afirma APENAS em:

a) ( ) I, II e III.
b) ( ) I, III e IV.
c) ( ) II, III e IV.
d) ( ) I, III e V.
e) ( ) III, IV e V.

2. (Agente Fiscal de Rendas/SP_FCC) A grande finalidade do custo padrão é:

a) ( ) o planejamento e controle de custos.
b) ( ) a gestão de preços.
c) ( ) o atendimento às normas contábeis brasileiras.
d) ( ) a rentabilidade de produtos.
e) ( ) o retorno do investimento.

3. (Petrobras/Contador_Cesgranrio) Um dos critérios mais eficientes de controle de custos é o custo padrão, em virtude do detalhamento com que é determinado e verificado após a apuração dos custos reais. Na fase de comparação entre padrão e real, a mão de obra direta deve ser analisada em relação a três variações. Essas variações são:

a) ( ) quantidade, preço e mista
b) ( ) quantidade, eficiência e volume
c) ( ) qualidade, preço e volume
d) ( ) eficiência, taxa e mista
e) ( ) volume, eficiência e custo

4. (Petrobras/Contador_Cesgranrio) A indústria K, que adota o custo padrão na elaboração de seu plano operacional, apresentou as seguintes informações, ao final de um período produtivo:

Elementos	Custo padrão	Custo real
Matéria-prima		
Quilos consumidos por unidade	15	18
Preço unitário (R$ por kg)	6,00	4,90
Mão de obra direta		
Horas consumidas por unidade	12	10
Custo hora MOD (R$ por hora)	7,80	8,90

Considerando exclusivamente as informações acima e que a indústria K adota o cálculo das três variações, a variação da quantidade, em reais, é

a) ( ) R$ 13,20 desfavorável b) ( ) R$ 18,00 desfavorável c) ( ) R$ 1,80 favorável
d) ( ) R$ 2,20 favorável   e) ( ) R$ 16,50 favorável

5. (Liquigás/Contador_Cesgranrio) Uma indústria apresentou as anotações a seguir, referentes a um determinado período produtivo.

ELEMENTOS	CUSTO PADRÃO	CUSTO REAL
Matéria-prima	32 kg x R$ 8,00/kg = R$ 256,00	38 kg x R$ 7,50/kg = R$ 285,00
Mão de obra direta	25 h x R$ 3,30/h = R$ 82,50	20 h x R$ 3,60/h = R$ 72,00

Considerando exclusivamente as informações recebidas e utilizando nos cálculos o método das três variáveis (quantidade/eficiência, preço/taxa e mista), a variação do preço, em reais, é de

a) ( ) R$ 10,50 favorável
b) ( ) R$ 16,00 favorável
c) ( ) R$ 7,50 desfavorável
d) ( ) R$ 29,00 desfavorável
e) ( ) R$ 48,00 desfavorável

6. (QCO/Contabilidade_Exército) A indústria de artefatos LUCA utiliza no custeio de seus produtos o método do custo padrão. Para a produção do art. XIZ, o tempo padrão é de 45 min por unidade produzida e a taxa salarial horária padrão é de R$ 10,00. Tendo em vista que na produção de 5.000 unidades foram aplicadas 4.000 horas num montante de R$ 44.000,00. A variância eficiência foi de:

a) ( ) R$ 2.000,00 favorável
b) ( ) R$ 2.500,00 favorável
c) ( ) R$ 2.500,00 desfavorável
d) ( ) R$ 2.800,00 desfavorável
e) ( ) R$ 6.500,00 desfavorável

7. (BR Biocombustível/Contador_Cesgranrio_adaptada) A Indústria de Plásticos Plastimóvel Ltda. trabalha com custo padrão. Em novembro de 20x9, extraiu os seguintes dados de sua contabilidade de custos:

CUSTO PADRÃO

• Custos Indiretos Variáveis (CIF variáveis): R$ 0,80 por unidade.

• Custos Indiretos Fixos (CIF fixos): R$ 600.000,00 por mês.

• Volume de produção prevista: 120.000 unidades.

CUSTO REAL

• Custos Indiretos Variáveis (CIF variáveis): R$ 0,85 por unidade.

• Custos Indiretos Fixos (CIF fixos): R$ 605.000,00 por mês.

• Volume de produção realizada: 120.500 unidades.

Sabe-se que a análise dos custos indiretos de fabricação (CIF), pelo critério do custo padrão, possui dois tipos de variação: de volume (VV) e de custos (VC).
Considerando-se exclusivamente as informações acima, a variação de custo (VC) dos custos indiretos variáveis (CIF variável) referente ao volume total foi desfavorável em:

a) ( ) R$ 5.825,50   b) ( ) R$ 6.025,00
c) ( ) R$ 6.400,00   d) ( ) R$ 6.425,00
e) ( ) R$ 6.815,00

8. (Petrobras/Contador Cesgranrio_ adaptada) A Indústria de Perfumes Bom Odor Ltda. utiliza o custo padrão para controle de seus custos. Em maio de 20x0, foram extraídos os seguintes dados de sua contabilidade de custos:

• Produção prevista: 500.000 unidades
• Custos fixos previstos: R$ 1.000.000,00
• Unidades produzidas: 490.500 unidades
• Custos fixos incorridos: R$ 975.000,00

Considerando-se exclusivamente as informações acima, a variação de custo entre o custo padrão e o realizado foi de:

a) ( ) R$ 19.000,00 D
b) ( ) R$ 19.000,00 F
c) ( ) R$ 11.000,00 D
d) ( ) R$ 6.000,00 D
e) ( ) R$ 6.000,00 F

9. (Exame de Suficiência/CFC_adaptada) Uma Sociedade Empresária elaborou o seguinte plano operacional de produção para o mês de julho de 20x4:

Quantidade projetada de produção para o mês	40.000 unidades
Padrão de horas consumidas para produzir cada unidade	2 horas
Padrão de valor a ser pago para a mão de obra direta	R$ 60,00 por hora
Custo unitário padrão	R$ 120,00

Ao final do mês, fez o levantamento da produção e dos custos e chegou aos seguintes resultados:

Quantidade produzida no mês	40.000 unidades
Horas consumidas para produzir cada unidade	2,1 horas
Valor pago para a mão de obra direta	R$ 58,00 por hora
Custo unitário realizado	R$ 121,80

Com base nos dados acima, assinale a opção INCORRETA.

a) ( ) Houve variação de preço favorável de R$ 4,00 por unidade.
b) ( ) Houve variação de volume desfavorável de R$ 6,00 por unidade.
c) ( ) Houve variação mista favorável de R$ 0,20 por unidade.
d) ( ) Houve variação total favorável de R$ 1,80 por unidade

10. Analise os dados a seguir referentes à produção:

Itens	Custo padrão	Custe real
Materiais diretos	$ 20.000,00	$ 17.000,00
Mão de obra	$ 9.500,00	$ 12.000,00
Custos indiretos de fabricação	$ 14.000,00	$ 13.500,00

Informações adicionais:

• venda de 75% das unidades produzidas;
• estoque final de produtos em elaboração: 0,00;
• estoque inicial de matéria-prima: $ 28.000,00;
• receita apurada na venda: $ 60.000,00.

O valor dos custos dos produtos vendidos, o estoque final de matéria-prima, o estoque final de produtos acabados e o lucro líquido apurado no período foram respectivamente de:

a) ( ) $ 32.000,00; $ 11.000,00; $ 10.625,00; $ 28.125,00.
b) ( ) $ 31.875,00; $ 11.000,00; $ 10.625,00; $ 28.125,00.
c) ( ) $ 45.875,00; $ 10.000,00; $ 10.325,00; $ 29.000,00.
d) ( ) $ 31.875,00; $ 10.000,00; $ 10.325,00; $ 29.000,00.

11. (Fiscal de Rendas MS_FGV) A variação que normalmente ocorre entre o Custo Real e o Custo Padrão:

a) ( ) não deve integrar o custo de fabricação.
b) ( ) não deve integrar o custo de produção.
c) ( ) deve ser considerado como despesa.
d) ( ) deve integrar o custo de produção.

12. (ICMS-SP_FCC) Considere as seguintes equações:

Equação 1 – quantidade padrão x preço real
Equação 2 – quantidade padrão x preço padrão.
Na análise de variações dos materiais diretos, pelo critério que se quantifica a variação mista, uma terceira Equação resultante da subtração da Equação 1 pela Equação 2, nesta ordem, indica

a) ( ) a variação de preço.
b) ( ) a variação de quantidade.
c) ( ) a variação de consumo.
d) ( ) o custo real.
e) ( ) a identificação do consumo.

13. (Transpetro/Contador_Cesgranrio) A indústria TE que adota o custo padrão ao final de um período produtivo apresentou as seguintes anotações referentes a um dos produtos de sua linha:

Elementos	Custo padrão	Custo real
Matéria-prima consumida por unidade	5 kg x R$ 12,00 = R$ 60,00	6 kg x R$ 10,00 = R$ 60,00
Mão de obra utilizada por unidade	3 h x R$ 6,00 = R$ 18,00	4 h x R$ 5,00 = R$ 20,00

Considerando-se exclusivamente as informações recebidas e a boa técnica do custeio padrão e suas respectivas variações, o valor da variação de quantidade de matéria-prima, calculado pelo método das três variáveis, em reais, é de:

a) ( ) 0 (zero)   b) ( ) 12,00 desfavoráveis   c) ( ) 18,00 desfavoráveis
d) ( ) 3,00 favoráveis   e) ( ) 10,00 favoráveis

14. (Petrobras/Contador_Cesgranrio_adaptada) A Cia Chicago Celulose S.A. utiliza o sistema de controle denominado custo padrão. No mês de maio de 20x9 apresentou, em reais, os seguintes resultados:

Itens	Custos padrão	Custo real
Matéria-prima	0,20 kg a R$ 8,00/kg = 1,60	0,19 kg a R$ 8,50/kg = 1,615
Mão de obra	0,8 h a R$ 20,00/h = 16,00	0,9 h a R$ 20,10/h = 18,09
CIF variável	R$ 1,20	R$ 1,25
CIF fixos	R$ 22.200,00	R$ 22.848,00
Unidades produzidas	12.000 unidades	11.900 unidades

Informações adicionais:

• A empresa adota a análise de variações de matéria-prima em quantidade, preço e mista e, na mão de obra direta em eficiência, taxa e mista.
• As variações devem ser apresentadas em valores unitários.
• As variações podem ser favoráveis ou desfavoráveis.
Considerando apenas as informações dadas, a variação de preço da matéria-prima montou, em reais, a:
a) ( ) 0,15 desfavorável.   b) ( ) 0,12 desfavorável.   c) ( ) 0,10 desfavorável.
d) ( ) 0,08 favorável.   e) ( ) 0,10 favorável.

15. (TRE PA/Analista Judiciário_FCC) A empresa Wissen, fabricante de um único produto, estabeleceu os seguintes padrões do custo de mão de obra por unidade:

Tempo da mão de obra direta	1h/un.
Taxa da mão de obra direta	R$ 3,00/h

Em determinado mês, ocorreram os seguintes eventos reais:

Custo de mão de obra direta incorrido	R$ 336.000,00
Quantidade de horas de mão de obra trabalhadas	84.000 horas
Volume de produção	80.000 unidades

A variação de eficiência (quantidade) no uso da mão de obra, em valores monetários (R$), relativa à produção por unidade foi de, em reais,
a) ( ) 1,20 favorável.   b) ( ) 1,00 desfavorável.   c) ( ) 0,15 favorável.
d) ( ) 0,15 desfavorável.   e) ( ) 1,20 desfavorável.

16. (TRE PA/Analista Judiciário_FCC) A Patrocínio é uma empresa produtora de queijos. Para sua linha de queijo minas, foi estabelecido o um padrão de consumo de 2 litros de leite a um preço de R$ 1,20/litro para cada quilo de queijo produzido. Em determinado mês, apurou-se que para cada quilo de queijo foram usados 2,2 litros de leite a um preço de R$ 1,10 cada litro.

Na comparação entre padrão e real, a empresa apura três tipos de variações: quantidade, preço e mista. Sendo assim, a variação de preço da matéria-prima, em reais, foi de:

a) ( ) 0,10 desfavorável.   b) ( ) 0,10 favorável.   c) ( ) 0,20 favorável.
d) ( ) 0,20 desfavorável.   e) ( ) 0,24 desfavorável.

17. (ENADE/Contabilidade_adaptada) O Departamento de Orçamento da Indústria de Bebidas Figueira S.A., com base em seus custos reais do ano de 20x0, estabeleceu padrões de custos de produção que formam os custos de seu único produto para o ano de 20x1, conforme tabela a seguir.

Custo Padrão		
Item	Quantidade	Preço unitário
Matéria-prima	2 kg	$ 3,00
Material secundário	1 litro	$ 1,00
Mão de obra direta	2 horas	$ 5,00

No final do ano de 20x1, foram constatados os seguintes custos reais.

Custo Real		
Item	Quantidade	Preço Unitário
Matéria-prima	4 kg	$ 2,00
Material secundário	1,5 litro	$ 2,00
Mão de obra direta	1,5 horas	$ 6,00

Diante das informações acerca do custo real, percebe-se que ocorreu grande variação nos custos.

Nessa situação, as variações da matéria-prima em quantidade, em preço e em quantidade e preço (mista) foram, respectivamente,

a) (   ) $ 6,00 desfavorável, $ 2,00 favorável e $ 2,00 favorável.

b) (   ) $ 2,00 desfavorável, $ 2,00 desfavorável e $1,00 favorável.

c) (   ) $ 4,00 desfavorável, $ 4,00 favorável e $ 2,00 desfavorável.

d) (   ) $ 6,00 favorável, $ 8,00 desfavorável e $ 2,00 desfavorável.

e) (   ) $ 3,00 favorável, $ 0,50 desfavorável e $ 4,50 desfavorável.

18. (INFRAERO/Analista_FCC) A empresa ASA utiliza o sistema de custo padrão. No último mês, os valores apurados foram os seguintes:

• Consumo real de matéria-prima por unidade 50 kg.
• Preço unitário real da matéria-prima utilizada na produção R$ 10,00 por kg.
• Unidades produzidas 20.
• Consumo unitário planejado no padrão 60 kg.
• Custo da matéria-prima (planejada no padrão) R$ 8,00 por kg.

Com base nos dados acima, as variações de consumo, preço e mista, em relação ao padrão são, respectivamente:

a) (   ) R$ 1.600,00 desfavorável, R$ 2.200,00 favorável e R$ 200,00 desfavorável.

b) (   ) R$ 1.600,00 favorável, R$ 2.400,00 desfavorável e R$ 400,00 favorável.

c) (   ) R$ 2.400,00 favorável, R$ 1.600,00 desfavorável e R$ 800,00 desfavorável.

d) (   ) R$ 3.800,00 favorável, R$ 2.400,00 desfavorável e R$ 1.400,00 desfavorável.

e) (   ) R$ 4.000,00 desfavorável, R$ 3.000,00 favorável e R$ 1.000,00 favorável.

19. (Inea/Contador_Cesgranrio _adaptada) Dados extraídos da contabilidade de custos da Cia. Delta, em março de 20x7:

Itens	Custo padrão	Custo real
Matéria-prima	16 kg a 4,00/kg = 64,00	19 kg a 4,20/kg = 79,80
MOD	2,5 h a 6,00/h = 15,00	2,4 h a 6,10/h = 14,64
CIF variáveis	0,80 por unidade	0,85 por unidade
CIF fixos	600.000,00	605.000,00
Unidades produzidas	120.000 unidades	120.500 unidades

Com base nos dados acima, conclui-se que a variação desfavorável de quantidade da matéria-prima foi, em reais, de:

a) ( ) 10,60   b) ( ) 12,00   c) ( ) 13,20   d) ( ) 14,00   e) ( ) 15,80

20. (Metro SP/Contador_FCC) A Cia. Corta Dobra utiliza o custo padrão para acompanhar o desempenho operacional do setor produtivo. O custeio por absorção é utilizado tanto para apuração do custo real quanto para a determinação do custo padrão. Em determinado mês a empresa obteve as seguintes informações:

Insumo	Custo padrão	Custo real
Matéria-prima	R$ 30,00/unidade (1,5 kg x R$ 20,00)	R$ 35,20/unidade (1,6 kg x R$ 22,00)
Custos indiretos fixos	R$ 135.000,00	R$ 140.000,00
Quantidade produzida	9.000 unidades	10.000 unidades

Sabendo que a Cia. Corta Dobra considera a variação mista como parte da variação do preço, é correto afirmar que a variação:

a) ( ) de quantidade de matéria-prima é de R$ 20.000,00 desfavorável.

b) ( ) de preço da matéria-prima é de R$ 27.000,00 desfavorável.

c) ( ) dos custos indiretos fixos devido ao preço é de R$ 15.000,00 desfavorável.

d) ( ) do custo total é de R$ 46.800,00 desfavorável.

e) ( ) dos custos indiretos fixos devido à variação de volume é de R$ 5.000,00 favorável.

21. (CFC/Exame de Suficiência_adaptada) Uma indústria estabeleceu os seguintes padrões de consumo de matéria-prima para cada unidade de produto fabricado:

Tipo de matéria-prima	Quantidade	Preço
A	2 kg	R$ 1,50 por kg
B	3 m²	R$ 4,00 por m²

No mês de janeiro de 20x4, foram produzidas 2.000 unidades de cada produto, e ocorreu o seguinte consumo de matéria-prima:

Tipo de matéria-prima	Quantidade total consumida	Custo da matéria-prima consumida
A	4.000 kg	R$ 6.800,00
B	6.500 m²	R$ 26.000,00

Com base nos dados fornecidos e em relação ao custo com matéria prima:

a) ( ) o custo padrão superou o custo real em R$ 2.800,00, em decorrência de uma variação de preço desfavorável na matéria-prima A, e uma variação de quantidade desfavorável na matéria-prima B.

b) ( ) o custo padrão superou o custo real em R$ 2.800,00, em decorrência de uma variação de quantidade desfavorável na matéria-prima A, e uma variação de preço desfavorável na matéria-prima B.

c) ( ) o custo real superou o custo padrão em R$ 2.800,00, em decorrência de uma variação de preço desfavorável na matéria-prima A, e uma variação de quantidade desfavorável na matéria-prima B.

d) ( ) o custo real superou o custo padrão em R$ 2.800,00, em decorrência de uma variação de quantidade desfavorável na matéria-prima A, e uma variação de preço desfavorável na matéria-prima B.

22. (Exame de Suficiência/CFC) Uma sociedade estabeleceu os seguintes padrões para sua principal matéria-prima e para a mão de obra direta:

	Consumo	Preço
Matéria-prima	2 kg por unidade	R$ 4,00/kg
Mão de obra	3 horas por unidade	R$ 2,00/hora

- A produção do período foi de 5.000 unidades.
- Foram utilizados 12.000 kg de matéria-prima e 15.500 horas de mão de obra direta. O custo de mão obra direta foi de R$ 29.450,00.
- No início do período, não havia estoque de matéria-prima.
- Durante o período, foram comprados 50.000kg de matéria-prima ao custo total de R$205.000,00.

Considerando os dados e a apuração de custos, é CORRETO afirmar que, em relação à quantidade:

a) ( ) a variação da matéria-prima é R$ 1.200,00 negativa e a variação da mão de obra é R$ 1.550,00 positiva.

b) ( ) a variação da matéria-prima é R$ 8.000,00 negativa e a variação da mão de obra é R$ 1.000,00 negativa.

c) ( ) a variação da matéria-prima é R$ 8.000,00 favorável e a variação da mão de obra é R$ 1.000,00 favorável.

d) ( ) a variação da matéria-prima é R$ 9.200,00 negativa e a variação da mão de obra é R$ 550,00 positiva.

23. (TRE AM/Analista Judiciário - Contador_FCC) A empresa Ferradura utiliza o custo padrão para acompanhar o desempenho operacional do setor produtivo. O custeio por absorção é utilizado tanto para apuração do custo real quanto para a determinação do custo padrão. Em determinado mês a empresa obteve as seguintes informações:

Insumo	Custo Padrão	Custo Real
MP	R$ 60,00/un. (2 kg x R$ 30,00)	R$ 68,20/un. (2,2 kg x R$ 31,00)
CIF	R$ 276.000,00	R$ 280.000,00

Para a determinação dos padrões a empresa estimou uma produção de 12.000 unidades e, de fato, produziu 10.000 unidades.

Sabendo que a empresa considera a variação mista como parte da variação do preço, com base nas informações acima, é correto afirmar que a variação:

a) ( ) dos custos indiretos fixos devido à variação de volume é de R$ 46.000,00 desfavorável.

b) ( ) de preço da matéria-prima é de R$ 20.000,00 favorável.

c) ( ) dos custos indiretos devido ao preço é de R$ 4.000,00 favorável.

d) ( ) de preço da matéria-prima é de R$ 82.000,00 desfavorável.

e) ( ) de quantidade de matéria-prima é de R$ 62.000,00 desfavorável.

24. (Exame de Suficiência/CFC_adaptada) Uma indústria produz apenas um produto e utiliza apenas uma matéria-prima em sua fabricação. A equipe de Contabilidade Gerencial efetua mensalmente uma confrontação entre o custo real e o custo padrão. A análise da variação (desvio) ocorrida entre o custo padrão e o custo real da matéria-prima é parte relevante do controle de custos. A análise da variação é feita seguindo os parâmetros ilustrados na figura a seguir.

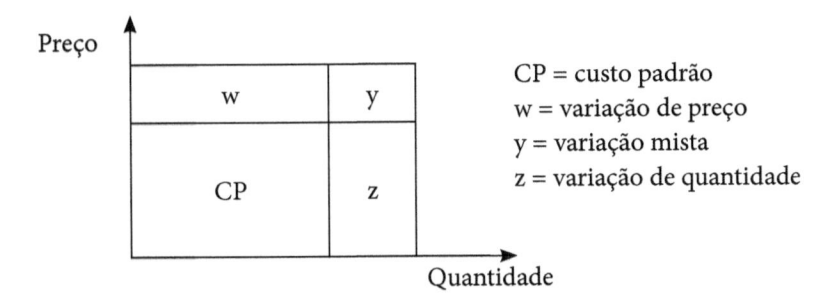

O custo padrão da matéria-prima para uma unidade do produto é dado por: CP (Matéria-Prima) =1.100 kg x $ 150,00/kg = $ 165.000,00. Para o mês de maio de 20x8, a indústria apurou que o custo total real da matéria-prima foi igual a $ 198.000,00. Sabe-se que em maio de 20x8 o preço da matéria-prima sofreu um aumento de 10% em relação ao padrão e que a quantidade real da produção foi igual a 1.200 quilos.

Considerando-se apenas as informações apresentadas, a variação (desvio) desfavorável no custo da matéria-prima no mês de maio de 20x8, devido ao aumento no preço, foi de:

a) (   ) $ 1.500,00.

b) (   ) $ 15.000,00.

c) (   ) $ 16.500,00.

d) (   ) $ 33.000,00.

Gabarito

1	2	3	4	5	6	7	8	9	10
A	A	D	B	B	C	B	E	D	B

11	12	13	14	15	16	17	18	19	20
D	A	B	C	D	C	E	B	B	A

21	22	23	24
C	B	A	C

Veja a solução completa de todos os exercícios no capítulo 12 deste livro.

10

FORMAÇÃO DO PREÇO DE VENDA

Em um mercado cada vez mais competitivo, diante de variáveis como alto grau de concorrência e, principalmente, pela forte tendência de alguns setores da economia de interpretarem o preço de venda como um fator percebido pelo consumidor diferentemente do custo real nele inserido, as empresas necessitam elaborar um planejamento estratégico cuidadoso para obter sucesso nos negócios. Muitas vezes uma empresa vê-se obrigada a praticar preços com prejuízo em alguns produtos para impulsionar a venda de outros com lucro que compense o mix, em função de fluxo de caixa negativo, contas a pagar em atraso, excesso de estoque, produto com prazo de validade a vencer, concorrência agressiva, sazonalidade, entre outros. Para não ter resultados negativos, é necessária uma correta análise da formação do preço de venda, fator importante para a sobrevivência de qualquer empreendimento.

Para fazer o cálculo correto, os empresários devem ter em mente suas margens de lucratividade de forma que os valores repassados ao consumidor final lhe permitam cobrir seus custos básicos trazendo resultados financeiros satisfatórios.

O preço de venda é o valor que deverá cobrir o custo do produto, as despesas variáveis (impostos, comissões etc.) as despesas fixas proporcionais (aluguel, água, luz, telefone, salários etc.), e ainda, sobrar um lucro líquido adequado.

Além de conhecer os custos do processo, é necessário conhecer as questões relativas ao preço pela ótica dos clientes, pois o aumento de preço pode fazer com que os clientes rejeitem o produto e prefiram o de um concorrente ou o substituam. O cliente leva também em consideração, em geral, a qualidade, a marca, o design, a embalagem e os serviços agregados. Existem clientes que preferem pagar um pouco mais em troca de um produto que apresente características melhores.

A concorrência é outro fator que influencia a formação dos preços. Os preços e os serviços de um concorrente podem forçar a empresa a reduzir seus preços para ser competitiva. Muitos comerciantes, não sabendo calcular seus custos, nem mesmo o *mark-up* a ser aplicado sobre o custo, adotam os preços praticados pela concorrência.

Mesmo sabendo, na maioria dos casos, que o preço de venda praticado deve ser próximo do preço de mercado, adotar simplesmente o preço praticado pela concorrência sem conhecer a sua estrutura de custos pode ser uma prática desastrosa, pois certamente os custos dos concorrentes não correspondem aos custos da empresa. Dessa forma, deve-se calcular o preço de venda de seus produtos com base em seus custos e, posteriormente, analisar a influência da demanda e da concorrência.

O custo constitui o piso do preço. Um preço de venda inferior ao seu custo implica perdas, que, dependendo de suas dimensões, afetam diretamente a saúde financeira e a substância patrimonial (investimentos) da empresa, podendo até inviabilizar a continuidade do negócio.

10.1 Formação do preço de venda de uma empresa comercial

Um dos principais desafios enfrentados pelos comerciantes é estabelecer uma prática de formulação e análise de preço de venda que seja confiável, que considere todos os custos e despesas envolvidas neste processo e que torne a empresa mais competitiva e lucrativa. Além do retorno sobre os investimentos, os preços também devem proporcionar o crescimento e a continuidade ao negócio.

Na empresa comercial, os custos dos estoques representam os gastos relativos à aquisição das mercadorias, que se transformarão em custos das mercadorias vendidas (CMV) no momento da venda. Para as operações de venda a empresa incorrerá, ainda, em outros custos operacionais, que também deverão ser considerados na formação do preço, como comissões sobre vendas, impostos sobre vendas (ICMS, principalmente), despesas fixas, entre outros.

O custo de aquisição das mercadorias é determinado pelo valor da nota fiscal, deduzidos os descontos, os abatimentos e as bonificações, impostos recuperáveis; acrescidos de todos os custos com a mercadoria até sua entrada no armazém ou depósito (seguro, transportes, comissões de compra, impostos não recuperáveis, entre outros).

Dessa forma, o custo da mercadoria para uma empresa comercial corresponde ao valor líquido de aquisição, que pode ser determinado conforme a seguir:

Valor da mercadoria na nota fiscal

(+) IPI (se adquirida de indústrias ou *equiparadas*[21])

(-) desconto (incondicional) concedido na nota fiscal

(-) abatimentos

(+) frete e seguro (se pagos pelo adquirente)

(-) ICMS incidente sobre o preço de aquisição (não cumulativos)

(-) ICMS incidente sobre o frete (se a empresa se encontra no regime normal de tributação do ICMS)

(+) outros gastos incidentes na aquisição (no caso de importação, por exemplo, o valor dos gastos alfandegários, bem como impostos sobre a importação).

(=) custo de aquisição da mercadoria a ser registrado no estoque (valor líquido)

Os impostos não cumulativos ou recuperáveis são aqueles que serão recuperados quando a empresa efetivar a venda das mercadorias adquiridas. O ICMS é um exemplo, quando a empresa estiver no regime de tributação estadual pelo débito e crédito de ICMS.

Os impostos não recuperáveis (cumulativos), como por exemplo o IPI para o comerciante de mercadorias, deverão fazer parte do custo de aquisição, pois não serão recuperados na venda das mercadorias e, portanto, não serão repassados aos clientes, uma vez que uma empresa comercial não recolhe esse imposto.

É importante saber o regime de tributação em que a empresa está inserida, nos âmbitos municipal, estadual e federal, além das alíquotas dos respectivos impostos incidentes sobre o faturamento. Este item é importante, pois sabendo-se quais os impostos a serem pagos sobre as vendas ter-se-á condições de calcular essas percentagens e agregá-las ao valor do preço de venda.

As despesas propriamente ditas são as despesas fixas e representam os gastos que se destinam à administração e ao esforço de vendas (despesas administrativas e despesas de vendas). As despesas fixas não variam em função da venda. Não há uma relação direta entre a venda e a incidência desses valores, mesmo que o montante do gasto mude. Por exemplo: aluguéis, energia elétrica, água, telefones, salários e encargos sociais, gastos com contabilidade, gastos com materiais de escritório e limpeza, gastos com veículos, depreciação, manutenção etc.

---

21 Em função das atividades desenvolvidas, a legislação do IPI, visando à cobrança e administração do imposto, equipara algumas unidades à estabelecimentos industriais, mesmo nos casos em que não há, diretamente, operações de industrialização. As hipóteses de equiparação estão previstas no Decreto nº 7.212/2010 – RIPI/2010.

Para inserir no preço de venda as despesas fixas e recuperá-las na venda das mercadorias, elas devem ser estimadas. Assim, separam-se todas as despesas fixas, calcula-se sua média mensal e estabelece-se sua relação percentual em relação às vendas totais da empresa.

Para o cálculo do percentual de despesas fixas (DF), deve-se utilizar a seguinte equação:

$$\% \ DF = \frac{\text{despesas fixas (média mensal) x 100}}{\text{vendas médias mensais}}$$

Exemplo:

Meses	01	02	03	04	Média mensal
Despesas fixas	$ 12.000,00	$ 13.500,00	$ 12.550,00	$ 13.150,00	$ 12.800,00 ($ 51.200,00 ÷ 4)
Vendas	$ 58.000,00	$ 55.750,00	$ 57.350,00	$ 61.150,00	$ 58.062,50 ($ 232.250,00 ÷ 4)

$$\% \ DF = \frac{12.800,00 \ x \ 100}{58.062,50} = \textbf{22,05\%}$$

As despesas variáveis oscilam conforme a venda efetuada pela empresa. Quando ocorre uma venda, há incidência delas na mesma proporção. A comissão de vendedores, assim como os impostos incidentes diretamente sobre o faturamento (ICMS, PIS, COFINS), são exemplos de despesas variáveis.

Os preços de venda praticados pela empresa comercial precisam gerar receitas suficientes para cobrir os custos operacionais do negócio, compostos pelos custos de aquisição de mercadorias e as despesas (administrativas, comerciais e financeiras), e ainda, oferecer uma margem de lucro suficiente para recompensar os investidores (sócios ou acionistas).

10.2 Formação do preço de venda de uma empresa industrial

A formação do preço de venda para uma indústria, a partir do momento em que se tem o custo do produto (composto de materiais diretos, mão de obra direta e custos indiretos de fabricação), segue a mesma metodologia de cálculo do preço de venda para uma empresa comercial. Assim, temos no comércio o custo do estoque originado na própria aquisição dele; e na indústria, como custo de estoque o valor gerado no próprio processo produtivo.

Na empresa industrial, os custos dos estoques, que representam os gastos relativos à fabricação deles, se transformarão em custos dos produtos vendidos (CPV) no momento da venda. Para as operações de venda a empresa incorrerá, ainda, em outros custos operacionais, que também deverão ser consideradas na formação do preço, como comissões sobre vendas, impostos sobre vendas (IPI, principalmente, além do ICMS), despesas fixas, entre outros.

Os preços de venda praticados pela empresa industrial, assim como na empresa comercial, precisam gerar receitas suficientes para cobrir os custos operacionais do negócio, compostos pelos custos de fabricação dos produtos e as despesas (administrativas, comerciais e financeiras), e ainda, oferecer uma margem de lucro suficiente para recompensar os investidores (sócios ou acionistas).

A formação do preço de venda para o prestador de serviços assemelha-se à atividade industrial, tendo em vista que, na formação do custo do serviço, também conterão materiais diretos, mão de obra direta e custos indiretos de fabricação. Neste caso, o principal imposto incidente sobre as vendas será o ISS (imposto sobre serviços).

Veremos, adiante, exemplos práticos de formação do preço de venda para o comércio, indústria ou prestador de serviços, utilizando o método do *mark-up,* que é o foco deste capítulo.

O *mark-up* é o que se chama, em uma visão gerencial de formação de preços, de "método tradicional", pois o seu foco é interno, tendo os custos como base para a determinação dos preços.

Tecnicamente, o método correto para formar ou analisar o preço de venda é o que melhor adequar-se às necessidades da empresa e à experiência profissional do gestor, pois existem três principais influenciadores acerca das decisões de preço: clientes, concorrentes e custos. As empresas determinam os preços das mercadorias, produtos ou serviços de modo a exceder os respectivos custos de aquisição ou fabricação, considerando sempre a ótica dos seus clientes, pois aumentar ou diminuir o preço de um bem ou serviço, poderá acarretar rejeição ou substituição destes e direcionar seus clientes aos concorrentes. Os preços e produtos de um concorrente pode influenciar bastante uma empresa no momento de fixar o seu preço de venda.

10.3 Taxa de marcação ou *Mark-up*

A metodologia dominante de formação de preços consiste na aplicação de um percentual (*mark-up* ou taxa de marcação) sobre o custo de produção ou operação. No cálculo do *mark-up* são inseridos todos os fatores que se deseja cobrar no preço de venda, sob a forma de percentuais, para cobrir os gastos não incluídos no custo, como por exemplo, os tributos incidentes sobre vendas, comissão dos vendedores, taxa de franquia cobrada pela franqueadora, taxa cobrada pela administradora do cartão de crédito nas vendas nessa modalidade, margem de lucro desejada para cada produto, frete pago para os clientes, descontos para negociação e outros percentuais sobre a s vendas (WERNKE, 2005).

A taxa de marcação é um coeficiente divisor ou multiplicador que, aplicado ao custo corrente da mercadoria, produto ou serviço, nos fornece o preço de venda à vista. Para calcular preços de venda a prazo, é necessário considerar os encargos financeiros correspondentes, conforme veremos no item 10.3.1.

Exemplo: considere a estrutura de preço de venda à vista a seguir, referente a uma empresa comercial, para a elaboração do *mark-up* divisor e do *mark-up* multiplicador:

Fatores	Margens
Impostos sobre vendas (ICMS/PIS/COFINS)	18,65%
Despesas fixas	10%
Comissões	2%
Lucro desejado (antes do IR e CSSL)	15%
Total dos fatores	45,65%

O preço de venda representa 100%.

Mark-up (sem fator) = 100% − 45,65% = 54,35%

Determinação do *mark-up* multiplicador:

$$\frac{100}{100\% - 45,65\%} \implies \frac{1}{0,5435} = \mathbf{1,8399264}$$

Determinação do *mark-up* divisor:

$$\frac{100\% - 45,65\%}{100} \implies 1 - 0,4565 = \mathbf{0,5435}$$

Supondo que o custo da mercadoria seja $100,00, observe o cálculo do preço de venda à vista:

Mark-up **multiplicador**

- Custo = $ 100,00
- Mark-up multiplicador = 1,8399264
- Preço de venda calculado = $ 100,00 x 1,8399264 = **$ 183,99**

Mark-up **divisor**

- Custo = $ 100,00
- Mark-up divisor = 0,5435
- Preço de venda calculado = $ 100,00 ÷ 0,5435 = **$ 183,99**

O preço de venda de referência seria $ 183,99, que estaria sujeito a ajustes para mais ou para menos, de acordo com as condições do mercado consumidor e com negociações específicas com determinados clientes.

Decompondo o preço obtido, temos:

Itens	Valores ($)	Percentuais
Preço de Venda	183,99	100,00%
(-) impostos	34,31	18,65%
(-) comissões	3,68	2,00%
(=) preço de venda líquido	146,00	
(-) custo da mercadoria vendida	100,00	
(=) margem de lucro bruto	46,00	25,00%
(-) despesas fixas	18,40	10,00%
(=) Lucro (lucro antes do IR e CSSL)	27,60	15,00 %

Note que, com a estrutura de preço apresentada e a aplicação do *mark-up* obtido, resultou no lucro desejado de 15%.

10.3.1 Cálculo do *mark-up* considerando as vendas a prazo

Nas vendas a prazo, é acrescentado ao preço à vista um custo financeiro, que representa um financiamento ao cliente em função do prazo concedido. Geralmente, as vendas a prazo têm como objetivo facilitar a venda dos bens e serviços ao público em geral.

10.3.1.1 Preço de venda a prazo com acréscimo financeiro "por fora"

Continuando com as informações do exemplo anterior, cujo preço de venda à vista foi calculado em $ 183,99, vamos supor que a empresa decida vender a mercadoria a prazo (60 dias) a uma taxa de juros de 5% ao mês. Nesse caso, qual seria o preço de venda a prazo?

O acréscimo financeiro, em termos percentuais, corresponderá à:

Taxa equivalente (5% ao mês em 2 meses) = $(1+ i)^n - 1 = (1 + 0,05)^2 - 1 =$ 0,1025 ou 10,25%; onde i = taxa de juros (em fração decimal) e n = prazo (meses).

O preço de venda a prazo será: $ 183,99 x 1,1025 = **$ 202,85**

Decompondo esse preço, temos:

Itens	Valores ($)	Percentuais
Preço de Venda	202,85	100,00%
(-) custo financeiro*	18,86	
(-) impostos	37,83	18,65%
(-) comissões	4,06	2,00%
(=) preço de venda líquido	142,10	
(-) custo da mercadoria vendida	100,00	
(=) margem de lucro bruto	42,10	20,75%
(-) despesas fixas	20,28	10,00%
(=) Lucro (lucro antes do IR e CSSL)	21,82	10,76%

* Preço de venda a prazo – preço de venda à vista ($ 202,85 - $ 183,99)

Observamos por essa forma de calcular o preço de venda a prazo que, tanto a margem de lucro bruto quanto lucro antes do IR e CSSL, apresentaram os seguintes comportamentos:

Margens	Preço de venda a prazo (por fora)	Preço de venda à vista	Diferença (a menor)
Lucro Bruto	$ 42,10	$ 46,00	$ 3,90
Lucro Líquido (antes do IR e CSSL)	$ 21,82	$ 27,00	$ 5,18

Em uma análise mais apurada o gestor perceberá que o ganho financeiro de 10,25% está sendo reduzido em função dos seus efeitos no resultado operacional (lucro antes do IR e CSSL).

Operacionalmente, a empresa tem como objetivo alcançar o lucro de 15% sobre o preço de venda. No entanto, quando os juros são aplicados de forma direta no preço à vista (por fora), e assim aumentando-o, observe que o lucro obtido antes do IR e CSSL cai de $ 27,60 para $ 21,82, que corresponde a 10,76% sobre o preço de venda. Isso ocorre, segundo Megliorini (2012), porque o valor do preço de venda obtido, nesse caso, incorpora o custo financeiro da venda a prazo e servirá de base para o cálculo dos gastos variáveis sobre a receita (impostos, comissões etc.). Para preservar a margem de lucro bruto de 25% e o lucro antes do IR e CSSL de 15%, deve-se fazer o cálculo do preço de venda a prazo com o custo financeiro "por dentro", conforme veremos no item seguinte.

10.3.1.2 Preço de venda a prazo com acréscimo financeiro "por dentro"

Por esse método, os juros a serem cobrados do cliente pelo financiamento da venda são inseridos no cálculo do *mark-up*, sendo considerado como um dos percentuais integrantes que compõe tal fator.

Considerando a mesma informação de venda a prazo do nosso exemplo (prazo de 60 dias a uma taxa de juros de 5% ao mês), teremos a seguinte estrutura de preço de venda para a elaboração do *mark-up* (divisor ou multiplicador) com a taxa equivalente de juros já calculada (10,25%) para o acréscimo financeiro:

Fatores	Margens
Impostos s/ vendas (ICMS/PIS/COFINS)	18,65%
Despesas fixas	10%
Comissões	2%
Lucro desejado	15%
Acréscimo financeiro	_10,25%_
Total	55,90%

Determinação do *mark-up* divisor:

$$\frac{100\% - 55,90\%}{100} \implies 1 - 0,559 = \mathbf{0,441}$$

Mantendo o custo da mercadoria nos mesmos $100,00, o preço de venda a prazo será:

Mark-up divisor
- Custo = $ 100,00
- *Mark-up* divisor = 0,441
- Preço de venda calculado = $ 100,00 ÷ 0,441 = **$ 226,76**

Decompondo esse preço, temos

Itens	Valores ($)	Percentuais
Preço de Venda	226,76	100,00%
(-) custo financeiro	23,24	10,25%
(-) impostos	42,29	18,65%
(-) comissões	4,54	2,00%
(=) preço de venda líquido	156,69	
(-) custo da mercadoria vendida	100,00	
(=) margem de lucro bruto	56,69	25,00%
(-) despesas fixas	22,67	10,00%
(=) lucro (antes do IR e CSSL)	34,02	15,00%

Conforme podemos observar no exemplo acima, com o acréscimo do custo financeiro no *mark-up* a empresa pode determinar um preço que lhe preserve o lucro (antes do IR e CSSL), conforme calculado no preço de venda à vista (15%).

O uso do *mark-up* multiplicador ou *mark-up* divisor facilita o processo de precificação das mercadorias, produtos e serviços. No entanto, o cálculo errado de *mark-up* pode trazer consequências desastrosas para as empresas, sejam elas grandes, médias ou pequenas. Bomtempo (2013), contribui com essa perspectiva ao afirmar que o gestor poderá incorrer em erros se praticá-lo indiscriminadamente, como por exemplo:

- Não ter o conhecimento de seus custos e, assim, praticar preços mais altos do que poderia estar praticando, reduzindo sua competitividade, já que a concorrência terá uma imensa vantagem sobre a clientela; no caso oposto, observa-se que os prejuízos, geralmente não identificados a curto prazo, podem comprometer a continuidade de um empreendimento;

- Não ter conhecimento de sua lucratividade real e, quando da concessão de descontos, ultrapassar os limites aceitáveis e incorrer em prejuízo; e

- Aplicar o mesmo *mark-up* para todos os produtos.

10.4 Venda a preço de custo utilizando o *mark-up*

Algumas empresas precisam vender seus produtos com preços muito abaixo dos praticados normalmente ou, ainda, sem lucro para estimular as suas vendas. Especialmente empresas que trabalham no varejo, que precisam fazer o seu estoque *girar*[22], como por exemplo, lojas de roupas. Roupas são itens que vão saindo de moda e, assim, não adianta ocupar as prateleiras com roupas que não venderão. Outras empresas, como por exemplo supermercados, praticam a redução ao máximo do preço dos produtos líderes (que possuem grande volume de vendas) criando uma isca para os consumidores, a fim de atraí-los para a compra de outros com margens de lucro maior, que compensam as reduções de preço aplicadas naqueles produtos.

No curto prazo, o preço menor cobrado pelas vendas pode ser uma boa estratégia para atrair clientes, no entanto, a sobrevivência de uma empresa depende de suas decisões sobre políticas consistentes de preço. Em qualquer condição, no longo prazo, a empresa tem que obter receitas para cobrir os custos operacionais do negócio, que são os custos propriamente ditos, e as despesas (administrativas, comerciais e financeiras); e ainda oferecer uma margem de lucratividade suficientemente adequada para recompensar os investidores (sócios ou acionistas). Caso contrário, a empresa poderá ter sua sobrevivência ameaçada, pois obter financiamentos externos para a reposição de estoques ou para novos projetos é, muitas vezes, uma tarefa difícil (SARDINHA, 1995).

Os custos propriamente ditos estão relacionados ao valor da aquisição de mercadorias, ao valor de fabricação de produtos ou ao valor dos gastos necessários para a prestação de serviços.

Vender abaixo do preço normalmente praticado significa vender com desconto ou mesmo a preço de custo. Entretanto, não se deve confundir "venda a preço de custo" com "venda ao custo de aquisição". A venda a preço de custo deve ser realizada por um valor que desconsidere apenas o lucro referente a ela.

Uma mercadoria em estoque, por exemplo, está contabilizada pelo seu custo de aquisição, mas sobre o preço de venda dela, a empresa incorrerá em despesas operacionais administrativas e de vendas que, além do custo de aquisição, também deverão ser consideradas na formação do preço,

---

22 O **giro de estoque** é um indicador utilizado para determinar quantas vezes dentro de um espaço de tempo o estoque de uma empresa se renovou, ou "girou".

como por exemplo: impostos sobre vendas, comissões sobre vendas, despesas fixas etc.

Assim, a receita auferida pela venda a preço de custo deverá ser o bastante para financiar todos os custos e despesas referentes a ela e proporcionar lucro nulo.

Vamos utilizar os dados do exemplo anterior, o qual estabelecemos o preço de venda à vista de $ 183,99, para calcular a venda a preço de custo utilizando o *mark-up*, conforme a seguir.

Fatores	Margens
Impostos sobre vendas (ICMS/PIS/COFINS)	18,65%
Despesas fixas	10%
Comissões	2%
*Lucro desejado (antes do IR e CSSL)**	*0%*
Total dos fatores	30,65%

* *Consideraremos que a empresa não terá lucro nesta venda.*

O preço de venda representa 100%.

Determinação do *mark-up* divisor: 1 – 0,3065 = **0,6935**

Sendo o valor da aquisição da mercadoria de $ 100,00, a venda a preço de custo será de **$ 144,20** ($ 100,00 ÷ 0,6935).

Decompondo o preço obtido, temos:

Itens	Valores ($)	Percentuais
Preço de Venda	144,20	100,00%
(-) impostos	26,89	18,65%
(-) comissões	2,88	2,00%
(=) preço de venda líquido	114,42	
(-) despesas fixas	14,42	10,00%
(-) custo da mercadoria vendida	100,00	
(=) *Lucro (lucro antes do IR e CSSL)*	*0,00*	

Como podemos observar o valor da venda a preço de custo de $ 144,20 seria o bastante para financiar todos os custos relativos a esta venda, tanto o custo da aquisição da mercadoria quanto o custo das operações (despesas), e a empresa não teria nenhum lucro com ela, ou seja, vendeu a preço de custo das operações de venda.

Considerando o preço de venda à vista de $ 183,99 praticado pela empresa, o desconto máximo que a ela poderia oferecer para não ter prejuízo na venda seria de $ 39,79 ($ 183,99 - $ 144,20).

Em muitos casos confunde-se vender a preço de custo considerando apenas o valor de aquisição e isso pode proporcionar prejuízos para a empresa. Vamos considerar que a empresa do exemplo apresentado considere vender a preço de custo tomando como base o valor pago pela mercadoria, ou seja, o valor (custo) de aquisição, que foi de $ 100,00.

Decompondo o preço de $ 100,00, temos:

Itens	Valores ($)	Percentuais
Preço de Venda	100,00	100,00%
(-) impostos	18,65	18,65%
(-) comissões	2,00	2,00%
(=) preço de venda líquido	79,35	
(-) despesas fixas	10,00	10,00%
(-) custo da mercadoria vendida	100,00	
(=) Prejuízo	(30,65)	

Esta venda a custo de aquisição proporcionará um prejuízo de $ 30,65, pois ela não está considerando os demais custos operacionais (despesas) necessários para a sua realização.

Ao vender a mercadoria por $ 100,00, sobre este valor também incidirão as despesas operacionais com impostos sobre a venda, comissões e despesas fixas.

O *mark-up* garante que o preço final do produto cobrirá todos os custos operacionais do negócio e que cada produto terá uma margem de lucro adequada. Consequentemente, isso facilitará a gestão e dará mais segurança às negociações. Além disso, ao ter o *mark-up* de um produto ou serviço definido, fica mais fácil estabelecer limites para descontos. Com isso, profissionais de vendas saberão até onde podem ir em uma negociação sem comprometer a lucratividade da empresa.

10.5 Custo-meta

A expectativa de grande parte das empresas é aumentar sua lucratividade sem que seja necessário aumentar o preço de venda para o consumidor final.

A modelo tradicional de cálculo do preço de venda de um produto orienta que ele seja determinado pelo seu custo. Para isso, a empresa precisa apurar o custo de produção e acrescentar a margem de lucro desejada (*mark-up*) para obter o preço de venda do produto. Com esse procedimento, a empresa não considera a média de preços praticados no mercado para fins de planejamento de custos e, consequentemente, a redução de custos estará focada apenas nos prejuízos e as ineficiências do processo, que eventualmente possam ocorrer. O custo-meta pode prestar um auxílio valioso nesse processo.

Custo-meta ou custo-alvo (*Target Cost)* é um método de custeio que tem como premissa que o preço de qualquer produto é definido pelo mercado e quanto este mercado está disposto a pagar por ele, ou seja, é o caminho inverso utilizado para obter o resultado mínimo necessário capaz de cobrir seus gastos e retorno estimado.

O custo-meta é utilizado para mensurar o custo máximo suportável para que se atinja o retorno desejável e, com isso, o melhor posicionamento estratégico e desempenho praticado (MARTINS, 2010). É utilizado também para reduzir o custo total dos produtos desde as primeiras etapas de planejamento estratégico, mantendo a qualidade dos produtos e serviços e contribuindo no processo de tomada de decisões, além de conduzir a empresa para uma melhor orientação acerca do mercado.

O custo-meta está focado na fase de pesquisa, desenvolvimento e engenharia, e pode ser definido como um modelo de gerenciamento de lucros e custos desenvolvido principalmente para novos produtos ou que sofram alterações no seu projeto, visando trazê-los para o mercado com um preço competitivo, proporcionando o retorno do investimento durante todo o seu ciclo de vida a um custo aceitável determinado pelo seu preço de venda (ARAÚJO *et al.*, 2004).

O método do custo-meta tem como objetivos:

- Otimizar o custo total do produto, sem comprometer a sua qualidade;
- Alcançar o lucro desejado, tornando a obtenção do custo-alvo uma atividade de administração do lucro por toda empresa; e
- Planejar estrategicamente lucros e custos para o longo prazo integrando todos os setores da empresa.

Essas características diferenciam o custo-meta do custeio tradicional de custos para a formação de preços, que começa o processo "de dentro para fora", ou seja, do desenvolvimento de produto à formação do preço. O resultado disso, segundo (ARAÚJO *et al.*, 2004), é um conjunto de produtos com excesso de engenharia que não costumam atender às exigências do mercado e com a determinação do preço completamente incorreta, desperdiçando enormes lucros e potenciais de venda.

A determinação do custo-meta, segundo Sakurai (1997), está dividido em três passos, embora as empresas possam desenvolver e individualizar seus procedimentos específicos:

1. Planejar novos produtos, concentrando-se na satisfação do cliente;

2. Determinar o custo-meta em conformidade com a política estratégica da empresa e viabilizá-lo em custos possíveis; e

3. Atingir o custo-meta usando *engenharia de valor*[23] ou outras técnicas de redução de custos.

Aquele autor explica que o custeio por absorção é o sistema mais comum usado no custo-meta, pois inclui custos de fabricação separados em custos de material direto, custos de mão de obra e custos indiretos de fabricação.

O preço-meta

Os três principais influenciadores sobre as decisões de preço são: custos, clientes e concorrentes.

---

23 Engenharia de valor representa a avaliação sistemática de todos os aspectos das atividades da cadeia de valor do produto, objetivando reduzir custos e atender a necessidade do consumidor.

As empresas fixam os preços dos produtos a fim a superar os respectivos custos de fabricação, devendo sempre direcioná-los seguindo a ótica dos seus clientes, pois aumentar ou diminuir o preço de um determinado produto poderá acarretar a rejeição ou substituição deste produto pelo do concorrente. Assim, o preço-meta é a estimativa de preço do produto ou serviço que o consumidor potencial está disposto a pagar. Essa estimativa baseia-se na percepção do *valor*[24] do produto aceito pelo cliente e das respostas dos concorrentes. O preço-meta conduz ao custo-meta (HORNGREN, FOSTER & DATAR, 2004).

Nesta acepção, o custo-meta pode ser mostrado aritmeticamente como:

> **Custo-meta = preço-meta - lucro desejado**

A metodologia do custo-meta concentra-se no processo de estratégia de gerenciamento de custos para a redução dos custos totais, fazendo da integração das funções de produção e marketing com a engenharia a razão principal do seu uso.

O custo-meta provoca uma mudança na cultura da empresa tornando o mercado sua prioridade, cujo foco é a visão externa; ao contrário do modelo tradicional, cujo foco é interno, tendo os custos como base para a determinação dos preços.

Assim, a busca constante pela sobrevivência empresarial é o principal objetivo quando as empresas estão pressionadas pela mudança nos desejos dos consumidores ou pelo excesso de concorrência.

Qualquer empresa pode adotar o custo-meta, independentemente do seu porte e do segmento de mercado em que atua; no entanto, é necessário possuir uma estrutura administrativa e sistemas de controles que suportem sua utilização.

---

24   O *valor* é um conceito que deve ser bem definido pela empresa antes de calcular preço de venda do produto para o cliente. A percepção de valor, sob a visão do consumidor, está relacionada à análise de como o preço do produto pode transmitir a ele uma ideia de valor (produtos exclusivos, atendimento às suas necessidades, bom atendimento etc.), que não está diretamente ligado ao preço que ele custa.

10.6 Exercícios

1. (Liquigás/Contador_Cesgranrio) No desenvolvimento de um novo produto a ser lançado, com grande apelo no mercado consumidor e sem similar disponível, a empresa fez as seguintes anotações referentes exclusivamente a esse produto:

Custo de produção, pelo custeio por absorção	130,00
Comissão dos vendedores sobre vendas (sobre a receita bruta)	4%
Despesas gerais e administrativas (sobre a receita bruta)	8%
Margem de lucro desejada para o produto (sobre receita bruta)	5%
Tributos incidentes (sobre a receita bruta)	18%

Para atender exclusivamente a todas as anotações (informações) apresentadas acima, o preço de venda a ser praticado pela indústria para esse produto deve ser:

a) ( ) R$ 159,90 b) ( ) R$ 175,50 c) ( ) R$ 185,00 d) ( ) R$ 200,00 e) ( ) R$ 230,10

---

2. (Petrobras/Contador_Cesgranrio) Os gerentes de uma indústria, independentemente de qualquer outra variável, querem ter uma ideia sobre o preço de venda que poderá ser praticado no lançamento de um novo produto que lhes permita recuperar os seguintes elementos, apurados em termos percentuais, estimados para o novo produto, adotando a metodologia do *mark-up*:

Percentuais estimados:

• Despesas operacionais (administrativas e de vendas): 15% sobre a receita bruta
• Comissões sobre vendas: 5% sobre o preço de venda bruto
• Tributos incidentes sobre o preço de venda bruto: 25%
• Margem de lucro desejada sobre a receita bruta: 10%

Custo do produto (custeio por absorção): R$ 19,80
Considerando exclusivamente as informações acima, a formação de preços de venda com base em custos e o método de cálculo do *mark-up*, o preço unitário de venda para o produto é:

a) ( ) R$ 21,78   b) ( ) R$ 30,69
c) ( ) R$ 33,00   d) ( ) R$ 36,00
e) ( ) R$ 44,00

3. (Petrobras/Administrador_Cesgranrio) Uma indústria, ao final do seu período produtivo, apresentou as seguintes informações sobre um produto inédito que está lançando no mercado e cujo preço de venda pretende fixar com base nos custos.

Quantidade produzida (unidades)	50.000
Matéria-prima consumida total	R$ 1.200.000,00
Mão de obra direta	R$ 600.000,00
Outros custos fabris	R$ 180.000,00
Despesas administrativas	10%
Tributos	22%
Comissão dos vendedores	3%
Margem de lucro desejada	5%

Um administrador, considerando exclusivamente as informações recebidas, sabe que o preço de venda unitário desse produto, com base no custo por absorção a ser praticado por essa indústria deverá ser de:

a) ( ) R$ 132,00   b) ( ) R$ 99,00
c) ( ) R$ 90,00   d) ( ) R$ 66,00
e) ( ) R$ 60,00

4. (AFPS_ESAF_adaptada) A Companhia XTZ determinou que fosse feita a previsão de vendas de suas mercadorias, fixando-se preços e condições para o mês de junho de 20x5. A mercadoria denominada "Alfa" faz parte de uma partida de 250 unidades adquiridas em maio, cujo valor pago à vista foi de R$ 12.500,00. O preço de venda fixado para junho foi o custo de aquisição, com acréscimo suficiente para cobrir o ICMS sobre Vendas e um lucro de 20% sobre o preço de venda. As vendas são tributadas com ICMS de 10%. As compras anteriores também foram tributadas com ICMS de 12%. Com base nas informações acima, pode-se dizer que o preço de venda unitário do referido item, para o mês de junho de 20x5, deverá ser de:

Custo das mercadorias vendidas no ano de 20x2	R$ 1.050.000,00
Estoque médio do ano de 20x2	R$ 175.000,00

a) ( ) R$ 71,43
b) ( ) R$ 65,00
c) ( ) R$ 62,86
d) ( ) R$ 61,11
e) ( ) R$ 57,20

5. (QCO/Contabilidade_Exército) Os custos e despesas fixos da Empresa DX montam a R$ 240.000,00 e o preço de venda unitário é de R$ 50,00, calculado utilizando o mark-up multiplicador de 2,00 sobre o custo variável unitário. Sabendo-se que a referida empresa deseja obter um lucro de R$ 40.000,00, para isso deverá vender:

a) ( ) 8.000 unidades.
b) ( ) 10.000 unidades.
c) ( ) 11.200 unidades.
d) ( ) 12.000 unidades.
e) ( ) 17.000 unidades.

6. (Exame de Suficiência/CFC_adaptada) Uma Sociedade elaborou o orçamento para o ano de 20x3 com base em dados históricos do ano de 20x2 e com base nas estimativas estabelecidas por seus gestores.

✓   Os seguintes dados históricos foram apresentados:

✓   Dados estimados para o ano de 20x3:

Estoque médio	R$ 200.000,00
Fator de multiplicação mark-up	1,80
Tributos incidentes sobre a receita	20%

Considera-se que a empresa estima que o giro do estoque será igual ao de 20x2 e que o preço de venda é estabelecido, multiplicando-se o custo estimado da mercadoria. De acordo com o giro do estoque, pelo mark-up, o Lucro Bruto orçado para o ano de 20x3 será de:

a) ( ) R$ 462.000,00.
b) ( ) R$ 492.800,00.
c) ( ) R$ 528.000,00.
d) ( ) R$ 678.000,00.

7. (QCO/Contabilidade_Exército) A indústria GAMA produz apenas um artigo - o produto ALFA, que é vendido ao preço unitário de R$ 126,00. Referido preço foi calculado utilizando o mark-up multiplicador de 1,8 sobre o custo variável unitário. Os custos e despesas fixos montam a R$ 240.000,00 e a indústria GAMA espera lucrar R$ 50,00 em cada unidade vendida. Então, para atingir esse objetivo, deverá vender:

a) ( ) 35.000 unidades
b) ( ) 38.000 unidades
c) ( ) 40.000 unidades
d) ( ) 41.000 unidades
e) ( ) 42.000 unidades

8. (IMBEL/Analista de Custos_COSE-AC) A empresa Geral Ltda. opera com a seguinte estrutura de despesas como porcentagens das vendas: ICMS da Venda, 18%; PIS/COFINS, 4,65%; Comissões, 2,50%; Despesas administrativas, 6%. A empresa deseja um LAIR de 20%. Nesse caso, o multiplicador de *mark-up* que deverá ser praticado é:

a) (   ) 0,4885.

b) (   ) 0,515.

c) (   ) 2,0470829.

d) (   ) 3,0470829.

e) (   ) 104%.

9. (Petrobras/Técnico de Comercialização e Logística_Cesgranrio) Suponha que um fabricante de lubrificantes tenha os seguintes custos e expectativas de vendas:

- Custo variável por litro = R$ 1,30

- Custos fixos = R$ 3.000.000,00

- Venda esperada, em litros = 5.000.000

Se esse fabricante desejasse realizar um *mark-up* de 27% sobre as vendas, seu preço de *mark-up*, em reais, seria:

a) (   ) 1,65

b) (   ) 1,90

c) (   ) 2,28

d) (   ) 2,60

e) (   ) 2,97

10. (CFC/Exame de Suficiência) Uma sociedade empresária estabelece o preço de venda de suas mercadorias com base no custo de aquisição.
A mercadoria "A" tem custo de aquisição igual a R$ 12,00 por unidade. Segundo a política de formação de preço utilizada pela sociedade empresária, o preço de venda estabelecido deve proporcionar uma margem de contribuição, líquida de tributos e despesas variáveis, de 30% sobre o preço de venda.

Os tributos incidentes sobre as vendas somam 27,25% e as despesas variáveis de venda somam 2,75%.
Considerando-se as informações apresentadas, o preço de venda da mercadoria "A" será de:

a) (   ) R$ 16,80.

b) (   ) R$ 19,20.

c) (   ) R$ 20,00.

d) (   ) R$ 30,00.

11. (Petrobras/Técnico de Comercialização Logística_Cesgranrio) No que se refere ao etanol, considere as informações apresentadas abaixo:

- Custo variável unitário (litro): $ 0,80/ litro

- Custos fixos: $ 300.000,00

- Venda esperada em unidades (litros): 500.000 litros

Uma distribuidora de combustíveis instituiu que o preço do etanol em seus postos será determinado com base no *mark-up* de 20% sobre as vendas. Assim, o preço de *mark-up* para o litro do etanol seria:

a) (   ) $ 1,75

b) (   ) $ 1,68

c) (   ) $ 1,60

d) (   ) $ 1,40

e) (   ) $ 1,20

12. (ENADE/Contabilidade) É muito importante que o empreendedor conheça o próprio negócio, para não deixar, nas mãos de terceiros, cuidados essenciais como a boa gestão de custos. O conhecimento do assunto auxilia o proprietário do negócio a ter uma boa gestão financeira: administrar e controlar os custos gerados na produção e comercialização de serviços ou produtos. O preço final de um serviço prestado ou produto vendido depende do quanto é investido para que ele exista. Caso a gestão de custos não seja eficaz, corre-se o risco de a empresa cobrar valores que não condizem com a realidade, o que pode afetar as margens

de lucro, o volume de vendas ou o andamento geral do negócio.

Considerando essas informações, avalie as asserções a seguir e a relação proposta entre elas.

I. Quando o preço de venda de um produto ou serviço é determinado pelo mercado, a empresa só ampliará sua margem de lucro por meio da redução de custos e aumento da produtividade.

PORQUE

II. Praticar preços acima do mercado, quando os produtos ou serviços não agregam valores que os diferenciem de outros produtos similares disponíveis, provocará queda da demanda esperada, uma vez que os consumidores tenderão a comprar dos concorrentes.

A respeito dessas asserções, a opção correta.

a) ( ) As asserções I e II são proposições verdadeiras, e a II é uma justificativa correta da I.

b) ( ) As asserções I e II são proposições verdadeiras, mas a II não é uma justificativa correta da I.

c) ( ) A asserção I é uma proposição verdadeira, e a II é uma proposição falsa.

d) ( ) A asserção I é uma proposição falsa, e a II é uma proposição verdadeira.

e) ( ) As asserções I e II são proposições falsas.

13. (ENADE/Contabilidade) Uma empresa fez sua projeção de vendas para janeiro, fevereiro e março do próximo ano, conforme tabela a seguir:

Orçamento de vendas			
	Jan	Fev	Mar
Demanda esperada (quantidade)	10.000 un.	12.000 un.	15.000 un.
Preço de venda (R$)	R$ 2,00	R$ 2,00	R$ 2,00
Vendas brutas (R$)	R$ 20.000,00	R$ 24.000,00	R$ 30.000,00

Suponha que todas as vendas dessa empresa sejam parceladas da seguinte forma:
1ª parcela (à vista), correspondente a da venda;
2ª parcela (prazo de 30 dias), correspondente a 30% da venda;
3ª parcela (prazo de 60 dias), correspondente a 40% da venda.

Considerando a política de recebimento e os dados apresentados, verifica-se que a empresa espera receber, no mês de março, o montante de:

a) ( ) R$ 8.000,00.
b) ( ) R$ 22.200,00.
c) ( ) R$ 24.200,00.
d) ( ) R$ 29.600,00.
e) ( ) R$ 30.000,00.

14. (CELESC/Contador_FEPESE) O conceito de custo-meta ou custo-alvo pode ser definido como sendo:

a) ( ) uma estratégia de gestão de custos que, a partir de um minucioso estudo de engenharia e da comparação com os principais concorrentes, determina qual seria o custo verdadeiro do produto.

b) ( ) uma estratégia de gestão de custos que, a partir do preço de mercado e de uma margem de lucro desejada, estabelece um teto de custo para os produtos ou serviços. Essa estratégia é mais eficaz quando ocorre na fase de projeto do produto.

c) ( ) uma estratégia de gestão de custos que, a partir do levantamento de todos os custos que realmente importam na formação do preço de venda, determina qual seria o verdadeiro custo que deveria ser alcançado.

d) ( ) uma estratégia de gestão de custos que foca na determinação de um custo-meta, considerando as melhores práticas de apuração de custos.

e) ( ) uma estratégia de gestão de custos que, a partir de um preço de mercado, de uma margem de contribuição positiva, da capacidade ociosa e dos custos de oportunidade envolvidos na operação, determina por quanto um produto poderá ser vendido.

15. (CEBRASPE/Analista de Finanças_CESPE_adaptada) No que se refere à relação entre custo e formação de preços e à relação entre custo, volume e lucro, julgue o item que se segue.

Considere que determinada empresa esteja desenvolvendo um novo modelo de modem cujo valor de venda, por questões de mercado, não ultrapassará $ 40,00. Considere, ainda, que, para a produção de 10.000 unidades do novo modelo – todas com previsão de venda, a empresa tenha investido $ 200.000,00. Considere, por fim, que a empresa tenha adotado uma taxa mínima de retorno de 35% para todos os seus investimentos. Nessa situação, o custo-meta para cada modem é igual a:

a) ( ) $ 26,00

b) ( ) $ 13,00

c) ( ) $ 33,00

d) ( ) $ 20,00

Gabarito

1	2	3	4	5	6	7	8	9	10	11	12	13
D	E	D	C	C	C	C	C	D	D	A	A	C

14	15
B	C

Veja a solução completa de todos os exercícios no capítulo 12 deste livro.

11
REFERÊNCIAS

ARAÚJO, Gláudia F. S. F de; BATISTA, Halcima M.; BRITO, Costa, Lissandra B.M.; ROCHA, Marília M. O.; SILVA, Verônica G. O custo-meta como estratégia empresarial. XI Congresso Brasileiro de Custos. 2004. Disponível em: <https://anaiscbc.emnuvens.com.br/anais/article/view/2410>. Acesso em 28/12/2020.

ATKINSON, Anthony A., BANKER, Rajiv D., KAPLAN, Robert S., YOUNG, S. Mark. Contabilidade Gerencial. São Paulo: Atlas, 2000.

BOMTEMPO, JOSÉ F. Como Elaborar o Preço de Venda. Série Como Elaborar - SEBRAE/MG. Belo Horizonte, 2017. Disponível em: <https://bit.ly/3nXBVIZ>. Acesso em 28/12/20.

BRASIL. Decreto-lei nº 5.452, de 1º de maio de 1943. Aprova a Consolidação das Leis do Trabalho. Disponível em: < http://www.planalto.gov.br/>. Acesso em 28/12/20.

_____. Lei nº 6.404, de 15 de dezembro de 1976. Dispõe sobre as Sociedades por Ações. Disponível em: < http://www.planalto.gov.br/>. Acesso em 28/12/20.

_____. Decreto-lei nº 1.598, de 26 de dezembro de 1977. Altera a legislação do imposto sobre a renda. Disponível em: < http://www.planalto.gov.br/>. Acesso em 28/12/2020.

_____. Parecer Normativo CST nº 06, de 26 de janeiro de 1979, publicado no DOU, de 02/02/1979. Disponível em: <http://www.normasbrasil.com.br/norma/parecer-normativo-6-1979_92621.html>. Acesso em 28/12/2020.

_____. Constituição da República Federativa do Brasil de 1988. Disponível em: < http://www.planalto.gov.br/>. Acesso em 28/12/2020.

_____. Decreto nº 9.580, de 22 de novembro de 2018. Regulamenta a tributação, fiscalização, arrecadação e administração do imposto sobre a renda e proventos de qualquer natureza - Regulamento do Imposto de

Renda (RIR/2018). Disponível em: < http://www.planalto.gov.br/>. Acesso em 28/12/2020.

_____. Resolução CGSN nº 140, de 22 de maio de 2018. Dispõe sobre o Regime Especial Unificado de Arrecadação de Tributos e Contribuições devidos pelas Microempresas e Empresas de Pequeno Porte (Simples Nacional). Disponível em: < http://normas.receita.fazenda.gov.br/sijut2consulta/link.action?visao=anotado&idAto=92278>. Acesso em 28/12/2020.

_____. Decreto nº 3.048, de 6 de maio de 1999. Aprova o Regulamento da Previdência Social, e dá outras providências. Disponível em: < http://www. planalto.gov.br/>. Acesso em 28/12/2020.

_____. Decreto nº 6.022, de 22 de janeiro de 2007. Institui o Sistema Público de Escrituração Fiscal (Sped). Disponível em: < http://www. planalto. gov.br/>. Acesso em 28/12/2020.

_____. Decreto nº 7.212, de 15 de junho de 2010. Regulamenta a cobrança, fiscalização, arrecadação e administração do Imposto sobre Produtos Industrializados – IPI. Disponível em: < http://www.planalto.gov. br/>. Acesso em 28/12/2020.

_____. Ministério da Fazenda. Ajuste SINIEF nº 2, de 3 de abril de 2009. Dispõe sobre a Escrituração Fiscal Digital - EFD. Disponível em < https://www.confaz.fazenda.gov.br/legislacao/ajustes/2009/aj_002_09> Acesso em 28/12/2020.

CHERMAN, Bernardo C. Contabilidade de Custos. 1ª edição. Rio de Janeiro: Ferreira, 2008.

COGAN, Samuel. Activity-Based Costing (ABC): A Poderosa Estratégia Empresarial. 2ª edição. Rio de Janeiro: Pioneira, 1994.

Conselho Federal de Contabilidade. Resolução CFC n.º 1.374/11 – NBC TG ESTRUTURA CONCEITUAL – Estrutura Conceitual para Elaboração e Divulgação de Relatório Contábil-Financeiro. (CPC 00 – R2). Disponível em: <https://cfc.org.br/tecnica/normas-brasileiras-de-contabilidade/normas-completas/>. Acesso em 28/12/2020.

_____. NBC TG 01 (R4) - Redução ao Valor Recuperável de Ativos (CPC 01 – R1). Disponível em: <https://cfc.org.br/tecnica/normas-brasileiras-de-contabilidade/normas-completas/>. Acesso em 28/12/2020.

_____. NBC TG 06 (R3) - Arrendamentos (CPC 06 – R2). Disponível em: <https://cfc.org.br/tecnica/normas-brasileiras-de-contabilidade/normas-completas/>. Acesso em 28/12/2020.

_____. NBC TG 16 (R2) – Estoques (CPC 16 – R1). Disponível em: <https://cfc.org.br/tecnica/normas-brasileiras-de-contabilidade/normas-completas/>. Acesso em 28/12/2020.

_____. NBC TG 20 (R1) – Custos de Empréstimos (CPC 20 – R1). Disponível em: <https://cfc.org.br/tecnica/normas-brasileiras-de-contabilidade/normas-completas/>. Acesso em 28/12/2020.

_____. NBC TG 25 (R2) – Provisões, Passivos Contingentes e Ativos Contingentes (CPC 25). Disponível em: <https://cfc.org.br/tecnica/normas-brasileiras-de-contabilidade/normas-completas/>. Acesso em 28/12/2020.

_____. NBC TG 26 (R5) – Apresentação das Demonstrações Contábeis (CPC 26 – R1). Disponível em: <https://cfc.org.br/tecnica/normas-brasileiras-de-contabilidade/normas-completas/>. Acesso em 28/12/2020.

_____. NBC TG 27 (R4) – Ativo Imobilizado (CPC 27). Disponível em: <https://cfc.org.br/tecnica/normas-brasileiras-de-contabilidade/normas-completas/>. Acesso em 28/12/2020.

_____. NBC TG 29 (R2) – Ativo Biológico e Produto Agrícola (CPC 29). Disponível em: <https://cfc.org.br/tecnica/normas-brasileiras-de-contabilidade/normas-completas/>. Acesso em 28/12/2020.

_____. NBC TG 47 – Receita de Contrato com Cliente (CPC 47). Disponível em: <https://cfc.org.br/tecnica/normas-brasileiras-de-contabilidade/normas-completas/>. Acesso em 28/12/2020.

_____. NBC TG 48 – Instrumentos Financeiros (CPC 48). Disponível em: <https://cfc.org.br/tecnica/normas-brasileiras-de-contabilidade/normas-completas/>. Acesso em 28/12/2020.

_____. NBC TG 1000 (R1) – Contabilidade para Pequenas e Médias Empresas (CPC PME – R1). Disponível em: <http://www.cpc.org.br/>. Acesso em 28/12/2020.

_____.Resolução CFC nº 750/93 de 29 de dezembro de 1993, que dispõe sobre os Princípios de Contabilidade. Disponível em: < www.cfc.org.br>. Acesso em 28/12/2020.

CREPALDI, Sílvio Aparecido. Curso Básico de Contabilidade de Custos. 5ª ed. São Paulo: Atlas, 2010.

DUTRA, René Gomes. Custos: Uma Abordagem Prática. 7ª Ed. São Pau- lo: Atlas, 2010.

FERREIRA, Ricardo J. Contabilidade de Custos e Análise das Demonstrações Contábeis. 8ª edição. Rio de Janeiro: Ferreira, 2013.

GARRISON, Ray H.; NOREEN, Eric W.; BREWER, Peter C. Contabilidade Gerencial. 14ª edição. Rio de Janeiro: Amgh, 2013.

GOLDRATT, Eliyahu M.; COX, Jeff. A Meta - Um Processo de Melhoria Contínua. 2ª Ed. São Paulo: Nobel, 2014.

HORNGREN, Charles T.; FOSTER, George; DATAR, Srikant M. Contabilidade de Custos. 11ª edição. Volumes 1 e 2. São Paulo: Prentice Hall, 2004.

_____, Charles T.; SUNDEM, Gary L.; STRATTON, William O. Contabilidade Gerencial. 12ª edição. São Paulo: Prentice Hall, 2004.

IUDÍCIBUS, Sérgio de; MARTINS, Eliseu; GELBCKE, E. R.; SANTOS, A. dos. Manual de Contabilidade Societária: aplicável a todas as sociedades, de acordo com as normas internacionais e do CPC. 2ª edição. São Paulo: Atlas, 2013.

_____, _____, CARVALHO, L. Nelson. Contabilidade: Aspectos Relevantes da Epopeia de sua Evolução. Revista Contabilidade e Finanças. São Paulo, nº 38, maio/ago, 2005, p. 7-19, 2005.

JIAMBALVO, James. Contabilidade Gerencial. 3ª edição. Rio de Janeiro: LTC, 2009.

LEONE, George S.; LEONE, Rodrigo J. G. Curso de Contabilidade de Custos. 4ª edição. São Paulo: Atlas, 2010.

MARTINS, Eliseu. Contabilidade de Custos. 10ª edição. São Paulo: Atlas, 2010.

MEGLIORINI, Evandir. Custos: Análise e Gestão. 3ª edição. São Paulo: Pearson, 2012.

PADOVEZE, Clóvis L. Contabilidade Gerencial. 7ª edição. São Paulo: Atlas, 2010.

PEINADO, J; GRAEML, Alexandre R. Administração da Produção: operações industriais e de serviços. Curitiba: Unicenp, 2007.

PEREZ JÚNIOR, José H.; OLIVEIRA, Luís M. e COSTA, Rogério G. Gestão Estratégica de Custos. 8ª edição. São Paulo: Atlas, 2012.

PORTER, Michel E. Vantagem competitiva: criando e sustentando um desempenho superior. Rio de Janeiro: Campus, 1989.

SAKURAI, Michiharu. Trad.: Adalberto Ferreira das Neves. Gerenciamento Integrado de Custos. São Paulo: Atlas, 1997.

SAIKI, Lyrian. Do boi nada se perde, tudo se transforma. Paraná Online. 19 jan 2013. Disponível em: < https://www.tribunapr.com.br/noticias/economia/do-boi-nada-se-perde-tudo-se-transforma/>. Acesso em 28/12/2020.

SARDINHA, José C. Formação de Preço: A Arte do Negócio; São Paulo: Makron Books, 1995.

_____. José C.; ABRANTES, Álvaro as S.; FONSECA, Fábio B. C. Alocação de custos: a procura de critérios justos e equitativos. VII Congresso Brasileiro de Custos. 2000. Disponível em: <https://anaiscbc.emnuvens.com.br/anais/article/view/3075>. Acesso em 28/12/2020.

SOUZA, Marcos A.; DIEHL, Carlos A. Gestão de Custos – Uma Abordagem Integrada entre Contabilidade, Engenharia e Administração - 1ª edição. São Paulo: Atlas, 2009.

Valor Consulting. Remessa e retorno de vasilhames, recipientes, embalagens e sacarias (Área: Manual de Emissão de Notas Fiscais). 2020. Disponível em <https://www.valor.srv.br/matTecs/matTecsIndex.php?idMatTec=215>. Acesso em: 28/12/2020.

VARTANIAN, Grigor H. O Método de Custeio Pleno: Uma Análise Conceitual e Empírica. São Paulo: FEA/USP, 2000.

VICECONTI, Paulo; NEVES, Silvério das. Contabilidade de Custos - Um Enfoque Direto e Objetivo - 11ª edição. São Paulo: Saraiva, 2013.

WERNKE, Rodney. Análise de custos e preços de venda: ênfase em aplicações e casos nacionais. São Paulo: Saraiva, 2005.

_____. LEMBECK, Marluce. Método UEP como Facilitador da Aplicação do CPC 16 - Estoques pela Contabilidade de Custos. Apresentado no XIX Congresso Brasileiro de Custos – Bento Gonçalves, RS, Brasil, 12 a 14 de novembro de 2012.

12
SOLUÇÃO DOS EXERCÍCIOS

Capítulo 1 – Conceitos básicos de custos

1. O estoque de produtos classificado no Ativo Circulante do Balanço Patrimonial é composto pelos custos necessários à sua elaboração. As despesas são lançadas diretamente contra o resultado do período em confronto com as receitas, tendo como resultado o lucro ou o prejuízo, que terão reflexos no Patrimônio Líquido da empresa. Assim, a despesa reduz o lucro e, consequentemente, o Patrimônio Líquido.
Alternativa letra c).

2. A preocupação primeira dos contadores, auditores e fiscais foi a de fazer da contabilidade de custos uma forma de resolver seus problemas de mensuração monetária dos estoques e do resultado, não a de fazer dela um instrumento de gestão.
Alternativa letra a).

3. Custo é todo gasto relativo ao bem ou serviço utilizado na produção de outros bens ou serviços. Despesa é todo gasto com bens e serviços não utilizados nas atividades produtivas e que são consumidos com a finalidade de obtenção de receitas, de forma direta ou indireta.
Alternativa letra d).

4. Ver comentários da questão 3.
Alternativa letra c).

5. As letras a), b) e c) representam despesas. A letra e) – dividendos pagos – representa o pagamento de obrigações com terceiros, no caso, os acionistas da empresa. A alternativa que contém custo é a letra d).

6. O custo de produtos vendidos é uma despesa, pois representa o consumo (baixa) de produtos em estoque com a finalidade de obtenção de receitas.
Gasto não se confunde com desembolso, apesar de poder ocorrer concomitantemente, no caso de compras à vista de materiais, por exemplo.
Custo é todo gasto relativo ao bem ou serviço utilizado na produção de outros bens ou serviços.
Despesa está associada ao consumo de bens ou serviços para a obtenção de receita.
Investimento é o gasto ativado em função de sua vida útil ou de benefícios atribuíveis a períodos futuros, que em função da sua utilização, pode se transformar em custo, despesa ou, eventualmente, perda. O investimento será uma despesa quando for aplicado aos demais departamentos da empresa (e não o produtivo). O desembolso po-

derá ocorrer no momento da realização do gasto (compra à vista) ou posteriormente (compras a prazo).
Alternativa letra c).

7. Perda é um gasto não intencional decorrente de fatores externos fortuitos. Veja os demais comentários da questão 6.
Alternativa letra d).

8. Letra a): a contabilidade de custos pode, por meio do levantamento dos custos dos produtos, apresentar subsídios para a determinação do preço de venda dos produtos. No entanto, essa não é a sua finalidade.

Letra b) a questão refere-se a usuários externos e a estes são destinados relatórios contábeis como Balanço Patrimonial, Demonstração do Resultado, entre outros. Assim, nesse caso, a finalidade da contabilidade de custos será a mensuração dos estoques de produtos fabricados.

Cabe ressaltar que a contabilidade tem outras importantes tarefas: controle e decisão; mas essas estão relacionadas aos usuários internos da empresa (contabilidade gerencial).

Letra c): os dados para avaliação de desempenho que a contabilidade de custos pode fornecer estão relacionados à produção, em alguns casos esses dados podem auxiliar a avaliação de desempenho de outros setores, mas isso não pode ser considerado como uma finalidade da contabilidade de custos, para efeito de divulgação das demonstrações contábeis.

Letra d): a contabilidade apenas faz o registro das quantidades utilizadas nos processos produtivos. O estabelecimento de padrões cabe à engenharia de produção com o auxílio de outros setores da empresa.

Letra e): a contabilidade de custos pode auxiliar à administração da empresa na elaboração de orçamentos, mas isso também não pode ser considerado como uma finalidade da contabilidade de custos, para efeito de divulgação das demonstrações contábeis.
Alternativa letra b).

9. Despesa está associada ao consumo de bens ou serviços para a obtenção de receita, de forma direta ou indireta.
Alternativa letra b).

10. Custos são gastos relativos aos insumos utilizados para fabricação de um produto ou prestação de um serviço. Assim, se a mão de obra não estiver sendo utilizada para esse fim, porém sendo utilizada para realizar um trabalho de manutenção e reparos no escritório central da indústria, por um período considerado relevante, deverá ser classificada como despesa.
Alternativa letra a).

11. Ver comentários das questões 6 e 7.
Alternativa letra c).

12. São custos: depreciação de máquinas e equipamentos da unidade fabril, FGTS sobre mão de obra da produção, mão de obra da produção, matéria-prima consumida, mão de obra – supervisão e movimentação da unidade fabril e previdência social sobre mão de obra da unidade fabril.

São despesas: comissões de vendedores, depreciação dos demais bens da área administrativa e salários da área administrativa.

Alternativa letra d)

13. Ver comentários da questão 3.

Alternativa letra c).

14. Aquisição de ativos à vista ou a prazo representa um investimento; o pagamento em dinheiro, cheque ou transferência bancária representa a entrega do numerário, ou seja, o desembolso; o consumo de matéria-prima representa a aplicação deste insumo na fabricação de produtos. Logo, é um custo.

Alternativa letra d).

15. Produtos acabados em estoque são ativos disponíveis para a venda.

Alternativa letra a).

16. As rebarbas são perdas normais inerentes ao processo produtivo (custo).

As peças danificadas foram eventuais, com causa específica considerada anormal (despesa). Alternativa letra e).

17. Na relação de itens de gastos somente um se refere a investimentos (compras de matérias-primas no valor de R$ 25.000,00). Assim, de acordo com a sequência pedida na questão, somente a letra b) apresenta esse valor.

São custos: seguro da fábrica, salários e encargos pessoal de fábrica, matéria-prima utilizada na produção, aluguel da fábrica, energia elétrica da fábrica, depreciação de maquinas e equipamentos da fábrica, salário do encarregado da produção, adicional de insalubridade do pessoal da fábrica, adicional de periculosidade do pessoal da fábrica.

São despesas: consumo de material de escritório, propaganda e publicidade, serviços de assistência pós-venda, juros e despesas de financiamentos e depreciação de veículos de vendas.

São perdas: dias parados por inundação na fábrica.

Alternativa letra b).

18. A alternativa correta é a letra c), que apresenta a sequência das definições relativas às terminologias de custos apresentadas.

19. A matéria-prima em estoque (investimento) só será considerada como custo de produção no momento em que ocorrer a sua transferência para a fábrica. Nesta questão, metade da quantidade adquirida foi transferida em junho e a outra metade em julho.

Alternativa letra d).

20.

Investimento - gasto ativado em função de sua vida útil ou de benefícios atribuíveis a futuro(s) período(s)	Valor (R$)
- Aquisição de matéria-prima no período	25.000,00
- Imobilizado adquirido a prazo	60.000,00
Total	**85.000,00**

Despesa - bem ou serviço consumido direta ou indiretamente para a obtenção de receitas	Valor (R$)
- Comissão devida aos vendedores pela venda de produtos no mês	5.000,00
- Tributos sobre o lucro	2.000,00
Total	**7.000,00**

Alternativa letra c).

21. Apenas a letra a) contém custo, de acordo com a questão apresentada, pois em uma empresa de saneamento básico utiliza-se equipamentos para o tratamento da água. Assim, a depreciação deste equipamento será um custo.
Letras b) e c): investimentos; letra d): perda; letra e): despesa e desembolso.
Alternativa letra a).

22. Perdas inerentes ao próprio processo produtivo são previsíveis e já fazem parte da expectativa da empresa, sendo impossível finalizar a produção sem que elas ocorram, constituindo-se em um sacrifício que a empresa sabe que precisa suportar para obter o produto. Nesse caso, essas perdas são normais e são consideradas como custos, já que são valores sacrificados de maneira normal no processo de fabricação.
Alternativa letra b).

23. A indústria consumiu na fábrica 80% da conta energia elétrica, que será classificada como custo de energia elétrica. O restante da conta não consumida pela fábrica, mas pelos demais departamentos da empresa, será classificado como despesa do período. Assim, teremos: $ 100.000,00 x 20% = 20.000,00
Alternativa letra c).

24. Vamos comentar as alternativas com base na NBC TG 16 (R2) – Estoques:
a) Opção incorreta. A evaporação, dentro dos parâmetros normais, é considerada normal; o desperdício é uma perda anormal.
b) Opção incorreta. Não há que se falar em reembolso pelo fornecedor. A questão informa que o Conselho Nacional do Petróleo considera normal um índice de até 0,6% de evaporação. O índice de evaporação constatado foi de 0,5% do produto, considerado como perda normal.
c) Opção incorreta. Uma operação descontinuada é um componente do Ativo Não Circulante da empresa, que foi disposto ou está classificado como mantido para venda, em conformidade com a NBC TG 31 (R4) - Ativo Não Circulante Mantido para Venda e Operação Descontinuada.
d) **Opção correta.** Segundo a NBC TG 16 (R2), todas as perdas de estoques devem ser reconhecidas como despesa do período em que a redução ou a perda ocorrerem.

25. O princípio da continuidade, no entendimento da estrutura conceitual (CPC 00 – R2), pressupõe que as demonstrações contábeis normalmente são elaboradas tendo como premissa que a entidade está em atividade e irá manter-se em operação por um futuro previsível. Desse modo, parte-se do pressuposto de que a entidade não tem a intenção, nem tampouco a necessidade, de entrar em processo de liquidação ou de reduzir materialmente a escala de suas operações.
Alternativa letra c).

26. Nos termos da estrutura conceitual (CPC 00 – R2), de acordo com regime de competência as receitas e as despesas devem ser incluídas na apuração do resultado do período em que ocorrerem (no momento em que ocorrer o fato gerador da receita ou da despesa), sempre simultaneamente, quando se correlacionarem, independentemente de recebimento ou pagamento.
Alternativa letra a).

27. A questão refere-se claramente à característica qualitativa fundamental da relevância, conceitualmente tratada no CPC 00 (R2).
Alternativa letra b).

28. De acordo com o CPC 47 – Receita de Contrato com Cliente, a entidade deve reconhecer receitas quando (ou à medida que) a entidade satisfizer à obrigação de desempenho ao transferir o bem ou o serviço prometido ao cliente. O ativo é considerado transferido quando (ou à medida que) o cliente obtiver o controle desse ativo. Na questão apresentada, o cliente só obteve o controle da mercadoria no mês de abril, mesmo que o pedido e a saída da mercadoria tenham ocorrido em meses anteriores; janeiro e março, respectivamente.
Alternativa letra d).

29. Nos termos da estrutura conceitual (CPC 00 – R2), de acordo com regime de competência as receitas e as despesas devem ser incluídas na apuração do resultado do período em que ocorrerem (no momento em que ocorrer o fato gerador da receita ou da despesa), sempre simultaneamente, quando se correlacionarem, independentemente de recebimento ou pagamento. Assim, de acordo com o regime de competência, teremos o seguinte resultado:

Resultado	Valor (R$)
Receitas	
Receita de dez./x6, recebida em jan./x7	R$ 99.000,00
Receita de dez./x6, recebida em dez./x6	R$ 39.000,00
(–) Despesas	
Despesa de dez./x6, paga em jan./x7	R$ 34.000,00
Despesa de dez./x6, paga em dez./x6	R$ 74.000,00
(=) Resultado (lucro)	R$ 30.000,00

Alternativa letra c).

Capítulo 2 – Classificação de custos

1. Em relação aos produtos (objeto de custeio) os custos são classificados em diretos ou indiretos.
Alternativa letra b).

2. Custos diretos são aqueles que podem ser facilmente identificados com os produtos e apropriados diretamente a eles, bastando apenas haver uma medida de consumo, como unidade (quilogramas, litros etc.) de materiais consumidos, embalagens utilizadas, horas de mão de obra utilizadas, quantidade de força (kW) consumida etc.
Alternativa letra b).

3. A questão trata da relação custo-benefício de se distribuir os custos de mão de obra a cada produto fabricado e, nesse caso, não seria favorável, pois encareceria a produção, haja vista que se trata de uma parcela ínfima (2%) dos custos (materialidade). Dessa forma, a empresa deverá classificar sua mão de obra como custo indireto, aplicando um critério de rateio para apropriação aos produtos, da mesma forma que faz com os demais CIF.
Alternativa letra c).

4. O valor total dos custos fixos permanece constante dentro de determinada faixa de produção e, à medida que ocorre aumento no volume produzido, o valor do custo total por unidade varia de forma inversamente proporcional, tendo em vista que eles serão diluídos pelas unidades fabricadas.
Alternativa letra a).

5. Quanto ao comportamento dos custos em função das variações que podem ocorrer no volume de produção, os custos podem ser classificados em custos fixos e custos variáveis.
Alternativa letra c).

6. A energia elétrica consumida pelas máquinas são custos variáveis e será distribuída aos produtos em função da quantidade produzida ou do tempo de utilização das máquinas.
Alternativa letra b).

7. Matéria-prima é um custo variável, pois seu valor total altera-se em função do volume de produção.
Depreciação do prédio é um custo fixo, pois seu valor será o mesmo qualquer que seja o volume de produção.
Comissões dos vendedores são despesas variáveis, pois se alteram proporcionalmente às variações no volume de receitas.
Alternativa letra d).

8. O valor total dos custos fixos permanece constante dentro de determinada faixa de produção e, à medida que ocorre aumento no volume produzido, o valor do custo total por unidade varia de forma inversamente proporcional, tendo em vista que os custos fixos serão diluídos pelas unidades fabricadas.
Alternativa letra d).

9. Os custos fixos repetitivos são custos que se repetem em vários períodos subsequentes, como por exemplo, as depreciações. Os custos fixos não repetitivos são diferentes em cada período, como por exemplo, a manutenção, energia elétrica, material de consumo. A mão de obra direta é um custo variável.
Alternativa letra a).

10. Custos fixos: à medida que ocorre aumento no volume produzido, o valor do custo fixo por unidade tende a reduzir-se.
Custos variáveis: são inteiramente sensíveis a alterações nos volumes de produção e vendas e comportam-se de maneira uniforme, qualquer que seja o volume de produção e vendas, quando apresentados na base unitária.
Custos semivariáveis: são custos que variam com o nível de produção, mas não direta e proporcionalmente, pois têm uma parcela fixa na sua composição.
Custos indiretos: necessitam, para sua associação aos produtos, de um critério de rateio.
Custos diretos: permitem uma associação objetiva e imediata aos produtos.
Alternativa letra e).

11. Ver comentários da questão 10.
Alternativa letra c).

12. Objeto de custo é algo para a qual se deseja uma mensuração de custo.
O custo direto é aquele apropriado ao objeto do custeio (produto ou setor) sem necessidade de aproximações ou rateio. A empresa consegue apropriar diretamente através de medições objetivas.
O custo indireto é aquele que não pode ser apropriado diretamente ao objeto de custeio e será alocado a ele por meio de rateio.
Assim, o salário do supervisor será custo indireto em relação ao produto, mas custo direto em relação setor em que ele trabalha.
Alternativa letra d).

13. Em relação aos produtos ou serviços prestados (objeto de custeio) os custos são classificados em diretos ou indiretos.
Alternativa letra b).

14. Cálculo do custo médio para cada uma das situações:
• 2 unidades à \$ 100,00 (CFt) ÷ 2 = \$ 50,00 (CFu) + \$ 20,00 (CVu) = \$ 70,00 (CMe unitário)
• 4 unidades à \$ 100,00 (CFt) ÷ 4 = \$ 25,00 (CFu) + \$ 20,00 (CVu) = \$ 45,00 (CMe unitário)
• 5 unidades à \$ 100,00 (CFt) ÷ 5 = \$ 20,00 (CFu) + \$ 20,00 (CVu) = \$ 40,00 (CMe unitário)
Portanto, temos \$ 70,00, \$ 45,00 e \$ 40,00, respectivamente.
Alternativa letra c).

15. Cálculo do material direto (MD) unitário:

Placa de acrílico	\$ 2,50/kg x 6 kg = \$ 15,00
Borracha sintética	\$ 2,00/kg x 4 kg = \$ 8,00
Plástico maleável	\$ 5,00/kg x 2 kg = \$ 10,00
Lâmpada de 25 watts	\$ 0,15/un. x 100 un. = \$ 15,00
Saco plástico p/ embalagem	\$ 0,04/un. x 100 un. = \$ 4,00
Soma	= \$ 52,00

Cálculo da MOD unitária

Fabricação do cilindro da lanterna	($ 5,00 / 200 un.) x 100 un. = $ 2,50
Fabricação da cobertura cilíndrica de borracha	($ 6,00 / 150 un.) x 100 un. = $ 4,00
Fabricação da argola de plástico	($ 7,00 / 250 un.) x 100 un. = $ 2,80
Montagem final	($ 4,00 / 125 un.) x 100 un. = $ 3,20
	Soma = $12,50

Custo direto total (unitário) = MD + MOD = $ 52,00 + $ 12,50 = $ 64,50
Alternativa letra d)

16. Custos diretos: mão de obra direta, material de embalagem utilizado na produção e matéria-prima consumida pelo produto A.
Custos indiretos: depreciação de máquinas utilizadas na elaboração dos produtos A, B e C; mão de obra indireta e gastos gerais de fabricação comuns aos três produtos.
Os demais gastos são despesas.
Alternativa letra a).

17. Apuração do custo indireto de fabricação (CIF) unitário:

	Produtos		
	X	Y	
Custo do material direto unitário	R$ 25,00	R$ 50,00	
(+) Custo da MOD unitária	R$ 50,00	R$ 25,00	
(=) Custo direto unitário total	R$ 75,00	R$ 75,00	
(x) Quantidade produzida	4.000 un.	2.000 un.	Soma
(=) Custo direto total (base para o rateio)	R$ 300.000,00	R$ 150.000,00	R$ 450.000,00
Proporção para o rateio dos CIF	2/3	1/3	3/3
CIF total por produto (após rateio)	R$ 400.000,00	R$ 200.000,00	R$ 600.000,00
(÷) Quantidade produzida	4.000 un.	2.000 un.	
(=) CIF unitário	R$ 100,00	R$ 100,00	

Custo unitário de X: R$ 25,00 + R$ 50,00 + R$ 100,00 = R$ 175,00
Custo unitário de Y: R$ 50,00 + R$ 25,00 + R$ 100,00 = R$ 175,00

Despesas comerciais por produto (estão identificadas com cada produto; logo variam em função do volume de vendas):
Produto X: R$ 50.000,00 ÷ 4.000 un. = R$ 12,50
Produto Y: R$ 75.000,00 ÷ 2.000 un. = R$ 37,50

Lucro operacional (lucro líquido): preço de venda menos custos e despesas:

Produto X: R$ 200,00 - R$ 175,00 – R$ 12,50 = R$ 12,50

Produto Y: R$ 220,00 - R$ 175,00 – R$ 37,50 = R$ 7,50

Alternativa letra e).

18. Os CIF são aqueles que, para serem alocados aos produtos, necessariamente precisam ser rateados, de acordo com uma base de rateio, aos produtos fabricados pela empresa. O custo total será a soma de todos os itens de custos (matéria-prima, mão de obra direta e custos indiretos de fabricação).

Itens de Custo	Produto A	Produto B	Valor Total
Matéria-prima consumida	R$ 1.800,00	R$ 1.200,00	R$ 3.000,00
Rateio dos CIF	*60%*	*40%*	*100%*
Custos indiretos de fabricação	R$ 6.000,00	R$ 4.000,00	R$ 10.000,00
Mão de obra direta	R$ 1.000,00	R$ 1.000,00	R$ 2.000,00
Custo total (MP + MOD + CIF)	**R$ 8.800,00**	R$ 6.200,00	R$ 15.000,00

Alternativa letra a).

19. Total dos custos indiretos fixos a serem distribuídos proporcionalmente à mão de obra direta consumida pela produção dos modelos Pequeno, Médio e Grande: R$ 900.000,00.

Produtos	Produção	MOD/un.	MOD Total	%	CIF
Pequeno	15.000 un.	12,00	180.000,00	22,5%	202.500,00
Médio	25.000 un.	16,00	400.000,00	50%	450.000,00
Grande	**10.000 un.**	**22,00**	**220.000,00**	**27,5%**	**247.500,00**
		Total	800.000,00	100%	900.000,00

Alternativa letra b).

20. Aproveitando os dados da solução da questão anterior, o custo indireto fixo rateado ao modelo médio será:

    R$ 900.000,00 x 50% = R$ 450.000,00

O custo fixo unitário (alocado a cada unidade) será: R$ 450.000,00 ÷ 25.000 un. = R$ 18,00

O custo unitário total do produto será:

Modelo Médio

Matéria-prima: R$ 27,00
MOD: R$ 16,00
CIF: R$ 18,00
Total Unitário: R$ 61,00

O lucro bruto por unidade é calculado da seguinte maneira: preço de venda unitário menos custo do produto por unidade:

Preço de venda unitário: R$ 110,00
(-) Custo unitário de produção: R$ 61,00
(=) Lucro por unidade: R$ 49,00

Alternativa letra a).

21. Para resolver a questão devemos preparar dois demonstrativos de resultado, sendo um com a situação atual e outro com a situação proposta.

Resultado atual:

Receita de venda: 3.500 un. x R$ 5,00	R$ 17.500,00
(-) Custo variável: 3.500 un. x R$ 1,20	R$ 4.200,00
(-) Despesa variável (20% x R$ 17.500,00)	R$ 3.500,00
(-) Custo Fixo	R$ 6.000,00
(=) Resultado	R$ 3.800,00

Para calcular o resultado com a situação proposta, temos que considerar que, apesar de haver demanda de 6.000 unidades, a capacidade da indústria é de apenas 5.000 unidades, logo ela não poderá produzir e vender mais do que isso. Assim, o resultado com a situação proposta é:

Resultado proposto:

Receita de venda: 5.000 un. x R$ 4,00	R$ 20.000,00
(-) Custo variável: 5.000 un. x R$ 1,20	R$ 6.000,00
(-) Despesa variável (20% x R$ 20.000,00)	R$ 4.000,00
(-) Custo Fixo	R$ 6.000,00
(=) Resultado	R$ 4.000,00

Caso a empresa adote a redução de preço para aproveitar o aumento de demanda, mantendo a estrutura atual de custos fixos e a **capacidade produtiva**, o resultado final da empresa aumentará em R$ 200,00 (R$ 4.000,00 – R$ 3.800,00).

Alternativa letra b).

22. Total dos custos fixos a serem distribuídos proporcionalmente aos custos diretos consumidos pela produção de ALFA, BETA e GAMA: R$ 120.000,00.

Produto	Volume produzido	Custo direto por unidade (R$)	Custo direto total (R$)	Proporção (%)	Custos fixos distribuídos (R$)
ALFA	8.000 un.	10,50	84.000,00	48%	57.600,00
BETA	5.000 un.	11,20	56.000,00	32%	38.400,00
GAMA	2.000 un.	17,50	35.000,00	20%	24.000,00
		Total	175.000,00	100%	120.000,00

Custo total = custos diretos mais custos indiretos.
Custo total de BETA = R$ 56.000,00 + R$ 38.400,00 = R$ 94.400,00

Alternativa letra b).

23. Custo fixo total = R$ 297.000,00

Custo variável por unidade = R$ 693.000,00 ÷ 99.000 un. = R$ 7,00/un.

Custo variável para a produção de 74.250 unidades = R$ 7,00 x 74.250 un. = R$ 519.750,00

Custo total (CF + CV) para a produção de 74.250 unidades = R$ 297.000,00 + R$ 519.750,00 = R$ 816.750,00

Custo por unidade = R$ 816.750,00 ÷ 74.250 unidades = R$ 11,00/un.

Alternativa letra b).

24. Total dos custos indiretos de fabricação a serem distribuídos proporcionalmente ao total de unidades produzidas no mês dos produtos X e Z: R$ 15.000,00.

Rateio

Produto X	1.000 un.	66,67%
Produto Z	500 un.	33,33%
Total	1.500 un.	100%

Custos indiretos

Produto X	R$ 15.000,00 x 66,67% = R$ 10.000,00
Produto Z	R$ 15.000,00 x 33,33% = R$ 5.000,00

Custo unitário – Produto X

Matéria-prima consumida	R$ 8.000,00
Mão de obra consumida	R$ 6.000,00
Custos indiretos	R$ 10.000,00
Total dos custos produto X	R$ 24.000,00 ÷ 1.000 un. = R$ 24,00

Custos unitário – Produto Z

Matéria-prima consumida	R$ 10.000,00
Mão de obra consumida	R$ 6.000,00
Custos indiretos	R$ 5.000,00
Total dos custos produto Z	R$ 21.000,00 ÷ 500 un. = R$ 42,00

Alternativa letra a).

25. O custeio por absorção é um sistema de custeio em que serão alocados aos produtos todos os custos, sejam fixos ou variáveis, diretos ou indiretos.

A matéria-prima e a mão de obra direta são classificadas como custos diretos e variáveis, pois podem ser alocados perfeitamente a cada produto e seu valor total varia em função da quantidade produzida. Esses custos estão alocados a cada produto da seguinte forma:

Produto 1: R$ 200,00 + R$ 100,00 = R$ 300,00

Produto 2: R$ 300,00 + R$ 300,00 = R$ 600,00

Produto 3: R$ 100,00 + R$ 300,00 = R$ 400,00

Falta alocar a cada produto o terceiro elemento que são os custos indiretos de fabricação (CIF). Segundo dados da questão o total de CIF foi R$ 2.520.000,00 e que a sua alocação aos produtos é feita em função da quantidade de horas de mão de obra direta. Calculando a quantidade total de horas de mão de obra de cada produto:

Produto 1: 1.000 un. x 2 h = 2.000 horas.

Produto 2: 1.500 un. x 2 h = 3.000 horas.

Produto 3: 2.000 un. x 1 h = 2.000 horas.

Total de horas utilizadas: 7.000 horas.

Taxa de CIF: R$ 2.520.000,00 ÷ 7.000 h = R$ 360,00 por hora de mão de obra direta.

Verificando quanto que será alocado a cada produto de custos indiretos:

Produto 1: 2 h x R$ 360,00 = R$ 720,00
Produto 2: 2 h x R$ 360,00 = R$ 720,00
Produto 3: 1 h x R$ 360,00 = R$ 360,00

Total de custos alocados para cada produto:

| | MP | MOD | CIF | CT |
| | | | | |

Produto 1: R$ 200,00 + R$ 100,00 + R$ 720,00 = R$ 1.020,00
Produto 2: R$ 300,00 + R$ 300,00 + R$ 720,00 = R$ 1.320,00
Produto 3: R$ 100,00 + R$ 300,00 + R$ 360,00 = R$ 760,00

Alternativa letra d).

26. CIF totais: R$ 250.000,00
Base de rateio: matéria-prima consumida em cada produto.

Produto	Matéria-prima consumida (R$)	Proporção (%)	Custos indiretos distribuídos (R$)
Produto A	80.000,00	20%	50.000,00
Produto B	120.000,00	30%	75.000,00
Produto C	200.000,00	50%	125.000,00
Total	400.000,00	100%	250.000,00

Custo total do produto C:

Matéria-prima consumida:	R$ 200.000,00
Mão de obra direta:	R$ 21.000,00
Energia elétrica direta:	R$ 9.000,00
CIF rateado:	R$ 125.000,00
Total	R$ 355.000,00

Alternativa letra d).

27. Custos indiretos a ratear: R$ 36.000,00
Critério de rateio para os produtos: horas de máquinas trabalhadas em cada produto. Foi concluída a produção de 300 unidades, em quantidades rigorosamente iguais de Alfa, Beta e Delta. Se são três produtos diferentes e o total de 300 unidades, logo, foram fabricadas 100 unidades de cada produto.
A quantidade de horas-máquina consumidas em cada produto foi:

Alfa: 120 hm
Beta: 240 hm
Delta: 360 hm
Total: 720 hm

Calculando a proporção pela taxa de aplicação de CIF:
Taxa de CIF = $ 36.000,00 ÷ 720 hm = $ 50/hm
CIF Alfa = 120 hm x $ 50,00 = $ 6.000,00 ÷ 100 un. = 60,00/un.
CIF Beta = 240 hm x $ 50,00 = $ 12.000,00 ÷ 100 un. = 120,00/un.
CIF Delta = 360 hm x $ 50,00 = $ 18.000,00 ÷ 100 un. = 180,00/un.

Custos totais:

	CD		CIF	Custo total		
Alfa	250,00	+	60,00	=		310,00
Beta	250,00	+	120,00	=		370,00
Delta	250,00	+	180,00	=		430,00

Alternativa letra b).

28. Total dos custos indiretos a ratear: $ 1.700.000,00
Base de rateio: tempo total de produção
Tempo total de produção: (A: 975 horas + B: 525 horas) = 1.500 horas
Calculando a proporção para rateio dos custos indiretos de fabricação:
Produto A: (975 h ÷ 1.500 h) x 100 = 65%
Produto B: (525 h ÷ 1.500 h) x 100 = 35%

Alocação dos CIF:
Produto A: $ 1.700.000,00 x 65% = $ 1.105.000,00
Produto B: $ 1.700.000,00 x 35% = $ 595.000,00

Alternativa letra c).

29. Custos indiretos de fabricação a ratear: $ 1.700.000,00
Base de rateio: quantidade produzida de cada produto:
Total produzido: (A: 1.890 unidades + B: 810 unidades) = 2.700 unidades

Calculando as proporções para realização do rateio:
Produto A: (1.890 un. ÷ 2.700 un.) x 100 = 70%
Produto B: (810 un. ÷ 2.700 un.) x 100 = 30%

Distribuindo os CIF:
Produto A: $ 1.700.000,00 x 70% = $ 1.190.000,00
Produto B: $ 1.700.000,00 x 30% = $ 510.000,00

Custo total de cada produto (custos diretos + custos indiretos rateados):
Produto A: $ 500.000,00 + $ 1.190.000,00 = $ 1.690.000,00
Produto B: $ 670.000,00 + $ 510.000,00 = $ 1.180.000,00

Alternativa letra d).

30. Custos indiretos ratear: R$ 4.000.000,00
Critério de rateio: horas-máquina (hm).
Total de horas de máquinas: 40.000 hm (25.000 hm + 15.000 hm)
Custos indiretos por hora-máquina: R$ 4.000.000,00 ÷ 40.000 hm = R$ 100,00 p/hm

Custos totais por unidade do produto A:
-   Custos diretos: R$ 20,00
-   Custos indiretos: R$ 100,00 x 15.000 hm = R$ 1.500.000,00
-   Custos indiretos por unidade: R$ 1.500.000,00 ÷ 100.000 un. = R$ 15,00

Custo unitário: R$ 20,00 + R$ 15,00 = R$ 35,00

Alternativa letra b).

31. Observando os dados da questão, no custo A o valor total é igual, independentemente da quantidade produzida. Verifica-se que em termos unitários o valor é modifi-
cado em função da quantidade produzida. Logo, esse custo é fixo.

Já o custo B o valor total é diferente conforme a quantidade produzida. Em termos unitários esse valor mantém-se. Se o custo varia em função da quantidade produzida ele é classificado como custo variável.

Alternativa letra d).

32. Os custos e despesas variáveis são aqueles que oscilam, proporcionalmente, à produção e à venda, respectivamente.

A questão pede o total dos custos e despesas variáveis por produto. Assim, temos que multiplicar o valor dos custos variáveis pelas quantidades consumidas e, no caso das despesas variáveis (comissões), multiplicar o percentual da comissão pelo preço de venda líquido.

Telefone preto:

Custos variáveis:
– Mão de obra direta: $ 10,00 x 0,5 h = $ 5,00
– Materiais diretos: $ 4,00 x 2 kg = $ 8,00

Despesas variáveis:
– Comissões: R$ 60,00 x 5% = $ 3,00
– Gastos variáveis por unidade: $ 5,00 + $ 8,00 + $ 3,00 = $ 16,00

Telefone vermelho:

Custos variáveis:
– Mão de obra direta: $ 10,00 x 0,35 h = $ 3,50
– Materiais direto: $ 4,00 x 1 kg = $ 4,00

Despesas variáveis:
– Comissões: $ 40,00 x 5% = $ 2,00
– Gastos variáveis por unidade: $ 3,50 + $ 4,00 + $ 2,00 = $ 9,50

Alternativa letra d).

33. Para encontrar o gabarito dessa questão vamos precisar analisar cada uma das alternativas:

a) Opção correta. O custo fixo da empresa é de R$ 116.000,00, pois quando não houve nenhuma produção, o custo total da fábrica, ou seja, custos fixos e variáveis, foi de R$ 116.000,00.

b) Opção incorreta. O custo variável unitário da empresa é inferior a R$ 6,00, ou seja R$ 2,74.

Vale lembrar que o custo fixo é de R$ 116.000,00 no mês em que nenhuma unidade do seu produto foi fabricada. O custo total no momento da produção das 35.000 unidades é de R$ 212.000,00. Assim, o custo variável total será de R$ 96.000,00 (R$ 212.000,00 – R$ 116.000,00). Consequentemente, o custo variável unitário será de R$ 2,74 (R$ 96.000,00 ÷ 35.000 unidades).

c) Opção correta. Caso a empresa produzisse 30.000 unidades do seu produto, seu custo total seria inferior a R$ 200.000,00.

CT = CVu x q + CF
CT = R$ 2,74 x 30.000 + R$ 116.000,00
CT = R$ 82.200,00 + R$ 116.000,00 = R$ 198.200,00

d) Opção correta. Caso a empresa produzisse 32.000 unidades do seu produto, seu custo total seria superior a R$ 200.000.00.

$CT = CVu \times q + CF$

$CT = R\$ 2,74 \times 32.000 + R\$ 116.000,00$

$CT = R\$ 87.680,00 + R\$ 116.000,00 = R\$ 203.680,00$

Alternativa letra b).

34. O custo total é calculado pela seguinte fórmula: CT = Custos fixos + (quantidade produzida x custos variáveis unitários).

O custo unitário é calculado da seguinte forma: Custo unitário = $CT \div$ quantidade produzida.

Mês de abril os custos estavam assim dispostos:

$CT = CF + (CVu \times 40.000 \text{ un.}) = R\$ 600.000,00$

No mês de maio comportaram assim:

$CT = CF + (CVu \times 50.000 \text{ un.}) = R\$ 700.000,00$

A questão traz a informação de que os custos fixos são estáveis para essa faixa. Logo, o aumento de R\$ 100.000,00 (R\$ 700.000,00 – R\$ 600.000,00) deu-se em função do aumento dos custos variáveis. Estes custos aumentam proporcionalmente a quantidade produzida. O aumento de produção foi de 10.000 un. (50.000 un. – 40.000 un.). Logo, os custos variáveis unitários podem ser calculados dividindo o aumento nos custos totais pela variação de quantidade: R\$ 100.000,00 ÷ 10.000 un. = R\$ 10,00.

Alternativa letra c).

Capítulo 3 – Custeio por absorção

1. O custeio por absorção consiste na apropriação de todos os custos (diretos e indiretos, fixos e variáveis) para todos os produtos fabricados. Vamos, então, calcular o custo de cada produto:

Custos de produção

Materiais (metade do valor adquirido)	R\$ 250.000,00
Mão de obra: (55% do valor referente a salários e encargos)	R\$ 110.000,00
CIF: (40% dos gastos gerais)	R\$ 40.000,00
Custo da produção do período (CPP)	R\$ 400.000,00

No final do período, a empresa verificou que concluiu 75% da produção e vendeu 2/3 da produção acabada com uma margem de lucro de 50% sobre o custo de produção. Observe a, a seguir, o fluxo dos valores pelos os estoques:

Estoque de Produtos em Processo			Estoque de Produtos Acabados		
CPP 400.000,00	300.000,00 (a)	→ Produção acabada	(a) 300.000,00	200.000,00	→ Produção vendida (CPV)
	(75%)			(2/3)	
100.000,00			100.000,00		

O valor do estoque de produtos acabados corresponde a R\$ 100.000,00 (R\$ 300.000,00 – R\$ 200.000,00).

Como as unidades foram vendidas com margem de lucro de 50% sobre o custo, que foi de R\$ 200.000,00, então a receita de vendas foi de: R\$ 200.000,00 + (R\$ 200.000,00 x 50%) = R\$ 300.000,00.

As **despesas** do período correspondem aos seguintes valores:

45% da mão de obra	R$ 90.000,00
60% dos gastos gerais	R$ 60.000,00
Total das despesas	R$ 150.000,00

O **resultado** do período será:

Receita	R$ 300.000,00
(-) CPV	(R$ 200.000,00)
(-) Despesas	(R$ 150.000,00)
(=) Prejuízo	(R$ 50.000,00)

Alternativa letra e).

2. Inicialmente, vamos identificar os custos de produção:

Aluguel de fábrica	R$	30.000,00
Consumo de matéria-prima	R$	90.000,00
Custos diversos	R$	80.000,00
Mão de obra da fábrica	R$	80.000,00
Total	R$	280.000,00

Cálculo do custo unitário:
Custo unitário = R$ 280.000,00 ÷ 700 un.= R$ 400,00
Custo dos produtos vendidos = 480 un. x R$ 400,00 = R$ 192.000,00
Estoque final de produtos acabados = 220 un. x R$ 400,00 = R$ 88.000,00
Alternativa letra a).

3. Para apurar o custo unitário do serviço pelo Custeio por Absorção, basta somar todos os custos envolvidos na prestação de serviços e depois dividir pela quantidade de passageiros.
Vamos aos cálculos:

Combustível dos veículos	R$ 200.000,00
Depreciação dos veículos	R$ 18.500,00
Salários e encargos dos motoristas	R$ 36.700,00
Soma	R$ 255.200,00

Custo unitário do serviço por passageiro: R$ 255.200,00 ÷ 10.000 passageiros = R$ 25,52.
A taxa sobre as operações com cartão de 4% é despesa, pois está relacionada à venda do serviço e não à prestação do serviço em si.
Para classificarmos um gasto como custo, ele deve estar diretamente envolvido com a prestação do serviço. Os gastos posteriores ao serviço, ou seja, com a venda e com a parte administrativa, são tratados como despesas.
Alternativa letra a).

4. O método do Custeio por Absorção consiste na apropriação de todos os custos de produção aos bens fabricados; as despesas são lançadas diretamente no resultado do período.

Vamos aos cálculos:

Custo fixo total: 300 un. x R$ 12,00	= R$ 3.600,00
(+) Custo variável total: 300 un. x R$ 10,00	= R$ 3.000,00
(=) Custo total	= R$ 6.600,00

Alternativa letra b).

5. O custeio por absorção consiste na apropriação de todos os custos (diretos e indiretos, fixos e variáveis) para todos os produtos fabricados. Vamos, então, calcular o custo de cada produto:

Custo variável total (500 un. x R$ 15,00)	R$ 7.500,00
(+) Custo fixo total	R$ 2.000,00
(=) Custo total	R$ 9.500,00

Custo unitário (R$ 9.500,00 ÷ 500 un.)	R$ 19,00
CPV = 400 un. x R$ 19,00 =	R$ 7.600,00

Resultado

Vendas (400 un. x R$ 20,00)	R$ 8.000,00
(-) CPV	(R$ 7.600,00)
(=) Lucro bruto	**R$ 400,00**
(-) Despesas variáveis (400 un. x R$ 1,50)	(R$ 600,00)
(-) Despesas fixas	(R$ 350,00)
(=) Prejuízo	**(R$ 550,00)**

Alternativa letra d).

6. Inicialmente vamos calcular o custo de cada produto:

Produção	
Custos fixos	R$ 5.000,00
(+) Total dos custos variáveis (R$ 15,00 x 200 un.)	R$ 3.000,00
(=) Custo total da produção	R$ 8.000,00
Custo por produto = R$ 8.000,00 ÷ 200 un. = R$ 40,00	

Resultado (lucro bruto)	
Venda (150 un. x R$ 50,00)	R$ 7.500,00
(-) CPV (150 un. x R$ 40,00)	(R$ 6.000,00)
(=) Resultado	R$ 1.500,00
Apuração estoque final	
Estoque inicial	0,00
(+) Produção	R$ 8.000,00
(-) Saída de produtos vendidos (CPV)	(R$ 6.000,00)
(=) Saldo final de estoque	**R$ 2.000,00**

Outra forma de identificar o estoque final: 200 un. x R$ 40,00 = R$ 2.000,00
Alternativa letra c).

7. Os custos fixos totais são de R$ 42.750,00 para uma capacidade de 10.000 unidades, logo, qualquer oscilação no volume de produção abaixo desse nível até ele, manterá o mesmo valor como custo fixo.
Temos, então, que identificar o custo variável unitário: CVu = R$ 105.000,00 ÷ 10.000 un. = R$ 10,50/un.

Assim, o custo total para a produção de 9.500 unidades será:

Custos variáveis = R$ 10,50 x 9.500 un. = R$ 99.750,00
(+) Custos fixos.. = R$ 42.750,00
(=) Custo total da produção...................... R$ 142.500,00

O custo unitário será: R$ 142.500,00 ÷ 9.500 un. = R$ 15,00/un.
Alternativa letra d).

8. O custo primário compreende a soma da matéria-prima com a mão de obra direta.
Custo Primário = R$ 20.000,00 + R$ 15.000,00 = R$ 35.000,00.
Alternativa letra d).

9. A questão pode ser resolvida observando-se as fases de fabricação dos produtos, desde a saída do estoque de materiais (matéria-prima) até a saída do estoque de produtos acabados com a consequente apuração do CPV, como na sequência a seguir:

Custo da produção no período (CPP)

Consumo de matéria-prima	R$ 25.000,00
(+) Mão de obra direta	R$ 20.000,00
(+) Gastos gerais de fabricação	R$ 15.000,00
(=) Custo de produção no período	R$ 60.000,00

Custo da produção acabada (CPA)

Estoque Inicial de Produtos em Elaboração	R$ 7.500,00
(+) Custo de Produção no Período	R$ 60.000,00
(-) Estoque Final de Produtos em Elaboração	(R$ 10.000,00)
(=) Custo da Produção Acabada	R$ 57.500,00

Custo dos produtos vendidos (CPV)

Estoque inicial de produtos acabados	R$ 0,00
(+) Custo da produção acabada	R$ 57.500,00
(-) Custo dos produtos vendidos	(R$ 40.000,00)
(=) Estoque final de produtos acabados	**R$ 17.500,00**

Alternativa letra a).

10. Custos são gastos incorridos dentro do setor fabril de uma empresa industrial. Então, os gastos relacionados com outros setores não serão custos de produção, e sim despesas.

Como não há saldo inicial e nem final de produtos em processo, todos os custos gastos na produção serão custos da produção acabada. Vejamos a seguir:

Produção	(R$)
Matéria-prima consumida	31.800,00
(+) Mão de obra direta utilizada na produção	42.400,00
(+) Energia elétrica consumida na fábrica	5.240,00
(+) Depreciação das máquinas da produção	3.180,00
(=) Total da produção acabada	82.620,00

O custo da produção acabada foi de R$ 82.620,00; logo, a alternativa a) e b) estão incorretas.
Custo de transformação = MOD + CIF (são todos os gastos para transformar a matéria-prima em produto acabado) = R$ 50.820,00 (R$ 42.400,00 + R$ 5.240,00 + R$ 3.180,00). A alternativa c) também está incorreta.
Custo primário = MP + MOD = R$ 31.800,00 + 42.400,00 = R$ 74.200,00.

Alternativa d) está correta.

11. Inicialmente, temos que identificar o custo da matéria-prima alocada à produção, conforme a seguir:
CMP = EIMP + C – EFMP
CMP = R$ 13.500,00 + R$ 45.000,00 – R$ 31.500,00
CMP = R$ 27.000,00

Com o valor da matéria-prima aplicada, podemos encontrar o custo da produção do período (CPP), que vai compor a fórmula para a determinação do custo da produção acabada, a seguir:
CPP = MP + MOD + CIF
CPP = R$ 27.000,00 + R$ 99.000,00 + R$ 58.500,00 (R$ 22.500,00 + R$ 36.000,00) = R$ 184.500,00
CPA = EIPE + CPP – EFPE
CPA = R$ 54.000,00 + R$ 184.500,00 – R$ 9.000,00
CPA = R$ 229.500,00
Alternativa letra d).

12. A questão apresenta diversos itens de custos e despesas e seus respectivos valores; informa, ainda, que além destes não havia outros saldos, ou seja, são nulos (R$ 0,00).

Para o cálculo do custo dos produtos vendidos utilizaremos, apenas, os custos.

Vejamos a tabela a seguir:

Estoque inicial matéria-prima	R$ 0,00
(+) Compras	R$ 56.400,00
(–) Estoque final matéria-prima	(R$ 23.500,00)
(=) Custo da matéria-prima	R$ 32.900,00

(+) Mão de obra direta	R$ 28.200,00
(+) Custos indiretos de fabricação *	R$ 33.934,00
(=) Custo da produção do período (CPP)	R$ 95.034,00
(+) Estoque inicial produtos em elaboração	R$ 0,00
(–) Estoque final produtos em elaboração	(R$ 0,00)
(=) Custo da produção acabada (CPA)	R$ 95.034,00
(+) Estoque inicial produtos acabados	R$ 0,00
(–) Estoque final produtos acabados	(R$ 37.976,00)
(=) Custo dos produtos vendidos (CPV)	**R$ 57.058,00**

* O valor de R$ 33.934,00 corresponde à soma dos CIF apresentados:

Custos indiretos de fabricação (CIF)	Valor
Custos indiretos consumidos na fábrica	R$ 18.800,00
(+) Depreciação do equipamento de produção	R$ 1.034,00
(+) Mão de obra indireta	R$ 14.100,00
Soma	R$ 33.934,00

Alternativa letra c).

13. A questão pode ser resolvida observando-se as fases de fabricação dos produtos, desde a saída do estoque de matéria-prima (acrescentada dos demais insumos de produção) até a saída do estoque de produtos acabados com a consequente apuração do CPV, como na sequência a seguir:

Estoque inicial matéria-prima	4.800,00
(+) Compras	18.000,00
(-) Estoque final de matéria-prima (MP)	(0)
(=) Custo de MP	22.800,00
(+) Mão de obra direta	24.000,00
(+) CIF	16.000,00
(=) Custo da Produção do Período (CPP)	**62.800,00**
(+) Estoque inicial Produtos em Processo	7.200,00
(-) Estoque final Produtos em processo	(0)
(=) Custo da Produção Acabada (CPA)	**70.000,00**
(+) Estoque inicial Produtos Acabados	(0)
(-) Estoque final Produtos Acabados	(8.000,00)
(=) Custo dos produtos vendidos (CPV)	**62.000,00**

Observação: das compras efetuadas, 10% foram devolvidas por estarem fora das especificações. Logo, compras líquidas = R$ 20.000,00 – 10% = R$ 18.000,00.

Alternativa letra a).

14. Ver solução da questão 13.

Alternativa letra d)

15. O custo da produção acabada: CPA = EIPE + CPP – EFPE

O CPP = matéria-prima consumida + mão de obra direta + custos indiretos de fabricação

O custo dos produtos vendidos: CPV = EIPA + CPA – EFPA

Separando os dados para cálculo do CPP:

Consumo de matéria-prima: estoque inicial + compras líquidas – estoque final

Consumo de matéria-prima = R$ 220,00 + R$ 17.800,00 – R$ 80,00 – R$ 280,00

Consumo de matéria-prima = R$ 17.660,00

CPP = R$ 17.660,00 + R$ 13.800,00 + R$ 4.200,00 = R$ 35.660,00

Calculando o CPA:

CPA = R$ 1.220,00 + R$ 35.660,00 – R$ 800,00 = R$ 36.080,00

Calculando o CPV:

CPV = R$ 2.240,00 + R$ 36.080,00 – R$ 3.000,00 = R$ 35.320,00

Alternativa letra d).

16. Custo de transformação ou de conversão corresponde à soma da mão de obra direta com os custos indiretos de fabricação.

Alternativa letra c).

17. O custo de aquisição das matérias-primas compreende os gastos com transporte e seguro até o estabelecimento do comprador, se pagos por ele, os tributos devidos na aquisição ou importação e os gastos com desembaraço aduaneiro, excluindo-se os impostos recuperáveis através de créditos na escrita fiscal.

Para esta questão temos os seguintes dados:

- Valor da MP = R$ 3.000,00
- IPI = R$ 150,00 (incluso no valor)
- ICMS = R$ 342,00 (incluso no valor).
- Frete: pago pelo comprador = R$ 204,00.
- Impostos são recuperáveis, logo, deverão ser excluídos do valor da aquisição.

O frete que será adicionado ao estoque somente será o efetivamente pago pelo comprador. O frete de R$ 306,00 foi pago pelo vendedor, logo, este valor não será considerado para os cálculos.

Observe, ainda, que o IPI e o ICMS estão inclusos no valor da matéria-prima, de R$ 3.000,00. Logo, eles deverão ser excluídos desse valor.

Então, vamos aos cálculos:

Estoque de MP = Valor da MP – IPI – ICMS + frete (comprador)

Estoque de MP = R$ 3.000,00 – R$ 150,00 – R$ 342,00 + R$ 204,00

Estoque de MP = R$ 2.712,00

Alternativa letra b).

18. A indústria A comprou matéria-prima nas seguintes condições:

Custo da matéria-prima	R$ 80.000,00
IPI incidente na operação	R$ 8.000,00
ICMS	R$ 14.400,00
Desconto incondicional	R$ 5.400,00
Frete pago ao transportador	R$ 6.200,00

O frete em questão, foi pago ao transportador da matéria-prima pela indústria A. Dessa forma, ele fará parte do custo de aquisição.

Quanto ao desconto incondicional, este é uma redução de preço concedida no ato da venda e deve constar da nota fiscal de venda ou da fatura de serviços e não depende de evento posterior à emissão desses documentos.

Nesta questão, o custo da matéria-prima de R$ 80.000,00 não representa o valor pago ao fornecedor. Logo, o IPI, que é um imposto calculado por fora, não está embutido neste valor.

Vamos aos cálculos:

Estoque de MP = Custo da MP – ICMS – desconto incondicional + frete

Estoque de MP = R$ 80.000,00 – R$ 14.400,00 – R$ 5.400,00 + R$ 6.200,00 = R$ 66.400,00

Alternativa letra d).

19. Nos termos da NBC TG 16 (R2), o lote de matérias-primas deve ser registrado pelo seu custo de aquisição; os encargos financeiros decorrentes dessa aquisição devem ser registrados como despesa financeira.

Alternativa letra b).

20. Os itens a seguir, de acordo com a NBC TG 16 (R2), <u>deverão ser registrados como despesas</u> no resultado do período em que incorrerem:

a) valor anormal de desperdício de materiais, mão de obra ou outros custos de produção;

b) custos de estocagem, salvo quando necessários ao processo produtivo, como entre uma ou outra fase de produção;

c) despesas administrativas que não contribuem para trazer os estoques ao seu local e condição atuais;

d) despesas de comercialização, incluindo a venda e a entrega dos bens e serviços aos clientes (fretes, comissões, impostos sobre a venda); e, ainda

e) encargos financeiros decorrentes de compras a prazo, resultantes da diferença entre o preço de aquisição em condição normal de pagamento e o valor pago.

Alternativa letra d).

21. De acordo com a NBC TG 16 (R2), o valor de custo do estoque deve incluir todos os custos de aquisição e de transformação, bem como outros custos incorridos para trazer os estoques à sua condição e localização atuais. Dessa forma, o custo de aquisição compreende o preço de compra, os impostos de importação e outros tributos (exceto os recuperáveis junto ao fisco), bem como os custos de transporte, seguro, manuseio e outros diretamente atribuíveis à aquisição de produtos acabados, materiais e serviços. Descontos comerciais (incondicionais), devoluções e abatimentos e outros itens semelhantes devem ser deduzidos na determinação do custo de aquisição.

Vamos aos cálculos:

Valor de compra	R$ 25.000,00
(–) ICMS recuperável	(R$ 4.250,00)
(–) PIS 1,65% (recuperável)	(R$ 412,50)
(–) COFINS 7,6% (recuperável)	(R$ 1.900,00)
(=) Compras líquidas	R$ 18.437,50

O transporte das mercadorias, no valor de R$ 2.000,00, foi pago pela empresa vendedora, sem reembolso pela adquirente, logo não integrará o custo dos produtos.

Alternativa letra a).

22. Com base nos comentários iniciais da questão 21 anterior, vamos aos cálculos:

Valor de aquisição	R$ 1.000,00
(–) Tributos recuperáveis	(R$ 170,00)
(+) Tributos não recuperáveis	R$ 200,00
(+) Fretes	R$ 400,00)
(=) Compras líquidas	R$ 1.430,00

Os demais valores apresentados não farão parte do custo de aquisição:

Descrição	Valor	Motivo
Gastos com divulgação	R$ 100,00	Despesa
Gastos estimados necessários para se concretizar a venda	R$ 300,00	Despesa
Preço de venda	R$ 1.600,00	Receita

Alternativa letra b).

23. De acordo com a NBC TG 16 (R2) os estoques devem ser mensurados pelo valor de custo ou pelo valor realizável líquido, dos dois, o menor.

Alternativa letra d).

24. O custo de aquisição dos estoques compreende o preço de compra, os impostos de importação e outros tributos, *exceto os recuperáveis perante o fisco*, além dos gastos com transporte, seguro, manuseio e outros diretamente atribuíveis à aquisição de produtos acabados, materiais e serviços. Descontos incondicionais (comerciais), abatimentos e outras deduções semelhantes devem ser deduzidos na determinação do custo de aquisição dos estoques. A alternativa a) está incorreta.

Nos casos em que a entidade não puder atribuir custos específicos a itens identificados do estoque, o custo dos estoques deve ser atribuído pelo uso do critério PEPS ou pelo critério do custo médio ponderado. A alternativa b) está incorreta.

Outras formas para mensuração do custo de estoque, tais como o custo padrão ou o método de varejo, podem ser usadas por conveniência se os resultados aproximarem-se do custo. **A alternativa c) está correta.**

A alocação de custos fixos indiretos de fabricação às unidades produzidas deve ser baseada na capacidade normal de produção. Estabelecido este volume, a ociosidade será a diferença em relação ao volume realmente produzido. Assim, em casos de capacidade ociosa o volume de produção real é menor que o normalmente atingido. Os custos da ociosidade representam prejuízos dos períodos a que se referem, pois nada tem a ver com a produção real e, portanto, devem ser descarregados como despesas no período em que são incorridos. A alternativa d) está incorreta.

25. Ver comentários iniciais da questão 24.

Alternativa letra d).

26. De acordo com a NBC TG 16 (R2) – Estoques (critérios de valoração de estoque), o custo dos estoques de itens que não são normalmente intercambiáveis e de bens ou serviços produzidos e segregados para projetos específicos deve ser atribuído pelo uso da identificação específica dos seus custos individuais, ou seja, são atribuídos custos específicos a itens identificados do estoque.
No entanto, quando há grandes quantidades de itens de estoque que sejam geralmente intercambiáveis, a identificação específica de custos não é apropriada. Em tais circunstâncias, um critério de valoração dos itens que permanecem nos estoques deve ser usado, podendo ser o critério PEPS ou pelo critério do custo médio ponderado.
A entidade deve usar o mesmo critério de custeio para todos os estoques que tenham natureza e uso semelhantes para a entidade. Para os estoques que tenham usos diferentes em segmentos de negócios distintos, podem justificar-se diferentes critérios de valoração.
Alternativa letra e).

27. Itens I, II e II – Verdadeiros. De acordo com o texto contido na NBC TG 16 (R2) – Estoques. Alternativa letra d).

28. Segundo a NBC TG 16 (R2), estoques são ativos: mantidos para venda no curso normal dos negócios; em processo de produção para venda; ou na forma de materiais ou suprimentos a serem consumidos ou transformados no processo de produção ou na prestação de serviços.

Assim, custos de mercadorias vendidas (despesas), veículos de uso e software de uso (ativos não circulantes) não são estoques.
Alternativa letra b).

29. De acordo com a NBC TG 16 (R2), os estoques devem ser mensurados pelo valor de custo ou pelo valor realizável líquido, dos dois, o menor.
Valor realizável líquido é o preço de venda estimado no curso normal dos negócios deduzido dos custos estimados para sua conclusão e dos gastos estimados necessários para se concretizar a venda.

Vamos aos cálculos:

Merca-doria	Custo de aquisição	Valor realizável líquido			Valor a ser regis-trado no ativo (o menor)
		Preço de venda	(–) Gastos com vendas	(=) Valor realizável líquido	
A	R$ 420,00	R$ 500,00	R$ 100,00	**R$ 400,00**	R$ 400,00
B	**R$ 650,00**	R$ 900,00	R$ 130,00	R$ 770,00	R$ 650,00
C	R$ 900,00	R$ 850,00	R$ 170,00	**R$ 680,00**	R$ 680,00
	///			**Soma**	**R$ 1.730,00**

Comparado os resultados obtidos para o valor realizável líquido, as mercadorias A e C obtiveram valores menores do que os seus custos de aquisição; para a mercadoria B, prevaleceu, como menor custo, o de aquisição.

Alternativa letra a).

30. Ver comentários iniciais da questão 29.

Vamos aos cálculos:

Valor realizável líquido (VRL) de cada mercadoria:

VRL Tipo 1 = 16.000 – 4.000 = R$ 12.000,00

VRL Tipo 2 = 20.000 – 5.000 = R$ 15.000,00

VRL Tipo 3 = 24.000 – 6.000 = R$ 18.000,00

Em seguida, verificaremos qual o valor de mensuração é menor em cada tipo de mercadoria, se é o valor de custo ou se é o valor realizável líquido. Então, vejamos:

Mercadoria	Valor de custo	VRL	Ajuste
Tipo 1	**R$ 10.000,00**	R$ 12.000,00	///
Tipo 2	R$ 22.000,00	**R$ 15.000,00**	R$ 7.000,00
Tipo 3	**R$ 16.000,00**	R$ 18.000,00	///

Soma dos menores valores de cada tipo de mercadoria para chegarmos ao saldo final dos estoques:

Saldo dos Estoques = R$ 10.000,00 + R$ 15.000,00 + R$ 16.000,00 = R$ 41.000,00

Conforme observamos, haverá apenas ajuste a valor realizável líquido referente à mercadoria tipo 2 no valor de R$ 7.000,00.

Alternativa letra a).

31. De acordo com a NBC TG 16 (R2), os estoques devem ser mensurados pelo valor de custo ou pelo valor realizável líquido (VRL), dos dois, o menor.

O estoque está registrado ao custo unitário de R$ 2.000,00 (R$ 100.000,00 ÷ 50 un.).

O VRL, após pesquisa, é de R$ 1.500,00, mas ainda há despesa de 10% de comissão dos vendedores; assim, o valor realizável líquido será de R$ 1.350,00 [R$ 1.500,00 – (10% x R$ 1.500,00)].

O VRL está menor nesse caso e devemos optar por ele para avaliar o estoque de 50 unidades: 50 un. x R$ 1.350,00 = **R$ 67.500,00.**

Com o estoque avaliado ao VRL de R$ 67.500,00, temos, então, que reconhecer uma perda, pois anteriormente o estoque estava avaliado em R$ 100.000,00 a preço de custo.

Assim, o valor do ajuste de perda estimada no estoque será: R$ 100.000,00 – R$ 67.500,00 = **R$ 32.500,00.**

Alternativa letra b).

32. Nos termos da NBC TG 16 (R2), o valor realizável líquido, é o preço de venda estimado no curso normal dos negócios deduzido dos custos estimados para sua conclusão e dos gastos estimados necessários para se concretizar a venda, como comissões, por exemplo.

Alternativa letra d).

33. De acordo com a NBC TG 16 (R2), os estoques devem ser mensurados pelo valor de custo ou pelo valor realizável líquido (VRL), dos dois, o menor.

Temos que apurar o custo de aquisição total do estoque de produtos e comparar com o VRL desse estoque. Se o custo do estoque for menor que o VRL (o valor que a empresa vai obter com a venda), não há necessidade de ajuste. Se o VRL for menor, devemos ajustar o estoque, para reconhecer uma perda provável na realização do estoque.

Vamos aos cálculos:

Mercadoria	Quantidade inventariada	(x) Custo de aquisição unitário	(=) Custo do estoque total	VRL	Ajuste
I	80 unidades	R$ 100,00	R$ 8.000,00	R$ 10.000,00	///
II	15 unidades	R$ 120,00	R$ 1.800,00	**R$ 1.500,00**	**R$ 300,00**
III	23 unidades	R$ 180,00	R$ 4.140,00	R$ 4.500,00	///
IV	42 unidades	R$ 250,00	R$ 10.500,00	R$ 15.000,00	///

A única mercadoria que apresenta VRL menor que o custo do estoque é a mercadoria II, a qual deve ser ajustada, de $1.800 para $ 1.500, por meio do seguinte lançamento:

D – *Despesa com ajuste para perdas no estoque (resultado)*   *R$ 300*

C – *Ajuste para perdas no estoque (retificadora do ativo)*   *R$ 300*

Alternativa letra c).

34. Vamos comentar as opções:

a) Opção incorreta. Nos termos da NBC TG 16 (R2), para o cálculo do custo de ociosidade tem que se levar em conta a produção normal da fábrica, pois os custos indiretos de fabricação fixos serão alocados às unidades fabricadas com base no volume normal de produção. Estabelecido este volume, a ociosidade será a diferença em relação ao volume realmente produzido.

b) Opção incorreta. O custo de oportunidade representa o quanto a empresa investiu, em termos de remuneração, por ter aplicado seus recursos numa alternativa ao invés de em outra.

c) Opção incorreta. Os custos estimados para reinvestimento não estão relacionados com os custos de produção. O reinvestimento normalmente ocorre em função da aplicação dos lucros gerados pela empresa nela própria.

d) **Opção correta.** Nos termos da NBC TG 16 (R2), o preço de venda estimado no curso normal dos negócios, **deduzido dos custos estimados para sua conclusão** e dos gastos estimados necessários para se concretizar a venda.

Alternativa letra d).

35. Dados da questão:

Custos indiretos totais: de $ 1.700.000,00
Custos indiretos fixos: de $ 1.000.000,00
Custo indireto variável: $ 350,00 por unidade

Conforme a NBC TG 16 (R2), *"(...) o valor do custo fixo alocado a cada unidade produzida não pode ser aumentado por causa de um baixo volume de produção ou ociosidade. Os custos fixos não alocados aos produtos devem ser reconhecidos diretamente como despesa no período em que são incorridos"*.

Com base no que prevê a citada norma, dos custos indiretos fixos de $ 1.000.000,00, serão utilizados na produção apenas 40% ($ 400.000,00), que foi o percentual referente às unidades produzidas, restando, para o reconhecimento como despesa do período, o valor de $ 600.000,00.

Alternativa letra c).

36. Segundo o Pronunciamento Técnico CPC 29 – Ativo Biológico e Produto Agrícola (NBC TG 29 – R2), os estoques que compreendam o produto agrícola que a entidade tenha colhido (feijão, soja, lã, leite etc.), proveniente dos seus ativos biológicos (um animal ou uma planta, vivos), devem ser mensurados no reconhecimento inicial pelo seu valor justo deduzido dos gastos estimados no ponto de venda no momento da colheita.

Alternativa letra d)

37. Custo de aquisição das mercadorias em 03.01.20x3:

120 un. x R$ 106,67 =	R$ 12.800,40
(+) Frete	R$ 500,00
(+) Seguro	R$ 300,00
(=) Valor Líquido	R$ 13.600,40

Custo unitário = R$ 13.600,40 ÷ 120 un. = **R$ 113,34**

Ficha de controle de estoque (critério custo médio ponderado)										
		Entradas			Saídas			Saldo		
Data	Histórico	Qtd	V. unit	V. total	Qtd	V. unit	V. total	Qtd	V. unit	V. total
01.01.20x2	Saldo inicial							200	100,00	20.000,00
03.01.20x3	Aquisição	120	113,34	13.600,40				320	105,00	33.600,40
12.01.20x3	Venda				180	105,00	18.900,23	140	105,00	14.700,18

No momento da venda em 12.01.20x3, o custo médio unitário era R$ 105,00. Não há a necessidade de continuar desenvolvendo a questão após o dia 12.01.20x3. Atenção para o enunciado!

Alternativa letra d).

38. Custo da matéria-prima = EIMP + C – EFMP
CMP = 82.500,00 + 1.950.000,00 – 340.000,00 = 1.692.500,00
Alternativa letra b).

39. Podemos resolver esta questão utilizando o método do inventário periódico e, inicialmente, vamos calcular o custo das mercadorias vendidas (CMV) do exercício de 20x2:
CMV = EI (estoque final de 20x1) + C – EF
CMV = R$ 48.000,00 + (R$ 600.000,00 + R$ 12.000,00 + R$ 57.000,00) - R$ 25.000,00
CMV = R$ 692.000,00

Resultado

Receita bruta de vendas	R$ 1.000.000,00
(–) Devolução de vendas	(R$ 20.000,00)
(=) Receita de vendas líquidas	R$ 980.000,00
(–) CMV	(R$ 692.000,00)
(=) Lucro bruto	**R$ 288.000,00**
(–) Despesas de frete sobre vendas	(R$ 45.000,00)
(–) Demais despesas operacionais	R$ 211.000,00
(=) Lucro operacional	**R$ 32.000,00**

Alternativa letra c)

40. Cálculo do custo de aquisição (valor líquido)

Data	Total da NF	(-) Impostos recuperáveis	(=) Valor líquido
02.12.20x3	R$ 2.400,00	(-) R$ 528,00	R$ 1.872,00
23.12.20x3	R$ 1.300,00	(-) R$ 286,00	R$ 1.014,00
23.12.20x3	R$ 1.400,00	(-) R$ 308,00	R$ 1.092,00

Ficha de controle de estoque (critério PEPS)									
Data	Entradas			Saídas			Saldo		
	Qtd	Valor	Total	Qtd	Valor	Total	Qtd	Valor	Total
01.12.20x3							70	15,00	1.050,00
02.12.20x3	100	18,72	1.872,00				100	18,72	1.872,00
23.12.20x3	50	20,28	1.014,00				50	20,28	1.014,00
23.12.20x3	60	18,20	1.092,00				60	18,20	1.092,00
Total estoque em 23.12.20x3							280		5.028,00

Após as aquisições efetuadas no mês de dezembro de 20x3, 280 unidades ficaram disponíveis para a utilização na produção. Como em 31/12/x3 restaram 120 unidades, conclui-se que foram utilizadas 160 unidades na produção (280 un. – 120 un.). Vamos, então, ao cálculo da baixa das 160 unidades:

Data	Entradas			Saídas		
	Qtd	Valor	Total	Qtd	Valor	Total
31.12.20x3				70	15,00	1.050,00
				90	18,72	1.684,80
Custo total da matéria-prima				160		2.734,80

Alternativa letra b).

41. A questão não menciona o caso de inflação de preços e, quando isso acontece, devemos considerá-la. Assim, pelo critério PEPS, o custo da matéria-prima é apurado com base nas primeiras entradas (valores menores) e o estoque final com base nos valores atuais (maiores). Logo, apura-se o menor custo para a matéria-prima consumida na fabricação de produtos quando se utiliza o PEPS.

Alternativa letra a).

42. Vamos inicialmente calcular os valores de aquisição:

Data	Valor de aquisição	(+) Frete	(=) Valor de aquisição total	(÷) Quanti--dade	(=) Custo de aquisi-ção unitário
02/01	R$ 5.700,00	R$ 300,00	R$ 6.000,00	30 un.	R$ 200,00
04/01	R$ 4.450,00	R$ 550,00	R$ 5.000,00	25 un.	R$ 200,00
12/01	R$ 7.000,00	//	R$ 7.000,00	35 un.	R$ 200,00
19/01	R$ 4.600,00	//	R$ 4.600,00	20 un.	R$ 230,00

Custo das saídas:

PEPS: como a venda do dia 15/01 foi de 70 unidades, podemos valorar as respectivas saídas de mercadorias por R$ 200 cada unidade, pois não houve variação no custo unitário de entrada até o momento dessa venda. Assim, CMV = 70 unidades x R$ 200,00 = R$ 14.000,00,

Custo médio ponderado móvel: vamos calcular a média dos estoques e efetuar as saídas pelas vendas:

Data	C. Unitário	Quantidade	Custo total	
02/01 (compra)	R$ 200,00	30 un.	R$ 6.000,00	
04/01 (compra)	R$ 200,00	25 un.	R$ 5.000,00	
12/01 (compra)	R$ 200,00	35 un.	R$ 7.000,00	
Custo médio	R$ 200,00	90 un.	R$ 18.000,00	
15/01 (venda)	*R$ 200,00*	*(50 un.)*	*(R$ 10.000,00)*	*CMV*
Saldo	R$ 200,00	40 un.	R$ 8.000,00	
19/01 (compra)	R$ 230,00	20 un.	R$ 4.600,00	
Custo médio	R$ 210,00	60 un.	R$ 12.600,00	
30/01 (venda)	*R$ 210,00*	*(20 un.)*	*(R$ 4.200,00)*	*CMV*
Saldo	R$ 210,00	40 un.	R$ 8.400,00	

CMV = R$ 10.000,00 + R$ 4.200,00 = R$ 14.200,00

Total da Receita: $ 25.000,00 + R$ 10.000,00 = R$ 35.000,00

Apuração do Resultado Bruto:

	PEPS	Custo Médio
Receita Vendas	R$ 35.000,00	R$ 35.000,00
(–) CMV	(R$ 14.000,00)	(R$ 14.200,00)
(=) Lucro Bruto	R$ 21.000,00	R$ 20.800,00

Alternativa letra b).

43. Ficha de controle de estoque de produtos

Data	Entradas			Saídas			Saldo		
	Quantidade	Valor unitário	Total	Quantidade	Valor unitário	Total	Quantidade	Valor unitário	Total
02/02							80	20,00	1.600,00,
10/02	170	30,00	5.100,00				250	26,80	6.700,00
20/02				200	26,80	5.360,00	50	26,80	1.340,00
28/02	50	51,00	2.550,00				100	38,90	3.890,00
Soma	220		7.650,00	200	26,80	**5.360,00**	100	38,90	3.890,00

O custo dos produtos vendidos encontra-se na coluna "saídas", e o seu valor total é R$ 5.360,00.

Alternativa letra d).

44. Observamos no quadro apresentado na questão que a empresa efetuou apenas uma venda de 180 unidades, que deve ser baixada pelo critério PEPS (primeiro que entra é o primeiro que sai). Dessa forma, procederemos da seguinte maneira: primeiro, subtrairemos das 180 unidades requisitadas as 80 unidades da primeira compra (dia 6); vão faltar 100 unidades, que subtrairemos das 120 unidades compradas no dia 13, restando 20 unidades compradas nesse dia.

O valor do estoque de mercadorias, no final do mês de fevereiro de 20x7, será representado pelo estoque ainda não vendido, ou seja:

$$20 \text{ un. x R\$ } 440,00 = \text{R\$ } 8.800,00$$
$$+ 100 \text{ un. x R\$ } 480,00 = \underline{\text{R\$ } 48.000,00}$$
$$= \text{R\$ } 56.800,00$$

Alternativa letra b).

45. Ficha de controle de estoque da matéria-prima:

Data	Entradas			Saídas			Saldos		
	Quantidade	Custo Unitário	Custo Total	Quantidade	Custo Unitário	Custo Total	Quantidade	Custo Unitário	Custo Total
5/3	100	50,00	5.000,00				100	50,00	5.000,00
10/3	300	66,00	19.800,00				400	62,00	24.800,00
15/3				150	62,00	9.300	250	62,00	15.500,00
20/3	400	75,00	30.000,00				650	70,00	45.500,00
25/3	350	80,00	28.000,00				1.000	73,50	73.500,00
30/3				300	73,50	22.050	700	73,50	51.450,00
Soma	1.150		82.800,00	450		31.350	700	73,50	**51.450,00**

Alternativa letra c).

46. I. Os custos indiretos, como o próprio nome sugere, não são identificados diretamente com os produtos e serviços. Consequentemente, eles não podem ser relacionados a produtos específicos, exigindo, assim, que sejam estabelecidos critérios de rateio para serem devidamente alocados. A depreciação dos equipamentos enquadra-se nesse conceito. Item verdadeiro.

II. Nesse caso todos os custos são diretos. Todo o esforço de produção está relacionado a ele e todos os custos são apropriados a esse produto. Item verdadeiro.

III. Perda anormal é um gasto não intencional decorrente de fatores externos fortuitos ou da atividade normal da empresa. As perdas anormais de produção são apropriadas diretamente ao resultado, sem transitar pelo estoque. Item falso.

IV. No critério PEPS os itens mais antigos do estoque (comparados ou produzidos) serão os primeiros a serem utilizados ou vendidos, e os itens mais recentemente comprados ou produzidos irão permanecer no estoque final. Item verdadeiro.

V. De acordo com o critério do custo médio ponderado, o custo de cada item é determinado a partir da média ponderada do custo de itens semelhantes no começo de um período e do custo dos mesmos itens comprados ou produzidos durante o período. Item verdadeiro.

Alternativa letra d).

47. A mercadoria devolvida deverá ser contabilizada pelo valor do custo quando houve a saída para a produção. Dessa forma, no dia 26/01 houve a requisição ao custo unitário de R$ 165,00, com isso as unidades devolvidas serão contabilizadas por este mesmo valor. Alternativa letra b).

48. Produção (1º período): 8.000 unidades
Custo total = 24.000,00 + (8.000 un. x 3,00) = 48.000,00
Custo unitário = 48.000,00 ÷ 8.000 un. = 6,00/un.
Vendas: 5.000 unidades
Estoque final de produtos acabados = 3.000 un. x 6,00 = 18.000,00

Produção (2º período): 6.000 unidades
Custo total = 24.000,00 + (6.000 un. x 3,00) = 42.000,00
Custo unitário = 42.000,00 ÷ 6.000 un. = 7,00/un.
Vendas: 7.000 unidades

Ficha de controle de estoques – PEPS

Histórico	Entradas			Saídas			Saldo		
	Qtd	V. unit	V. total	Qtd	V. unit	V. total	Qtd	V. unit	V. total
EI (final do 1º período)							3.000	6,00	18.000,00
Produção (2º período)	6.000	7,00	42.000,00				6.000	7,00	42.000,00
Vendas				3.000	6,00	18.000,00			
				4.000	7,00	28.000,00	2.000	7,00	14.000,00
Soma	6.000		42.000,00	7.000		46.000,00	2.000	7,00	14.000,00

Resultado

Vendas: 7.000 un. x 8,00 =   56.000,00
(-) CPV   (46.000,00)
(=) Lucro bruto   10.000,00

Alternativa letra b).

49. Com o emprego do critério do custo médio ponderado fixo, o custo unitário dos itens em estoque é apurado para todo o período e aplica-se a todas as saídas, independentemente de estas terem sido efetuadas antes ou depois de novos lotes de compras. Assim, o custo médio ponderado fixo é apurado uma só vez e no final do período, após a última compra efetuada. Para obtê-lo, deve-se dividir o custo total das aquisições efetuadas pela quantidade total dessas mesmas aquisições.

Vamos aos cálculos das compras líquidas do período:

Dia	Operação	Quanti-dade/kg	Valor do produto (R$)	IPI	ICMS	Custo de aquisição líquido*
5	Compra	1.000	25.000,00	2.500,00	4.500,00	20.500,00
8	Compra	2.000	60.000,00	6.000,00	10.800,00	49.200,00
12	Compra	500	18.000,00	1.800,00	2.300,00	15.700,00
	Total	3.500	103.000,00		17.600,00	85.400,00

Sendo o IPI calculado por fora, não há a necessidade de excluí-lo. Exclui-se apenas, nesse caso, o ICMS.

Custo médio = R$ 85.400,00 ÷ 3.500 kg = R$ 24,40/kg
Requisição = (800 + 2.500) x R$ 24,40 = R$ 80.520,00

Alternativa letra b).

50. No custeio por absorção todos os custos são apropriados aos produtos, sejam eles fixos ou variáveis. Se observarmos, a quantidade fabricada não é a mesma da vendida, logo, existirá estoque final em cada período.

Mês de outubro

Custo unitário: [Custo fixo total + (custo variável unitário x quantidade)] ÷ quantidade
Custo unitário: [R$ 280.000,00 + (R$ 8,00 x 50.000 un.)] ÷ 50.000 un. = R$ 13,60.

Foram vendidos em outubro 30.000 unidades. Ficaram no estoque 20.000 unidades valoradas, cada uma, em R$ 13,60, perfazendo um total de R$ 272.000,00. Como a questão não informou estoque anterior ao mês de outubro, logo, o estoque inicial será igual a zero.

Mês de novembro

Os custos fixos ocorrem em todos os meses, no mesmo valor.

Custo unitário: [R$ 280.000,00 + (R$ 8,00 x 40.000 un.)] ÷ 40.000 un. = R$ 15,00.

O custo unitário neste mês aumentou. Isso se deve a diminuição da quantidade produzida e da consequente maior distribuição de custos fixos aos produtos.

Neste mês foram vendidas 50.000 unidades. É utilizado o critério PEPS para valoração do estoque. O estoque de produtos prontos está assim composto:

• Estoque Inicial: 20.000 un. x R$ 13,60 = R$ 272.000,00
• Produção do mês novembro: 40.000 un. x R$ 15,00 = R$ 600.000,00
• Total em estoque: 60.000 unidades.

Foram vendidas no mês de novembro 50.000 unidades. Serão baixadas do estoque as seguintes unidades pelo critério PEPS:

20.000 un. x 13,60 = R$ 272.000,00
30.000 un. x 15,00 = R$ 450.000,00

Estoque no final do mês de novembro: 10.000 un. x R$ 15,00 = R$ 150.000,00

Mês de dezembro

Custo unitário: [R$ 280.000,00 + (R$ 8,00 x 70.000 un.)] ÷ 70.000 un. = R$ 12,00

O estoque de produtos prontos está composto da seguinte forma:

• Estoque inicial: 10.000 un. x R$ 15,00 = R$ 150.000,00
• Produção do período: 70.000 un. x R$ 12,00 = R$ 840.000,00
• Produtos disponíveis para venda: 80.000 unidades.
• Vendas do período: 65.000 unidades.

As unidades vendidas serão baixadas do estoque como custo do produto vendido da seguinte forma (utilização do critério PEPS):

10.000 un. x R$ 15,00 = R$ 150.000,00
55.000 un. x R$ 12,00 = <u>R$ 660.000,00</u>
            CPV = R$ 810.000,00

Alternativa letra d).

51. Inicialmente, vamos calcular a saída da matéria-prima para a produção pelo critério custo médio ponderado móvel, conforme a seguir:

Histórico	Entrada	Saída	Saldo
EI	-	-	120.000 x 12,50 = 1.500.000
Compra	60.000 x 14,00 = 840.000	-	180.000 x **13,00** = 2.340.000
Saída	-	150.000 x 13,00 = **1.950.000**	30.000 x 13,00 = 390.000

Com a informação do custo da matéria-prima aplicada (R$ 1.950.00,00) e demais informações do enunciado da questão, podemos calcular o custo da produção do período e, em seguida, o custo unitário:

Custo da produção do período = MP + MOD + CIF

CPP = R$ 1.950.000,00 + R$ 900.000,00 + R$ 150.000,00 = R$ 3.000.000,00

Custo unitário = R$ 3.000.000,00 ÷ 150.000 un. = R$ 20,00/un.

Alternativa letra a).

52. Vamos calcular a movimentação de entrada e saída do estoque de matéria-prima no período pelo critério UEPS, conforme a seguir:

Ficha de controle de estoque de matéria-prima – lingotes de ferro (UEPS)

Dia	Entradas			Saídas			Saldo		
	Qtd	V.unit	V.total	Qtd	V.unit	V.total	Qtd	V.unit	V.total
12	100	10,00	1.000,00				100	10,00	1.000,00
13	200	12,50	2.500,00				200	12,50	2.500,00
14				80	12,50	1.000,00	100	10,00	1.000,00
							120	12,50	1.500,00
16				120	12,50	1.500,00	100	10,00	1.000,00
20	300	13,00	3.900,00				300	13,00	3.900,00
22				120	13,00	1.560,00	100	10,00	1.000,00
							180	13,00	2.340,00
Total	600		7.400,00	320		4.060,00	280		3.340,00

Após a movimentação registrada na ficha, no final do período sobraram 280 unidades no valor total de R$ 3.340,00. Alternativa letra d).

53. A mão de obra classificada como mão de obra direta (MOD), é aquela que pode ser identificada com cada produto, pois há uma medição de quanto tempo cada operário trabalhou em cada produto e quanto custa a hora de cada operário para a empresa. Para o cálculo da MOD é necessária a mensuração do tempo utilizado na fabricação do produto e multiplicá-lo pela taxa (custo) de MOD por hora de cada trabalhador aplicado na fabricação daquele bem.

A legislação trabalhista brasileira garante ao operário um mínimo de 220 horas mensais (44 horas semanais). No entanto, ele não aplica essas 220 horas integralmente na produção nesse período. Assim, a folha de pagamento é um custo fixo para as empresas, mas o custo de MOD não, sendo que esta representará as horas efetivamente aplicadas na produção.

Alternativa letra a).

54. O custo da mão de obra compreende os gastos com o pessoal envolvido direta ou indiretamente na produção da empresa industrial, englobando salários, encargos sociais e trabalhistas. Assim, a mão de obra pode ser classificada como direta (MOD) e indireta (MOI). A MOD é aquela que pode ser identificada com cada produto. Já a MOI, por ser um custo indireto, será apropriada à produção por meio de rateios. Logo, alternativas a) e b) estão incorretas.

O gasto com empregado que trabalha na produção operando mais de uma máquina e fabricando produtos diferentes, é considerado mão de obra indireta, pois sua força de trabalho atenderá à fabricação de diversos produtos indistintamente. **A alternativa c) está correta.**

Os gastos de transporte e de alimentação do pessoal da produção são gastos gerais de fabricação e, dessa forma, serão apropriados à produção por meio de rateio. A alternativa d) está incorreta.

Somente os gastos de mão de obra identificados com cada produto podem ser classificados como MOD. Gastos com os demais funcionários da produção, como gerente, supervisores, mecânicos, auxiliares etc., são apropriados como MOI. A alternativa e) está incorreta.

55. Vamos aos dados da questão:
– RSM = 48 dias (aos domingos; um ano tem 52 domingos em média, sendo que 4 já estão inclusos nas férias de 30 dias).
– Horas de trabalho: 42 horas semanais (de 2ª a sábado – 6 dias).
– 42 horas semanais são equivalentes a 6 dias por semana a 7 horas por dia.

Cálculo dos dias úteis no ano = 365 – 30 – 12 – 48 = 275 dias
Então, horas úteis no ano = 275 d x 7 h/d = 1.925 horas
Taxa MOD/h = $ 28.875,00 ÷ 1.925 h = $ 15,00/h

Alternativa letra a).

56. Dias à disposição da empresa:
Número total de dias do ano	365
(–) Domingos	(48)
(–) Sábados	(48)
(–) Férias	(30)
(–) Faltas abonadas e feriados	(15)
(=) Dias à disposição da empresa	224

Número de horas de trabalho por dia: 44 h ÷ 5 dias = 8,8 h
Custo total do funcionário para a empresa, por ano:	$ 14.732,67
(+) Contribuições Sociais (36,8%)	$ 5.421,62
(=) Custo total anual	$ 20.154,29

Número médio de horas que o funcionário fica à disposição da empresa, por ano: 8,8 h/dia × 224 dias = 1.971,20 horas.

Custo médio total por hora = $\frac{\$ 20.154,29}{1.971,20 \text{ h}}$ = **$ 10,22**

Alternativa letra b).

57. Dias à disposição da empresa:
Número total de dias do ano	365
(–) Férias	(30)
(–) Domingos (exclusive 4 já computados nas férias)	(48)
(–) Faltas abonadas e feriados	(13)
(=) Dias à disposição da empresa	274

Número de horas de trabalho por dia: 44 h ÷ 6 dias (de 2ª a sábado) = 7,33333 horas.

Número médio de horas que o funcionário fica à disposição da empresa, por ano: 7,33333 h/dia × 274 dias = 2.009,33 horas.

Custo total do funcionário para a empresa, por ano:

(+) Salário – 335 d x 7,33333 h x $ 8,00 =	$ 19.653,32
(+) Férias – 30 d x 7,33333 h x $ 8,00 =	$ 1.760,00
(+) Adicional de férias (1/3 sobre as férias) =	$ 586,67
(+) 13º salário – 30 d x 7,33333 h x $ 8,00 =	$ 1.760,00
(=) Remuneração anual	$ 23.759,99
(+) Contribuições sociais: 36,8% x $ 23.759,99 =	$ 8.743,68
(=) Gasto total	$ 32.503,67

Custo médio total por hora: = $\frac{\$ 32.503,67}{2.009,33 \text{ h}}$ = **$ 16,18**

Alternativa letra c).

58. Cálculo do custo MOD

Itens	Tempo de MOD	Custo de MOD (R$)	Custo de MOD para o conjunto de 100 unidades
Corpo metálico	80 un./h	8,00 por hora	(R$ 8,00 ÷ 80 un.) x 100 un. = R$ 10,00
Carga	125 un./h	4,00 por hora	(R$ 4,00 ÷ 125 un.) x 100 un. = R$ 3,20
Enchimento das cargas com tinta	200 un./h	6,00 por hora	(R$ 6,00 ÷ 200 un.) x 100 un. = R$ 3,00
Montagem das peças	250 un./h	4,00 por hora	(R$ 4,00 ÷ 250 un.) x 100 un. = R$ 1,60
///	///		Total do custo de MOD (100 un.) = **R$ 17,80**

Alternativa letra b)

59. A taxa de aplicação de CIF é uma predeterminação dos CIF e consiste em efetuar uma estimativa de qual será o valor destes num determinado período de produção, utilizando esse gasto predeterminado para apurar o custo de produção do período, antes de conhecer o custo real. No final do período, comparam-se os CIF aplicados com os CIF reais. As diferenças deverão ser apuradas e rateadas para a conta de estoques de Produtos em Elaboração, Produtos Acabados e para a conta de Custo dos Produtos Vendidos, ajustando, dessa forma, aqueles custos que ficaram subavaliados ou superavaliados.

Alternativa letra d).

60. Vamos iniciar fazendo o rateio dos custos indiretos pelos departamentos:

	Departamento de Corte	Departamento de Costura	Total
Área em m²	195	455	650
Proporção	*30%*	*70%*	*100%*

	Departamento de Corte	Departamento de Costura	Total
Consumo de energia em KWH	108	432	540
Proporção	*20%*	*80%*	*100%*

Produtos	Departamento de Corte	Departamento de Costura	CIF
Aluguel	30% $ 1.950,00	70% $ 4.550,00	$ 6.500,00
En. Elétrica	20% $ 1.160,00	80% $ 4.640,00	$ 5.800,00
Total	**$ 3.110,00**	**$ 9.190,00**	$ 12.300,00

Distribuição dos custos indiretos aos produtos:

Produtos	Departamento de Corte	Departamento de Costura	CIF
Calça	40% $ 1.244,00	30% $ 2.757,00	$ 4.001,00
Camisa	60% $ 1.866,00	70% $ 6.433,00	$ 8.299,00
Total	$ 3.110,00	$ 9.190,00	$ 12.300,00

Custo unitário do produto calça [(custo direto + custo indireto) ÷ quantidade produzida]

	Valores
(+) diretos	R$ 126.000,00
(+) indiretos	R$ 4.001,00
(=) total	R$ 130.001,00
(÷) quantidade	10.000 un.
(=) custo unitário	R$ 13,00

Alternativa letra a).

61. A questão trata do método de alocação direta. Neste método, os custos de cada departamento de serviços são distribuídos diretamente aos departamentos produtivos. Desse modo, teremos que desconsiderar o apoio simultâneo entre aqueles.

Como será feita a distribuição direta do departamento de serviço B para os departamentos produtivos C, D e E, em função do número de máquinas desses departamentos, deverá ser considerado somente o número de máquinas destes, conforme a seguir:

Elementos	Departamentos de Produção			Total
Máquinas	C	D	E	
Quantidade	15	20	5	40
%	37,5%	50%	12,5%	100%

Departamentalização dos CIF:

CIF	Departamentos de Serviços		Departamentos de Produção			Total dos CIF
	A	B	C	D	E	
Depreciação	20.000,00	25.000,00	15.000,00	12.000,00	8.000,00	80.000,00
Rateio A	(20.000,00)	8.000,00	3.750,00	3.600,00	4.650,00	0,00
Depreciação	0,00	33.000,00	18.750,00	15.600,00	12.650,00	80.000,00
Rateio B	0,00	(33.000,00)	12.375,00 (37,5%)	16.500,00 (50%)	4.125,00 (12,5%)	0,00

A parcela de custos fixos do departamento de serviços B a ser alocada no departamento de produção C é de R$ 12.375,00.

Alternativa letra e).

62. A questão trata do método de alocação recíproca ou reflexiva. Neste método, são considerados os serviços mútuos prestados por todos os departamentos de serviços e haverá o retorno de custos já distribuídos. Esse processo só terminará quando o custo a ser rateado deixar de existir ou for irrisório.

Vamos realizar a apropriação recíproca por meio de equações lineares e, conforme a tabela de distribuição dos custos, por departamento, temos o seguinte:
- O departamento de serviço 1 (DS1) descarregará os seus custos + os custos recebidos do DS2; e
- O departamento de serviço 2 (DS2) descarregará os seus custos + os custos recebidos do DS1.

Assim,

Custos descarregados pelo DS1 = R$ 100.000,00 + 30% dos custos descarregados pelo DS2.

Custos descarregados pelo DS2 = R$ 150.000,00 + 20% dos custos descarregados pelo DS1.

Como houve uma reciprocidade de descarregamento de custos entre os dois departamentos de serviços, faremos o seguinte cálculo:

– DS1 = R$ 100.000,00 + (0,30DS2)
– DS2 = R$ 150.000,00 + (0,20DS1)

Custos descarregados para DS1:

DS1 = R$ 100.000,00 + (0,30DS2)
DS1 = R$ 100.000,00 + [0,30 (R$ 150.000,00 + 0,20DS1)]
DS1 = R$ 100.000,00 + R$ 45.000,00 + 0,06DS1
DS1 – 0,06DS1 = R$ 100.000,00 + R$ 45.000,00
0,94DS1 = R$ 145.000,00
DS1 = R$ 145.000,00 ÷ 0,94
DS1 = R$ 154.255,32

Custos descarregados para DS2:

DS2 = R$ 150.000,00 + (0,20 x R$ 154.255,32)
DS2 = R$ 180.851,06

Alternativa letra b)

63. Esta questão solicita os valores que foram rateados do departamento A (de serviço) para os departamentos Alfa, Beta e Gama, respectivamente, que são departamentos de produção. A finalidade é distribuir os CIF dos departamentos de serviços para os departamentos de produção e, por último, alocar aos produtos.

O departamento A tem R$ 5.000,00 de CIF. Esse valor deverá ser distribuído, aos demais departamentos, de acordo com o número de empregados.

O número total de empregados é de 305, no entanto, os 5 empregados do departamento A não contam, haja vista que os custos desse departamento serão distribuídos. Logo, do departamento B até o departamento Gama totalizam 300 empregados.

Então, vamos aos cálculos da proporção de distribuição dos CIF:

- Departamento B: 18   Proporção: $(18 \div 300) \times 100 =$ 6%
- Departamento C: 21   Proporção: $(21 \div 300) \times 100 =$ 7%
- Departamento D: 24   Proporção: $(24 \div 300) \times 100 =$ 8%
- Departamento E: 30   Proporção: $(30 \div 300) \times 100 =$ 10%
- Departamento Alfa: 45   Proporção: $(45 \div 300) \times 100 =$ 15%
- Departamento Beta: 90   Proporção: $(90 \div 300) \times 100 =$ 30%
- Departamento Gama: 72   Proporção: $(72 \div 300) \times 100 =$ 24%

A distribuição dos custos indiretos do departamento A para os departamentos de produção será feita da seguinte forma:

Departamento Alfa: R$ 5.000,00 x 15% = R$ 750,00

Departamento Beta: R$ 5.000,00 x 30% = R$ 1.500,00

Departamento Gama: R$ 5.000,00 x 24% = R$ 1.200,00

Alternativa letra d).

64. A questão fornece a relação dos CIF e informa, no mesmo quadro, a base para que se proceda a distribuição desses gastos aos departamentos. Se observarmos, as bases escolhidas têm uma correlação com os custos indiretos.

A questão pede para calcular o valor do custo do aluguel da fábrica alocado ao departamento de pintura. Esse gasto será alocado proporcionalmente à área ocupada por cada departamento, conforme a seguir:

Base	Depto de Serviço			Depto de produção			Total
	ADM	Controle	Transporte	Usinagem	Pintura	Secagem	
Área M2	60	20	30	120	100	120	450
Proporção	13,33 %	4,44 %	6,67 %	26,67 %	22,22 %	26,67 %	100%

A proporção é calculada dividindo a área ocupada por cada departamento pelo total da área.

Calculando o valor do aluguel alocado ao departamento de pintura será: R$ 4.500,00 x 22,22% = R$ 1.000,00

Alternativa letra b).

65. O custo de depreciação no valor de R$ 42.500,00 é rateado aos departamentos proporcionalmente ao valor das máquinas existentes em cada departamento. O valor total das máquinas existentes é igual a R$ 500.000,00 (R$ 35.600,00 + R$ 56.740,00 + R$ 138.918,00 + R$ 187.350,00 + R$ 81.392,00).

Assim, o custo de depreciação alocado para o departamento de montagem será de R$ 15.924,75 [(R$ 187.350,00 ÷ R$ 500.000,00) x R$ 42.500,00].

Alternativa letra d).

66. Vamos iniciar calculando a proporção de consumo dos elementos de custos pelos departamentos:

Elementos	Departamento de Serviço	Departamento de Produção 1	Departamento de Produção 2	Total
Área ocupada (em m²)	20	50	30	100
Proporção	20%	50%	30%	100%
Empregados (quantidade)	40	60	100	200
Proporção	20%	30%	50%	100%
Máquinas (quantidade)	2	3	5	10
Proporção	20%	30%	50%	100%

Distribuição dos custos indiretos aos departamentos:

Gastos	Departamento de Serviço	Departamento de Produção 1	Departamento de Produção 2	Total de Custos Indiretos($)
Energia elétrica consumida	$ 10.000,00	$ 25.000,00	$ 15.000,00	$ 50.000,00
Água, telefone e alimentação	$ 20.000,00	$ 30.000,00	$ 50.000,00	$ 100.000,00
Depreciação	$ 2.400,00	$ 3.600,00	$ 6.000,00	$ 12.000,00
Custo total por departamento	**$ 32.400,00**	**$ 58.600,00**	**$ 71.000,00**	**$ 162.000,00**

Valor total dos custos comuns alocados ao Departamento de Serviços: **$ 32.400,00.** Alternativa letra d).

67. Os custos controláveis são aqueles que podem ser influenciados pelo gestor de determinado setor cujo desempenho se quer analisar e controlar. No entanto, há custos que não podem ser controlados pelo responsável por um departamento, embora possam ser controlados por alguém em nível hierárquico superior ao daquele que está sendo considerado.
Alternativa letra c).

Capítulo 4 – Sistemas de acumulação de custos – custos por ordem e custos por processo

1. Trata-se de uma questão sobre sistema de acumulação de custos por ordem. Nesse sistema, os custos vão sendo acumulados separadamente em cada ordem de produção emitida até que ela seja encerrada. Temos, então, as ordens 21.145 e 21.146, que foram iniciadas em fevereiro e terminadas em março; e a ordem 21.148, que foi iniciada e terminada em março.

Para solucionar esta questão, basta identificar (acumular) os custos com as suas respectivas ordens. No caso dos custos indiretos do mês corrente (março) no valor de R$ 6.000,00, estes deverão ser distribuídos a todas as ordens proporcionalmente aos gastos com mão de obra direta.

Vamos, então, identificar a taxa de aplicação de CIF por MOD:

Taxa de CIF = R$ 6.000,00 ÷ R$ 20.000,00 = R$ 0,30 de CIF para cada R$ 1,00 de MOD. Assim:

CIF OP 21145 = R$ 7.000,00 x 0,30 = $ 2.100,00
CIF OP 21146 = R$ 2.000,00 x 0,30 = $ 600,00
CIF OP 21148 = R$ 6.000,00 x 0,30 = $ 1.800,00

Distribuição dos custos identificados às OP:

	21145		21146		21148
fev	MP	9.000	MP	2.000	0
	MOD	14.000	MOD	1.000	0
	CIF	4.200	CIF	300	0
mar	MP	5.000	MP	3.000	MP 8.000
	MOD	7.000	MOD	2.000	MOD 6.000
	CIF	**2.100**	**CIF**	**600**	**CIF 1.800**
		41.300		**8.900**	**15.800**

Como essas OP foram completadas durante o mês, entregues e faturadas aos clientes, os saldos das contas relativas às OP serão transferidos para a conta Custo dos Produtos Vendidos.

CPV = R$ 41.300,00 + R$ 8.900,00 + R$ 15.800,00 = R$ 66.000,00.

Alternativa letra b).

2. Nesta questão, os custos indiretos do mês no valor de R$ 60.000,00 deverão ser distribuídos a todas as ordens proporcionalmente aos gastos com mão de obra direta.

No quadro a seguir, foi feita a alocação dos custos de produção às ordens com a distribuição dos CIF de R$ 60.000,00 proporcionalmente ao consumo de mão de obra direta por elas:

	MP	**MOD**	**% da MOD**	**CIF**	**Total**
OP1	16.000,00	30.000,00	60%	36.000,00	82.000,00
OP2	13.000,00	15.000,00	30%	18.000,00	46.000,00
OP3	11.000,00	5.000,00	10%	6.000,00	22.000,00
Total	40.000,00	50.000,00	100%	60.000,00	150.000,00

Considerando que as OP 1 e 2 foram completadas e os produtos foram enviados para o depósito de produtos acabados, a conta Produtos Acabados terá o saldo de R$ 128.000,00 (R$ 82.000,00 + R$ 46.000,00).

Alternativa letra c).

3. Todas as assertivas estão corretas, com exceção da assertiva III, pois no custeio por processo ou produção contínua, os produtos são fabricados para atender a uma demanda de mercado e não a uma encomenda específica. Na produção contínua, as contas nunca são encerradas quando os produtos ficam prontos, como acontece com as contas relativas às ordens de produção, pois há um fluxo contínuo de produtos em elaboração, acabados e produtos vendidos.

Alternativa letra e).

4. De acordo com Martins (2010), quando há danificações de matérias primas ou outros materiais diretos ou indiretos, quando da elaboração de determinadas ordens, dois procedimentos podem ser utilizados: apropriação à ordem que está sendo elaborada ou sua concentração dentro de custos indiretos para rateio à produção toda do período.

Alternativa letra c).

5. No início de fevereiro, duas ordens de produção estavam abertas com parte dos custos já acumulados. Neste mesmo mês, foram alocados mais custos nessas ordens e mais uma ordem de produção foi aberta: a OP 003.

Os CIF do mês de fevereiro no valor de R$ 225.000,00 serão alocados às ordens de produção de acordo com a proporção da mão de obra direta (critério de rateio adotado na questão).

Vamos aos cálculos:

Total da mão de obra direta: R$ 144.000,00

Proporção de mão de obra para cada OP:
OP 001: (R$ 28.800,00 ÷ R$ 144.000,00) x 100 = 20%
OP 002: (R$ 50.400,00 ÷ R$ 144.000,00) x 100 = 35%
OP 003: (R$ 64.800,00 ÷ R$ 144.000,00) x 100 = 45%

Distribuição dos CIF:
OP 001: R$ 225.000 x 20% = R$ 45.000,00
OP 002: R$ 225.000 x 35% = R$ 78.750,00
OP 003: R$ 225.000 x 45% = R$ 101.250,00

A conta de produtos em elaboração encerrou o mês de janeiro com o valor de R$ 252.000,00, referente às OP 001 (R$ 62.000,00) e 002 (R$ 190.000,00).

Segue a acumulação de custos nas OP no mês de fevereiro:

Custos	OP 001	OP 002	OP 003	Total
Saldo anterior	*R$ 62.000,00*	*R$ 190.000,00*	-	*R$ 252.000,00*
Matéria-prima	R$ 45.000,00	R$ 135.000,00	R$ 297.000,00	R$ 477.000,00
Mão de obra direta	R$ 28.800,00	R$ 50.400,00	R$ 64.800,00	R$ 144.000,00
CIF (rateados em fev.)	R$ 45.000,00	R$ 78.750,00	R$ 101.250,00	R$ 225.000,00
Total	R$ 180.800,00	R$ 454.*150,00*	R$ 463.050,00	R$ 1.098.000,00

As OP 001 e 002 foram totalmente acabadas e faturadas aos clientes por R$ 350.000,00 e R$ 580.000,00. O valor dos custos acumulados nessas duas OP é transferido para a conta de Custo dos Produtos Vendidos (R$ 180.800,00 e R$ 454.150,00).

Assim, o lucro bruto apurado, por ordem, será:

OP 001

Receita de venda	R$ 350.000,00
(-) CPV	(R$ 180.800,00)
(=) Lucro bruto	R$ 169.200,00

OP 002

Receita de venda	R$ 580.000,00
(-) CPV	(R$ 454.150,00)
(=) Lucro bruto	R$ 125.850,00

Alternativa letra e).

6. Na produção contínua ou por processo, o custo unitário (médio) dos produtos é obtido dividindo o custo total da produção (CPP) pela quantidade total produzida que, dependendo do caso, pode ser a produção equivalente do período (quando houver unidades em processamento no final do período).
Alternativa letra a).

7. O equivalente de produção é um artifício utilizado para calcular o custo médio por unidade quando existem produtos em elaboração no final de cada período; é o número de unidades que seriam totalmente iniciadas e terminadas se todo o custo fosse aplicado só a elas, em vez de ter sido usado para começar e terminar umas e apenas elaborar parcialmente outras.
Alternativa letra c).

8. Nesta questão, foi informado o grau de acabamento para cada elemento de custo. Logo, teremos que calcular o equivalente de produção para cada elemento de custos e depois calcular o custo unitário de cada elemento, para, então, somar os três custos unitários e encontrar o custo unitário de produção.
Foram iniciadas a produção de 1.000 unidades do produto Z, aos quais 700 unidades foram totalmente terminadas. Isso quer dizer que as 700 unidades estão 100% acabadas nos três elementos de custos, enquanto as 300 unidades em fabricação, estão parcialmente acabadas, conforme o quadro apresentado na questão.
Vamos aos cálculos:

Produção equivalente

MP: 700 un. + (300 un. x 100%) = 1.000 unidades
MOD: 700 un. + (300 un. x 80%) = 940 unidades
CIF 700 un. + (300 un. x 50%)   = 850 unidades

O próximo passo será calcular o custo unitário (médio) para cada fator de produção, dividindo o valor dos custos incorridos em cada elemento de custo e a produção equivalente por cada um dos fatores de produção:

Custo médio

MP: R$ 500.000,00 ÷ 1.000 un. = R$ 500,00
MOD: R$ 282.000,00 ÷ 940 un. = R$ 300,00
CIF: R$ 170.000,00 ÷ 850 un.   = R$ 200,00
                                 R$ 1.000,00

O custo unitário de produção será igual ao somatório dos três elementos de custos individualizados (R$ 500,00 + R$ 300,00 + R$ 200,00 = R$ 1.000,00). Esse é o valor do custo unitário de cada unidade acabada que será transferida da conta de Produtos em Elaboração para a conta Produtos Acabados.

Somando o total de cada elemento de custos, foram debitados na conta de Produtos em Elaboração o valor de R$ 952.000,00 (R$ 500.000,00 + R$ 282.000,00 + R$ 170.000,00).

O valor a ser transferido para a conta de Produtos Acabados será: 700 un. x R$ 1.000,00 = **R$ 700.000,00.**

Estoque de produtos em elaboração

O saldo da conta Produtos em Elaboração será: R$ 952.000,00 – R$ 700.000,00 = **R$ 252.000,00.**

Conciliando o saldo da conta Produtos em Elaboração (somente as unidades que estão parcialmente acabadas):

MP = 300 un. x 100% x R$ 500,00 = R$ 150.000,00
MOD = 300 un. x 80% x R$ 300,00 = R$ 72.000,00
CIF = 300 un. x 50% x R$ 200,00 =   R$ 30.000,00
                                             R$ 252.000,00

Alternativa letra c).

9. Nesta questão, não foi informado o grau de acabamento para cada elemento de custo, e sim um grau de acabamento geral considerando todos os elementos. Assim, vamos calcular o equivalente de produção para o conjunto.

Dados da questão:
- Custo de produção do período (CPP): R$ 558.000,00
- Unidades iniciadas no período: 1.500 unidades.
- Unidades totalmente acabadas no período: 1.200 unidades.
- Unidades em elaboração no fim do período: 300 unidades em um estágio de acabamento de 65%.

Cálculo da produção equivalente:

Unidades iniciadas e acabadas no período	1.200 unidades
Unidades iniciadas no período e ainda em elaboração consideradas proporcionalmente acabadas: 300 x 65%	195 unidades
Equivalente total de produção do período	1.395 unidades

Custo médio (unitário) da produção

R$ 558.000,00 ÷ 1.395 un. = R$ 400,00 por unidade.

O Custo da produção acabada do período

1.200 un. x R$ 400,00 = R$ 480.000,00.

Estoque final de produtos em elaboração (EFPE)

(300 un. x 65%) x R$ 400,000 = R$ 78.000,00

Alternativa letra b).

10. Cálculo da produção equivalente:

MP   = 8.500 un. + (3.600 un. x 100%) = 12.100 unidades
MOD = 8.500 un. + (3.600 un. x 2/3)   = 10.900 unidades
CIF   = 8.500 un. + (3.600 un. x 3/4)   = 11.200 unidades

Cálculo do custo médio unitário

MP: R$ 3.200.450,00 ÷ 12.100 un. =   R$ 264,50
MOD: R$ 749.920,00 ÷ 10.900 un. =   R$ 68,80
CIF: R$ 624.960,00 ÷ 11.200 un. =   R$ 55,80
Custo unitário   **R$ 389,10**

Alternativa letra d).

11. Complementando com a solução da questão 10, seguem os cálculos:
Produção acabada: 8.500 un. x R$ 389,10 = R$ 3.307.350,00
Estoque final da produção em processo = custo da produção do período – custo da produção acabada no período
(R$ 3.200.450,00 + R$ 749.920,00 + R$ 624.960,00) – R$ 3.307.350,00 = R$ 1.267.980,00

Conciliando o saldo da conta Produtos em Elaboração (somente as unidades que estão parcialmente acabadas):

MP (aplicação de 100% dos custos de MP): MP = (3.600 un. x 100%) x R$ 264,50 = R$ 952.200,00
MOD (aplicação de 2/3 dos custos de MOD): MOD = (3.600 un. x 2/3) x R$ 68,80 = R$ 165.120,00
CIF (aplicação de 3/4 dos custos de CIF): MOD = (3.600 un. x 3/4) x R$ 55,80   = R$ 150.660,00

Logo, EFPE = MP + MOD + CIF = R$ 1.267.980,00

Alternativa letra b).

12. O enunciado da questão informa que "a matéria-prima é totalmente requisitada do almoxarifado antes de se iniciar a produção". Isso significa que todo este insumo já foi aplicado tanto nas 700 unidades acabadas como nas 75 unidades em elaboração. Logo, o equivalente da produção deverá ser aplicado somente sobre a mão de obra direta e os custos indiretos de fabricação, ou seja, no custo de transformação.

Produção equivalente
MP = (100%) = 775 unidades
Custo de transformação (MOD + CIF) = 700 un. + (75 un. x 36%) = 727 unidades

Custo médio
MP = R$ 124.000,00 ÷ 775 un. = R$ 160,00
Custo de Transformação (MOD + CIF) = ($ 50.000,00 + $ 36.700,00) = $ 86.700,00 ÷ 727 un. = R$ 119,26
Custo médio = R$ 160,00 + R$ 119,26 = R$ 279,26

Custo da produção acabada
700 un. x R$ 279,26 = R$ 195.480,06

Estoque final de produtos em andamento
MP = 75 un. x R$ 160,00 =   R$ 12.000,00
C. Transf. (75 un. x 36%) x R$ 119,26 = R$ 3.219,94
                                   R$ 15.219,94

Alternativa letra c).

13. Foi iniciada a produção de 25.000 unidades, das quais 20.000 unidades foram totalmente acabadas. Ou seja, estas 20.000 unidades estão 100% acabadas para cada elemento de custo. Ainda faltam ser terminadas 5.000 unidades.

Cálculo do equivalente de produção para cada elemento de custo:

Produção equivalente
MP: (100%) = 25.000 unidades.
MOD: 20.000 un. + (5.000 un. x 80%) = 24.000 unidades.
CIF: 20.000 un. + (5.000 un. x 60%)   = 23.000 unidades.

Custo médio
MP: R$ 250.000,00 ÷ 25.000 un. =   R$ 10,00
MOD: R$ 198.000,00 ÷ 24.000 un. = R$ 8,25
CIF: R$ 138.000,00 ÷ 23.000 un. =   R$ 6,00
                                   R$ 24,25
Custo da produção acabada
20.000 un. x R$ 24,25 = **R$ 485.000,00**

Alternativa letra b).

14. Nesta questão, temos que calcular a produção equivalente do período considerando as unidades semiacabadas do período anterior, utilizando o critério PEPS.

Produção equivalente
18.000 un. + (2.000 un. x 50%) + (1.500 un. x 1/3) = 18.000 un. + 1.000 un. + 500 un. = 19.500 unidades
✓ A parcela de 1.000 unidades equivalentes é devida às unidades semiacabadas do mês, para as quais 50% de todos os custos já foram aplicados.
✓ A parcela de 500 unidades equivalentes corresponde ao terço remanescente (1/3 = 1 – 2/3) dos custos que ainda não haviam sido aplicados às 1.500 unidades que começaram a ser produzidas no primeiro mês e que foram terminadas no segundo mês.
Portanto, o custo médio unitário do segundo mês será: R$ 487.500,00 ÷ 19.500 un. = R$ 25,00 por unidade.

Alternativa letra d).

15. Com base na solução da questão 14, para calcular o custo da produção acabada no período, vamos somar o custo remanescente do período anterior com o custo do período atual utilizado para completar a unidades remanescentes e iniciar e terminar as unidades do período atual.
Vamos aos cálculos:

Estoque inicial de produtos em elaboração
(valor das unidades remanescentes) =.................R$ 15.000,00
(+) Custo para completar unidades do mês
 anterior (1.500 un. x 1/3 x R$ 25,00) =...............R$ 12.500,00
(+) Custo das unidades iniciadas e terminadas
no mês atual (18.000 un. x R$ 25,00) = ...R$ 450.000,00
(=) Custo da produção acabada ....R$ 477.500,00

Alternativa letra c).

16. Inicialmente, presumiremos que o PEPS é critério de controle de estoques utilizado pela empresa.

Se há estoque inicial em março (estoque final de fevereiro) de 20.000 unidades em um estágio de acabamento (na produção em fevereiro) de 40%, significa que o restante, ou seja, 12.000 un. (20.000 un. x 60 %), receberá custos de produção para a sua conclusão em março.

Vamos aos cálculos:

a) Produção concluída em março/x2: 20.000 un. (iniciadas em fevereiro) + 80.000 un. (iniciadas e terminadas em março) = 100.000 unidades.

b) Equivalente de produção:

20.000 un. (iniciadas em fevereiro) x 60% (percentual
a ser concluído em março)...= 12.000 un.
+ 80.000 un. (iniciadas e concluídas em março)...........= 80.000 un.
+ 40.000 un. (iniciadas em março
e não concluídas) x 50% de acabamento.......................= <u>20.000 un.</u>
                                        112.000 un.

c) Custo unitário (médio) de março: R$ 3.584.000,00 ÷ 112.000 un.= R$ 32,00.

d) Custo do estoque produtos acabados:
Valor do estoque inicial de fevereiro* .... = R$ 200.000,00
+ Unidades equivalentes de fevereiro
concluídas em março: 12.000 un. x R$ 32,00 = R$ 384.000,00
+ Unidades iniciadas e concluídas
em março: 80.000 un. x R$ 32,00.............. = <u>R$ 2.560.000,00</u>
                                        R$ 3.144.000,00

* Refere-se ao valor apurado da parcela de 40% das 20.000 unidades iniciadas no período anterior.

Alternativa letra c).

17. – Unidades equivalentes do período anterior: 6.000 unidades que estavam acabadas em 50% (1/2), logo, no período atual, foram aplicados custos equivalentes a: 6.000 un. x 50% = 3.000 unidades.

– Unidades do período atual totalmente acabadas: 16.000 unidades.

– Unidades equivalentes do período atual semiacabadas: 4.000 unidades com grau de acabamento de 2/5 (40%). Então, 4.000 un. x 40% = 1.600 unidades.

Em resumo:

Unidades em elaboração do mês anterior terminadas	3.000 un.	(6.000 unidades x ½)
(+) Unidades iniciadas e acabadas no mês	16.000 un.	(20.000 unidades iniciadas – 4.000 em elaboração ao final)
(+) Unidades iniciadas e parcialmente acabadas no mês	<u>1.600 un.</u>	(4.000 unidades x 2/5 de acabamento)
(=) Produção equivalente	20.600 un.	

O cálculo apresentado para se obter as unidades equivalentes do período obedeceu ao critério PEPS.

Alternativa letra a).

18. A questão desenvolve-se em dois períodos. Apesar disso, não há unidades semiacabadas passando do primeiro para o segundo período, o que facilita o cálculo das unidades equivalentes neste.

Vamos aos cálculos:

Produção equivalente no 2º período
2.000 un. + (600 un. x 1/3) = 2.200 unidades.

Custo unitário (médio)
R$ 5.500,00 ÷ 2.200 un. = R$ 2,50 por unidade.

Alternativa letra d).

19. O enunciado da questão informa que o material direto entra no início do processo. Isso significa que todo este insumo já foi aplicado tanto nas 7.000 unidades acabadas como nas 2.500 unidades em processamento e 500 unidades defeituosas. Logo, o equivalente da produção deverá ser aplicado somente sobre o custo de transformação (mão de obra direta e os custos indiretos de fabricação).

Vamos aos cálculos:

Produção equivalente
Materiais diretos (MD) = 7.000 un. + 2.500 un. + 500 un. = 10.000 unidades
CTr = 7.000 un. + (2.500 un. x 80%) + (500 un. x 10%) = 9.050 unidades

Custo médio
MD = R$ 200.000,00 ÷ 10.000 un.   = R$ 20,00
CTr = R$ 226.250,00 ÷ 9.050 un.   = R$ 25,00
                                                      R$ 45,00

Custo da produção acabada do período
Para este cálculo, além do custo médio apurado, cada unidade recebe custos específicos de R$ 12,00.

Assim, teremos:
   7.000 un. x R$ 45,00 =R$ 315.000,00
+ 7.000 un. x R$ 12,00 =R$ 84.000,00
                                    R$ 399.000,00

Custo dos produtos em processo (em processamento no final do período)
MD = (2.500 un. x 100%) x R$ 20,00 =R$ 50.000,00
CTr = (2.500 un. x 80%) x R$ 25,00 = R$ 50.000,00
                                                        R$ 100.000,00

Custo atribuído aos produtos defeituosos
MD = (500 un. x 100%) x $ 20,00 =R$ 10.000,00
CTr = (500 un. x 10%) x $ 25,00 = R$ 1.250,00
                                                    R$ 11.250,00

Alternativa letra e).

20. A questão pede somente o custo dos produtos em elaboração do Produto "C". Então, vamos aos cálculos:
- Matéria-prima: toda a matéria-prima necessária para produzir as 300 unidades (acabadas e em elaboração) foi integralmente aplicada na produção. Assim, o custo da matéria-prima será: 300 un. x R$ 18,00 = 5.400,00.
- Mão de obra: custo total para os três produtos, no valor de R$ 25.500,00, distribuído aos produtos de acordo com a quantidade produzida. A questão informa as quantidades produzidas de "A" (200 un.) e de "B" (100 un.), mas quantas serão as unidades produzidas de "C" para que possamos fazer o rateio da mão de obra?
A produção em elaboração do produto "C" está num estágio de 70% de acabamento em relação à mão de obra. Isso significa que este produto recebeu recursos para a produção equivalente de 210 unidades (300 un. x 70%). Assim, as quantidades acabadas dos produtos "A" + "B" + "C" (este equivalentemente), para fins de rateio da mão de obra, serão de 510 unidades (200 un. + 100 un. + 210 un.); e o custo da mão de obra do produto "C", após o rateio, será: (R$ 25.500,00 ÷ 510 un.) x 210 un.= R$ 10.500,00.

Por fim, o custo dos produtos em elaboração (CPE) do Produto "C" será: R$ 5.400,00 (matéria-prima) + R$ 10.500,00 (mão de obra) = **R$ 15.900,00**.
Alternativa letra c).

21 A empresa iniciou 250 unidades, terminou 50 e restaram 200 unidades com 25% de grau de acabamento.
Toda a matéria-prima (MP) necessária para a produção das 250 unidades já foi alocada, tanto às unidades acabadas quanto às unidades em elaboração. Assim, as 200 unidades em elaboração estão em um estágio de 100% de acabamento em relação à matéria-prima. Para os outros gastos de fabricação [mão de obra direta (MOD) e custos indiretos de fabricação (CIF)], devemos considerar 25% de acabamento.
Vamos aos cálculos:
a) Cálculo da produção equivalente:
MP = 250 unidades (100%)
Custo de transformação (MOD + CIF) = 50 unidades acabadas + (200 un. x 25%) = 100 unidades

b) Cálculo do custo médio:
MP = R$ 175.000,00 ÷ 250 un. = R$ 700,00
Custo de transformação = (R$ 300.000,00 + R$ 80.000,00 + R$ 120.000,00) ÷ 100 un. = R$ 5.000,00
Custo médio = MP + custo de transformação = R$ 700,00 + R$ 5.000,00 = R$ 5.700,00.
Observação: Gastos com propaganda no valor de R$ 50.000,00 são despesas.

c) Custo da produção acabada (CPA) no mês de julho de 20x6: R$ 5.700,00 x 50 un. = R$ 285.000,00.

O estoque de produtos acabados em julho de 20x6 é composto por 100 unidades do estoque inicial e mais 50 unidades da produção do mês. Portanto, o saldo final do estoque de produtos acabados, em 31.7.20x6 será:

Estoque de produtos acabados	Unidades	Custo unitário	Total
Estoque inicial	100	R$ 5.000,00	R$ 500.000,00
Produção acabada no mês	<u>50</u>	R$ 5.700,00	<u>R$ 285.000,00</u>
Estoque final	150		**R$ 785.000,00**

Alternativa letra a).

22. I – Opção correta. A forma de a empresa trabalhar e a conveniência contábil-administrativa são dois fatores que devem ser considerados na avaliação da empresa em usar o sistema de acumulação de custos por ordem de produção.

II – Opção incorreta. A característica apresentada se relaciona à produção contínua. Na produção por ordem os custos são acumulados em uma conta específica para cada ordem ou encomenda. Essa conta só para de receber custos quando a ordem for encerrada.

III – Opção incorreta. O conceito de equivalência de produção é muito relevante na produção contínua, ao se empregar o custeio por processo.

IV – Opção incorreta. Não há impedimento para o emprego do sistema de acumulação de custos por ordem de produção juntamente com o custeio por absorção, haja vista que o custeio por absorção é o único método aceito pela legislação brasileira para fins contábeis e fiscais. Para fins gerenciais outros métodos podem ser utilizados, como por exemplo, o custeio variável.

Alternativa letra a).

23. O enunciado da questão informa que "todo o material direto necessário para a produção das 100 unidades já foi alocado no início da produção, tanto as unidades acabadas quanto as unidades em elaboração". Isso significa que todo este insumo já foi aplicado tanto nas 40 unidades acabadas como nas 60 unidades em elaboração. Logo, o equivalente da produção deverá ser aplicado somente sobre a mão de obra direta e os custos indiretos de fabricação, ou seja, no custo de transformação.

Custo total de produção = Mão de obra da fábrica + depreciação das máquinas + material direto = \$ 60.000,00 + \$ 100.000,00 + \$ 40.000,00 = **\$ 200.000,00**

Produção equivalente

MP = (100%) = 100 unidades

Custo de transformação (MOD + CIF) = 40 un. + (60 un. x 50%) = 70 unidades

Custo médio

MP = \$ 60.000,00 ÷ 100 un. = \$ 600,00

Custo de Transformação (MOD + CIF) = (\$ 100.000,00 + \$ 40.000,00) = \$ 140.000,00 ÷ 70 un. = \$ 2.000,00

Custo médio = \$ 600,00 + \$ 2.000,00 = **\$ 2.600,00**

Custo da produção acabada

40 un. x \$ 2.600,00 = **\$ 104.000,00**

Estoque final de produtos em elaboração

MP = 60 un. x $ 600,00 = $ 36.000,00

C. Transf. (60 un. x 50%) x $ 2.000,00 = $ 60.000,00
                                                     $ 96.000,00

Ou

Custo total – custo da produção acabada = $ 200.000,00 – $ 104.000,00 = **$ 96.000,00**

Estoque Final Produtos Acabados = estoque inicial + custo produtos acabados = $ 120.000,00 + $ 104.000,00 = **$ 224.000,00**

a) Incorreto. O custo dos produtos acabados em janeiro de 20x9 foi **superior** a $ 100.000,00.

b) Incorreto. O custo total de produção da empresa em janeiro de 20x9 foi **inferior** a $ 250.000,00.

c) Incorreto. O saldo de estoque de produtos em elaboração no final do mês de janeiro de 20x9 foi **inferior** a $ 100.000,00.

d) Correto. O saldo final do estoque de produtos acabados da empresa no final do mês de janeiro de 20x9 foi **superior** a $ 200.000,00.

Alternativa letra d).

Capítulo 5 – Custos conjuntos

1. Ao contrário dos subprodutos, as sucatas não têm garantia alguma de que serão vendidas.
Alternativa letra e).

2. Os subprodutos caracterizam-se por ter um mercado de comercialização tão normal quanto o dos produtos principais da empresa. Entretanto, seu valor no faturamento é tão pequeno que não compensa o esforço de atribuir-se custos aos seus estoques. A mensuração do custo dos subprodutos é feita com base no valor realizável líquido, valor esse que é deduzido do custo do produto principal. Logo, não recebem custo de produção.
Alternativa letra e).

3. I – Opção incorreta. Os coprodutos também são denominados de produtos principais, tendo em vista a importância de suas vendas para o faturamento global da empresa.
   II – Opção correta. Os subprodutos são aqueles que têm uma importância secundária, em termos de vendas, em relação aos produtos principais.
   III – Opção correta. A mensuração do custo dos subprodutos é feita com base no valor realizável líquido.
   IV – Opção incorreta. As sucatas, ao contrário dos subprodutos, não têm garantia alguma de que serão vendidas. Por ser sua venda um evento incerto e aleatório, não

são avaliadas para fins de estoques. Seu custo fica incorporado automaticamente às unidades boas. Se ocorrer a venda, o produto da venda será registrado a crédito de uma conta de resultado operacional.

Caixa / Bancos / Duplicatas a Receber
a Receita de Venda de Sucatas (Outras Receitas Operacionais).
Alternativa letra c).

4. Os coprodutos são os produtos principais do processo de fabricação conjunta; têm faturamento considerado significativo para a empresa e são oriundos do processo de transformação de uma mesma matéria-prima.
Do ponto de vista de custos para a avaliação dos estoques, a apropriação dos custos conjuntos aos coprodutos pode ser feita utilizando um dos métodos a seguir, entre outros métodos existentes: valor de mercado, quantidades físicas, igualdade do lucro bruto etc.
Alternativa letra a).

5. As perdas normais são inerentes ao próprio processo de fabricação, são previsíveis e constituem em um sacrifício que a empresa sabe que precisa suportar para obter o produto. Assim, as perdas normais fazem parte do custo do produto elaborado.
As sucatas são itens cuja venda é esporádica e realizada por valor não previsível na data em que surgem na produção. Dessa forma, não só não recebem custos, como também não têm sua receita considerada como diminuição dos custos de produção.
Alternativa letra b).

6. Os subprodutos surgem de forma normal durante o processo de produção, têm um mercado de venda relativamente estável com relação a compradores e preços e uma importância secundária em termos de vendas em relação aos coprodutos. São produtos de comercialização tão normal quanto os coprodutos, porém, seu faturamento *é* bem menor em relação àqueles.
Alternativa letra d).

7. Os conceitos apresentados na questão estão ligados à produção conjunta (custos conjuntos). A produção conjunta é um tipo de fabricação que se caracteriza por um fluxo comum de produção até certo ponto (denominado ponto de cisão), do qual resulta uma multiplicidade de produtos. Os produtos resultantes, conforme a importância que suas vendas tenham para a empresa industrial, são denominados coprodutos ou subprodutos.
Coprodutos ou produtos conjuntos são os produtos resultantes de um processo de produção conjunta, cujo faturamento é considerado significativo para a empresa. Também são denominados de produtos principais, tendo em vista a importância de suas vendas para o faturamento global da empresa.
Subprodutos são itens que decorrem do processo produtivo e têm importância secundária, em termos de vendas, em relação aos produtos principais. Eles surgem de forma normal durante o processo de produção, possuem mercado de venda relativamente estável, tanto no que diz respeito à existência de compradores como quanto o preço. São

itens que têm comercialização tão normal quanto os produtos da empresa, mas que representam porção ínfima do faturamento total.

Sucatas são os itens de produção que surgem de forma normal durante o processo produtivo. Todavia, não possuem mercado definido e sua venda é bastante incerta, não se podendo estabelecer, a priori, se ela ocorrerá ou não.

As perdas (anormais) ocorrem de forma involuntária e não representam sacrifício premeditado, como é o caso de danificações extraordinárias de materiais por obsoletismo, incêndio, desabamento etc.

Alternativa letra e).

8. As sucatas (resíduos ou sobras) são itens que emergem da produção (seja conjunta ou não) que, em estado normal ou com defeitos ou estragos, não têm mercado garantido de comercialização e sua venda, portanto, é bastante incerta, não se podendo estabelecer, a priori, se ela ocorrerá ou não.

Alternativa letra c).

9. Dos gastos do período produtivo apresentados na questão, transporte dos produtos no valor de R$ 400.000,00 é despesa; logo, não vai compor os custos conjuntos do período, que serão:

Mão de obra direta	R$ 1.200.000,00
Materiais diretos (matéria-prima)	R$ 2.800.000,00
Materiais indiretos	R$ 600.000,00
Total	R$ 4.600.000,00

Cálculo da participação no mercado de cada produto:

Linha de coprodutos	Quantidade (em toneladas)	Preço de venda (por tonelada) (R$)	Receita total (R$)	%
ALFA	2.000	1.360,00	2.720.000,00	32%
BETA	1.400	1.700,00	2.380.000,00	28%
GAMA	1.600	2.125,00	3.400.000,00	40%
Total			8.500.000,00	100%

Assim, a parcela de custos conjuntos atribuída ao coproduto Alfa será: R$ 4.600.000,00 x 32% = R$ 1.472.000,00.

Alternativa letra b).

10. Total dos custos conjuntos:

– Matéria-prima:	R$ 580.000,00
– MOD:	R$ 320.000,00
– CIF:	R$ 100.000,00
Total:	R$ 1.000.000,00

Cálculo da participação no valor de mercado de cada produto coproduto:

Linha de Coprodutos	Produção (Quantidades)	Preço de venda (R$)	Receita Total (R$)	%
X	12.000 un.	40,80	489.600,00	13,6%
Y	20.000 un.	38,52	770.400,00	21,4%
Z	8.000 un.	135,00	1.080.000,00	30%
W	10.000 un.	126,00	1.260.000,00	35%
		Total	3.600.000,00	100%

Assim, a parcela de custos conjuntos atribuída ao coproduto "Z" será: R$ 1.000.000,00 x 30% = R$ 300.000,00.

Alternativa letra e).

11. O custo padrão é um custo pré-determinado, tomado como base para o registro da produção antes da determinação do custo efetivo. Essa informação em nada altera o desenvolvimento da questão. O custo padrão será estudado no capítulo 9 deste livro.

Cálculo da participação no mercado pelo valor das vendas de cada produto como critério de rateio:

Produtos	Receitas	%
Chapas	R$ 252.000,00	40%
Vigas	R$ 378.000,00	60%
Total	R$ 630.000,00	100%

Custos conjuntos: R$ 180.000,00 (R$ 125.000,00 + R$ 55.000,00).

Rateio dos custos conjuntos + custos adicionais atribuídos a cada produto:

Produtos	Materiais + Transformação	(+) Custos Adicionais	Total
Chapas	R$ 72.000,00 (**40%**)	R$ 50.000,00	R$ 122.000,00
Vigas	R$ 108.000,00 (**60%**)	R$ 112.000,00	R$ 220.000,00
Total	R$ 180.000,00 (**100%**)	R$ 162.000,00	R$ 342.000,00

Apuração da margem líquida de cada produto:

Produtos	Receitas	(-) Custos totais	(=) Margem de lucro	% (ML/Rec.)
Chapas	R$ 252.000,00	R$ 122.000,00	R$ 130.000,00	51,59%
Vigas	R$ 378.000,00	R$ 220.000,00	R$ 158.000,00	41,80%

Alternativa letra b).

12. Custo conjunto: (1.000.000 kg x R$ 0,20) + R$ 275.000,00 = R$ 475.000,00. A perda de 5% na matéria-prima é considerada normal, logo, fará parte deste custo.

Rateio (valor de mercado)	**Receita total**
F. Fina: 500.000 kg x R$ 1,20	= R$ 600.000,00 (50%)
F. Grossa: 250.000 kg x R$ 1,20	= R$ 300.000,00 (25%)
P. Massa: 200.000 kg x R$ 1,50	= R$ 300.000,00 (25%)
Total	= R$ 1.200.000,00 (100%)

Custos dos produtos vendidos referentes à farinha grossa: custos conjuntos + custos adicionais.

Farinha grossa (25%) = R$ 475.000,00 x 25% = $118.750,00 + $ 20.000,00 (outros custos) = R$ 138.750,00.

Alternativa letra e).

13. Nesta questão, os custos conjuntos serão alocados (rateados) aos produtos pelo método da igualdade do lucro bruto.

Calcula-se, inicialmente, a receita gerada por todos os produtos. Depois, dessa receita, diminui o valor dos custos conjuntos e encontra-se o lucro bruto total. Esse lucro bruto dividido pelo total de unidades produzidas (Kg) resulta no lucro bruto por unidade. Vamos aos cálculos:

Receita de vendas total:

Produto ZA: R$ 62,50 x 20.000 un.=	R$ 1.250.000,00
Produto ZB: R$ 39,00 x 50.000 un =	R$ 1.950.000,00
Produto ZC: R$ 60,00 x 30.000 un =	R$ 1.800.000,00
Total	= R$ 5.000.000,00

Custos conjuntos: R$ 2.800.000,00

Lucro bruto total: R$ 5.000.000,00 – R$ 2.800.000,00 = R$ 2.200.000,00

Total de unidades fabricadas: 20.000 un + 50.000 un + 30.000 un = 100.000 unidades

Lucro bruto por unidade: R$ 2.200.000,00 ÷ 100.000 un = R$ 22,00

Calculando o custo do produto ZB:

Preço de venda: R$ 39,00

Lucro bruto: R$ 22,00

Custo de produção (R$ 39,00 – R$ 22,00) = R$ 17,00

Custos conjuntos alocados: 50.000 un x R$ 17,00 = R$ 850.000,00

Alternativa letra b).

14. Custos conjuntos: matéria-prima utilizada (4.000.000 de litros de leite) + R$ 2.000.000,00.

Custos conjuntos = (R$ 2,00 x 4.000.000 litros) + R$ 2.000.000,00 = R$ 10.000.000,00.

Rateio pelo preço de mercado:

Queijo: 400.000 kg x R$ 120,00	= R$ 48.000.000,00 (75%)
Manteiga: 200.000 kg x R$ 80,00	= R$ 16.000.000,00 (25%)
	R$ 64.000.000,00 (100%)

Rateio dos custos conjuntos + custos específicos atribuídos a cada produto:

Produtos	Custos conjuntos	(+) Custos específicos	Total
Queijo	R$ 7.500.000,00 (75%)	R$ 2.880.000,00	R$ 10.380.000,00
Manteiga	R$ 2.500.000,00 (25%)	R$ 1.600.000,00	R$ 4.100.000,00
Total	R$ 10.000.000,00 (100%)	R$ 4.480.000,00	R$ 14.480.000,00

Custo unitário de cada produto:
Queijo: R$ 10.380.000,00 ÷ 400.000 kg = R$ 25,95
Manteiga: R$ 4.100.000,00 ÷ 200.000 kg = R$ 20,50
Alternativa letra a).

15. Custos conjuntos: matéria-prima utilizada (58.000 kg de milho) + mão de obra direta + outros custos.
Custos conjuntos = (58.000 kg x R$ 5,00) + R$ 50.000,00 (MOD) + R$ 25.000,00 (outros custos) = R$ 365.000,00
Valor de mercado dos coprodutos:

Fubá de milho	30.000 kg, vendido o saco de 60 kg = 500 sacos x R$ 480,00 =	R$ 240.000,00 (60%)
Milho granulado	24.000 kg, vendido a R$ 5,00/kg =	R$ 120.000,00 (30%)
Farinha de milho	4.000 kg, vendido a R$ 10,00/kg =	R$ 40.000,00 (10%)
	Total	R$ 400.000,00 (100%)

Custos conjuntos atribuídos ao produto fubá de milho = 60% x R$ 365.000,00 = R$ 219.000,00.

Alternativa letra d).

16. Inicialmente, identificaremos o custo de aquisição do tecido a ser contabilizado no estoque:

Valor total de aquisição do tecido (125 metros)   R$ 2.750,00
(–) IPI e ICMS (inclusos no valor total)   (R$ 700,00)
(=) Custo do estoque   R$ 2.050,00

Custo do metro do tecido em estoque: R$ 2.050,00 ÷ 125 metros = R$ 16,40/metro.

Custo de produção do tecido utilizado na fabricação de blusas = 120 metros x R$ 16,40 = R$ 1.968,00.
Ganho com comercialização do subproduto (retalhos) = R$ 50,00

Nos termos da NBC TG 16 (R2), a mensuração dos subprodutos é feita com base no valor realizável líquido, valor este que é deduzido do custo do produto principal.

Assim temos:

Custo de produção final = R$ 1.968,00 – R$ 50,00 = R$ 1.918,00

Custo unitário da blusa produzida = R$ 1.918,00 ÷ 100 blusas = **R$ 19,18**.

Alternativa letra c).

17. Vamos inicialmente apurar o custo total da matéria-prima por produto:

- Custo da matéria-prima por quilo: $ 1.200,00 ÷ 120 kg = $ 10,00 por quilo.

Custo total da matéria-prima por produto:

Produto	MP processada (kg)	Custo da MP por kg	Custo total da MP
Tipo A	20 kg	$ 10,00	$ 200,00
Tipo B	40 kg	$ 10,00	$ 400,00
Tipo C	60 kg	$ 10,00	$ 600,00
Total	120 Kg		$ 1.200,00

Vamos agora apurar o custo indireto por produto:

O rateio dos custos indiretos é baseado na quantidade líquida produzida, conforme a seguir:

Produto	Quant. líquida produzida (kg)	%	Custos Indiretos
Tipo A	12	12,5%	$ 120,00
Tipo B	30	31,25%	$ 300,00
Tipo C	54	56,25%	$ 540,00
Total	96	100%	$ 960,00

Podemos também distribuir os custos indiretos da seguinte forma:

- Custo indireto por quilo: $ 960,00 ÷ 96 kg = $ 10,00 por quilo.

Custo indireto do produto Tipo A = 12 kg x $ 10,00 = $ 120,00

Custo indireto do produto Tipo B = 30 kg x $ 10,00 = $ 300,00

Custo indireto do produto Tipo C = 54 kg x $ 10,00 = $ 540,00

$ 960,00

A questão informa que os rejeitos gerados na produção são considerados subprodutos, sendo comercializados ao valor líquido de $ 1,00 por quilo. De acordo com a NBC TG 16 (R2), os subprodutos são mensurados pelo valor realizável líquido (VRL) e este valor será deduzido do custo do produto principal.

Total do valor realizável líquido obtido pelos rejeitos (subprodutos):

Produto	Rejeito (kg)	VRL por kg	Total
Tipo A	8 kg	$ 1,00	$ 8,00
Tipo B	10 kg	$ 1,00	$ 10,00
Tipo C	6 kg	$ 1,00	$ 6,00

Assim, o custo total por produto será:

Produto	Custo da MP	(+) Custos Indiretos	(-) Subproduto (VRL)	(=) Custo Total
Tipo A	$ 200,00	$ 120,00	($ 8,00)	$ 312,00
Tipo B	$ 400,00	$ 300,00	($ 10,00)	$ 690,00
Tipo C	$ 600,00	$ 540,00	($ 6,00)	$ 1.134,00

Por fim, custo por produto será:

Produto	Custo Total	(÷) Quant. produzida	(=) Custo unitário
Tipo A	$ 312,00	12 kg	$ 26,00
Tipo B	$ 690,00	30 kg	$ 23,00
Tipo C	$ 1.134,00	54 kg	$ 21,00

Alternativa letra a)

Capítulo 6 – Custeio variável

1. Pelo método de Custeio Variável, temos que selecionar somente os gastos variáveis unitários (mesmo sendo custos e despesas) para acharmos a margem de contribuição unitária (MCu). Assim, temos:

Custo variável unitário: R$ 11,00

(+) Despesas variáveis unitárias:
    Tributos incidentes (17% x R$ 25,00):   R$ 4,25
    Comissão sobre vendas (5% x 25,00):   R$ 1,25
(=) Total dos gastos variáveis   R$ 16,50

MCu = preço de venda unitário – gastos variáveis = R$ 25,00 – R$ 16,50 = **R$ 8,50**
Alternativa letra c).

2. O custeio por absorção é um processo de apuração de custos, cujo objetivo é distribuir todos os custos em cada fase da produção. Ou seja, todos os custos, sejam eles fixos ou variáveis, serão apropriados aos produtos, e eles só serão descarregados no resultado do período (custo dos produtos vendidos) no momento da venda dos produtos. Assim, parte dos custos fixos permanece em estoque enquanto os respectivos produtos não são vendidos.

O custeio variável, também conhecido como custeio direto, é um tipo de custeamento que consiste em considerar como custo de produção do período apenas os custos variáveis e, consequentemente, o custo dos produtos vendidos e os estoques finais só conterão custos variáveis. Os custos fixos, pelo fato de existirem mesmo que não haja produção, não são considerados como custos de produção, e sim como despesas, sendo encerrados diretamente na contra o resultado do período, independentemente das unidades produzidas e vendidas. Dessa forma, o resultado do período pelo custeio variável apresentará um lucro menor.

Alternativa letra e).

3. O serviço a ser utilizado pela Prefeitura do Município X requer o pagamento (repasse) de R$ 1,00 mais um formulário por diagnóstico, cujo gasto pela aquisição foi efetuado pela prefeitura. Logo, comporá o custo unitário por serviço, que será variável, a soma desses dois itens, pois são perfeitamente identificáveis com o serviço que será prestado.

No caso de atividade de supervisão de um funcionário da Secretaria da Educação, este serviço será considerado como custo fixo, pois o gasto com esse funcionário independe do número de atendimentos realizados.

Alternativa letra e).

4. O método do Custeio por Absorção consiste na apropriação de todos os custos de produção aos bens fabricados; as despesas são lançadas diretamente no resultado do período.

No método do custeio variável (ou direto), somente os custos variáveis são alocados aos produtos ou aos serviços. Os custos fixos são lançados diretamente no resultado, a exemplo das despesas.

Vamos aos cálculos:

Custeio por absorção:
Custo total da produção: custo fixos + (custo variável unitário x quantidade produzida) = R$ 60.000,00 + (R$ 6,00 x 30.000 un.) = R$ 240.000,00.
Custo unitário = R$ 240.000,00 ÷ 30.000 un. = R$ 8,00

Resultado

Receita de vendas: 20.000 un. x R$ 20,00	= R$ 400.000,00
(–) CPV: 20.000 un. x R$ 8,00	= (R$ 160.000,00)
(=) Lucro bruto	= R$ 240.000,00
(–) Custos variáveis comerciais (despesas):	
20.000 un. x R$ 2,00	= (R$ 40.000,00)
(=) **Lucro líquido**	= **R$ 200.000,00**

Custeio variável:
Custo unitário (somente os custos variáveis) = R$ 6,00

Resultado

Receita de vendas: 20.000 un. x R$ 20,00	= R$ 400.000,00
(–) Custos variáveis: 20.000 un. x R$ 6,00	= (R$ 120.000,00)
(–) Despesas variáveis: 20.000 un. x R$ 2,00	= (R$ 40.000,00)
(=) Margem de contribuição	= R$ 240.000,00
(–) Custos fixos	= (R$ 60.000,00)
(=) **Lucro líquido**	= **R$ 180.000,00**

Alternativa letra a).

5. Apuração do custo unitário pelo custeio por absorção:

Custo variável unitário =	R$ 20,00
(+) Custo fixo unitário: R$ 18.000,00 ÷ 600 un. =	R$ 30,00
(=) Custo unitário	R$ 50,00

Custo dos produtos vendidos (absorção) = R$ 50,00 x 400 un. = R$ 20.000,00

Apuração do custo unitário pelo custeio variável:

Custo variável unitário = R$ 20,00 (somente custos variáveis)
Custo dos produtos vendidos (variável) = R$ 20,00 x 400 un. = R$ 8.000,00

Alternativa letra c).

6. A margem de contribuição unitária (MCu) é utilizada para identificar quanto cada produto contribui para pagar custos e despesas fixos da empresa e pode ser obtida por meio da seguinte fórmula: **MCu = preço de venda unitário – custo variável unitário – despesa variável unitária.**

Portanto, o valor referente aos custos indiretos de produção fixos (R$ 24.000,00) não será considerado na resolução desta questão.

De acordo com os dados fornecidos pelo enunciado da questão, tanto a matéria-prima quanto a mão de obra direta são considerados custos variáveis pois ambos estão diretamente ligados ao volume de produção, ou seja, se a produção de um ou outro produto (ou ambos) aumentar ou diminuir, irá impactar no valor que será atribuído a cada produto.

Antes de calcularmos a MCu, vamos atribuir os custos da MP e MOD para cada um dos produtos.

- Matéria-prima (MP)

Produtos (queijos)	Consumo	Custos por litro de leite	Custo unitário da MP
Minas padrão	4 litros/kg	R$ 1,00	R$ 4,00
Muçarela	6 litros/kg	R$ 1,00	R$ 6,00

- Mão de obra direta (MOD): custo total = R$ 20.000,00

Queijo minas padrão:

R$ 20.000,00 x 60% = R$ 12.000,00 (valor total da MOD)

R$ 12.000,00 ÷ 4.000 (produção total) = R$ 3,00/kg

Queijo muçarela:

R$ 20.000,00 x 40% = R$ 8.000,00 (valor total da MOD)

R$ 8.000,00 ÷ 4.000 = R$ 2,00.

Por fim, com base nos dados fornecidos pela questão, podemos calcular a MCu oferecida por cada produto:

Queijo minas padrão:

MCu = R$ 17,00 – R$ 4,00 – R$ 3,00 = **R$ 10,00**

Queijo Muçarela:

MCu = R$ 19,00 – R$ 6,00 – R$ 2,00 = **R$ 11,00**

Alternativa letra b)

7. Margem de contribuição unitária (MCu) = preço de venda unitário – custo variável unitário – despesa variável unitária.

Cabe lembrar que os gastos variáveis por unidade são fixos, logo, se a produção e venda passar de 50.000 unidades para 70.000 unidades, os gastos variáveis unitários permanecerão os mesmos.

Preço de venda unitário: R$ 25,00

Gastos variáveis por unidade:

- Matéria-prima: R$ 490.000,00 ÷ 50.000 un. = R$ 9,80
- MOD: R$ 245.000,00 ÷ 50.000 un. = R$ 4,90
- Despesas variáveis (comissões): R$ 105.000,00 ÷ 50.000 un. = R$ 2,10

Assim, MCu = R$ 25,00 – (R$ 9,80 + R$ 4,90 + R$ 2,10) = R$ 8,20.

Alternativa letra a).

8. Margem de contribuição unitária (MCu) = preço de venda unitário – custo variável unitário – despesa variável unitária.

MCu = R$ 125,00 – (R$ 50,00 + R$ 38,00 + R$ 4,00) = R$ 33,00

Alternativa letra c).

9. Produção atual = 60.000 unidades.

Produção para o próximo período (estimativa) = 60.000 unidades x 1,25 (125%) = 75.000 unidades (acréscimo de 25%).

Por questão de logística, a indústria manterá um estoque final de produtos acabados de 5.000 unidades. Como a capacidade instalada é de 70.000 unidades, para manter aquele estoque final e atender o aumento da demanda, serão produzidas e vendidas 65.000 unidades.

Custo fixo total (estrutura de custos e preço será mantida no próximo período) = R$ 3,50 x 60.000 un. = R$ 210.000,00.

MCu = R$ 15,00 – R$ 10,00 = R$ 5,00

Resultado

Margem de contribuição total = 65.000 un. x R$ 5,00 =   R$ 325.000,00
(-) Custos Fixos...   (R$ 210.000,00)
(=) Resultado...   R$ 115.000,00

Alternativa letra c).

10. Inicialmente, temos que identificar o custo fixo (CF) total.
Sendo o custo variável (CV) total será: 40.000 un. x R$ 12,20 = R$ 488.000,00, então:
CF total = custo total – CV total = R$ 690.000,00 – R$ 488.000,00.
CF total = R$ 202.000,00.

A nova produção será de 50.000 unidades (40.000 unidades com um acréscimo de 25%).

Custo total para a nova produção = CF + (custo variável unitário x 50.000 un.) = R$ 202.000,00 + (R$ 12,20 x 50.000 un.) = R$ 812.000,00.

Custo unitário = R$ 812.000,00 ÷ 50.000 un. = R$ 16,24.

Alternativa letra d).

11. Pelo método de custeio variável somente os custos variáveis vão para o estoque, sendo os custos fixos descarregados diretamente no resultado do período. O custo variável unitário é de R$ 12,20.
Quantidade produzida no novo nível de produção: 50.000 unidades.
Vendas: 90% da produção; logo, 45.000 unidades (50.000 un. x 90%).
Estoque final de produtos acabados: 5.000 unidades (50.000 un. – 45.000 un.) x R$ 12,20 = R$ 61.000,00.

Alternativa letra a).

12. Margem de contribuição unitária (MCu) = preço de venda unitário – custo variável unitário – despesa variável unitária.
MCu = R$ 20,00 – R$ 12,20 = R$ 7,80
Lucro operacional bruto no custeio variável corresponde à margem de contribuição total. A nova produção total corresponde a 50.000 unidades. Logo, lucro operacional bruto = 50.000 un. x R$ 7,80 = R$ 390.000,00.

Alternativa letra c).

13. Pelo método de custeio variável, somente os custos variáveis vão para o estoque, sendo os custos fixos descarregados diretamente no resultado do período. Assim, um acréscimo nos custos fixos não influenciará o custo unitário.
Vale lembrar que o custo variável unitário não se altera em função do volume de produção. Logo, o custo variável unitário será de R$ 12,20.

Alternativa letra b).

14. Pelo critério do custeio variável, somente os custos variáveis são considerados para a formação dos estoques. Assim, o custo unitário de produção será R$ 20,00. Com esta informação, podemos calcular o resultado do período, conforme a seguir:

Resultado

Vendas: 45.000 un. x R$ 80,00 =   R$ 3.600.000,00
(-) CPV (custos variáveis): 45.000 un. x R$ 20,00 = (R$ 900.000,00)
(-) Despesas variáveis: 45.000 un. x R$ 5,00 =   (R$ 225.000,00)

(=) Margem de contribuição total	R$ 2.475.000,00
(-) Custos fixos	(R$ 1.800.000,00)
(-) Despesas fixas	(R$ 750.000,00)
(=) Prejuízo	(R$ 75.000,00)

Alternativa letra e).

15. Pelo custeio por absorção, todos os custos fazem parte dos estoques, sejam eles fixos ou variáveis.

Sobraram 5.000 unidades, que corresponderão ao estoque final de dezembro.

Vamos aos cálculos do custo unitário pelo custeio por absorção:

Custo fixo unitário (CFu) = custo fixo total ÷ quantidade produzida

CFu = R$ 1.800.000,00 ÷ 50.000 un. = R$ 36,00 por unidade.

Sendo o custo variável unitário de R$ 20,00, o custo unitário da produção será: R$ 36,00 + R$ 20,00 = R$ 56,00.

Estoque final = 5.000 un. x R$ 56,00 = R$ 280.000,00.

Alternativa letra e).

16. O custeio direto ou variável é utilizado normalmente para se tomar decisões. Por essa metodologia, somente os custos variáveis são alocados aos produtos. Os custos fixos, como irão acontecer independentemente de haver produção ou não, são tratados como se fossem despesas do período.

O custeio variável trabalha com o conceito da margem de contribuição, que representa o valor que cada unidade efetivamente traz à empresa de sobra entre a sua receita e o custo que de fato provocou e que lhe pode ser imputada sem erro. A margem de contribuição é obtida subtraindo da receita de vendas os custos e as despesas variáveis. Como o enunciado da questão alerta que a metodologia utilizada é o custeio variável, analisaremos o que cada alternativa contribui para o resultado.

Alternativa DM1

Margem de Contribuição Unitária (MCu): R$ 98,00 – R$ 55,00 – R$ 12,00 = R$ 31,00 por unidade.

Margem de Contribuição total (MCt): R$ 31,00 x 40.000 un. = R$ 1.240.000,00

Alternativa DM2

MCu: R$ 96,00 – R$ 55,00 – R$ 8,50 = R$ 32,50 por unidade.

MCt: R$ 32,50 x 38.000 un. = R$ 1.235.000,00

Alternativa DM3

(MCu: R$ 94,50 – R$ 55,00 – R$ 3,20 = R$ 36,30 por unidade.

MCt: R$ 36,30 x 35.000 un. = R$ 1.270.500,00

Alternativa DM4

MCu: R$ 94,00 – R$ 55,00 – R$ 0,20 = R$ 38,80 por unidade.

MCt: R$ 38,80 x 30.000 un. = R$ 1.164.000,00

Alternativa DM5

MCu: R$ 92,00 – R$ 55,00 – R$ 0,10 = R$ 36,90 por unidade.

MCt: R$ 36,90 x 28.000 un. = R$ 1.033.200,00

O produto que contribuirá mais para o resultado será o DM3.

Alternativa letra c).

17. Margem de contribuição unitária (MCu) = preço de venda unitário – custo variável unitário – despesa variável unitária. Os dados para calcular a MCu nos dois anos são os mesmos. Com isso, os valores serão iguais em 20x1 e 20x2:
MCu = R$ 42,00 – R$ 30,00 – R$ 5,00 = R$ 7,00.
Alternativa letra d).

18. Para resolvermos a questão, temos que calcular o custo unitário de fabricação pelos dois métodos de custeio:

Custeio por absorção
Custo unitário: [R$ 3.000.000,00 + (625.000 un. x R$ 30,00)] ÷ 625.000 un. = R$ 34,80.

Custeio variável:
Custo variável unitário: R$ 30,00.

A diferença de R$ 4,80 entre o custo unitário pelo método de custeio por absorção e variável (R$ 34,80 – R$ 30,00) é em função dos custos fixos que foram alocados a cada unidade produzida no método de custeio por absorção (R$ 3.000.000,00 ÷ 625.000 un. = R$ 4,80).

Em 20x2, das 625.000 unidades fabricadas, 500.000 unidades foram vendidas e ficaram em estoque 125.000 unidades. Em cada unidade, foram alocados R$ 4,80 de custos fixos, logo, o total desses custos no estoque será: 125.000 un. x R$ 4,80 = R$ 600.000,00.
Alternativa letra b).

19. No método de custeio variável, só são apropriados à produção do período os custos classificados como variáveis. Custos variáveis por unidade:

Matéria-prima	R$ 15,00
Mão de obra direta	R$ 6,00
Total de custos variáveis:	R$ 21,00

Alternativa letra d).

20. Pelo custeio por absorção, o método aceito para fins fiscais e societários, são alocados à produção do período todos os custos, sejam eles fixos ou variáveis, conforme a fórmula abaixo:
[Custos fixos + (custos variáveis unitários x quantidade produzida)] ÷ quantidade produzida.

Calculando o custo unitário de produção pelo custeio por absorção:
Produção do mês de janeiro de 20x4: 2.000 unidades.
Custos variáveis unitários: R$ 21,00 (ver solução da questão 18).
Custos fixos mensais: R$ 22.000,00.
Custo unitário: [R$ 22.000,00 + (R$ 21,00 x 2.000 un.)] ÷ 2.000 un. = R$ 32,00 por unidade.

Foram produzidas 2.000 unidades e dessa produção foram vendidas 1.200 unidades.

Ficaram em estoque 800 unidades (2.000 un. – 1.200 un.).

O saldo da conta estoques de produtos acabados estará com saldo de: 800 un. x R$ 32,00 = R$ 25.600,00.
Alternativa letra c).

21. Iniciaremos pela identificação dos custos variáveis. Observe que temos custos variáveis totais, mas não há a informação sobre as quantidades produzidas, para que possamos identificar o custo variável unitário (CVu). No entanto, temos a informação do preço de venda unitário (PVu) e da margem de contribuição unitária (MCu). Assim, identificaremos o CVu da seguinte forma:

PVu: R$ 45,00
(-) MCu: <u>R$ 25,00</u>
(=)CVu: R$ 20,00

Se custos variáveis totais são iguais a R$ 400.000,00 e o custo variável unitário é igual R$ 20,00, a quantidade fabricada será igual a: R$ 400.000,00 ÷ R$ 20,00 = 20.000 unidades.
A questão forneceu os custos fixos alocados para cada unidade no valor de R$ 10,00. Se forem produzidas 20.000 unidades, os custos fixos totais serão: 20.000 un. x R$ 10,00 = R$ 200.000,00.
Com base nesses dados podemos, agora, calcular o resultado do período:

Resultado

Receita de vendas...................20.000 un. x R$ 45,00 = R$ 900.000,00
(-) Custos variáveis...= (R$ 400.000,00)
(=) Margem de contribuição.....................................= R$ 500.000,00
(-) Custos fixos..= (R$ 200.000,00)
(=) Lucro operacional..= R$ 300.000,00

Alternativa letra b).

22. Margem de contribuição (MC) = receita de venda menos custos e despesas variáveis.
MC = R$ 230.000,00 – R$ 60.000,00 – R$ 45.000,00 = R$ 125.000,00
Não se utilizam, nessa questão, os valores informados de estoques inicial e final, e compras.
Alternativa letra d).

23. Pelo custeio por absorção, todos os custos (sejam fixos ou variáveis) serão alocados à produção do período.
Custos de produção: R$ 1.500,00 + R$ 3.000,00 = R$ 4.500,00
Lucro bruto: vendas – custo dos produtos vendidos
Lucro bruto = R$ 8.000,00 – R$ 4.500,00 = R$ 3.500,00
Alternativa letra a).

24. Margem de contribuição = receita de venda menos custos e despesas variáveis.
MC = R$ 8.000,00 – R$ 3.000,00 – R$ 300,00 = R$ 4.700,00.
Alternativa letra c).

25. No custeio por absorção, serão alocados aos produtos todos os custos, sejam eles fixos ou variáveis; enquanto que no custeio direto ou variável, só serão alocados os custos variáveis.

Para obtermos o custo dos produtos vendidos, o estoque final de produtos e o lucro líquido do período temos que, inicialmente, calcular o custo unitário de produção por ambos os métodos. Então, vamos aos cálculos:

Custeio por absorção

Custo unitário = custo fixo total + (custo variável unitário x quantidade produzida)
quantidade produzida.

Custo unitário: [R$ 18.000,00 + (R$ 20,00 x 600 un.)] ÷ 600 un. = R$ 50,00 por unidade. Foram vendidas 400 unidades.

Resultado

Receita de vendas (400 un. x R$ 120,00)	R$ 48.000,00
(-) CPV (400 un. x R$ 50,00)	(R$ 20.000,00)
(=) Lucro bruto	R$ 28.000,00
(-) Despesas operacionais com vendas (400 un. x R$ 2,00)	(R$ 800,00)
(=) Lucro líquido operacional	R$ 27.200,00

Estoque final de produtos acabados: (600 un. – 400 un.) = 200 un. x R$ 50,00 = R$ 10.000,00.

Assim,

CPV: R$ 20.000,00.
Estoque final: R$ 10.000,00.
Lucro líquido: R$ 27.200,00.

Custeio variável

O custo unitário será composto apenas pelos custos variáveis, ou seja, os R$ 20,00.

Resultado

Receita de vendas (400 un. x R$ 120,00)	R$ 48.000,00
(-) CPV (400 un. x R$ 20,00)	(R$ 8.000,00)
(-) Despesas variáveis (400 un. x R$ 2,00)	(R$ 800,00)
(=) Margem de contribuição	R$ 39.200,00
(-) Custos fixos	(R$ 18.000,00)
(=) Lucro líquido operacional	R$ 21.200,00

Estoque final de produtos acabados: (600 un. – 400 un.) = 200 un. x R$ 20,00 = R$ 4.000,00.

Assim,

CPV: R$ 8.000,00.
Estoque final: R$ 4.000,00.
Lucro líquido: R$ 21.200,00.

Alternativa letra c).

26. A diferença apresentada no lucro operacional, comparando o custeio por absorção e o custeio variável, é o tratamento dado aos custos fixos do período. Principalmente, quando a quantidade produzida é diferente da quantidade vendida e que, ainda, permanece um estoque na sociedade. Caso toda a produção seja vendida dentro do mesmo período e não haja estoques de períodos anteriores, os resultados apresentados pe-

los dois métodos de custeio serão idênticos. A diferença ocorre porque no custeio por absorção parte dos custos fixos ficam alocados aos estoques.
Vamos aos cálculos:

Custeio por Absorção

Custo unitário: [R$ 300.000,00 + (R$ 50,00 x 10.000 un.)] ÷ 10.000 un. = R$ 80,00/un.

Resultado

Receita de vendas: 9.000 un. x R$ 150,00 =	R$ 1.350.000,00
(-) CPV: 9.000 un. x R$ 80,00 =	(R$ 720.000,00)
(=) Lucro bruto	R$ 630.000,00
(-) Despesas operacionais	
Despesas variáveis: 9.000 un. x R$ 20,00 =	(R$ 180.000,00)
Despesas fixas	(R$ 120.000,00)
(=) Lucro operacional	R$ 330.000,00

Custeio variável

O valor do custo unitário de produção corresponde aos custos variáveis, ou seja, R$ 50,00. Se observarmos, no custeio por absorção o custo unitário de produção foi igual a R$ 80,00, proporcionando uma diferença de R$ 30,00 em relação ao custeio variável. Essa diferença corresponde justamente aos custos fixos que foram alocados a cada unidade produzida (R$ 300.000,00 ÷ 10.000 un.).

Resultado

Receita de vendas: 9.000 un. x R$ 150,00 =	R$ 1.350.000,00
(-) Custo dos produtos vendidos: 9.000 un. x R$ 50,00 =	(R$ 450.000,00)
(-) Despesas variáveis: 9.000 un. x R$ 20,00 =	(R$ 180.000,00)
(=) Margem de contribuição	R$ 720.000,00
(-) Custos fixos	(R$ 300.000,00)
(-) Despesas fixas	(R$ 120.000,00)
(=) Lucro operacional	R$ 300.000,00

Observe que há uma diferença na demonstração do resultado comparando o custeio por absorção com o custeio variável. No custeio por absorção, o lucro é maior em R$ 30.000,00. Esta diferença ocorre porque parte da produção não foi vendida, ficando em estoque 1.000 unidades. Como no custeio por absorção foi alocado a cada produto fabricado o valor de R$ 30,00 de custos fixos, logo, esse valor não foi a resultado no custo dos produtos vendidos, diferentemente do custeio variável, que teve todos os custos fixos descarregados no resultado do exercício.
Alternativa letra a).

27. Na questão, a empresa toma suas decisões com base no custeio variável, logo, o produto que mais contribuir para o resultado é o que deverá ser incentivado a ter investimento em propaganda. Os custos fixos, como independem da quantidade produzida e vendida, nessa metodologia, são isolados. O mais importante é saber o quanto cada produto contribui para amortização desses custos e despesas fixos.
Importante: temos mais uma variável a ser considerada: a quantidade fabricada e vendida mensalmente.

Vamos aos cálculos:
Margem de contribuição unitária (MCu) = receita de venda unitária menos custos e despesas variáveis unitários.

Produto X:
MCu: R$ 500,00 – R$ 270,00 – R$ 60,00 = R$ 170,00
Quantidade produzida e vendida: 1.000 unidades.
Margem de Contribuição Total: R$ 170,00 x 1.000 un. = R$ 170.000,00

Produto Y:
MCu: R$ 400,00 – R$ 180,00 – R$ 60,00 = R$ 160,00
Quantidade produzida e vendida: 1.010 unidades.
Margem de Contribuição Total: R$ 160,00 x 1.010 un. = R$ 161.600,00

Produto Z
MCu: R$ 300,00 – R$ 90,00 – R$ 40,00 = R$ 170,00
Quantidade produzida e vendida: 800 unidades.
Margem de Contribuição Total: R$ 170,00 x 800 un. = R$ 136.000,00

O enunciado ainda acrescenta que, o produto escolhido – no caso o "X" – que mais contribui para o resultado com uma margem de contribuição total de R$ 170.000,00 – terá um aumento de 10% na produção e venda; ou seja, a margem de contribuição aumentará em 10%. Assim:

Produto X
Margem de Contribuição Total: R$ 170.000,00
Aumento de 10%: R$ 17.000,00

Alternativa letra d).

28. Pelo método de Custeio Variável, temos que selecionar somente os gastos variáveis (custos e despesas) para acharmos a margem de contribuição total. A Demonstração do Resultado apresentada na questão refere-se à produção e venda de 500 unidades. Para identificar o resultado para a produção e venda de 400 unidades, procederemos da seguinte forma:

Resultado	Venda de 500 un.	Venda de 400 un.
Receita bruta com venda de produtos	R$ 450.000,00 ÷ 500 x 400	R$ 360.000,00
(–) Tributos sobre vendas	(R$ 81.000,00) ÷ 500 x 400	(R$ 64.800,00)
(–) Comissão sobre vendas	(R$ 18.000,00) ÷ 500 x 400	(R$ 14.400,00)
(–) Custos variáveis	(R$ 200.000,00) ÷ 500 x 400	(R$ 160.000,00)
(=) Margem de contribuição	**R$ 151.000,00**	**R$ 120.800,00**
(–) Custos fixos	(R$ 85.000,00)	(R$ 85.000,00)
(–) Despesas fixas	(R$ 34.000,00)	(R$ 34.000,00)
(=) Resultado do período	R$ 32.000,00	R$ 1.800,00

Alternativa letra b).

Capítulo 7 - Relação custo/volume/lucro

1. Ponto de equilíbrio contábil (PEC) = custos fixos ÷ margem de contribuição unitária (MCu).
Custo fixo = R$ 18.000,00
MCu = preço de venda (R$ 10,00) menos custos variáveis (R$ 8,00) = R$ 2,00
PEC = R$ 18.000,00 ÷ R$ 2,00 = 9.000 unidades

Ponto de equilíbrio econômico (PEE) = (custos fixos + retorno esperado) ÷ MCu
Custo fixo = R$ 18.000,00
Retorno esperado = PL (R$ 50.000,00) x taxa mínima de atratividade (10%) = R$ 5.000,00
MCu = R$ 2,00
PEE = (R$ 18.000,00 + R$ 5.000,00) ÷ R$ 2,00 = 11.500 unidades

Ponto de equilíbrio financeiro (PEF) = custos fixos (sem depreciação) ÷ MCu
Custo fixo = R$ 18.000,00
Depreciação = R$ 4.000,00
MCu = R$ 2,00
PEF = (R$ 18.000,00 – R$ 4.000,00) ÷ R$ 2,00 = 7.000 unidades

Alternativa letra a).

2. Com a redução do preço de venda, teremos as seguintes margens de contribuição unitária:

	A	B
Preço de venda	7.200,00	7.200,00
(-) Custos variáveis	6.000,00	6.400,00
(-) Despesas variáveis	500,00	600,00
(=) Margem de contribuição unitária	700,00	200,00

Gastos fixos:	A	B
Custos fixos	1.249.500,00	1.010.000,00
Despesas fixas	249.900,00	190.000,00
(=) Total dos gastos fixos	1.499.400,00	1.200.000,00

Ponto de equilíbrio contábil (PEC)
PEC (A) = 1.499.400,00 ÷ 700,00 = 2.142 unidades
PEC (B) = 1.200.000,00 ÷ 200,00 = 6.000 unidades

Alternativa letra d).

3. A questão apresenta as quantidades vendidas mensalmente e deseja obter um lucro mensal de R$ 25.000,00; 5.000 unidades será a quantidade que igualará a receita total com a soma dos custos e despesas acrescida de uma remuneração mínima sobre o capital investido pela empresa, no caso, os R$ 25.000,00. Assim, as 5.000 unidades corresponderão ao ponto de equilíbrio econômico (PEE). O PEE poderá ser determinado por meio da seguinte fórmula:

PEE = $\dfrac{\text{CF} + \text{DF} + \text{lucro desejado}}{\text{PVu} - \text{CVu}}$

Aplicando os dados da questão à fórmula:

$$5.000 = \underline{50.000,00 + 25.000,00}$$
$$\text{PVu} - 25,00$$

5.000 PVu − 125.000,00 = 50.000,00 + 25.000,00
5.000 PVu = 50.00000 + 25.000,00 + 125.000,00
5.000 PVu = 200.000,00
PVu = 200.000,00 ÷ 5.000 = 40,00

Alternativa letra a).

4. Para desenvolver esta questão, calcularemos inicialmente a margem de contribuição unitária (MCu):
MCu = R$ 1.175.000,00 ÷ 5.000 un.= R$ 235,00

Em seguida, calcularemos o ponto de equilíbrio contábil (PEC):

PEC = (custos e despesas fixos) ÷ MCu
PEC = (R$ 1.222.000,00 + R$ 188.000,00) ÷ R$ 235,00 = 6.000 unidades (letra "c" está correta)

O ponto de equilíbrio financeiro (PEF):

PEF = (custos e despesas fixos − depreciações) ÷ MCu
PEF = (R$ 1.222.000,00 + R$ 188.000,00 − R$ 117.500,00) ÷ R$ 235,00 = 5.500 unidades (letra "b" está correta)
O ponto de equilíbrio econômico (PEE):

PEE = (custos e despesas fixos + lucro) ÷ MCu = R$ 1.222.000,00 + R$ 188.000,00 + R$ 94.000,00 ÷ R$ 235,00 = 6.400 unidades (letra "d" está correta)

Por eliminação, restaria como resposta correta à questão a letra "a)", mas vamos confirmá-la com os cálculos:
Se a empresa produzir e vender 5.100 unidades, à MCu de R$ 235,00, teremos uma margem de contribuição total de R$ 1.198.500,00. Excluindo deste valor os custos e despesa fixos no valor de R$ 1.410.000,00, teremos um resultado negativo (prejuízo) de R$ 211.500,00, confirmando, assim, a resposta da letra "a)" como INCORRETA.

Alternativa letra a).

5. A questão apresenta o PEE de 80.000 unidades e deseja saber o total dos custos fixos. A fórmula para o cálculo do PEE é a seguinte:

$$\text{PEE} = \underline{\text{CF} + \text{DF} + \text{lucro desejado}}$$
$$\text{PVu} - (\text{CVu} + \text{CVu})$$

Aplicando os dados disponíveis na questão à fórmula, teremos:

$$80.000 = \underline{\text{CF} + 120.000,00 + 50.000,00}$$
$$15,00 - (7,00 + 2,00)$$

1.200.000,00 − 720.000,00 = CF + 120.000,00 + 50.000,00
480.000,00 = CF + 170.000,00
CF = 480.000,00 − 170.000,00
CF = 310.000,00

Alternativa letra c).

6. A questão refere-se à análise custo-volume-lucro, que tem como base o custeio variável. Então, vamos apurar o resultado do período da seguinte forma:

Resultado

Vendas brutas: 1.000 un. x R$ 120,00 =   R$ 120.000,00
(-) impostos s/vendas: 17% x R$ 120.000,00 = (R$ 20.400,00)
(=) Venda líquidas   R$ 99.600,00
(-) Custos variáveis: 1.000 un. x R$ 58,00 = (R$ 58.000,00)
(=) Margem de contribuição (margem bruta)   R$ 41.600,00

Percentual da margem bruta
MB = R$ 41.600,00 ÷ R$ 99.600,00 = 41,76%
Obs.: o percentual da margem bruta é calculado sobre o valor das receitas líquidas de vendas.

Alternativa letra c).

7. PEC = (CF + DF) ÷ MCu
PEC = (R$ 15.000,00 + R$ 14.500,00) ÷ R$ 120,00 – (R$ 20,40 + R$ 58,00) = 709 unidades.

Alternativa letra e).

8. Sendo uma variação de custo favorável de MOD em 20%, este passará de R$ 20,00 para R$ 16,00. Considera-se variação favorável para a empresa a que lhe trará benefícios, como a redução do custo ocorrida. Dessa forma, o custo variável unitário total por unidade será = R$ 30,00 + R$ 16,00 + R$ 8,00 = R$ 54,00.
Vamos ao cálculo do resultado:

Resultado

Vendas brutas: 2.100 un. x R$ 120,00 =   R$ 252.000,00
(-) impostos s/vendas: 17% x R$ 252.000,00 =   (R$ 42.840,00)
(-) Custos variáveis: 2.100 un. x R$ 54,00 =   (R$ 113.400,00)
(-) Custo indireto   (R$ 15.000,00)
(-) Despesas   (R$ 14.500,00)
(=) Lucro operacional   R$ 66.260,00

Alternativa letra e).

9. Resultado (custeio variável)

Vendas brutas: 1.600 un. x R$ 120,00 =   R$ 192.000,00
(-) impostos s/vendas: 17% x R$ 192.000,00 =   (R$ 32.640,00)
(-) Custos variáveis: 1.600 un. x R$ 58,00 =   (R$ 92.800,00)
(-) Custos indiretos fixos   (R$ 15.000,00)
(-) Despesas totais   (R$ 14.500,00)
(=) Lucro operacional   R$ 37.060,00

Observações: as despesas, na sua maioria, são fixas e, na questão, estão informadas pelos seus valores totais. As despesas variáveis estão representadas pelos impostos sobre a venda.

Alternativa letra a).

10. Quando a questão simplesmente menciona ponto de equilíbrio, geralmente refere-se ao ponto de equilíbrio contábil (PEC).

Ponto de equilíbrio contábil (PEC) = Custos fixos ÷ margem de contribuição unitária (MCu).

Vamos aos cálculos:

PEC = R$ 60.000,00 ÷ (R$ 500,00 – R$ 300,00) = 300 unidades

PEC (R$) = 300 un. x R$ 500,00 = R$ 150.000,00

Uma alternativa para calcular o PEC em receita é dividir os custos e despesas fixos pelo percentual da margem de contribuição unitária (% MCu = MCu ÷ preço de venda unitário):

   % MCu = R$ 200,00 ÷ R$ 500,00 = 40% ou 0,4

   PEC (R$) = R$ 60.000,00 ÷ 0,4 = R$ 150.000,00

Alternativa letra d).

11. Esta é uma questão sobre ponto de equilíbrio econômico, cuja fórmula de cálculo é:

$$PEE = \frac{CF + DF + \text{lucro desejado}}{PVu - (CVu + DVu)}$$

No entanto, a questão não informa o lucro desejado, apenas que ele representa 20% da receita bruta. Nesse caso, a receita de venda total = preço de venda unitário x quantidade, que poderá ser representado por 500Q.

Sendo o lucro desejado 20% da receita total (desconhecida), logo, o lucro será = (500 x 0,20) x Q, ou seja, 100Q. Onde "Q" é o número de unidades que atingirá o ponto de equilíbrio econômico (PEE).

Aplicando os dados disponíveis na questão à fórmula, teremos:

$$Q = \frac{60.000,00 + 100Q}{500,00 - 300,00}$$

200,00Q = 60.000,00 + 100Q

200,00Q – 100,00Q = 60.000,00

100,00Q = 60.000,00

$$Q = \frac{60.000,00}{100,00} = 600 \text{ unidades}$$

Poderá ser feito também o seguinte cálculo:

$$PEE = \frac{\text{Custos e Despesas Fixos}}{(\text{MC unitária} - \text{Lucro unitário})}$$

MC unitária = $ 500,00 – $ 300,00 = $ 200,00

Lucro unitário = $ 500,00 x 20% = $ 100,00

$$PEE = \frac{\$ 60.000,00}{(\$ 200,00 - \$100,00)} = \textbf{600 unidades}$$

Alternativa letra a).

12. O ponto de equilíbrio comercial ou operacional, de 20.000 unidades, é o nível de vendas em que as receitas totais se igualam aos custos e despesas totais.

Margem de contribuição unitária (MCu) = preço de venda unitário – custos e despesas variáveis unitários.

A questão solicita o valor dos estoques pelo custeio por absorção. Assim, devemos identificar os custos fixos. Vamos iniciar utilizando a fórmula do ponto de equilíbrio em quantidades:

PE = custos fixos ÷ MCu

20.000 un. = CF ÷ R$ 30,00

CF = R$ 30,00 x 20.000 un.

CF = R$ 600.000,00

Preço de venda unitário: R$ 50,00
MCu: R$ 30,00
Custos variáveis: R$ 20,00 (R$ 50,00 – R$ 30,00).

No próximo período, será utilizado o custeio por absorção. Na utilização do custeio por absorção, os custos fixos serão alocados aos produtos, conforme a seguir:
Custo unitário: [CF + (CVu x Q)] ÷ Q, onde Q é a quantidade produzida.

Calculando o custo unitário pelo custeio por absorção:
[R$ 600.000,00 + (50.000u x R$ 20,00)] ÷ 50.000 un. = R$ 32,00 por unidade.

Se das 50.000 unidades produzidas, forem vendidas 45.000 unidades, ficam em estoque 5.000 unidades, que terá um valor total de: 5.000 un. x R$ 32,00 = R$ 160.000,00.

Alternativa letra d).

13. O ponto de equilíbrio contábil (PEC) representa a quantidade vendida que faz com que a receita total de vendas seja igual aos custos e despesas totais, ou seja, o lucro contábil será igual a zero, representado pela fórmula a seguir: PEC = (CF + DF) ÷ MCu.

A MCu será: R$ 210,00 – R$ 110,00 – R$ 20,00 = R$ 80,00.

Utilizando apenas os dados fornecidos necessários para o cálculo do PEC, teremos:

PEC = R$ 360.000,00 ÷ R$ 80,00 = 4.500 unidades.

Alternativa letra b).

14. O ponto de equilíbrio econômico (PEE) representa a quantidade que iguala a receita total com a soma dos custos e despesas acrescida de uma remuneração mínima sobre o capital investido pela empresa. Esta remuneração mínima corresponde à taxa de juros do mercado multiplicada pelo capital investido e é denominada de custo de oportunidade.

Vamos aos cálculos:

PEE = (CF + DF + remuneração desejada) ÷ MCu

MCu = R$ 210,00 – R$ 110,00 – R$ 20,00 = R$ 80,00

Remuneração desejada pelos acionistas: R$ 500.000,00 x 8% = R$ 40.000,00

PEE = (R$ 360.000,00 + R$ 40.000,00) ÷ R$ 80,00 = 5.000 unidades.

Alternativa letra d).

15. O custeio por absorção é um processo de apuração de custos cujo objetivo é alocar todos os seus elementos (sejam eles fixos ou variáveis) em cada fase da produção.

Ou seja, todos os custos serão apropriados ao produto. O cálculo poderá ser feito da seguinte forma:

Custo total = [custos fixos + (custos variáveis x quantidade produzida)] ÷ quantidade produzida

Calculando o custo unitário de produção pelo custeio por absorção:

Custo variável unitário (MP + MOD) = R$ 13,00.

Custo unitário: [R$ 21.000,00 + (R$ 13,00 x 1.000 un.)] ÷ 1.000 un. = R$ 34,00.

Alternativa letra d).

16. PEC = (custos fixos + despesas fixas) ÷ margem de contribuição unitária (MCu).

MCu = preço de venda unitário - custos e despesas variáveis unitários.

MCu = R$ 100,00 – R$ 9,00 (MP) – R$ 4,00 (MOD) – R$ 2,00 (desp. var.) – R$ 10,00 (comissões) – R$ 10,00 (impostos) = R$ 65,00.

PEC = (R$ 21.000,00 + R$ 5.000,00) ÷ R$ 65,00 = 400 unidades.

Alternativa letra c).

17. O custeio variável consiste em considerar como custo de produção do período apenas os custos variáveis. Os custos fixos, pelo fato de existirem mesmo que não haja produção, não são considerados como custos de produção, e sim como despesas, sendo encerrados diretamente contra o resultado do período, independentemente de quantas unidades foram comercializadas no período.

Custos variáveis:

Matéria-prima: R$ 9,00/unidade

Mão de obra direta: R$ 4,00/unidade

Total: R$ 13,00/unidade

Alternativa letra e).

18. PEC = (CF + DF) ÷ MCu.

Custos e despesas fixos = R$ 900.000,00 + R$ 360.000,00 + R$ 38.000,00 + R$ 430.000,00 = R$ 1.728.000,00.

MCu = preço de venda unitário – custos variáveis unitários – despesas variáveis unitárias

MCu = R$ 1.800,00 – R$ 940,00 – R$ 360,00* = R$ 500,00

Despesas variáveis (20% do preço de venda) = R$ 1.800,00 x 20% = R$ 360,00

PEC = R$ 1.728.000,00 ÷ R$ 500,00 = 3.456 unidades.

Alternativa letra b).

19. Para a resolução da questão é preciso conhecer os conceitos de ponto de equilíbrio financeiro (PEF) e ponto de equilíbrio econômico (PEE). O PEF representa a quantidade vendida que faz com que a geração líquida de caixa seja nula, ou seja, o caixa gerado com as vendas iguala-se às saídas referentes aos custos e despesas ocorridos no período. É a quantidade que iguala a receita total com a soma dos custos e despesas que representam desembolso financeiro para a empresa. Neste ponto, o nível de produção e vendas apresenta o saldo de caixa igual a zero. Para obter este ponto de equilíbrio, consideram-se como custos e despesas somente os gastos que geraram desembolso no período, desconsiderando, portanto, a depreciação contida nos custos e despesas fixos. Consideram-se também, outros desembolsos que não necessariamente estão inclusos nos custos e despesas, como, por exemplo, amortização de empréstimos. Assim, a margem de contribuição deverá suportar os custos e despesas fixas sem a depreciação mais amortizações de empréstimos.

Fórmula: PEF = (CF + DF – despesas não desembolsáveis + parcela de amortização de empréstimos) ÷ MCu

Na questão, não foi divulgado o valor da depreciação do período. Logo, consideramos que todas as despesas alocadas aos custos fixos geram saída de caixa.

O PEE, conforme já comentado, representa a quantidade que iguala a receita total com a soma dos custos e despesas acrescida de uma remuneração mínima sobre o capital investido pela empresa.

Fórmula: PEE = (CF + DF + lucro desejado) ÷ MCu

A questão envolve os dois conceitos. Assim, devemos determinar quantas unidades são necessárias produzir e vender para que a empresa consiga obter R$ 100.000,00 de lucro e ainda reduzir seus empréstimos em R$ 300.000,00.

Vamos aos cálculos:

MCu = R$ 1.000,00 – R$ 400,00 – R$ 100,00 = R$ 500,00

Custo de oportunidade (lucro desejado): R$ 100.000,00

Parcela de redução de empréstimos: R$ 300.000,00

PEE = (R$ 500.000,00 + R$ 300.000,00 + R$ 100.000,00) ÷ R$ 500,00 = 1.800 unidades.

Produzindo e vendendo 1.800 unidades do Produto A, a sociedade consegue obter R$ 100.000,00 de lucro e ainda reduzir o valor dos empréstimos em R$ 300.000,00.

Alternativa letra c)

20. A questão refere-se ao ponto de equilíbrio econômico (PEE). Então, vamos aos cálculos:

O PEC em 20x0 foi alcançado com a venda de 20 unidades, obtendo a receita total de R$ 710.000,00. Logo, cada turbina foi vendida por R$ 35.500,00 (R$ 710.000,00 ÷ 20 un.).

Os custos fixos em 20x0 somam R$ 190.000,00.

Não foi informado o custo variável unitário, mas com os dados obtidos, informações podemos calcular a margem de contribuição unitária (MCu) utilizando a fórmula do ponto de equilíbrio contábil (PEC):

PEC = (CF + DF) ÷ MCu

20 un. = R$ 190.000,00 ÷ MCu

MCu = R$ 190.000,00 ÷ 20 un.

MCu = R$ 9.500,00

Para o ano de 20x1, os custos fixos aumentarão em 10%. Ou seja, terá um valor de R$ 209.000,00 (R$ 190.000,00 + R$ 19.000,00). Os demais valores permanecerão os mesmos.

Baseado nas informações obtidas e no lucro esperado pelos acionistas (R$ 47.500,00), podemos calcular o PEE:

PEE = (CF + DF + lucro desejado) ÷ MCu

PEE = (R$ 209.000,00 + R$ 47.500,00) ÷ R$ 9.500,00 = 27 unidades.

Alternativa letra d).

21. Dados da questão:
- Produção e venda: 80.000 unidades
- Custo unitário apurado pelo custeio por absorção: R$ 75,00
- Custo unitário apurado pelo custeio variável: R$ 60,00

No custeio por absorção, foram apropriados à produção do período todos os custos, sejam fixos ou variáveis. A diferença entre o custo unitário no custeio por absorção e no custeio variável é em função dos custos fixos. Logo, o valor alocado de custo fixo foi: R$ 75,00 – R$ 60,00 = R$ 15,00 por unidade. O custo fixo total, então, será: 80.000 un. x R$ 15,00 = R$ 1.200.000,00.
- Preço de venda unitário: R$ 100,00.
- Despesas fixas: R$ 240.000,00.
- Não foi informado o valor das despesas variáveis.

Calculando o ponto de equilíbrio contábil (PEC):
PEC = (R$ 1.200.000,00 + R$ 240.000,00) ÷ (R$ 100,00 – R$ 60,00) = 36.000 unidades.
Alternativa letra d).

22. A questão solicita o valor da receita no ponto de equilíbrio. Não há, nesta questão, como calcular o número de unidades no PEC, pois não há informações sobre PVu, CVu e DVu. Nesse caso, vamos resolvê-la com o percentual da MCu:
MCu = PVu – CVu – DVu
MCu = 100% – 60% = 40%
PEC = (CF + DF) ÷ MCu
PEC = R$ 240.000,00 ÷ 0,4 = R$ 600.000,00
Quando dividimos os custos fixos mais despesas fixas pelo percentual de MCu, temos como resultado a receita total no PEC.

Há, ainda, outra forma de resolvermos essa questão:
Receita total (R) = CF + CV
R = R$ 240.000,00 + 0,6R
R – 0,6R = R$ 240.000,00
0,4R = R$ 240.000,00
R = R$ 240.000 ÷ 0,4= R$ 600.000,00
Alternativa letra a).

23. PEC = (CF + DF) ÷ MCu
PEC = (R$ 18.000,00 ÷ R$ 3.000,00) – R$ 1.500,00 = 12 unidades
Uma redução no preço de venda alteraria este valor de R$ 3.000,00 para R$ 2.400,00 (R$ 3.000,00 – 20%), ou seja, uma redução de R$ 600,00.
O novo PEC, mantendo os demais valores, será:
PEC = R$ 18.000,00 ÷ (R$ 2.400,00 – R$ 1.500,00) = 20 unidades
Para alcançar o novo PEC, a empresa terá que comercializar mais produtos, e deverá ser acrescida a esse ponto a quantidade de 8 automóveis (20 un. – 12 un.).
Alternativa letra b).

24. O Ponto de Equilíbrio Econômico (PEE) representa a quantidade que produzida e vendida proporciona um lucro igual ao rendimento mínimo do capital aplicado em outro investimento.

A empresa pretende obter um lucro líquido de R$ 80.000,00 após o imposto de renda com uma alíquota de 25%.

No entanto, para o cálculo do ponto de equilíbrio econômico (PEE) devemos determinar, inicialmente, o lucro operacional (LAIR e CSSL) da seguinte forma:

$$LAIR = \frac{\text{Lucro líquido a ser obtido depois do IR e CSSL}}{1 - \text{alíquota (IR e CSSL)}}$$

$$LAIR = \frac{\$\ 80.000,00}{1 - 0,25} = \frac{\$\ 80.000,00}{0,75} = \$\ 106.666,67$$

A margem de contribuição unitária (MCu) será: $ 60,00 - $ 15,00 - $ 12,00 ($ 60,00 x 0,20) = $ 33,00

Com o lucro operacional e a MCu definidos, podemos calcular o PEE:

$$PEE = \frac{\$\ 40.000,00 + \$\ 30.000,00 + \$\ 106.666,67}{\$\ 33,00} = 5.353,54 \text{ unidades}$$

Alternativa letra e).

25. Nessa questão, o PEC foi informado em termos percentuais. Ou seja, equivale a 20% do total das vendas.

Os custos variáveis unitários serão iguais a: R$ 5.000.000 ÷ 50.000 un. = R$ 100,00.

O ponto de equilíbrio corresponde a 20% das unidades produzidas e vendidas. Se a empresa produziu e vendeu 50.000 unidades para se alcançar o ponto de equilíbrio, basta fabricar e vender 20% desse valor, ou seja, 50.000 unidades x 20% = 10.000 unidades.

$$PEC = \frac{CF}{PVu - CVu}$$

Aplicando os dados da questão à fórmula:

$$10.000 = \frac{1.100.000,00}{PVu - 100,00}$$

10.000PVu – 1.000.000,00 = 1.100.000,00
10.000PVu = 2.100.000,00
PVu = 2.100.000,00 ÷ 10.000 = 210,00.

Alternativa letra a).

26. PEC = (CF + DF) ÷ MCu

Custos variáveis totais:
- Mão de obra direta: R$ 120.000,00
- Matéria-prima: R$ 200.000,00
  Total: R$ 320.000,00

Custo variável unitário: R$ 320.000,00 ÷ 40.000 un. = R$ 8,00

Custos fixos:
- Aluguel da fábrica: R$ 45.000,00
- Depreciação: R$ 30.000,00
- Outros gastos fixos: R$ 70.000,00
  Total: R$ 145.000,00

PEC = R$ 145.000,00 ÷ (R$ 13,80 – R$ 8,00) = 25.000 unidades
Alternativa letra c).

27. Ponto de equilíbrio econômico (PEE) é a quantidade que iguala a receita total com a soma dos custos e despesas acrescida de uma remuneração mínima sobre o capital investido pela empresa (lucro desejado ou custo de oportunidade).

A questão tem muita informação, mas o que interessa mesmo para resolvê-la está no texto após a demonstração do resultado apresentada; ou seja, o cálculo do PEE da empresa após implementadas todas as alterações projetadas para o próximo período. Vamos aos cálculos:

PEE = (custos e despesas fixos + lucro) ÷ MCu

$$PEE = \frac{R\$\ 1.500,00 + R\$\ 500,00}{R\$\ 10,00 - R\$\ 4,00 - R\$\ 1,00} = \textbf{400 unidades}$$

Alternativa letra d).

28. A empresa pretende obter um lucro líquido de R$ 31.500,00 após o imposto de renda de com uma alíquota de 30%.

Para o cálculo do ponto de equilíbrio econômico (PEE) devemos determinar, inicialmente, o lucro operacional (LAIR e CSSL), da seguinte forma:

$$LAIR\ e\ CSSL = \frac{Lucro\ líquido\ a\ ser\ obtido\ depois\ do\ imposto\ do\ IR\ e\ CSSL}{1 - alíquota\ do\ (IR\ e\ CSSL)}$$

$$LAIR\ e\ CSSL = \frac{\$\ 31.500,00}{1 - 0,30} = \frac{\$\ 31.500,00}{0,70} = \$\ 45.000,00$$

Com o lucro operacional definido, podemos partir para o cálculo do PEE:

$$PEE = \frac{\$\ 150.000,00 + \$\ 45.000,00}{\$\ 7,00 - \$\ 2,00} = 39.000\ unidades$$

O PEE em receita:
PEE ($) = 39.000 unidades x $ 7,00 = $ 273.000,00

Alternativa letra a).

29. Margem de segurança operacional (MS) é a quantidade vendida acima do ponto de equilíbrio. Para calcular a margem de segurança é preciso calcular o ponto de equilíbrio:
PEC = (CF + DF) ÷ PVu – (CVu + DVu)
Identificação dos dados para solução da questão:
  - CVu = R$ 100.000,00 ÷ 25.000 un. = R$ 4,00
  - MCu = R$ 12,00 – R$ 4,00 = R$ 8,00
  - PEC = R$ 80.000,00 ÷ R$ 8,00 = 10.000 unidades

$$MS = \frac{quantidade\ vendida - quantidade\ no\ PEC}{quantidade\ vendida} = \frac{25.000\ un. - 10.000\ un.}{25.000\ un.} = 60\%$$

Alternativa letra e).

30. Os gastos fixos serão reduzidos em 10%, logo: R$ 1.520.000,00 – 10% = R$ 1.368.000,00.

MCu: R$ 50.000,00 – R$ 31.000,00 = R$ 19.000,00

PEC: R$ 1.368.000,00 ÷ R$ 19.000,00 = 72 unidades

MS = quantidade vendida – quantidade no PEC
                     quantidade vendida

$$MS = \frac{100 - 72}{100} = 28\%$$

Alternativa letra e).

31. Para desenvolver esta questão, calcularemos inicialmente a margem de contribuição unitária (MCu):

MCu = preço de venda unitário – custos variáveis unitários

MCu = R$ 1.200,00 – (R$ 27.000.000,00 ÷ 36.000 un.) = **R$ 450,00 (já responde a questão – letra "c")**, mas vamos confirmar os demais cálculos.

PEF = (custos e despesas fixos – depreciação) ÷ MCu

PEF = (R$ 1.800.000,00 – R$ 585.000,00) ÷ R$ 450,00 = 2.700 unidades (letra "a" está incorreta).

PEC = (custos e despesas fixos) ÷ MCu

PEC = R$ 1.800.000,00 ÷ R$ 450,00 = 4.000 unidades (letra "d" está incorreta).

Margem de segurança (em valor) = receita total atual – receita no PEC

Margem de segurança = (R$ 1.200,00 x 36.000 un.) – (R$ 1.200,00 x 4.000 un.) = R$ 38.400.000,00 (letra "b" está incorreta)

Alternativa letra c).

32. A margem de segurança operacional (MS) corresponde às quantidades que são comercializadas acima do ponto de equilíbrio contábil (PEC); e pode ser calculada pela seguinte fórmula (resultado em percentual):

$$MS = \frac{QV - QE}{QV}$$

Sendo: MS = margem de segurança operacional

QV = quantidade vendida

QE = quantidade no ponto de equilíbrio contábil

Para calcular a MS precisamos das quantidades vendidas no PEC, mas a questão não traz essa informação. Então, vamos aos cálculos:

PEC = custos e despesas fixos ÷ MCu

PEC = (R$ 250.000,00 + R$ 100.000,00) ÷ (R$ 25,00 – R$ 10,00 – R$ 5,00) = 35.000 unidades

$MS = \dfrac{50.000 \text{ un.} - 35.000 \text{ un.}}{50.000 \text{ un.}} = \mathbf{30\%}$

Alternativa letra b).

33. Para o cálculo do ponto de equilíbrio dessa questão deverá ser considerada a combinação de vendas (mix). Por consequência, devemos calcular a margem de contribuição unitária média dividindo o valor total da margem de contribuição pela quantidade total: R$ 356.000,00 ÷ 10.000 un. = R$ 35,60 por unidade.
Ponto de equilíbrio contábil (PEC) = (custos fixos + despesas fixas) ÷ margem de contribuição unitária.
PEC = R$ 206.000,00 ÷ R$ 35,60 = 5.786 unidades
Alternativa letra b).

34. A questão apresentou um mix de produtos (combinação de vendas). Portanto, vamos calcular a margem de contribuição média.
Identificação da margem de contribuição unitária (MCu) de cada produto:

Produtos	Preço de Venda Unitário	Custo Variável Unitário	MCu
Camiseta A	$ 16,00	$ 10,00	$ 6,00
Camiseta B	$ 10,00	$ 6,00	$ 4,00
Camiseta C	$ 8,00	$ 5,00	$ 3,00

Margem de contribuição total:

Produtos	MCu	Quantidade de camisetas	MCT
Camiseta A	$ 6,00	300 unidades	$ 1.800,00
Camiseta B	$ 4,00	800 unidades	$ 3.200,00
Camiseta C	$ 3,00	900 unidades	$ 2.700,00
	Total	2.000 unidades	$ 7.700,00

MCu Média = $ 7.700,00 ÷ 2.000 un. = $ 3,85 por unidade.
Cálculo do ponto de equilíbrio:
PE = $ 1.000.000,00 ÷ $ 3,85 = 259.740 unidades. Este é o ponto de equilíbrio geral considerando todos os produtos. Vamos identificar, a seguir, a participação de cada produto nesse total, de acordo com as unidades produzidas e comercializadas:

Produtos	Quantidade de camisetas	%	Ponto de equilíbrio
Camiseta A	300 unidades	15%	38.961 unidades
Camiseta B	800 unidades	40%	103.896 unidades
Camiseta C	900 unidades	45%	116.883 unidades
Total	2.000 unidades	100%	259.740 unidades

Alternativa letra a).

35. Em geral, as empresas produzem e vendem mais de um tipo de produto. Para o cálculo do ponto de equilíbrio geral da empresa considerando múltiplos produtos (mix), é necessário calcular a margem de contribuição média (ponderada) dessa combinação. A questão pede a margem de contribuição conjunta para os produtos X e Y. Então, vamos aos cálculos:

Produtos	Preço de venda	(–) Custos e despesas variáveis	(=) MC unitária	(x) Proporção (combinação de venda)	(=) Média ponderada
X	R$ 40,00	R$ 20,00	R$ 20,00	75%	R$ 15,00
Y	R$ 30,00	R$ 14,00	R$ 16,00	25%	R$ 4,00
III			Soma	100%	R$ 19,00

Alternativa letra b).

36. O Grau de Alavancagem Operacional (GAO) é um índice que mostra ao gestor da empresa os efeitos que a variação percentual de vendas exerce sobre o lucro operacional; O GAO tem muita utilidade para as projeções dos resultados que as empresas possam obter em diversos níveis de atividades de produção e vendas, quando mantidos constantes o preço de venda, os custos e despesas variáveis e o montante dos custos e despesas fixos.

O GAO mostra como a variação na venda provoca efeitos sobre o lucro operacional; assim, entende-se que o GAO funciona como um multiplicador, na medida em que, calculado o GAO igual a 3, traduz-se em: para uma variação de 1% no volume de venda, esta causará uma variação de 3% no lucro operacional.

O GAO é indicado para fins gerenciais, portanto, adota-se o método de custeio variável (direto) para o seu cálculo, que nos informa a margem de contribuição obtida na venda de produtos para saldar os gastos fixos e ainda serem suficientes para obtenção de lucro. Empresas que apresentam gastos fixos em proporções mais elevadas apresentam alavancagem operacional maior.

Alternativa letra d).

37. Analisando cada alternativa da questão, temos o seguinte:
a) Opção incorreta – os gastos fixos não sofrem alterações decorrentes da flutuação das vendas.
b) Opção incorreta – as flutuações nas receitas de venda podem ocorrer por diversos motivos (preço de venda, concorrência etc.), e não associadas a custos variáveis.
c) Opção incorreta – os encargos financeiros fixos não são considerados para o cálculo do GAO.
d) **Opção correta** – um aumento ou uma redução nas vendas produz uma variação maior ou menor no lucro operacional.
Alternativa letra d).

38. A alavancagem operacional corresponde à ponderação entre a variação percentual de lucro e a variação percentual de volume. Indica quantas vezes o lucro aumenta em relação a cada variação de 1 % nas vendas.
Segue a fórmula de cálculo:

GAO = Variação percentual do lucro operacional
             Variação percentual da receita

Ou

GAO = Margem de contribuição
             Lucro operacional

Cálculo o lucro operacional na posição atual:

Receita de vendas................................ 100 un. x $ 45,00 = $ 4.500,00
(-) Custos e despesas variáveis............. 100 un. x $ 30,00 =   ($ 3.000,00)
(=) Margem de contribuição.. $ 1.500,00
(-) Custos e despesas fixos...   ($ 1.000,00)
(=) Lucro operacional... $ 500,00

GAO = $\dfrac{\text{Margem de contribuição}}{\text{Lucro operacional}}$ = $\dfrac{\$ 1.500,00}{\$ 500,00}$ = 3,0 (**já responde à questão – letra b**)

Um aumento de 20% na quantidade vendida trará o seguinte reflexo no resultado:

Receita de vendas.............................120 un. x $ 45,00 = $ 5.400,00
(-) Custos e despesas variáveis........120 un. x $ 30,00 =   ($ 3.600,00)
(=) Margem de contribuição...................................... $ 1.800,00
(-) Custos fixos..   ($ 1.000,00)
(=) Lucro operacional... $ 800,00

Comparando as duas demonstrações de resultado, vamos calcular as variações ocorridas nas vendas e no lucro operacional:

Variação das vendas: [($ 5.400,00 ÷ $ 4.500,00) -1] x 100 = 20%
Variação do lucro: [($ 800,00 ÷ $ 500,00) -1] x 100 = 60%
Calculando o GAO com as variações: 60% ÷ 20% = 3,0

Interpretando o resultado, qualquer aumento percentual ocorrido nas vendas, provocará um aumento três vezes maior. Ou seja, se houve um aumento de 20% nas vendas, mantendo a mesma estrutura de custos fixos, o lucro operacional aumentará em 60% (3,0 x 20%). Da mesma forma, se houver uma redução nas vendas, o lucro operacional será reduzido em três vezes o percentual de variação negativa das vendas.

Alternativa letra b).

39. Dados para a opção 1:
   MCu = $ 100,00
   MC Total = $ 4.000,00
   Lucro operacional = $ 3.000,00
   GAO = 1,33

Identificando os custos e despesas fixos:
Lucro operacional = margem de contribuição total – custos e despesas fixos
$ 3.000,00 = R$ 4.000,00 – custos e despesas fixos

Custos e despesas fixos = $ 1.000,00

Se as vendas aumentarem 50%, a margem de contribuição total também aumentará em 50%. Nesse caso, teremos: $ 4.000,00 x 1,5 = $ 6.000,00.

Sendo o lucro operacional = margem de contribuição total – custos e despesas fixos, então: $ 6.000,00 – $ 1.000,00 = $ 5.000,00.

Alternativa letra b)

40. Inicialmente, devemos identificar o ponto de equilíbrio contábil (PEC), para podermos determinar a margem de segurança operacional (MS) atual.

PEC = $\dfrac{\$ 90.000,00}{\$ 100,00 - \$ 55,00}$ = 2.000 unidades

A MS será: nível de vendas menos o PEC = 3.500 un. – 2.000 un. = 1.500 un.

Com o acréscimo proposto de 500 unidades na MS, esta passará para 2.000 unidades. Consequentemente, o volume de vendas total passará para 4.000 unidades (2.000 un. do PEC + 2.000 un. da MS).

Assim, teremos o seguinte resultado projetado para o cálculo do grau de alavancagem operacional (GAO):

Resultado	Venda atual	Venda projetada
Receita de vendas	3.500 un. x $ 100,00 = $ 350.000,00	4.000 un. x $ 100,00 = $ 400.000,00
(-) Custos/despesas variáveis	3.500 un. x $ 55,00 = $ 192.500,00	4.000 un. x $ 55,00 = $ 220.000,00
(=) Margem de contribuição	$ 157.500,00	$ 180.000,00
(-) Custos/despesas fixos	$ 90.000,00	$ 90.000,00
(=) Lucro operacional	$ 67.500,00	$ 90.000,00

Variação percentual do lucro operacional	$\dfrac{\$ 90.000 - \$ 67.500}{\$ 67.500} = 33,33\%$

Variação percentual da receita	$\dfrac{\$ 400.000 - \$ 350.000}{\$ 350.000} = 14,29\%$

GAO = Variação percentual do lucro operacional / Variação percentual da receita	GAO = $\dfrac{33,33}{14,29}$ = 2,33

Confirmando o GAO pela outra fórmula:

$$GAO = \frac{\text{Margem de contribuição}}{\text{Lucro operacional}} = \frac{\$ 157.000,00}{\$ 67.500,00} = \mathbf{2,33}$$

Alternativa letra d).

41. A questão trata de grau de alavancagem operacional (GAO), que representa a medida dos efeitos provocados no resultado operacional em função do aumento no volume de vendas e pode ser calculado com a seguinte fórmula:

$$GAO = \frac{\text{Margem de Contribuição}}{\text{Lucro Operacional}}$$

No entanto, para desenvolver a fórmula, precisamos identificar os valores correspondentes à margem de contribuição e ao lucro operacional.

Vamos aos cálculos:

Identificaremos, inicialmente, o custo dos produtos vendidos (CPV):

Vendas   R$ 1.000.000,00 (informado na questão)
(–) CPV   **(R$ 800.000,00) (por dedução)** *
(=) Lucro Bruto   R$ 200.000,00 (informado na questão)

* Por dedução, o CPV soma R$ 800.000,00 (R$ 1.000.000,00 de receitas menos R$ 200.000,00 de lucro bruto).

Vamos agora separar este CPV em custos fixos e custos variáveis:

- Sendo o preço de venda unitário no valor de R$ 1.000,00 e o seu custo unitário variável de R$ 300,00, podemos concluir que os custos variáveis representam 30% em relação às receitas. Assim, se as receitas totais somam R$ 1.000.000,00, os custos variáveis totais serão R$ 300.000,00.

- Com os custos variáveis totais identificados, podemos identificar os custos fixos totais a partir do CPV, ou seja:

CPV   R$ 800.000,00
(–) Custos variáveis   (R$ 300.000,00)
(=) Custos fixos   R$ 500.000,00

Após os cálculos acima, podemos partir para o cálculo do GAO:

Resultado

Receita de vendas	R$ 1.000.000,00
(–) Custos variáveis	(R$ 300.000,00)
(=) Margem de contribuição	R$ 700.000,00
(–) Custos fixos	(R$ 500.000,00)
(=) Lucro operacional	R$ 200.000,00

GAO = $\dfrac{\text{R\$ 700.000,00}}{\text{R\$ 200.000,00}}$ = **3,5**

Alternativa letra e).

42. a) Opção incorreta - Conforme os dados apresentados, podemos demonstrar, de forma simples, o resultado apurado da empresa Next:

Resultado

Receita de vendas	R$ 500.000,00
(–) Custos variáveis	(R$ 400.000,00)
(=) Margem de contribuição (20%)	R$ 100.000,00
(–) Custos fixos	(R$ 93.000,00)
(=) Lucro operacional líquido	R$ 7.000,00

Com os custos fixos já identificados, podemos calcular o ponto de equilíbrio contábil (PEC).

Sendo 20% o percentual da margem de contribuição, o PEC em receitas é:

PEC($) = R$ 93.000,00 = R$ 465.000,00
               0,20

b) Opção incorreta - Sendo R$ 500.000,00 a receita de vendas total da empresa, o percentual de margem de segurança será:

MS = R$ 500.000,00 – R$ 465.000,00 = 7%
              R$ 500.000,00

c) Opção incorreta - Os custos e despesas variáveis da empresa Next não superam R$ 400.000,00. É exatamente este valor.

d) **Opção correta** - Podemos resolver de duas formas. A primeira é por meio do Grau de Alavancagem Operacional (GAO), que representa a medida dos efeitos provocados no resultado operacional em função do aumento no volume de vendas e pode ser calculado com a seguinte fórmula:

GAO = Margem de Contribuição
            Lucro Operacional

Com base nos dados contidos na solução da letra a) acima, o GAO será:

GAO = R$ 100.000,00 = **14,2857**
           R$ 7.000,00

O GAO é 14,2857. Isso significa que o lucro aumentará 14,2857 vezes mais que o aumento na receita. Assim, um aumento de 10% nas vendas provocará um aumento de 142,857% no lucro operacional, ou seja, R$ 7.000,00 x 142,857% = R$ 10.000,00.

A segunda forma de resolver é pela projeção do resultado. Caso a empresa Next apresente aumento de 10% em suas vendas, mantidas as atuais condições de custos e preços e a atual distribuição de seu mix de vendas, o resultado será:

Resultado	Atual	Projetado
Receita de vendas	R$ 500.000,00	R$ 550.000,00
(–) Custos variáveis	(R$ 400.000,00)	(R$ 440.000,00)
(=) Margem de contribuição	R$ 100.000,00	R$ 110.000,00
(–) Custos fixos	(R$ 93.000,00)	(R$ 93.000,00)
(=) Lucro operacional líquido	R$ 7.000,00	R$ 17.000,00

Observe que o resultado operacional líquido aumentará R$ 10.000,00 (R$ 17.000,00 – R$ 7.000,00).

e) Opção incorreta - O GAO da empresa Next no momento dado é superior a 14, conforme solução da letra d) acima.

Alternativa letra d).

43. Margem de segurança unitária (MCu) = preço de venda unitário (PVu) – custo variável unitário (CVu)

MCu = R$ 1.200,00 – R$ 700,00 = R$ 500,00.

Margem de contribuição total (capacidade máxima de produção) = R$ 500,00 x 100 un. = **R$ 50.000,00.**
Alternativa letra e).

44. Ponto de equilíbrio = (CF + DF) ÷ MCu. No entanto, não temos a informação dos custos e despesas fixos totais disponível na questão e teremos que identificá-los, conforme a seguir:

Custo total unitário: R$ 1.000,00
(–) Custo variável unitário: R$ 700,00
(=) Custo fixo unitário: R$ 300.00

Capacidade máxima: 100 unidades; logo o custo fixo total na capacidade máxima será: R$ 300,00 x 100 un. = R$ 30.000,00. Com esta informação podemos calcular o ponto de equilíbrio contábil, a seguir:

PEC = R$ 30.000,00 ÷ R$ 500,00 = **60 unidades.**
Alternativa letra a).

45. Margem de segurança operacional (MS) = quantidade vendida (nível da atividade operacional) – quantidade no ponto de equilíbrio contábil.
MS = 100 un. – 60 un. = **40 un.**
Alternativa letra d).

46. Margem de contribuição total
no nível de atividade máxima: 100 un. x R$ 500,00   = R$ 50.000,00
(–) Custos fixos totais   = (R$ 30.000,00)
(=) Lucro operacional   = R$ 20.000,00

GAO = Margem de Contribuição
          Lucro Operacional

GAO = R$ 50.000,00 = **2,5**
          R$ 20.000,00
Alternativa letra c)

47. Observe os cálculos da questão anterior. Lucro operacional = R$ 20.000,00
Alternativa letra b).

48. A questão informa *"...aproveitando a capacidade instalada para produzir somente os parafusos..."*. Parando de fabricar as porcas, será adicionado à fabricação de parafusos o tempo excedente.
Assim, vejamos o tempo que sobra a ser utilizado na fabricação de parafusos:
800.000 porcas x 24 min = 19.200.000 minutos.
Cada parafuso utiliza 32 minutos, logo, fabricaremos a mais 600.000 parafusos (19.200.000 min ÷ 32 min).
Então, vamos ao resultado:

Vendas: [800.000 un. + 600.000 un. (incremento na produção)] x $ 4,00 = $ 5.600.000,00

(-) CV

Parafusos: 1.400.000 un. x $ 2,50 =	($ 3.500.000,00)
Porcas: 1.400.000 un. x $ 1,05 =	($ 1.470.000,00)
(-) CF	($ 85.000,00)
(=) Lucro	$ 545.000,00

Alternativa letra c).

49. A capacidade instalada será aproveitada para produzir somente as xícaras. Parando de fabricar os pires, será adicionado à fabricação de xícaras o tempo excedente.

Assim, vejamos o tempo excedente a ser utilizado na fabricação de xícaras:

Tempo excedente: 18 minutos por peça, que representa 75% (18 min. ÷ 24 min.) do tempo utilizado para a fabricação do pires. Como a produção de xícaras aproveitará essa capacidade, haverá um acréscimo de 4.500 unidades (6.000 un. x 75%) e o novo volume de produção será de 10.500 unidades.

Vamos, então, à comparação dos resultados:

Resultado (comprando os pires)

Vendas: 10.500 un. x R$ 14,50 =	R$ 152.250,00
(-) Custos variáveis	
Xícaras: (R$ 5,00 + R$ 1,00) x 10.500 un. =	(R$ 63.000,00)
Pires: R$ 3,50 x 10.500 un. =	(R$ 36.750,00)
(=) Resultado	R$ 52.500,00

Resultado (fabricando os pires)

Vendas: 6.000 un. x R$ 14,50 =	R$ 87.000,00
(-) Custos variáveis	
Xícaras: (R$ 5,00 + R$ 1,00) x 6.000 un. =	(R$ 36.000,00)
Pires: (R$ 2,00 + R$ 0,50) x 6.000 un. =	(R$ 15.000,00)
(=) Resultado	R$ 36.000,00

Comparando as duas demonstrações de resultado apresentadas, se a empresa optar por comprar os pires terá um acréscimo de R$ 16.500,00 no resultado (R$ 52.500,00 – R$ 36.000,00).

Alternativa letra a).

50. A questão trata de decisões gerenciais do tipo "comprar ou fabricar", baseadas nas informações obtidas pela contabilidade de custos.

Para analisarmos as hipóteses apresentadas, temos que identificar o custo unitário do produto quando produzido integralmente pela empresa, além do custo unitário do produto quando adquirido semiacabado de outra indústria.

A empresa adota o custeio por absorção, logo todos os custos serão apropriados aos produtos.

Vamos aos cálculos:

Custo unitário do produto fabricado integralmente pela empresa:

Itens	Valor
Matéria-prima	R$ 84.000,00
(+) Mão de obra direta	R$ 336.000,00
(+) Custos fixos	R$ 132.000,00
(=) Custo total	R$ 552.000,00
(÷) n° unidades fabricadas	600 un.
(=) Custo unitário	R$ 920,00

Custo unitário do produto fabricado parcialmente pela empresa:

a) Custo de aquisição por unidade da peça semiacabada da Indústria "B":

Preço de aquisição	R$ 850,00
(+) Frete	R$ 40,00
(=) Custo de aquisição	**R$ 890,00**

b) Custos adicionais para processar e acabar o lote adquirido da Indústria "B":

Itens	Valor
Matéria-prima	R$ 9.000,00
(+) Mão de obra direta	R$ 6.000,00
(+) Custos fixos	R$ 11.400,00
(=) Custo total	R$ 26.400,00
(÷) n° de unidades processadas	600 un.
(=) Custo a apropriar por unidade	**R$ 44,00**

Custo unitário total (a + b) = R$ 890,00 + R$ 44,00 = **R$ 934,00**

Analisando os dados obtidos, podemos verificar que, se a Indústria "A" produzir integralmente os produtos, o custo unitário será de R$ 920,00; e se ela terceirizar parte da produção, o custo unitário aumentará para R$ 934,00.

Podemos concluir, diante das hipóteses apresentadas, que a empresa deve recusar a proposta da Indústria "B", visto que ela acarretará aumento de custos e, consequentemente, uma redução no resultado da empresa.

Alternativa letra d).

51. A questão trata de decisões gerenciais do tipo "comprar ou fabricar", baseadas nas informações obtidas pela contabilidade de custos.

Caso a Indústria Metalúrgica Sem Fronteiras S.A. deixe de fabricar a peça e passe a comprá-la do fornecedor, o custo unitário dessa aquisição será o seguinte:

Preço de aquisição: 10.000 un. x R$ 11,00	= R$ 110.000,00
(+) Frete: 10.000 un. x R$ 2,00	= R$ 20.000,00
(+) Mão de obra indireta adicional	= R$ 20.000,00

(+) Custo fixo necessário: R$ 100.000,00 x 40% = R$ 40.000,00
(=) Soma R$ 190.000,00
(÷) nº de unidades a serem adquiridas 10.000 un.
(=) **Custo unitário** **R$ 19,00**

Alternativa letra a).

52. Em virtude de existir capacidade ociosa de 2.000 unidades (5.000 un. – 3.000 un.), para que o resultado seja aumentado em função do pedido a um preço menor que o praticado normalmente pela empresa, é necessário que a receita gerada pela encomenda seja superior a seus gastos adicionais (custos e despesas variáveis), ou seja, que proporcione margem de contribuição positiva.

A margem de contribuição unitária (MCu) da proposta é de R$ 20,00 (R$ 220,00 – R$ 200,00). Sendo a MCu positiva, a encomenda pode ser aceita e cada unidade da encomenda extra aumentará o resultado em R$ 20,00. A variação total no resultado, provocada pela aceitação da encomenda de 500 unidades será, então, de R$ 10.000,00 (500 un. x R$ 20,00).

Nos casos de pedidos de venda especiais, havendo capacidade ociosa, os custos fixos não devem ser considerados no processo de tomada de decisões, uma vez que eles existirão ainda que a indústria não aceite a encomenda.

Alternativa letra c).

53. Em virtude de existir capacidade ociosa de 2.000 unidades (10.000 un. – 8.000 un.), para que o resultado seja aumentado em função do pedido a um preço menor que o praticado normalmente pela empresa, é necessário que a receita gerada pela encomenda seja superior a seus gastos adicionais (custos e despesas variáveis), ou seja, que proporcione margem de contribuição positiva.

Para calcular a margem de contribuição unitária (MCu), precisamos conhecer o valor de duas variáveis: o preço de venda unitário, que foi informado (R$ 70,00), e os gastos variáveis unitários (custos e despesas), que iremos identificar a seguir:

Matéria-prima:	R$ 32,00
(+) Mão de obra direta:	R$ 24,00
(+) Custo indireto variável:	R$ 8,00
(+) Despesas de vendas (R$ 70,00 x 5%)	R$ 3,50
(=) Gastos variáveis unitários	R$ 67,50

A MCu da proposta é: R$ 70,00 – R$ 67,50 = R$ 2,50

Sendo a MCu positiva, a encomenda pode ser aceita e cada unidade da encomenda extra aumentará o resultado em R$ 2,50. A variação total no resultado, provocada pela aceitação da encomenda de 1.200 unidades será, então, de R$ 3.000,00 (1.200 un. x R$ 2,50).

Nos casos de pedidos de venda especiais, havendo capacidade ociosa, os custos fixos não devem ser considerados no processo de tomada de decisões, uma vez que eles existirão ainda que a indústria não aceite a encomenda.

Alternativa letra d).

54. Considerando que a empresa possui uma capacidade ociosa de 500.000 unidades, devemos verificar se o preço proposto pela empresa Ômega oferece margem de contribuição positiva. Para isso, temos que identificar, primeiro, os valores unitários das variáveis que compõem a margem de contribuição unitária (MCu):

Preço de venda unitário (PVu) = R$ 20.000.000,00 ÷ 2.000.000 un. = R$ 10,00/un.

Os custos variáveis totais estão inclusos no total dos custos dos produtos vendidos (CPV): R$ 12.000.000,00. Como os custos fixos somam R$ 4.800.000,00; logo, os custos variáveis serão R$ 7.200.000,00 (R$ 12.000.000,00 – R$ 4.800.000,00).

Custo variável unitário (CVu) = R$ 7.200.000,00 ÷ 2.000.000 un. = R$ 3,60/un.

As despesas variáveis totais estão inclusas no total das despesas administrativas e de vendas: R$ 6.000.000,00. Como as despesas fixas somam R$ 4.400.000,00, logo, as despesas variáveis serão R$ 1.600.000,00 (R$ 6.000.000,00 – R$ 4.400.000,00).

Despesa variável unitária (DVu) = R$ 1.600.000,00 ÷ 2.000.000 un. = R$ 0,80/un.

Cálculo da MCu proporcionada pela proposta da empresa Ômega:

MCu = PVu – CVu – DVu = R$ 8,00 – R$ 3,60 – R$ 0,80 = 3,60/un.

Com um acréscimo na produção e vendas de 200.000 unidades, proporcionando uma margem de contribuição unitária positiva de R$ 3,60, o lucro operacional terá um acréscimo de R$ 720.000,00 (200.000 un. x R$ 3,60).

Alternativa letra d).

55. Quando houver algum fator que limite a produção (materiais, horas de mão de obra etc.), o produto mais rentável será aquele que tiver maior margem de contribuição pelo fator de limitação da capacidade produtiva. Quando não houver limitação na capacidade de produção (situação normal de produção), o produto mais rentável será o que apresentar maior margem de contribuição por unidade.

Alternativa letra d).

56. A empresa, em condições normais produtivas, consome 18.700 quilos de matéria-prima e tem uma previsão de queda 15% no fornecimento desse insumo para o próximo período produtivo. Logo, não terá matéria-prima o bastante para produzir e atender a toda sua demanda. Devemos considerar, então, como produto mais rentável aquele cuja margem de contribuição unitária, dividida pelo fator que limita a capacidade de produção, apresentar maior valor, pois entende-se que devemos priorizar aqueles produtos que trazem mais retorno por unidade de matéria-prima utilizada na produção.

Então, vamos aos cálculos:

Produtos	Preço de venda unitário	Custo variável unitário + despesa variável unitária	Margem de contribuição unitária (MCu)	Fator limitante (FL) – matéria-prima	MCu/FL
Prato fundo	41,00	29,00	12,00	0,15kg	80,00
Prato raso	40,00	27,00	13,00	0,20kg	65,00
Jarra	39,50	22,50	17,00	0,25kg	68,00
Travessa	*53,50*	*35,50*	*18,00*	*0,30kg*	*60,00*
Terrina	55,50	31,00	24,50	0,35kg	70,00

De acordo com a tabela acima, o produto que contribui menos para o resultado, considerando o fator limitante, é o produto travessa.

Alternativa letra e).

57. Com a redução de 25% na quantidade de horas de mão de obra direta disponíveis, a indústria não terá as horas necessárias para produzir e atender a toda sua demanda. Devemos considerar, então, como produto mais rentável aquele cuja margem de contribuição unitária, dividida pelo fator que limita a capacidade de produção, apresentar maior valor. Para calcular a margem de contribuição unitária (MCu) precisamos saber, além do preço unitário dos produtos, o valor dos custos variáveis unitários, que não foram informados. Então, vamos aos cálculos:

Custo variável unitário (CVu) por produto

Custos	Alfa	Beta	Gama
Matéria-prima	25 kg x $ 5,00 = $125,00	30 kg x $ 5,00 = $ 150,00	20 kg x $ 5,00 = $ 100,00
(+) MOD	6 h x $ 2,00 = $ 12,00	8 h x $ 2,00 = $ 16,00	5 h x $ 2,00 = $ 10,00
(=) CVu	$ 137,00	$ 166,00	$ 110,00

Margem de contribuição unitária (MCu) por produto

Resultado	Alfa	Beta	Gama
Preço de venda unitário	$ 218,00	$ 251,00	$ 174,00
(-) CVu	($ 137,00)	($ 166,00)	($ 110,00)
(-) Comissão de vendas	($ 3,00)	($ 5,00)	($ 8,00)
(=) MCu	$ 78,00	$ 80,00	$ 56,00

Cálculo da MCu por fator limitante

Produtos	MCu	Fator limitante (FL)	MCu/FL
Alfa	$ 78,00	6 horas	$ 13,00
Beta	$ 80,00	8 horas	$ 10,00
Gama	$ 56,00	5 horas	$ 11,20

Margem de contribuição unitária por fator limitante dos produtos Alfa ($ 13,00), Beta ($ 10,00) e Gama ($ 11,20).

Alternativa letra d).

58. Continuando com os dados da solução da questão 40, a empresa, em condições normais produtivas, consome 46.000 horas produtivas, conforme a seguir:

Horas totais necessárias:
Alfa = 2.500 un. x 6 h =   15.000 horas
Beta = 2.000 un. x 8 h =   16.000 horas
Gama = 3.000 un. x 5 h = 15.000 horas
Total   46.000 horas

No entanto, a indústria estima uma redução de 25% do total de horas de mão de obra direta disponíveis, ou seja, 46.000 horas. Dessa forma, a indústria terá disponível:

Horas necessárias   46.000 horas
(-) Redução (25%)   (11.500 horas)
(=) Horas Disponíveis   34.500 horas

Logo, a indústria não terá as horas necessárias para produzir e atender a toda sua demanda. Devemos considerar, então, como produto mais rentável aquele cuja margem de contribuição unitária, dividida pelo fator que limita a capacidade de produção, apresentar maior valor, pois entende-se que devemos priorizar aqueles produtos que trazem mais retorno por hora utilizada na produção.
Então, vamos aos cálculos:

Cálculo da MCu por fator limitante:

Produtos	MCu	FL	MCu/FL	A fabricar	Horas disponíveis.
Alfa	$ 78,00	6 horas	$ 13,00 **(1º)**	2.500 unidades	15.000 horas
Beta	$ 80,00	8 horas	$ 10,00 **(3º)**	562 unidades	4.500 horas
Gama	$ 56,00	5 horas	$ 11,20 **(2º)**	3.000 unidades	15.000 horas
			Total de horas disponíveis =		34.500 horas

De acordo com o quadro acima, o produto Alfa é o que traz mais retorno por hora utilizada na produção, seguido do produto Gama e, depois, o produto Beta. Vamos priorizar, então, a fabricação desses produtos nessa sequência. O produto Alfa consome 6 horas e precisam ser produzidas 2.500 unidades para atender à demanda desse produto. Logo, serão necessárias 15.000 horas de produção. Seguindo esse mesmo raciocínio com o próximo produto, o Gama, este tem uma demanda de 3.000 unidades e consome 5 horas por unidade. Assim, ele necessitará de 15.000 horas de fabricação.

Das 34.500 horas disponíveis, 30.000 horas serão consumidas pelos produtos Alfa e Gama (15.000 h + 15.000 h), restando um saldo de 4.500 horas de produção para fabricar o produto Beta. Como este produto consome 8 horas por unidade para ser fabricado, serão produzidas 562 unidades (4.500 h ÷ 8 h).

Por fim, definimos a combinação de produção (o mix) para o período, ou seja, 2.500 unidades para o produto Alfa, 562 unidades para o produto Beta e 3.000 unidades para o produto Gama.

A questão solicita a margem bruta total máxima possível decorrente da limitação esperada. Então, vamos ao resultado:

Resultado

Margem bruta (margem de contribuição total):

Alfa = 2.500 un. x $ 78,00 = $ 195.000,00
Beta = 562 un. x $ 80,00 = $ 44.960,00
Gama = 3.000 un. x $ 56,00 = $ 168.000,00
Margem bruta total = $ 407.960,00

Alternativa letra c).

59. Quando há algum fator que limite a produção (materiais, horas de mão de obra etc.), o produto mais rentável será aquele que tiver maior margem de contribuição unitária (MCu) pelo fator de limitação da capacidade produtiva.

Vamos aos cálculos para podermos analisar e decidir pela melhor alternativa:

	Produto 1	Produto 2	Produto 3	Produto 4
Margem de contribuição unitária	R$ 70,00	R$ 120,00	R$ 30,00	R$ 60,00
Quantidades de material secundário necessários (fator limitante)	2 un.	5 un.	1 un.	3 un.
MCu/fator limitante da produção	R$ 35,00	R$ 24,00	R$ 30,00	R$ 20,00
Ordem de prioridade (mais rentável)	1º	3º	2º	4º

Os resultados dos fatores limitantes da produção por produtos acima foram encontrados pela divisão da MCu com a quantidade de material secundário necessário à fabricação de uma unidade de produto.

De acordo com o quadro acima, o produto "1" é o que traz mais retorno por material secundário utilizado na produção, seguido do produto "3", depois o produto "2" e, por fim, o produto "4".

Alternativa letra a).

60. Quando há algum fator que limite a produção (materiais, horas de mão de obra etc.), o produto mais rentável será aquele que tiver maior margem de contribuição unitária (MCu) pelo fator de limitação da capacidade produtiva.

Para atender toda a demanda a empresa precisaria de 1.800 horas (900 h + 600 h + 300 h), mas dispõe de apenas 1.752 horas.

Vamos aos cálculos para podermos analisar e decidir pelo melhor mix de produção para que a empresa tenha o melhor resultado possível nessas condições:

a) Determinação da ordem de prioridade de produção:

Produtos	MCu/ horas-máquina	Ordem de prioridade na fabricação
Branco	R$ 6,00	3º
Laranja	R$ 7,00	2º
Verde	R$ 10,00	1º

A fabricação dos produtos, em atendimento às suas demandas, seguirá a ordem de prioridade apresentada na tabela acima até completar o número de horas-máquina disponível para o período, que é de 1.752 horas, conforme a seguir:

b) Determinação do novo plano (mix) de produção:

Produto (por ordem de prioridade)	Quantidade a fabricar	Consumo horas/unidade	Consumo total de horas	Horas disponíves **1.752 horas**
Verde	150 un.	2 horas	300 horas	1.452 horas
Laranja	150 un.	4 horas	600 horas	852 horas
Branco	142 un. *	6 horas	852 horas	0

* Produto Branco: 852 horas ÷ 6 horas/un. = 142 unidades

Por fim, definimos a combinação de produção (mix) para o período a fim de obter o melhor resultado possível, ou seja, 150 unidades do produto Verde, 150 unidades do produto Laranja e 142 unidades do produto Branco.
Alternativa letra d).

61. Quando há algum fator que limite a produção (materiais, horas de mão de obra etc.), o produto mais rentável será aquele que tiver maior margem de contribuição unitária (MCu) pelo fator de limitação da capacidade produtiva.
Para atender toda a demanda a empresa precisaria de 17.000 quilos, mas dispõe de apenas 10.200 quilos.
Vamos aos cálculos para podermos analisar e decidir pelo melhor mix de produção e, assim, apurar o lucro bruto máximo a ser obtido com a decisão:

a) Inicialmente, precisamos determinar a MCu por produto:

Produtos	Preço de venda/un.	(–) Custos variáveis/un.	(=) MCu
Modelo A	R$ 53,00	R$ 26,00	R$ 27,00
Modelo B	R$ 36,00	R$ 16,00	R$ 20,00
Modelo C	R$ 25,00	R$ 14,00	R$ 11,00

b) Determinação da ordem de prioridade de produção:

Produtos	MCu	(÷) Fator limitativo	(=) MC/F. limitativo	Ordem de prioridade na fabricação
Modelo A	R$ 27,00	3 kg	R$ 9,00	3º
Modelo B	R$ 20,00	2 kg	R$ 10,00	2º
Modelo C	R$ 11,00	1 kg	R$ 11,00	1º

A fabricação dos produtos, em atendimento às suas demandas, seguirá a ordem de prioridade apresentada na tabela acima até completar a quantidade de matéria-prima disponível para o período, que é de 10.200 quilos, conforme a seguir:

c) Determinação do novo plano (mix) de produção:

Produto (por ordem de prioridade)	Quantidade a fabricar	Consumo kg/ unidade	Consumo total (kg)	MP disponível 10.200 kg
Modelo C	5.000 un.	1 kg	5.000 kg	5.200 kg
Modelo B	2.600 un.	2 kg	5.200 kg	0
Modelo A	0 *	3 kg	0	0

* Modelo A: como a matéria-prima disponível só foi suficiente para a fabricação dos Modelos C e B, não será produzida nenhuma unidade do Modelo A.

Por fim, definimos a combinação de produção (mix) para o período a fim de obter o melhor resultado possível, ou seja, 5.000 unidades do produto Modelo C e 2.600 unidades do produto Modelo B.

d) Resultado bruto:

Margem de contribuição total - Modelo C:
5.000 un. x R$ 11,00...= R$ 55.000,00
(+) Margem de contribuição total - Modelo B:
2.600 un. x R$ 20,00...= R$ 52.000,00
(=) Margem de contribuição total (lucro bruto) = **R$ 107.000,00**
Alternativa letra c).

62. Quando não há qualquer restrição, o produto mais rentável será o que apresentar maior margem de contribuição unitária (MCu). No entanto, caso haja qualquer restrição (matéria-prima, mão de obra etc.), o produto mais rentável será o que apresentar **maior margem de contribuição por fator limitante.**
Vamos aos cálculos:

a) **Margem de contribuição unitária (MCu)**

Produto	Preço de venda $	(-) Matéria-prima $	(-) MOD $	(-) Comissão de venda $	(=) MCu $
Copo	27,00	10,00	7,50	2,00	7,50
Taça	35,00	12,00	14,00	3,00	6,00
Vaso	48,00	15,00	12,00	6,00	15,00

b) **Margem de contribuição unitária por fator limitante (MCu/FL) – tempo de MOD disponível**

Produto	MCu ($)	(÷) Fator Limi- tante (minutos)	(=) MCu/FL ($)	Ordem de prioridade
Copo	7,50	1,5	5,00	1º
Taça	6,00	3,0	2,00	3º
Vaso	15,00	5,0	3,00	2º

Assim, a ordem sequencial para a fabricação dos produtos que a indústria deve adotar para obter o máximo lucro possível é: primeiro, a fabricação do Copo; depois, do Vaso; e por fim, da Taça.

Alternativa letra b)

Capítulo 8 – Custeio baseado em atividade (Activity Based Costing – ABC)

1. – O custeio ABC procura reduzir as distorções provocadas pelo uso do rateio dos custos indiretos, principalmente no que tange ao sistema de custeio por absorção.

– No custeio por absorção, tanto o custo fixo quanto o custo variável compõem o saldo de estoque até que o produto seja vendido.

– No custeio por variável, somente os custos variáveis são apropriados aos produtos; os custos fixos do período são integralmente lançados ao resultado como gastos do período, não compondo o saldo de estoque. Isso por considerar o custo fixo como um gasto necessário à manutenção da capacidade de produção.

– O custeio pleno ou RKW caracteriza-se pela apropriação de todos os custos e despesas aos produtos fabricados. Esses custos e despesas são custos diretos e indiretos, fixos e variáveis, de comercialização, de distribuição, de administração em geral etc.

Alternativa letra d).

2. O direcionador de custo representa a forma como as atividades consomem recursos, ou seja, é o fator que determina o custo de uma atividade. Demonstra a relação entre os custos e as atividades. Essa alocação deve ser feita da forma mais criteriosa possível, de acordo com a seguinte ordem de prioridade: alocação direta, rastreamento e rateio.

Alternativa letra b).

3. No custeio ABC os recursos (custos indiretos) são consumidos pelas atividades operacionais e não pelos produtos que a empresa fabrica. Posteriormente, os recursos acumulados pelas atividades são apropriados aos produtos por meio de direcionadores de custos das atividades.

Alternativa letra c).

4. O custeio ABC é uma técnica de alocação de custos que permite identificar as atividades e os processos existentes nos setores produtivos de uma empresa industrial ou prestadora de serviços, além de identificar, analisar e controlar os custos envolvidos nessas atividades e processos, atribuindo os custos indiretos fixos e variáveis aos produtos por meio de direcionadores de custos.

Alternativa letra a).

5. O custeio ABC surgiu para tentar resolver os problemas causados à formação dos custos dos produtos em função das alocações dos CIF minimizando, assim, as distorções provocadas pelo custeio por absorção.

O sistema concentra-se na alocação racional dos gastos indiretos aos bens e serviços produzidos procurando reduzir sensivelmente as distorções provocadas pelo rateio arbitrário dos custos indiretos, proporcionando um controle mais apurado dos gastos da empresa e melhor suporte nas decisões gerenciais.

Alternativa letra d).

6. Para a atividade "realizar engenharia", tivemos custos indiretos de R$ 84.000,00 no mês, que serão distribuídos aos produtos utilizando o direcionador de custo "pedidos de alterações de engenharia" realizados no mês: R$ 84.000,00 ÷ 40 = R$ 2.100,00. Este valor corresponde à taxa de aplicação da atividade "realizar engenharia".

Posteriormente, multiplicaremos a taxa obtida pela quantidade de direcionadores de custos dos respectivos produtos, conforme a seguir:

Produto A:	15	x	R$ 2.100,00	=	R$ 31.500,00
Produto B:	25	x	R$ 2.100,00	=	R$ 52.500,00
			Total	=	R$ 84.000,00

Para a atividade "energizar", tivemos custos indiretos de R$ 15.000,00 no mês, que serão distribuídos aos produtos pelo direcionador de custo "quilowatt-hora" utilizado no mês: R$ 15.000,00 ÷ 20.000 kWh = R$ 0,75/kWh. Este valor corresponde à taxa de aplicação da atividade "energizar".

Do mesmo modo, multiplicaremos a taxa obtida ela quantidade de direcionadores de custos dos respectivos produtos, conforme a seguir:

Produto A:	7.000 kWh	x	R$ 0,75	=	R$ 5.250,00
Produto B:	13.000 kWh	x	R$ 0,75	=	R$ 9.750,00
			Total	=	R$ 15.000,00

Somando os custos indiretos dos produtos com os custos diretos (materiais diretos e mão de obra direta) respectivos, obteremos:

Custos	A	B	Total
Custos indiretos			
Realizar engenharia	31.500,00	52.500,00	84.000,00
Energizar	5.250,00	9.750,00	15.000,00
(=) Total dos custos indiretos	36.750,00	62.250,00	99.000,00
(+) Total dos custos diretos	30.000,00	40.000,00	70.000,00
(=) Custo total	**66.750,00**	**102.250,00**	169.000,00

Alternativa letra a).

7. O custeio ABC é um método de custeio baseado na análise das atividades desenvolvidas na empresa, visando a eliminar as limitações impostas pelos métodos tradicionais de custeio (custeio por absorção). O objetivo principal do custeio ABC é a alocação racional dos custos indiretos de fabricação aos bens e serviços produzidos por meio de direcionadores de custos, proporcionando um controle mais apurado dos gastos da empresa e melhor suporte nas decisões gerenciais.

A implantação do custeio ABC, nas empresas, passa por várias etapas, dentre as mais significativas, temos a análise das atividades relevantes, a identificação e seleção dos direcionadores de custos, entre outras.

Alternativa letra c).

8. Comentário

O método de custeio ABC visa a minimizar as distorções provocadas pelo rateio arbitrário dos custos indiretos, sendo esta a sua principal diferença em relação aos sistemas tradicionais (custo por absorção).

Alternativa letra c).

9. Na letra a), a atribuição de custos às atividades deve ser feita da forma mais criteriosa possível, de acordo com a seguinte ordem de prioridade: alocação direta, rastreamento e rateio. Logo, essa alternativa está errada.

Nas letras b), c) e d), podemos analisar em conjunto. Segundo Martins (2010), direcionador de custos é o fator que determina o custo de uma atividade. Podem ser de dois tipos: primeiro estágio, chamados de direcionadores de custos de recursos (identificam a maneira como as atividades consomem recursos e serve para custear as atividades) e os de segundo estágio, chamados de direcionadores de custos de atividades (identifica a maneira como os produtos consomem atividades e serve para custear os produtos). Logo, as letras b) e d) estão incorretas e **a letra c) está correta**.

Com relação à letra e), uma atividade é uma ação que utiliza recursos humanos, materiais, tecnológicos e financeiros para produzirem bens ou serviços. É composta por um conjunto de tarefas necessárias ao seu desempenho. As atividades são necessárias para a concretização de um processo, que é uma cadeia de atividades correlatas, inter-relacionadas. Essa alternativa está errada.

Alternativa letra c).

10. No sistema de custeio ABC, a alocação de custos indiretos às atividades é feita por meio de direcionadores de recursos (custos), que representam os elementos causadores ou geradores de custos e indicam a forma como as atividades consomem recursos, na primeira fase de alocação, e como as atividades são executadas em benefício dos objetos de custo, na segunda fase de alocação.

Alternativa letra a).

11. A filosofia de custeio ABC, em uma abordagem gerencial e de gestão estratégica de custos, segundo Martins (2010), foi concebida de forma a possibilitar a análise de custos sob duas visões:

a) visão econômica do custeio: que é uma visão vertical no sentido que apropria os custos aos objetos de custeio através das atividades realizadas em cada departamento; e

b) visão de aperfeiçoamento de processos: que é uma visão horizontal, no sentido de que capta os custos dos processos através das atividades realizadas em vários departamentos.
Alternativa letra e).

12. O rastreamento procura analisar a verdadeira relação entre o custo e a atividade por meio dos direcionadores de custos de recursos, identificando o que efetivamente gerou o custo de maneira racional e analítica, reduzindo as possíveis distorções.
Alternativa letra e).

13. No sistema de custeio ABC, a alocação de custos às atividades é feita por meio de direcionadores de recursos da forma mais criteriosa possível, de acordo com a seguinte ordem de prioridade: alocação direta, rastreamento e rateio.
Alternativa letra d).

14. O custeio ABC, na visão horizontal, procura custear processos que são, via de regra, interdepartamentais, indo além da organização funcional, podendo ser visto como uma ferramenta de análise dos fluxos de custos.
Alternativa letra a).

15. O custeio ABC surgiu para tentar resolver os problemas causados à formação dos custos dos produtos em função das alocações dos CIF minimizando, assim, as distorções provocadas pelo custeio por absorção; e não está restrito somente às indústrias. Ele pode ser aplicado em qualquer ramo de atividade.
No custeio ABC, os custos são atribuídos a cada atividade; em seguida, as atividades são atribuídas a objetos de custo com base no seu uso.
O custeio ABC atende aos princípios de contabilidade.
Alternativa letra e).

16. No custeio ABC, a alocação de custos indiretos às atividades é feita por meio de direcionadores de custos, que representam os elementos causadores ou geradores de custos. Ou seja, os direcionadores determinam a ocorrência de uma atividade, indicando a forma como as elas consomem recursos.
Alternativa letra a).

17. O custeio ABC é um sistema de custeio baseado na análise das atividades significativas desenvolvidas dentro da empresa, permitindo um controle mais efetivo dos custos indiretos e oferecendo melhor suporte às decisões gerenciais a empresas de diversos segmentos de atuação (industrial, comercial, prestador de serviços etc.). O objetivo principal do custeio ABC é a alocação racional dos custos indiretos de fabricação aos bens e serviços produzidos, feita por meio de direcionadores de recursos.
Alternativa letra b).

18. No custeio ABC os recursos (custos indiretos) são consumidos pelas atividades operacionais e os custos destas, posteriormente, são apropriados aos produtos e serviços por meio de direcionadores de custos das atividades.

Vamos aos cálculos:

a) Distribuição percentual de CIF por atividade:

Direcionadores	Produto 1	Produto 2	Total
Número de lotes recebidos e produzidos	50 (62,5%)	30 (37,5%)	80 (100%)
Quantidade de ordens de produção	16 (80%)	4 (20%)	20 (100%)
Horas-máquina para operação do equipamento	897 (69%)	403 (31%)	1.300 (100%)

b) Distribuição dos custos das atividades aos produtos:

CI	Produto 1	Produto 2	Total
Recebimento e Movimentação de Material	R$ 45.250,00 (62,5%)	R$ 27.150,00 (37,5%)	R$ 72.400,00
Planejamento e Controle de Produção	R$ 37.600,00 (80%)	R$ 9.400,00 (20%)	R$ 47.000,00
Operação do Equipamento	R$ 71.760,00 (69%)	R$ 32.240,00 (31%)	R$ 104.000,00
Total dos custos indiretos	R$ 154.610,00	R$ 68.790,00	R$ 223.400,00

Após fazer as distribuições dos custos indiretos, de acordo com os seus direcionadores de custos, somamos os CIF totais por produto obtidos com os seus respectivos custos diretos totais. Assim, apuraremos o custo total de cada produto, conforme a seguir:

Produto	Custo direto total	Custo indireto total	Custo total
1	R$ 150.000,00	R$ 154. 610,00	R$ 304.610,00
2	R$ 2.000,00	R$ 68. 790,00	R$ 70.790,00
Total	R$ 152.000,00	R$ 223.400,00	R$ 375.400,00

A questão quer apenas o custo de produção do "Produto 1".
Alternativa letra c).

19. Veja os comentários iniciais da questão 18.

Vamos aos cálculos:

Categorias de custos da atividade "Atendimento ao cliente"	Valor total do custo no mês	(+) Total do direcionador no mês	(x) Consumo na atividade por cliente atendido	(=) Valor total
Energia	R$ 200,00	100 kW	0,5 kW	R$ 1,00
Depreciação de computadores	R$ 880,00	880 pessoas	1 atendimento	R$ 1,00
Folha de pagamento	R$ 1 800,00	10.000 minutos	5 minutos	R$ 0,90
Custos diversos	R$ 1.760,00	880 pessoas	1 atendimento	R$ 2,00
			Total	R$ 4,90

Alternativa letra b).

20. O custo unitário de cada produto será formado pela soma dos custos direto e indireto unitários.

O custo direto unitário será calculado para cada produto de acordo com os valores unitários e consumo, conforme a seguir:

Gastos diretos	Produto X	Produto Y
Matéria-prima (kg/un.)	4	6
(x) matéria-prima ($/kg)	5,00	5,00
(=) Custo unitário MP	20,00	30,00
Mão de obra (h/un.)	3	4
(x) Mão de obra ($/h)	4,00	4,00
(=) Custo unitário MOD	12,00	16,00

Para o cálculo do CIF unitário, inicialmente, iremos calcular o custo unitário de cada atividade:

Atividade	Custo ($/mês)	Capacidade instalada (horas/mês)	Custo/hora
1	3.700,00	1.850	$ 2,00
2	2.900,00	1.450	$ 2,00
3	3.000,00	1.500	$ 2,00

Conforme observado na tabela acima, o custo por hora das três atividades é o mesmo ($ 2,00). Assim, temos:

Total de horas por unidade de X vezes o custo da atividade por hora: 5 h x $ 2,00 = $ 10,00.

Total de horas por unidade de Y vezes o custo da atividade por hora: 8 h x $ 2,00 = $ 16,00.

Total custo unitário (MP + MOD + CIF)
Produto X = $ 20,00 + $ 12,00 + $ 10,00 = $ 42,00
Produto Y = $ 30,00 + $ 16,00 + $ 16,00 = $ 62,00
Alternativa letra c).

21. Identificação do custo das atividades

1. **Transportar materiais** (depreciação das empilhadeiras + gastos com pessoal do transporte) = $ 75.000,00 + $ 60.000,00 = $ 135.000,00 (direcionador de custos da atividade – número de peças transportadas por produto).
2. **Usinar materiais** (depreciação de máquinas de usinagem) = $ 105.000,00 (direcionador de custos da atividade – número de horas de usinagem por produto).
3. **Fornecer insumos** (gastos com almoxarifes) = $ 40.000,00 (direcionador de custos da atividade – número de requisições por produto).
4. **Supervisionar produção** (gastos com supervisores de mão de obra) = $ 75.000,00 (direcionador de custos da atividade – número de horas de mão de obra direta por produto).

Identificação do uso dos direcionadores de atividades pelos produtos

Direcionadores	Eta	Gama	Total
Número total de peças transportadas (em unidades)	26.000	12.000	38.000
Tempo total de usinagem por produto (em horas)	1,80 x 10.000 un. = 18.000	0,40 x 20.000 un. = 8.000	26.000
Número total de requisições (em unidades)	8.600	16.000	24.600
Tempo total de mão de obra direta por produto (em horas)	1,40 x 10.000 un. = 14.000	2,00 x 20.000 un. = 40.000	54.000

Distribuição do custo das atividades aos produtos

1. Transportar materiais

Custo dos produtos transportados (Eta) = $\dfrac{\$ 135.000,00 \times 26.000}{38.000}$ = $ 92.368,42

Custo dos produtos transportados (Gama) = $\dfrac{\$ 135.000,00 \times 12.000}{38.000}$ = $ 42.631,57

2. Usinar materiais

Custo dos produtos usinados (Eta) = $\dfrac{\$ 105.000,00 \times 18.000}{26.000}$ = $ 72.692,31

Custo dos produtos usinados (Gama) = $\dfrac{\$ 105.000,00 \times 8.000}{26.000}$ = $ 32.307,69

3. Fornecer insumos

Custo do fornecimento de insumos (Eta) = $\dfrac{\$ 40.000,00 \times 8.600}{24.600}$ = $ 13.983,73

Custo do fornecimento de insumos (Gama) = $\dfrac{\$ 40.000,00 \times 16.000}{24.600}$ = $ 26.016,26

4. Supervisionar produção

Custo de supervisão da produção (Eta) = $\dfrac{\$ 75.000,00 \times 14.000}{54.000}$ = $ 19.444,44

Custo de supervisão da produção (Gama) = $\dfrac{\$ 75.000,00 \times 40.000}{54.000}$ = $ 55.555,56

Custo direto total por produto

Produto Eta: (material direito por unidade + mão de obra direta por unidade) x quantidade produzida e vendida = ($ 12,00 + $ 20,00) = $ 32,00 x 10.000 un. = $ 320.000,00

Produto Gama: (material direito por unidade + mão de obra direta por unidade) x quantidade produzida e vendida = ($ 13,50 + $ 25,00) = $ 38,50 x 20.000 un. = $ 770.000,00

Custo total por produto

Custos	Produtos	
	Eta	Gama
Custos diretos	**$ 320.000,00**	**$ 770.000,00**
Custos indiretos		
Transportar materiais	$ 92.368,42	$ 42.631,57
Usinar materiais	$ 72.692,31	$ 32.307,69
Fornecer insumos	$ 13.983,73	$ 26.016,26
Supervisionar produção	$ 19.444,44	$ 55.555,56
Custos indiretos totais	**$ 198.488,90**	**$ 156.511,08**
Custo total (ABC)	**$ 518.488,90**	**$ 926.511,08**

Análise das alternativas:
a) Opção correta. Pelo custeio ABC, o custo total do produto Eta seria superior a $ 500.000,00 ($ 518.488,90).
b) Opção correta. Pelo custeio ABC, o custo total do produto Gama seria superior a $ 900.000,00 ($ 926.511,08).
c) **Opção incorreta**. Pelo custeio ABC, o valor dos custos indiretos alocados ao produto Eta **não seria** superior a $ 200.000,00 ($ 198.488,90).
d) Opção correta. Pelo custeio ABC, o valor dos custos indiretos alocados ao produto Gama seria superior a $ 150.000,00 ($ 156.511,08).
Alternativa letra c).

Capítulo 9 – Custo padrão

1. O custo padrão é um custo determinado como base para o registro da produção antes da determinação do custo real e serve como instrumento de controle à administração da empresa. O custo padrão pode ser classificado como: custo padrão ideal, custo padrão estimado e custo padrão corrente. O custo padrão ideal tem um conceito mais teórico, pois considera o uso das melhores práticas e recursos existentes para a fabricação de um produto ou a prestação de um serviço. O custo padrão estimado é determinado por meio de uma projeção para o futuro do desempenho ocorrido em períodos imediatamente anteriores, sem se levar em consideração as ineficiências no processo produtivo. O custo padrão corrente é considerado uma aplicação intermediária (situa-se entre o ideal e o estimado) na busca de um custeio que mais se aproxime da realidade, levando em consideração as deficiências existentes na produção. Dessa forma, as afirmativas I, II e III estão corretas.

A análise das variações entre o custo real e o custo padrão é o ponto forte na utilização do custeio padrão para fins de controle e avaliação de desempenho. Quando um padrão não for atendido, as suas causas devem ser verificadas para que sejam detectadas eventuais ineficiências ocorridas na produção. Logo, as afirmativas IV e V estão incorretas.

Alternativa letra a).

2. A grande finalidade do custo padrão é o planejamento e controle dos custos. Seu grande objetivo, portanto, é o de fixar uma base de comparação entre o que ocorreu de custo e o que deveria ter ocorrido.

Alternativa letra a).

3. As variações do padrão da mão de obra direta são: variação da taxa (salário) e variação da eficiência (tempo). Também poderá ser calculada a variação mista da mão de obra direta, porém, sem muita aplicação.

Alternativa letra d).

4. A questão solicita a variação da quantidade. As variações de preço e quantidade estão relacionadas aos materiais, enquanto as variações da taxa e eficiência, à mão de obra direta. A questão refere-se à quantidade de materiais, logo, as demais informações sobre a mão de obra direta serão desprezadas.

Vamos aos cálculos por meio da seguinte fórmula:

VQ = (QR – QP) x PP

Onde:

VQ: variação da quantidade;

QR: quantidade real;

QP: quantidade padrão; e

PP: preço padrão

VQ = (18 un. – 15 un.) x $ 6,00 = $ 18,00 desfavorável

Alternativa letra b).

5. Esta questão solicita a variação do preço. Considerando os comentários iniciais da solução da questão 4 e, desprezando as informações sobre a mão de obra direta desta questão, vamos aos cálculos por meio da seguinte fórmula:

VP = (PR – PP) x QP

Onde:

VP: variação do preço;

PR: preço real;

PP: preço padrão; e

QP: quantidade padrão.

VP = ($ 7,50 – $ 8,00) x 32 kg = $ 16,00 favorável.

Alternativa letra b).

6. Inicialmente, é necessário que a mesma unidade de medida seja considerada para as informações disponíveis na questão:

– Hora padrão (HP) = 45 minutos x 5.000 unidades = 225.000 minutos, divididos por 60 minutos (uma hora) = 3.750 horas.

– Taxa padrão (TP) = $ 10,00/h.

– Hora real (HR) = 4.000 horas.

– Taxa real (TR) = $ 44.000,00 ÷ 4.000 horas = $ 11,00/h.

Vamos aos cálculos utilizando a seguinte fórmula:

VE (variação da eficiência) = (HR – HP) x TP

VE = (4.000 h – 3.750 h) x $ 10,00 = $ 2.500,00 desfavorável.

Alternativa letra c).

7. A questão refere-se à variação dos custos indiretos variáveis. Para a solução, utilizaremos a seguinte fórmula:

Variação de custo (VC) = CIF que seria padrão no volume real – CIF real

VC = (R$ 0,80 x 120.500 un.) – (R$ 0,85 x 120.500 un.)

VC = R$ 96.400,00 – R$ 102.425,00

VC = R$ 6.025,00 desfavorável

Alternativa letra b).

8. Se o custo fixo padrão foi de R$ 1.000.000,00 para a produção de 500.000 unidades, então o CIF padrão unitário será = R$ 1.000.000,00 ÷ 500.000 unidades = R$ 2,00 por unidade.

Para produzir 490.500 unidades, o CIF total, então, será: 490.500 unidades x R$ 2,00 = R$ 981.000,00 (CIF padrão no volume real).

Utilizando a fórmula: VC = CIF que seria padrão no volume real – CIF real, teremos:

VC = R$ 981.000,00 – R$ 975.000,00 = R$ 6.000,00.

Note que o CIF real é menor que o padrão, gerando uma economia de R$ 6.000,00; logo, favorável.

Alternativa letra e).

9. Para resolver esta questão temos que calcular somente as variações referentes a materiais, haja vista que as opções de respostas não indicam variações referentes à mão de obra direta. Então, vamos aos cálculos por meio das fórmulas já conhecidas:

Variação do preço

VP = (PR – PP) x QP = ($ 58,00 – $ 60,00) x 2 h = $ 4,00 favorável

Variação da quantidade

VQ (Volume) = (QR – QP) x PP = (2,1 h – 2 h) x $ 60,00 = $ 6,00 desfavorável

Variação total

Padrão			Real			Diferença		
Quantidade	Preço	Custo	Quantidade	Preço	Custo	Quantidade	Preço	Custo
2 h	$ 60,00	$ 120,00	2,1 h	$ 58,00	$ 121,80	**0,1 h**	**$ 2,00**	**$ 1,80**

Variação total = $ 1,80 desfavorável (real maior que o padrão)

Variação mista

VM = (PR – PP) x (QR – QP) = ($ 58,00 – $ 60,00) x (2,1 h – 2 h) = $ 0,20 favorável

A identificação favorável ou desfavorável da variação mista não se dá apenas pela comparação do custo real e o custo padrão. A variação mista é favorável, pois se considerarmos as variações de quantidade e preço ($ 6,00 D + $ 4,00 F = $ 2,00 D) e confrontarmos com a variação total ($ 1,80 D), teremos uma diferença de $ 0,20 F. Observe no quadro a seguir:

Variação da quantidade	$ 6,00 (desfavorável)
Variação do preço	$ 4,00 (favorável)
Variação mista	**$ 0,20 (favorável)**
Variação total	$ 1,80 (desfavorável)

Alternativa letra d).

10. Durante o período, a contabilização dos estoques é feita pelos custos padrão (MD, MOD e CIF). Assim, o custo total em Produtos Acabados (PA), antes dos ajustes das variações, será de $ 43.500,00 ($ 20.000,00 + $ 9.500,00 + $ 14.000,00).

O estoque de produtos (PA) terá, então, um saldo devedor de $ 43.500,00 referentes aos custos padrão alocados à produção. Como 75% dessa produção foram vendidos, houve uma transferência de $ 32.625,00 para a conta Custo dos Produtos Vendidos – CPV (lançamento (a) nos razonetes).

O quadro a seguir mostra o cálculo das variações:

Custos	Custo padrão	Custo real	Variação
Materiais diretos	$ 20.000,00	$ 17.000,00	$ 3.000,00 F
Mão de obra direta	$ 9.500,00	$ 12.000,00	$ 2.500,00 D
Custos indiretos de fabricação	$ 14.000,00	$ 13.500,00	$ 500,00 F
Total	$ 43.500,00	$ 42.500,00	$ 1.000,00 F

As variações foram lançadas na conta específica (variações). O saldo da conta variações ($ 1.000,00 F) será ajustado nas contas de produtos em estoque (PA), referente ao que permaneceu ainda nesta conta (25%) e CPV, referente ao que foi transferido para esta conta em função das vendas (75%).

Para melhor visualização da transferência dos valores e dos ajustes, observe os lançamentos a seguir:

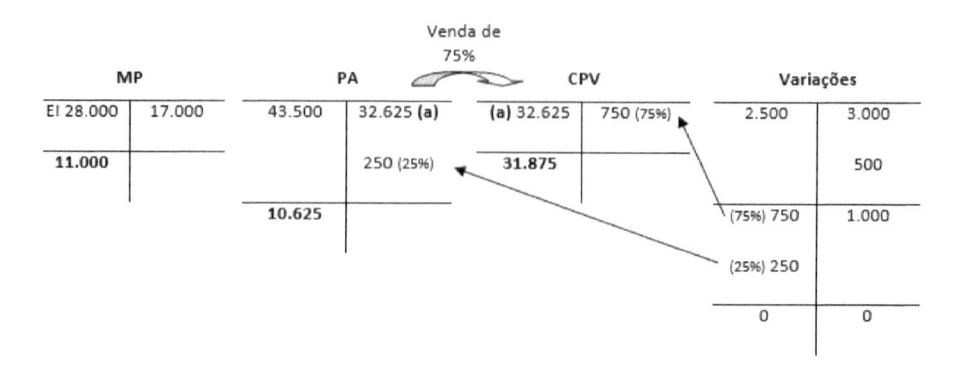

Resultado
Vendas   60.000,00
(-) CPV   (31.875,00)
= Lucro   **28.125,00**

Por fim, estoques (PA) e CPV ficaram com seus saldos ajustados ao valor corrente - $ 10.625,00 e $ 31.875,00, respectivamente.
O estoque de matéria-prima (MP) ficou com o saldo no final do período de $ 11.000,00 (valor corrente), após contabilizada a saída de $ 17.000,00.
O resultado do período, considerando o saldo do CPV ajustado, foi de $ 28.125,00 ($ 60.000,00 - $ 31.875,00).
Alternativa letra b).

11. A contabilização dos custos de fabricação nos estoques durante o período é feita pelo custo padrão. No final do período, após os lançamentos de ajustes (variações) ocorridos em função da comparação entre o custo padrão e o custo real, em conta específica, serão feitos os ajustes nas contas de estoques (Produtos em Elaboração e Produtos Acabados).
Alternativa letra d).

12. As equações apresentadas representam:
Equação 1 – quantidade padrão x preço real → o valor real do insumo, em função da quantidade estipulada para fabricação do produto.
Equação 2 – quantidade padrão x preço padrão → o valor estimado do insumo para fabricação do produto.
Observe que nas duas equações a variável "quantidade'" é comum, a diferença está no preço. Subtraindo uma pela outra encontraremos a variação de preço, conforme aplicação da fórmula: VP = (PR – PP) x QP.
Alternativa letra a).

13. A questão solicita o valor da variação de quantidade de matéria-prima, cuja fórmula para o cálculo é: VQ = (QR – QP) x PP. Então,
VQ = (6 kg – 5 kg) x $ 12,00 = $ 12,00 desfavorável.
Alternativa letra b).

14. Apesar de todas as informações disponibilizadas na questão, a mesma solicita, apenas, a variação de preço da matéria-prima, cuja fórmula para o cálculo é:
VP = (PR – PP) x QP.
Então:
VP = ($ 8,50 – $ 8,00) x 0,20 kg = $ 0,10 desfavorável.
Alternativa letra c).

15. A questão solicita o valor da variação de eficiência no uso da mão de obra por unidade, cuja fórmula para o cálculo é: VE = (HR – HP) x TP. Então,
Horas reais = 84.000 horas ÷ 80.000 unidades = 1,05 h/un.
Hora padrão = 1 hora
VE = (1,05 h – 1 h) x $ 3,00 = $ 0,15 desfavorável.
Alternativa letra d).

16. A questão solicita o valor da variação de preço da matéria-prima, cuja fórmula para o cálculo é: VP = (PR – PP) x QP. Então,
VP = ($ 1,10 – $ 1,20) x 2 litros = $ 0,20 favorável

Alternativa letra c).

17. Para resolver esta questão temos que calcular todas as variações referentes à matéria-prima. Então, vamos aos cálculos por meio das fórmulas já conhecidas:

Variação total (VT)

Custo real = $ 2,00 x 4 kg	= $ 8,00
(–) Custo padrão = $ 3,00 x 2 kg	= $ 6,00
(=) Diferença	= $ 2,00 desfavorável (por unidade)

Variação da quantidade (VQ)

VQ = (QR - QP) x PP
VQ = (4 kg – 2 kg) x $ 3,00 = $ 6,00 desfavorável

Variação do preço (VP)

VP = (PR – PP) x QP.
VP = ($ 2,00 – $ 3,00) x 2 kg = $ 2,00 favorável

Variação mista (VM) = (QR – QP) x (PR – PP)

VM = (4 kg – 2 kg) x ($ 2,00 – $ 3,00) = $ 2,00 favorável*

* Para determinarmos se a variação mista é favorável ou desfavorável, observe a seguir:

Variação da quantidade	$ 6,00 desfavorável
Variação do preço	$ 2,00 favorável
Variação mista	$ 2,00 favorável
Variação total	$ 2,00 desfavorável

A identificação favorável ou desfavorável da variação mista não se dá apenas pela comparação do custo real e o custo padrão.

A variação mista é favorável, pois se considerarmos as variações de quantidade e preço ($ 6,00 D + $ 2,00 F = $ 4,00 D) e confrontarmos com a variação total ($ 2,00 D), teremos uma diferença (variação mista) de $ 2,00 favorável.

Alternativa letra a).

18. Para resolver esta questão, temos que calcular todas as variações referentes à matéria-prima. Então, vamos aos cálculos por meio das fórmulas já conhecidas:

Variação total (VT)
Custo real = R$ 10,00 x 50 un. =   R$ 500,00
Custo padrão = R$ 8,00 x 60 un. = R$ 480,00
Diferença................................... R$ 20,00 desfavorável (por unidade)

VT = 20 un. x R$ 20,00 = R$ 400,00 desfavorável (total)

Variação da quantidade (VQ) – consumo

VQ = (50 un. – 60 un.) x R$ 8,00 = R$ 80,00 x 20 un. = R$ 1.600,00 favorável

Variação do preço (VP)

VP = (R$ 10,00 – R$ 8,00) x 60 un. = R$ 120,00 x 20 un. = R$ 2.400,00 desfavorável

Variação mista (VM) = (QR – QP) x (PR – PP)

VM = (50 un. – 60 un.) x (R$ 10,00 – R$ 8,00) = R$ 20,00 x 20 un. = R$ 400,00

Para determinarmos se a variação mista é favorável ou desfavorável, observe o quadro a seguir:

Variação da quantidade	R$ 1.600,00 favorável
Variação do preço	R$ 2.400,00 desfavorável
Variação mista	**R$ 400,00 favorável**
Variação total	R$ 400,00 desfavorável

A identificação favorável ou desfavorável da variação mista não se dá apenas pela comparação do custo real e o custo padrão.

A variação mista é favorável, pois se considerarmos as variações de quantidade e preço (R$ 1.600,00 F + R$ 2.400,00 D = R$ 800,00 D) e confrontarmos com a variação total (R$ 400,00 D), teremos uma diferença (Variação Mista) de R$ 400,00 favorável.

Alternativa letra b).

19. A variação de quantidade de matéria-prima será calculada pela fórmula:

VQ = (QR – QP) x PP.

Então,

VQ = (19 kg – 16 kg) x R$ 4,00 = 12,00 desfavorável.

Alternativa letra b).

20. A questão informa que a variação mista será atribuída à variação de preço, logo, a variação de preço será calculada da seguinte forma: **Variação do Preço = (PR – PP) x QR**

Matéria-prima

Variação do preço = (PR – PP) x QR = (R$ 22,00 – R$ 20,00) x 1,6 kg = R$ 3,20 por unidade fabricada.

Logo, a variação total de preço, com a variação mista, será de R$ 3,20 x 10.000 un. = R$ 32.000,00 desfavorável. Podemos eliminar a letra b).

Variação da quantidade = (QR – QP) x PP = (1,6 kg – 1,5 kg) x R$ 20,00 = R$ 2,00 desfavorável por unidade fabricada.

Foram fabricadas 10.000 unidades; logo, a variação total de quantidade foi de 10.000 un. x R$ 2,00 = R$ 20.000,00 desfavorável. Esta confere com a resposta da alternativa a).

Variação total de matéria-prima:

Variação de quantidade:	R$ 20.000,00 desfavorável
Variação de preço com a variação mista:	R$ 32.000,00 desfavorável
Variação total	**R$ 52.000,00 desfavorável**

Nesse caso, podemos eliminar a letra d).

Variação dos custos indiretos fixos

A questão só divulgou os custos indiretos fixos. O padrão para o nível de produção de 9.000 unidades é de R$ 135.000,00.

Variação de volume = custos indiretos fixos no nível padrão – custo indireto fixo padrão ao nível real.
Custos indiretos fixos ao nível padrão: R$ 135.000,00 ÷ 9.000 un. = R$ 15,00.
Custos indiretos fixos ao nível real: R$ 135.000,00 ÷ 10.000 un. = R$ 13,50.

Variação de volume: R$ 15,00 – R$ 13,50 = R$ 1,50 favorável, por unidade fabricada.

Variação total de volume: foram fabricadas 1.000 unidades a mais, logo, uma variação de volume favorável de 1.000 un. x R$ 1,50 = R$ 15.000,00. Podemos eliminar a letra e).

Variação de custo (preço) = custos indiretos fixos que seria padrão no nível real – custos indiretos fixos reais.
Custos indiretos fixos que seria padrão no nível real: 10.000 un. x R$ 13,50 = R$ 135.000,00.
Custos indiretos fixos reais: R$ 140.000,00.

Variação de custo: R$ 135.000,00 – R$ 140.000,00 = R$ 5.000,00 desfavorável.

Variação total dos custos indiretos: R$ 15.000 favorável – R$ 5.000,00 desfavorável = R$ 10.000,00 favorável. Podemos eliminar a letra c).

Alternativa correta letra a).

21. a) Custo padrão total para 2.000 unidades produzidas:

MP	Quant.	Preço	Total/un.	(x) Quant. produzida	(=) Custo padrão total
A	2 kg	R$ 1,50	R$ 3,00	2.000 un.	R$ 6.000,00
B	3 m²	R$ 4,00	R$ 12,00	2.000 un	R$ 24.000,00
				Total	R$ 30.000,00

b) Custo real para 2.000 unidades produzidas:

Preço real/unidade:

MP	Custo real total	(÷) Quant. total consumida	(=) preço real/un.
A	R$ 6.800,00	4.000 kg	R$ 1,70
B	R$ 26.000,00	6.500 m²	R$ 4,00
Total	R$ 32.800,00	///	

Quantidade real/unidade:

MP	Quant. total MP consumida	(÷) Quant. total produzida.	Quant. de MP/ un.
A	4.000 kg	2.000 un.	2 kg
B	6.500 m²	2.000 un.	3,25 m²

c) Quadro resumo das variações

Preço padrão x preço real:

MP	Preço padrão	Preço real	Variação
A	R$ 1,50	R$ 1,70	R$ 0,20 D
B	R$ 4,00	R$ 4,00	R$ 0

Quantidade padrão x quantidade real:

MP	Quant. padrão	Quant. real	Variação
A	2 kg	2 kg	0
B	3 m²	3,25 m²	0,25 D

Custo padrão x custo real:

MP	Custo padrão	Custo real	Variação
A	R$ 6.000,00	R$ 6.800,00	R$ 800,00 D
B	R$ 24.000,00	R$ 26.000,00	R$ 2.000,00 D
Total	R$ 30.000,00	R$ 32.800,00	R$ 2.800,00 D

Vamos à análise das alternativas:

a) Opção incorreta - O custo padrão foi superado pelo o custo real em R$ 2.800,00, em decorrência de uma variação de preço desfavorável na matéria-prima A; e uma variação de quantidade desfavorável na matéria-prima B.

b) Opção incorreta - O custo padrão foi superado pelo o custo real em R$ 2.800,00; não houve variação de quantidade matéria-prima A; e não houve variação de preço na matéria-prima B.

c) **Opção correta** - O custo real superou o custo padrão em R$ 2.800,00, em decorrência de uma variação de preço desfavorável na matéria-prima A, e uma variação de quantidade desfavorável na matéria-prima B.

d) Opção incorreta - O custo real superou o custo padrão em R$ 2.800,00, não houve variação de quantidade na matéria-prima A; e não houve variação de preço na matéria-prima B.

Alternativa letra c).

22. Cálculos das variações:

a) Variação de matéria-prima:

Unidades produzidas	5.000 un.
(x) Consumo por unidade	2 kg
(=) Consumo padrão	10.000 kg
(–) Consumo real	(12.000 kg)
(=) Diferença	(2.000 kg)
(x) Preço padrão	R$ 4,00
(=) Diferença (**negativa**) total	**(R$ 8.000,00)**

a) Variação de mão de obra:

Unidades produzidas	5.000 un.
(x) Consumo por unidade	3 h
(=) Consumo padrão	15.000 h
(–) Consumo real	(15.500 kg)
(=) Diferença	(500 h)
(x) Preço padrão	R$ 2,00
(=) Diferença (**negativa**) total	**(R$ 1.000,00)**

A variação da matéria-prima é de R$ 8.000,00 negativa (desfavorável) e a variação da mão de obra é de R$ 1.000,00 negativa (desfavorável).

Alternativa letra b).

23. Para resolver esta questão temos que calcular todas as variações relacionadas às alternativas apresentadas como respostas. Vamos aos cálculos:

a) **Opção correta.**

Variação do volume (VV) dos CIF

VV = CIF padrão no volume padrão – CIF que seria padrão no volume real (ajustado)

CIF padrão no volume padrão = R$ 276.000,00

CIF padrão (ajustado) = (R$ 276.000,00 ÷ 12.000 un.) x 10.000 un. = R$ 230.000,00

VV = R$ 276.000,00 – R$ 230.000,00 = R$ 46.000,00 desfavorável

A variação do volume faz a análise de aumento ou redução de custo provocado pelo maior ou menor volume real de produção em relação ao volume estabelecido como padrão. A variação no volume de produção afeta apenas o cálculo dos custos indiretos fixos por unidade. Assim, ela será sempre desfavorável quando houver redução no volume de produção, já que, com a redução do volume, haverá um acréscimo no custo unitário. Será favorável quando ocorrer o contrário.

b) e d) **Opções incorretas.**

Variação do preço (VP)

VP = (PR – PP) x QP

VP = (R$ 31,00 – R$ 30,00) x 2 kg = R$ 2,00 x 10.000 un. = R$ 20.000,00 desfavorável

c) Opção incorreta.

Variação de custo (VC)

VC = CIF que seria padrão no volume real (ajustado) – CIF real

VC = R$ 230.000,00 – R$ 280.000,00 = R$ 50.000,00 desfavorável

A diferença desfavorável R$ 50.000,00 encontrada baseia-se no comportamento dos custos indiretos, que ao nível real de 10.000 unidades deveriam ser de R$ 230.000,00, mas que realmente foram R$ 280.000,00. Caso o CIF real fosse inferior aos R$ 230.000,00 obtidos como padrão ajustado para 10.000 unidades, a variação de custo seria favorável.

e) Opção incorreta.

Variação da quantidade (VQ)

VQ = (QR - QP) x PP

VQ = (2,2 kg – 2 kg) x R$ 30,00 = R$ 6,00 x 10.000 un. = R$ 60.000,00 desfavorável

Alternativa letra a).

24. A questão solicita a variação desfavorável no custo da matéria-prima devido ao aumento **apenas no preço**. Logo, devemos desconsiderar as variações da quantidade e mista.

A variação de preço (VP) pode ser calculada por meio da seguinte fórmula: **VP = (PR – PP) x QP.**

Os preços padrão e real são $ 150,00 e R$ $ 165,00 ($ 150,00 x 1,10), respectivamente. Assim, a variação de preço da matéria-prima será:

VP = ($ 165,00 - $ 150,00) x 1.100 un. = $ **16.500,00 desfavoráveis.**

Alternativa letra c).

Capítulo 10 - Formação do preço de venda

1. Inicialmente, vamos identificar o percentual que compõem a estrutura de preço de venda:

Fatores	Percentuais sobre o preço de venda
Comissão dos vendedores sobre vendas (sobre a receita bruta)	4%
Despesas Gerais e Administrativas (sobre a receita bruta)	8%
Margem de lucro desejada para o produto (sobre receita bruta)	5%
Tributos incidentes (sobre a receita bruta)	18%
Soma	**35%**

Cálculo do *mark-up* (divisor) = $\frac{100\% - 35\%}{100}$ = 0,65

Cálculo do preço de venda: PV = $ 130,00 ÷ 0,65 = $ 200,00.

Alternativa letra d).

2. Cálculo do percentual dos elementos que compõem a estrutura de preço de venda:

Fatores	Percentuais sobre o preço de venda
Despesas operacionais (administrativas e de vendas)	15% sobre a receita bruta
Comissões sobre vendas	5% sobre o preço de venda bruto
Tributos incidentes	25% sobre o preço de venda bruto
Margem de lucro desejada	10% sobre a receita bruta
Soma	**55%**

Cálculo do *mark-up* (divisor) = $\dfrac{100\% - 55\%}{100}$ = 0,45

Cálculo do preço de venda: PV = R$ 19,80 ÷ 0,45 = R$ 44,00.

Alternativa letra e).

3. Cálculo do percentual dos elementos que compõem a estrutura de preço de venda:

Fatores	Percentuais sobre o preço de venda
Despesas administrativas	10%
Tributos	22%
Comissão dos vendedores	3%
Margem de lucro desejada	5%
Soma	**40%**

Cálculo do *mark-up* (divisor) = $\dfrac{100\% - 40\%}{100}$ = 0,6

Cálculo do *mark-up* (multiplicador) = $\dfrac{100}{100\% - 40\%}$ = 1,66667

Já temos as taxas de *mark-up* (poderá ser utilizado o divisor ou o multiplicador). Temos agora que identificar o custo unitário para a aplicação do *mark-up*. O custo do produto é calculado com base no custeio por absorção; logo, iremos somar os custos fixos e variáveis, conforme a seguir:

Custos	Valores
Matéria-prima consumida total	R$ 1.200.000,00
Mão de obra direta	R$ 600.000,00
Outros custos fabris	R$ 180.000,00
Soma	R$ 1.980.000,00

Custo unitário: R$ 1.980.000,00 ÷ 50.000 un. = R$ 39,60/un.

Cálculo do preço de venda:

Mark-up divisor = R$ 39,60 ÷ 0,6 = R$ 66,00

Mark-up multiplicador = R$ 39,60 x 1,66667 = R$ 66,00

Alternativa letra d).

4. Inicialmente, vamos calcular o custo unitário de aquisição da mercadoria para posteriormente aplicarmos o *mark-up*. Sobre o preço de compra incide ICMS de 12% (imposto não cumulativo), que deverá ser excluído do valor total da aquisição. Então:

Custo de aquisição = total da nota fiscal – impostos recuperáveis (ICMS)

Custo de aquisição = R$ 12.500,00 – (12% x 12.500,00)

Custo de aquisição = R$ 12.500,00 – R$ 1.500,00 = R$ 11.000,00

Custo de aquisição unitário = R$ 11.000,00 ÷ 250 un. = R$ 44,00/un.

Cálculo do percentual dos elementos que compõem a estrutura de preço de venda. Na questão, foram informados: 20% de lucro sobre o preço de venda mais 10% de ICMS sobre o preço de venda, perfazendo um total de 30%.

Cálculo do *mark-up* multiplicador = $\dfrac{100}{100\% - 30\%}$ = 1,4286

Cálculo do *mark-up* divisor = $\dfrac{100\% - 30\%}{100}$ = 0,7

Cálculo do preço de venda:

Mark-up multiplicador = R$ 44,00 x 1,4286 = R$ 62,86

Mark-up divisor = R$ 44,00 ÷ 0,7 = R$ 62,86

Alternativa letra c).

5. A questão exige o conhecimento sobre a utilização do *mark-up* e do cálculo do ponto de equilíbrio econômico (PEE). O *mark-up* (multiplicador) de 2,00 já foi informado. Então, nos resta identificar o custo variável unitário para darmos prosseguimento na questão e calcularmos o PEE.

Vamos aos cálculos aplicando a fórmula do *mark-up* para determinar o custo variável por unidade:

Preço de venda unitário (PVu) = custo variável unitário (CVu) x *mark-up*.

R$ 50,00 = CVu x 2,00
CVu = R$ 50,00 ÷ 2,00
CVu = R$ 25,00

Para determinar o número de unidades que a empresa precisa vender para obter um lucro de R$ 40.000,00 (no caso, o PEE):

PEE = $\dfrac{\text{custos + despesas fixos + lucro desejado}}{\text{PVu − CVu}}$

PEE = $\dfrac{\text{R\$ 240.000,00 + R\$ 40.000,00}}{\text{R\$ 50,00 − R\$ 25,00}}$ = 11.200 unidades

Alternativa letra c).

6. Antes de calcular o *mark-up*, devemos identificar o CMV de 20x3 pelo giro de estoque de 20x2. O giro de estoque é calculado com base nos custos das vendas anuais divididos pelo estoque médio desse período.

O CMV total de 20x2 foi de R$ 1.050.000,00 e o estoque médio R$ 175.000,00, logo, o giro de estoque foi:

R$ 1.050.000,00 ÷ R$ 175.000,00 = 6 (o estoque se renovou 6 vezes ao ano).

A questão informa que o giro de 20x3 foi igual ao de 20x2. Então, para 20x3 já temos o valor do estoque médio (R$ 200.000,00) e do giro (6). Precisamos encontrar o valor do custo das mercadorias vendidas (CMV) no ano de 20x3.

Utilizando o mesmo raciocínio para 20x3:

CMV ÷ R$ 200.000,00 = 6 (igual ao de 20x2)

CMV = 6 x R$ 200.000,00

CMV = R$ 1.200.000,00 (CMV de 20x3, que utilizaremos para o cálculo do *mark-up*).

Sobre o valor do CMV de 20x3 calcularemos a receita total utilizando o *mark-up* multiplicador de 1,8 para, em seguida, por meio da Demonstração do Resultado, calcularmos o lucro bruto do período.

Calculando a receita total (custo x *mark-up*)

R$ 1.200,000,00 x 1,8 = R$ 2.160.000,00 (receita bruta)

Calculando o lucro bruto

Resultado	(R$)
Receitas	2.160.000,00
(-) Tributos sobre a venda (20%)	(432.000,00)
(=) Receita Líquida	1.728.000,00
(-) CMV	(1.200.000,00)
(=) Lucro bruto	**528.000,00**

Alternativa letra c).

7. Dados fornecidos pela questão:
   – Preço de venda unitário (PVu) = R$ 126,00
   – *Mark-up* multiplicador = 1,8
   – Custos e despesas fixos = R$ 240.000,00
   – Lucro desejado = R$ 50,00 por unidade vendida

Vamos identificar o custo variável unitário (CVu) para darmos prosseguimento na questão e calcularmos o PEE:

PVu = CVu x *mark-up*

R$ 126,00 = CVu x 1,8

CVu = R$ 126,00 ÷ 1,8

CVu = R$ 70,00

Para determinar o número de unidades a serem vendidas para obter o lucro de R$ 50,00 em cada unidade (no caso, o PEE), o lucro desejado será: R$ 50,00 x quantidade no PEE (desconhecido), ou seja, 50,00Q.

PEE = $\dfrac{\text{custos + despesas fixos + lucro desejado}}{\text{PVu – CVu}}$

Q (PEE) = $\dfrac{240.000,00 + (50,00 \times Q)}{126,00 – 70,00}$

126,00Q – 70,00Q = 240.000,00 + 50,00Q

126,00Q – 70,00Q – 50,00Q = 240.000,00

6,00Q = 240.000,00

Q = 240.000,00 ÷ 6,00

Q = 40.000 unidades

Alternativa letra c)

8. Cálculo do percentual dos elementos que compõem a estrutura de preço de venda:

Fatores	Percentuais sobre o preço de venda
ICMS da venda	18%
PIS/COFINS	4,65%
Comissões	2,50%
Despesas administrativas	6%
LAIR	20%
Soma	**51,15%**

Cálculo do *mark-up* (multiplicador) = $\dfrac{100}{100\% - 51,15\%}$ = 2,0470829

Alternativa letra c).

9. Temos que identificar o custo unitário para a aplicação do *mark-up*. O custo unitário do produto é calculado conforme a seguir:

Custo unitário = [custo fixo total + (custo variável unitário x quantidade)] ÷ quantidade. Custo unitário = [R$ 3.000.000,00 + (R$ 1,30 x 5.000.000 litros)] ÷ 5.000.000 litros = R$ 1,90.

Cálculo do *mark-up* (divisor) = $\dfrac{100\% - 27\%}{100}$ = 0,73.

Cálculo do preço de venda: R$ 1,90 ÷ 0,73 = R$ 2,60.
Alternativa letra d).

10. *O mark-up* é um índice aplicado sobre o custo de um produto ou serviço para a formação do seu preço de venda. Vamos calcular o preço de venda utilizando o *mark-up* divisor.

Primeiramente, temos que somar todos os percentuais apresentados (margem de contribuição + tributos + despesas), que temos que levar em conta para formar o preço de venda:

Percentuais = 30% + 27,25% + 2,75% = 60%

Mark-up divisor: 100% – 60% = 40% (0,40)

Preço = Custo ÷ *mark-up* = R$ 12,00 ÷ 0,40 = **R$ 30,00**

Alternativa letra d).

11. Vamos calcular o preço de venda utilizando o *mark-up* divisor, mas primeiramente, vamos identificar o custo unitário por litro do etanol, como se segue:

Custo variável unitário	$ 0,80/litro
+ Custo fíxo unitário: $ 300.000,00 ÷ 500.000 litros	$ 0,60/litro
= Custo unitário	$ 1,40/litro

Mark-up divisor: 100% – 20% = 80% (0,8)

Preço = Custo ÷ *mar-kup* = $ 1,40 ÷ 0,8 = **$ 1,75**

Alternativa letra a).

12. Quando o preço de venda de um produto ou serviço é determinado pelo mercado e não com base nos seus custos de aquisição ou produção, a empresa só manterá ou ampliará sua margem de lucro por meio da redução de custos e aumento da produtividade. O *valor* é um conceito que deve ser bem definido pela empresa antes de calcular preço de venda do produto para o cliente. A percepção de *valor*, sob a visão do consumidor, está relacionada à análise de como o preço do produto pode transmitir a ele uma ideia de valor (produtos exclusivos, atendimento às suas necessidades, bom atendimento etc.), que não está diretamente ligado ao preço que ele custa. Assim, praticar preços acima do mercado, quando os produtos ou serviços não agregam valores que os diferenciem de outros produtos similares disponíveis, provocará queda da demanda esperada, uma vez que os consumidores tenderão a comprar dos concorrentes.

Alternativa letra a).

13. A questão trata do fluxo de recebimentos (caixa) referente ao mês de março. Como não foi informada a taxa de juros referentes às parcelas das vendas a prazo, podemos identificar, simplesmente, o fluxo de recebimemnto das parcelas recebidas nos meses de janeiro, fevereiro e março, conforme a seguir:

	Recebimentos		
	Janeiro	Fevereiro	Março
Vendas de janeiro	R$ 20.000,00 x 30% = R$ 6.000,00	R$ 20.000,00 x 30% = R$ 6.000,00	R$ 20.000,00 x 40% = R$ 8.000,00
Vendas de fevereiro	///	R$ 24.000,00 x 30% = R$ 7.200,00	R$ 24.000,00 x 30% = R$ 7.200,00
Vendas de março	///	///	R$ 30.000,00 x 30% = R$ 9.000,00
Total recebido	R$ 6.000,00	R$ 13.200,00	**R$ 24.200,00**

Alternativa letra c).

14. O conceito de custo-meta ou custo-alvo pode ser definido como sendo uma estratégia de gestão de custos que tem como premissa que o preço de qualquer produto é definido pelo mercado e quanto este mercado está disposto a pagar por ele. Partindo dessa premissa e considerando uma margem de lucro desejada, estabelece-se um teto do custo para os produtos ou serviços. Essa estratégia é mais eficaz quando ocorre na fase de projeto do produto, ou seja, desde as primeiras etapas de planejamento estratégico.

Alternativa letra b).

15. Inicialmente, precisamos identificar o valor do retorno mínimo esperado pela empresa no período (custo de oportunidade). Como empresa investiu $ 200.000,00 e adotou uma taxa mínima de retorno de 35% para todos os seus investimentos, o valor deste retorno será de $ 70.000,00 ($ 200.000,00 x 35%).

A questão também informa o preço-meta e a previsão da demanda esperada a venda do *modem*, $ 40,00 e 10.000 unidades, respectivamente.

Com esses dados, basta projetar o resultado:

Resultado

Vendas: 10.000 un. x $ 40,00 = $ 400.000,00

(-) Custos totais   (?   )

= Lucro esperado $ 70.000,00

Em seguida, identificar o custo unitário:

Lucro = vendas - custos totais

$ 70.000,00 = $ 400.000,00 – custos totais

Custos totais = $ 330.000,00

Custo unitário = $ 330.000,00 ÷ 10.000 un. = **$ 33,00 por unidade.**

Alternativa letra c).